W0072357

Ulrich Herbert

Wer waren
die Nationalsozialisten?

Ulrich Herbert

Wer waren
die Nationalsozialisten?

C.H.Beck

© Verlag C.H.Beck oHG, München 2021
www.chbeck.de
Umschlaggestaltung: Kunst oder Reklame, München
Umschlagabbildung: Berlin, Unter den Linden.
Zuschauer der Parade am 1. Mai 1938. Frühes Agfa-Farbdia,
Foto: Muth © Vintage Germany
Satz: C.H.Beck.Media.Solutions, Nördlingen
Druck und Bindung: Druckerei C.H.Beck, Nördlingen
Gedruckt auf säurefreiem und alterungsbeständigem Papier
Printed in Germany
ISBN 978 3 406 76898 9

myclimate

klimaneutral produziert
www.chbeck.de/nachhaltig

Inhalt

Zu diesem Buch

Die Frage, wer die Nationalsozialisten waren, ist die Frage nach dem Charakter der Diktatur. Schon seit den 1920er Jahren und dann verstärkt im Verlauf der Jahrzehnte nach dem Ende des Zweiten Weltkriegs wurde sie auf sehr unterschiedliche Weise beantwortet, und immer war mit dieser Antwort eine politische Botschaft verbunden. Als gewalttätiger Verein marginalisierter Außenseiter wurden sie wahrgenommen, als hoffnungsvolle Jugendbewegung, als völkische Schwärmer, als deutsche Faschisten nach dem italienischen Vorbild, als Partei der Arbeitslosen, als Bürgerkriegstruppe oder als anachronistische Antisemitenpartei – und all das traf ja auch zu, wenn auch nur in Teilaspekten.

Neuere Untersuchungen auf der Basis von Wähleranalysen und Parteistatistiken zeigen indes ein eher unspektakuläres Bild. Die NSDAP-Mitglieder waren weit überwiegend männlich und rekrutierten sich in deutlich überrepräsentativem Maße aus der «Kriegsjugendgeneration» der zwischen 1900 und 1915 Geborenen, also der im Jahr 1935 zwischen 20 und 35 Jahre alten Männer. In dieser Altersgruppe war der Anteil der Arbeiter auch höher als in der Generation der zwischen 1880 und 1900 Geborenen, in der Personen aus dem Mittelstand stärker vertreten waren. Insgesamt aber war der Prozentsatz der Arbeiter bei den Parteimitgliedern deutlich geringer als in der Gesamtbevölkerung. Angestellte und Beamte hingegen stießen in den dreißiger Jahren «geradezu in hellen Scharen» zur Partei. NSDAP-Mitglieder kamen eher aus Kleinstädten als aus den urbanen Zentren, sie waren eher protestantisch als katholisch, und in den Zentren der sozialistischen Arbeiterbewegung war ihre Zahl besonders niedrig. Zu den Motiven ihres Parteieintritts gehörten Antisemitismus, Antimarxismus und die Idee des nationalen Sozialismus, nach dem Krieg gaben sie bei Befragungen indes besonders häufig jugendlichen Idealismus, Opportunismus und äußeren Druck an.[1] Das sind interessante, aber keineswegs überraschende Befunde: ein ziemlich durchschnittlicher Mix aus verschiedenen Bevölkerungsgruppen. Zur Beantwortung der politischen Fragen nach dem Charakter der Diktatur und der Unterstützung und Dynamik der nationalsozialistischen Gewaltpolitik tragen sie nur wenig bei.

Nach dem Krieg wurden als «die Nationalsozialisten» zunächst alle Mitglieder der NSDAP und ihrer Nebenorganisationen verstanden. Damit verbunden war die Überzeugung, dass das «Dritte Reich» vor allem durch eine Massenbewegung gestützt wurde und sich schon dadurch von traditionellen Diktaturen unterschied, die von Honoratioren mithilfe des Militärs gelenkt wurden. Demgegenüber wurde der NS-Staat, besonders von der Linken und in der DDR, als Projekt der traditionellen Eliten bezeichnet, der Großunternehmer und der Militärs vor allem, welche sich der Nationalsozialisten als Instrument bedienten, um ihre Ziele durchzusetzen – eine Vorstellung, die stark vom Aufstieg des italienischen Faschismus geprägt war. Aber in dem Maße, wie die Verbrechen des «Dritten Reiches» in den Vordergrund der Aufmerksamkeit rückten, wurde verstärkt nach Schuld und Verantwortung gefragt, und damit traten die Mitglieder der Terrororganisationen wie der SS und der Gestapo in den Vordergrund.

Solche Vorstellungen stießen in der Bundesrepublik vor allem in den ersten Nachkriegsjahrzehnten auf Ablehnung, hier wurde der Nationalsozialismus auf eine kleine Führungsgruppe reduziert, letztlich auf Hitler selbst. Die Vorstellung, dass es allein Hitler gewesen sei, der Regime und Volk zusammengehalten habe und für die Verbrechen des Regimes verantwortlich gewesen sei, mutet heute abwegig an, war aber jahrzehntelang außerordentlich verbreitet – und in der nicht enden wollenden Zahl von neuen Hitler-Biografien klingt diese Wahrnehmungsweise bis heute nach. Die massenhafte Zustimmung zum Regime wurde auf diese Weise ausgeblendet, Parteimitglieder und Bevölkerung wurden als Opfer von Verführung und Gewalt angesehen. Als Täter galten in erster Linie die wenigen NS-Spitzenfunktionäre. Die Männer in den Konzentrationslagern und an den Erschießungsgräben seien überwiegend «Asoziale und Kriminelle» gewesen, wie so schon früh Konrad Adenauer bemerkte – und nach ihm viele andere. Dass deren Kommandeure promovierte Akademiker aus bürgerlichen Elternhäusern waren, galt als unglaubhaft oder wurde ignoriert. Denn dass der gutbürgerliche Nachbar, Kollege oder Onkel während der Kriegsjahre ein SS-Offizier, KZ-Wachmann oder Judenmörder gewesen sein sollte, schien absurd, weil die Ruchlosigkeit solcher Verbrechen und die Wohlanständigkeit des Nachbarn oder Kollegen nicht zueinander in Beziehung gebracht werden konnten. Und wenn man womöglich auch die NS-Verbrechen nicht bezweifelte, so schienen sie doch Gegenstand einer anderen Erinnerung zu sein, der Erinnerung der Sieger.

Solche Vorstellungen waren natürlich immer auch von dem Interesse gesteuert, personelle Kontinuitäten auszublenden, das Maß an Zustimmung und Begeisterungsbereitschaft gegenüber dem Regime in der Bevölkerung zu negieren und die Rolle der Führungsgruppen in Verwaltung und Wirtschaft sowie der Wehrmacht bei der Kriegs- und Mordpolitik des Regimes zu verbergen. Erst seit den 1990er Jahren und seitdem in zunehmendem Maße wurde sichtbar, dass die Zustimmung großer Teil der Bevölkerung zum «Dritten Reich» und seiner Innen- wie Außenpolitik viel ausgeprägter war als bis dahin angenommen. Und ebenso wurde deutlich, dass die Verbrechen des Regimes in den Ministerien, den Universitäten und der Wehrmachtsführung nicht nur hingenommen, sondern aktiv vorgedacht, konzipiert und mitgetragen worden waren.

Allerdings provozierte die politische Entwicklung im wiedervereinigten Deutschland nach 1990, insbesondere die massiven Ausschreitungen gegen Ausländer und das Anwachsen rechtsextremistischer Gruppierungen, im Lande selbst wie bei seinen Nachbarn irritierte Fragen nach der Gegenwärtigkeit der deutschen Vergangenheit. Denn diese schien nun plötzlich nicht mehr so vergangen wie noch ein Jahrzehnt zuvor. Die Reaktionen in den USA, in Israel oder in Polen auf die Ereignisse von

9

Rostock und Hoyerswerda, von Hünxe und Mölln schienen jene Befürchtungen zu bestätigen, die in den Jahren bis 1989 zwar geringer geworden, aber wohl nie ganz verschwunden waren. Die Frage, wer die Nationalsozialisten waren – und womöglich: sind – gewann dadurch eine neue Aktualität.

Dieses Buch enthält in elf Kapiteln verschiedene Ansätze, die sich mit diesen Fragen auseinandersetzen. Sie behandeln die sich wandelnden Erklärungsversuche dessen, was man unter «Nationalsozialisten» verstand, wie das Welt- und das Geschichtsbild der «Nazis» aussah und welche Rolle dabei der Antisemitismus spielte. Es wird gefragt nach der Zustimmungsbereitschaft in der Bevölkerung und nach der Rolle der deutschen Eliten, hier in Sonderheit der Professoren im «Dritten Reich». Die Frage nach den Möglichkeiten und Grenzen des Vergleichs von nationalsozialistischer und stalinistischer Herrschaft wird diskutiert, ebenso die nach der Vorgeschichte und Typologie des «Lagers», das in der Geschichte des Nationalsozialismus eine so große und schreckliche Bedeutung gewann. Drei Kapitel widmen sich den Perspektiven der Kriegs- und Vernichtungspolitik des NS-Staats. Das betrifft die verschiedenen Varianten der europapolitischen Konzepte des NS-Regimes, die Planungen und Entscheidungen des Kriegs gegen die Sowjetunion und den Weg zur Ermordung der europäischen Juden. Schließlich wird gefragt, welche Bedeutung die Propagierung der «Volksgemeinschaft» während der NS-Diktatur besaß und ob wir Auswirkungen dieser Konzeption auch noch in den Jahren nach dem Kriege feststellen können. Das letzte Kapitel analysiert, in welchem Maße es den NS-Führungsgruppen gelang, nach dem Krieg in der westdeutschen Gesellschaft wieder Fuß zu fassen, und fragt nach den Umständen und Auswirkungen dieser «Rückkehr in die Bürgerlichkeit».

Die Kapitel basieren auf Vorträgen und Aufsätzen, die ich in den vergangenen zweieinhalb Jahrzehnten gehalten und verfasst habe und die dabei auch den Weg der Forschung – und meiner eigenen Überlegungen – widerspiegeln. Der älteste Beitrag ist von 1995, der jüngste von 2020. Manche der Analysen und Einsichten dieser Beiträge finden sich später in anderen Arbeiten wieder, vor allem in meiner «Geschichte Deutschlands im 20. Jahrhundert» und dem kleinen Buch über «Das Dritte Reich».

Die Beiträge verweisen dabei auch auf den Prozess der allmählichen Herausbildung von Thesen und Schwerpunkten in der Auseinandersetzung mit den Arbeiten von Kolleginnen und Kollegen, auf deren Studien ich mich neben meiner eigenen Quellenarbeit stütze. Historische Forschung ist ein individueller und arbeitsteiliger, gleichwohl kollektiver Prozess, und gerade im Bereich der NS-Forschung habe ich die enge Zusammenarbeit mit anderen Historikerinnen und Historikern, die in diesem Feld arbeiten und gearbeitet haben, als besonders anregend und hilfreich empfunden. Das hing auch damit zusammen, dass es in diesen Jahrzehnten für die beteiligten Wissenschaftler, deutsche wie nichtdeutsche, nicht einfach war, ein erweitertes, für Deutsche meist sehr schmerzhaftes Bild vom NS-Regime, seinen Anhängern und seinen Verbrechen zu erarbeiten. Dass dieses Bild heute in Deutschland auf zwar nicht einhellige, aber doch verbreitete Zustimmung trifft, war etwa Mitte der 1980er Jahre in Zeiten von Historikerstreit und Bitburg-Kontroverse durchaus nicht absehbar.

Die einzelnen Beiträge wurden, von kleineren Korrekturen und Ergänzungen abgesehen, in der Fassung ihrer Entstehung belassen. Das gilt auch für die Anmerkungen und Literaturhinweise. Hier zeigen sich in manchen Fällen die seither erreichten Fortschritte sehr deutlich, wenn etwa auf Defizite verwiesen wird, die in den darauffolgenden Jahren intensiv bearbeitet wurden. Auch gibt es einige Redundanzen und Überschneidungen. Gleichwohl ist der Band als durchgehende, weitgehend chronologisch strukturierte Studie angelegt. Ich danke den Mitarbeiterinnen und Mitarbeitern der Forschungsgruppe Zeitgeschichte an der Universität Freiburg, besonders Martin Günzel, sehr für Anregungen und Hilfe bei der Fertigstellung dieses Buches.

Freiburg, im Oktober 2020
Ulrich Herbert.

11

1. Wer waren die Nationalsozialisten?

Ludwig Losacker, Jg. 1906, Sohn eines Kaufmanns und Fabrik-besitzers, studierte nach ersten Berufserfahrungen in der väterli-chen Firma in Heidelberg Jura und Volkswirtschaft und schloss das Studium 1933 mit der Promotion zum Dr. iur. ab.[1] In Hei-delberg fand er Kontakt zur völkischen Studentenbewegung, nahm an dem Kampf gegen den jüdischen Universitätsprofessor Gumbel teil und wurde schließlich Mitglied der NS-Studenten-gruppe. Im Juni 1933 schloss er sich der SS an. Nach Abschluss der Referendarzeit trat er 1934 als Regierungsassessor bei der Polizeidirektion Baden-Baden in den Staatsdienst ein; im Januar 1936 ging er kurzzeitig als Ministerialreferent in das Reichs-ministerium des Innern. Nach einem Betriebspraktikum bei den IG-Farben trat er im Dezember 1938 als Syndikus in die Firma Wanderer ein und ließ sich in Chemnitz als Rechtsanwalt nieder. Zugleich wurde er Mitarbeiter des SD. Bei Kriegsbeginn ging er wieder in den Staatsdienst und wurde vom Reichsminister des Innern als Landkommissar nach Polen in den Ort Jasło im Dis-trikt Krakau geschickt, wo er kurze Zeit später zum Kreishaupt-mann, also etwa zum Landrat, ernannt wurde. Bereits im Januar 1941 übernahm er die Position des Amtschefs in Lublin, im Au-gust des Jahres die gleiche Funktion in Lemberg. Im Januar 1943 wurde er Leiter der Hauptabteilung Innere Verwaltung des Dis-trikts Krakau, im Juli 1943 kommissarischer Gouverneur eben-dort.

   Losacker galt als fähiger Jurist und energischer Verwaltungs-mann. Mit der Misswirtschaft unter seinem Vorgänger Dr. Lasch räumte er in Lemberg rasch auf. Wie Thomas Sandkühler in seiner Untersuchung des Holocaust in Lemberg herausarbeitet, baute Losacker in kurzer Zeit rund 45 Prozent der aufgeblähten

13

deutschen Beamtenschaft wegen charakterlicher und fachlicher Mängel ab. Er setzte sich scharf gegen Korruption ein, was ihm durch seine Funktion innerhalb des SD erleichtert wurde.

Zugleich aber war Losacker mit der Politik Hitlers in der Kirchenfrage durchaus nicht einverstanden. Dieser Dissens ging so weit, dass Losacker sogar nach Berlin reiste, um Hitler persönlich von der Verfehltheit seiner antikirchlichen, in Sonderheit antikatholischen Politik zu überzeugen, wenn auch vergeblich. Losacker setzte sich zudem mehrfach für die polnische Bevölkerung seines Gebietes ein. So protestierte er heftig gegen die Zamość-Aktion, als seit Ende 1942 die polnischen Bewohner aus 300 Dörfern aus dem für deutsche Ansiedlung vorgesehenen Gebiet zwangsevakuiert wurden, wobei Tausende den Tod fanden. Auch wegen der Erschießung von polnischen Gutsbesitzern und eines polnischen Arztes gegen den Willen Losackers kam es zu heftigen Auseinandersetzungen mit dem Höheren SS- und Polizeiführer. Mitte Oktober 1943 wurde Losacker deshalb seiner Ämter enthoben und zur Waffen-SS geschickt.

Der gleiche Dr. Losacker aber wird übereinstimmend von Dieter Pohl und Thomas Sandkühler als einer der Hauptverantwortlichen für die Ingangsetzung und Durchführung der Ermordung der Juden im Distrikt Lemberg geschildert. Losacker setzte sich besonders engagiert für eine Koordination zur Vereinheitlichung und Effektivierung der «Endlösung» ein, die dann mit der «Aktion Reinhardt» auch in die Tat umgesetzt wurde.

Nach dem Kriege wurde Losacker Hauptgeschäftsführer der Arbeitgeberverbände der deutschen chemischen Industrie. Von 1960 bis zu seiner Pensionierung im Jahre 1971 leitete er als Direktor das renommierte Deutsche Industrieinstitut in Köln. Zugleich organisierte er den «Freundeskreis der ehemaligen GG-Beamten», der zum Beispiel das Studium des Sohnes von Hans Frank finanzierte, und trat in fast allen NS-Prozessen, die das Generalgouvernement betrafen, als Entlastungszeuge auf. Losacker starb 1994.

Von Biographien wie dieser werden wir hier häufiger hören: führende Funktionäre der nationalsozialistischen Diktatur, in die Politik des NS-Regimes und seine Verbrechen, vor allem in den Judenmord, tief verstrickt – aber offenbar keine perversen Fanatiker, keine «Hundertprozentigen» ohne Bildung und Reflexionsvermögen, sondern Männer mit erstklassiger Ausbildung und aus guter Familie, die sich von den tradierten Vorstellungen von dem, was ein Nazi gewesen sei, erheblich unterscheiden. Männer auch, die in der Bundesrepublik teilweise herausragende Karrieren machten und dabei – soweit wir das übersehen können – als loyale Staatsbürger der Bundesrepublik agierten. Wir finden sie in den Besatzungsverwaltungen und im Reichssicherheitshauptamt ebenso wie in den Ministerien und Sonderverwaltungen, in der Wissenschaft und im Militär. Das Bild von dem, was und wer ein Nationalsozialist war, gerät offenbar ins Wanken.

Die Frage, wer die Nationalsozialisten waren, ist die Frage nach dem Charakter der Diktatur. Sie offenbart die politische Botschaft, die mit dem Bezug auf diese Diktatur verbunden wird. Zudem bietet die Frage aber auch ein nützliches Kriterium bei der Untersuchung nicht nur der NS-Diktatur selbst, sondern auch der historiographischen Beschäftigung mit ihr. Im Folgenden soll daher zunächst untersucht werden, welche Entwicklung die Beschäftigung mit dieser Frage nach 1945 genommen hat, wie sie jeweils beantwortet wurde und warum. Im zweiten Schritt wird dann versucht, den Ort des Nationalsozialismus innerhalb der deutschen Rechten in Weimar zu bestimmen, um dann die politischen Karriereprofile während der NS-Zeit näher zu betrachten. Abschließend soll die Problematik der hier besprochenen Ambivalenz näher betrachtet werden.

I.

«In den ersten Tagen», so notierten die Berichterstatter des amerikanischen Geheimdienstes OSS über die Frühphase der Besatzungszeit in Deutschland, «konnte man keinen einzigen Nazi in Deutschland finden... Die Frage, ob er Parteianhänger gewesen sei, wird ein Deutscher immer verneinen. Gleichzeitig wird er aber einen Nachbarn nennen, auf den dies zutrifft.»[2]

Die Schwierigkeiten der Amerikaner bei dem Versuch, herauszufinden, wer die Nationalsozialisten gewesen seien, hielten an. Zwei Denkschulen bildeten sich dabei heraus, die für die amerikanische Besatzungspolitik von einigem Einfluss waren. Auf der einen Seite die Vorstellung, der Nationalsozialismus sei vor allem auf ein Zusammengehen der traditionellen Eliten mit dem Führungskern der NS-Bewegung zurückzuführen. Aus dieser Analyse, die gerade im OSS viele Anhänger hatte, erwuchsen die Nürnberger Prozesse, insbesondere die sogenannten Nachfolgeprozesse gegen Ärzte, Generäle, Industrielle und andere traditionelle Führungsgruppen der deutschen Gesellschaft, die mit den NS-Verbrechen in Verbindung gebracht wurden, sowie gegen Einsatzgruppenführer, Rassespezialisten und andere Funktionsträger des Regimes.[3]

Auf der anderen Seite stand die Vorstellung, die Grundlage des NS-Regimes und seiner Verbrechen habe in der Massenbasis der Diktatur gelegen, in der Unterstützung des Regimes und seiner Kriegs- und Rassepolitik in erheblichen Teilen der Bevölkerung und in den bei den Deutschen besonders ausgeprägt zu beobachtenden Affinitäten zu autoritärem, antiliberalem, militaristischem und nationalistischem Gedankengut. Aus dieser Denkschule erwuchs das Programm der politischen Überprüfung *aller* Deutscher in den Westzonen, die Entnazifizierung. Dieses ehrgeizige Projekt – nämlich eine Gesellschaft von mehr als 50 Millionen Einwohnern individuell im Hinblick auf ihre politischen Aktivitäten während der NS-Herrschaft zu untersuchen und gegebenenfalls zu bestrafen – traf von Beginn an auf massive Kritik, vor allem, weil bei der Entnazifizierungsprozedur in der US-Zone die leichten, schnell zu erledigenden Fälle zunächst vorgezogen wurden, während man die schwerer Belasteten erst ab 1947 verhandelte, als das Verfahren schon weitgehend an die deutschen Stellen abgegeben worden war. Die aber urteilten nicht zuletzt aufgrund der sich wandelnden politischen Großwetterlage zunehmend milder – mit der Folge, dass ausgerechnet die besonders stark belasteten NS-Funktionäre im Zuge des Kalten Krieges von dieser allgemeinen De-facto-Amnestie profitierten und weitgehend unbehelligt davonkamen.[4]

Das führte in Westdeutschland zu einer auffälligen Solidarisierung der sogenannten Leichtbelasteten mit den Schwerbelasteten. Wenn Alle Nazis gewesen sein sollen, war es keiner – so die verbreitete Überzeugung. Der Begriff des NS-Regimes und der Nationalsozialisten regredierte in der Folge im öffentlichen Gebrauch auf die kleine Gruppe von Funktionären um Hitler – meist Goebbels, Göring, Bormann, Himmler, Heydrich. Das spiegelte sich auch in der sich etablierenden Rechtsprechung, wo eine der geschichtsinterpretierenden Grundannahmen die Rede von den «nationalsozialistischen Haupttätern» war, womit die eben genannten sechs Personen gemeint waren, während für nahezu alle anderen die Kategorie des «Gehilfen» zur Verfügung stand.[5]

Zudem waren auch die im Gefolge des Nürnberger Hauptkriegsverbrecherprozesses eingeleiteten Verfahren gegen die deutschen Eliten im Zuge des sich verändernden politischen Gesamtklimas bereits 1948 abgebrochen worden. Die dort verurteilten Industriellen, Ärzte, Generäle und SS-Offiziere wurden bald freigelassen, was in Westdeutschland wie eine Bestätigung ihrer Unschuld und eine Widerlegung der hinter ihrer Verurteilung stehenden Vermutung über die Rolle der Eliten im NS-Staat angesehen wurde. Im Gefolge dessen wurden selbst die wegen schwerster Verbrechen Verurteilten, wie die Einsatzgruppenkommandeure, die zehntausende von Juden in der Sowjetunion hatten ermorden lassen, nun überwiegend als unschuldig angesehen. Eine Kampagne für ihre Freilassung stieß auf breite Unterstützung bei allen Bundestagsfraktionen außer der KPD und zeitigte sehr weitgehenden Erfolg. Es gelang für eine Weile sogar, den Begriff «Kriegsverbrecher» in der westdeutschen Öffentlichkeit durch die Neuschöpfung «Kriegsverurteilte» zu ersetzen und mit den «Kriegsgefangenen» gleichzusetzen.

Auf diese Weise entstand in Deutschland in den 50er Jahren ein sehr eigentümliches Bild von «den Nationalsozialisten». Die Verbrechen des NS-Regimes wurden anonymisiert – Täter wie Opfer blieben namenlos. Es ist offenkundig, dass das damit einhergehende Geschichtsbild von der NS-Diktatur diese Anonymität der Träger des Regimes noch verstärkte. Betrachtet man die ersten Versuche von Gesamtdarstellungen des «Dritten Reiches», so sind die dort agierenden Nationalsozialisten bis auf die genannten Haupttäter und ihr enges Umfeld anonym; mit Namen genannt werden hingegen diejenigen, die zum Widerstand, zu den geistigen Gegnern des Regimes zählten.

Zwei Redeweisen begannen sich nun durchzusetzen: Auf der einen Seite die von den Nationalsozialisten als verführten Idealisten, die Gutes im Sinn gehabt, aber zu spät gemerkt hätten, mit wem sie sich dort eingelassen hatten. Solches war ja in vielen Fällen gewiss nicht falsch, diente hier aber vor allem zur Einebnung von Verantwortung und Funktionsdifferenzen, nicht zuletzt, weil die Legitimationsfigur der «Verführung» und des Idealismus nun verständlicherweise vor allem von jenen gebraucht wurde, die solcher Legitimation in besonderer Weise bedurften.

Auf der anderen Seite kam zur gleichen Zeit das Bild von den Nationalsozialisten als Verbrechertypen und sozialen Außenseitern auf. Konrad Adenauer etwa, dessen Widerwille gegen das NS-Regime nie in Frage stand, bemerkte über die in den Nürnberger Verfahren Verurteilten im September 1952 im Bundestag, zweifellos seien die meisten von ihnen völlig unschuldig. Allerdings müsse man zugeben, dass unter ihnen auch «ein kleiner Prozentsatz von absolut asozialen Elementen» existiere, der «wirkliche Verbrechen» begangen habe.[6] Damit wurden die NS-Verbrechen vollends aus der deutschen Gesellschaft exmittiert. Der übergroßen Masse von verführten Idealisten, die nach 1945 nun das «Recht auf politischen Irrtum» für sich reklamierten, stand die kleine Gruppe von sadistischen Asozialen gegenüber, die offenkundig für die ja nicht mehr zu bestreitenden Verbrechen während der NS-Zeit verantwortlich waren.

Als Prototyp des asozialen Nazi-Verbrechers setzte sich im Gedächtnis ausgerechnet eine Frau durch: Ilse Koch, die Frau des KZ-Kommandanten Koch, die als «Hexe von Buchenwald» beschrieben, mit grausigen Details wie den berüchtigten Lampenschirmen aus Menschenhaut belastet und nach einem Sensationsprozess zu lebenslänglicher Haftstrafe verurteilt wurde, die sie in Aichach bis zu ihrem Selbstmord absaß. Ilse Koch war nach allem, was wir wissen, eine niederträchtige Person, aber sie hat niemanden ermordet, und die Geschichte mit den Lampenschirmen entpuppt sich bei näherem Hinsehen als eine Entlastungsphantasie des Publikums. Aber niemand war offenbar so gut geeignet wie sie, das sich etablierende Klischee vom sadistischen Nazi zu erfüllen, das sich von nun an verbreitete und in Teilbeständen bis heute existiert. Neben Ilse Koch wirkten die promovierten, durchweg männlichen Einsatzgruppenführer, die schneidigen SS-Ärzte oder gar ein distinguierter Herr wie Dr. Losacker als Verkörperung von Seriosität und Gediegenheit.[7]

Nun kann man dies gewiss als eine spezifisch bürgerliche Form der Abstoßung von Verantwortung und der Einsicht in den Charakter der nationalsozialistischen Verbrechen sehen. Aber diese Konstellation wirkte darüber hinaus. Selbst für Menschen, deren Ablehnung und Verabscheuung des NS-Regimes außer Frage stand, war die Verbindung zwischen den als abnorm und jeder Erfahrung fern wahrgenommenen NS-Verbrechen und dem als einstigen Gestapo-Stellenleiter enttarnten Kollegen oder Nachbarn nicht zu ziehen, weil die Ruchlosigkeit der Verbrechen und die Wohlanständigkeit des Nachbarn oder Kollegen nicht zueinander in Beziehung gebracht werden konnten.

Diese Konzeptionalisierung der Vorstellung von den Nationalsozialisten wurde auf eigentümliche Weise bestärkt, als Anfang der 60er Jahre mit den Angeklagten in den ersten NS-Verfahren in Westdeutschland sowie dem Jerusalemer Eichmann-Prozess nun unzweifelhafte NS-Verbrecher auftraten – die aber das Adenauersche Verdikt von den marginalisierten Asozialen zu bestätigen schienen. Denn im Frankfurter Auschwitz-Prozess sah man schäbige, spießige Kleinbürgergestalten, deren Antriebe wiederum nicht politischer Natur, sondern eher Ausdruck pathologischer und sadistischer Veranlagungen gewesen zu sein schienen. Aber auch Eichmann in Jerusalem schien das zu bestätigen – eine subalterne Bürokratennatur ohne jegliches Format, aber auch ohne politische und ideologische Motive. Das traf im Falle Eichmann zwar gar nicht zu, aber dieses Bild entsprach der seit den späten vierziger Jahren eingeübten Wahrnehmung, wonach der Judenmord von Asozialen und Sadisten bewerkstelligt worden war.[8]

Der Weg über die Untersuchung der Protagonisten, so die Schlussfolgerung der Historiker, führte bei der Analyse der NS-Diktatur offenkundig nicht weiter. Das Interesse der sich in den 60er und 70er Jahren etablierenden neuen strukturgeschichtlichen Richtung der NS-Forschung bezog sich denn auch eher auf die Mechanismen der Herrschaft, auf soziale und wirtschaftliche Interessen, auf die Funktionsweise der Diktatur. Die dabei erreichten Erkenntnisse waren erheblich und weitreichend – das Personal der Diktatur aber blieb weitgehend außerhalb der Forschung; während die nach wie vor unentwegt erscheinenden Memoiren und Biographien von und über Nazigrößen ein beschönigendes und meist verzerrtes Bild der Diktatur und ihrer Rolle darin entwarfen – ein Bild, dessen Plausibilität jedoch rasch abnahm, bis diese Bücher schließlich in den Kleinanzeigen-Seiten der Nationalzeitung ihren Platz fanden.[9]

In den 1970er Jahren aber legte die sozialgeschichtliche NS-Forschung dann eine Reihe von Untersuchungen über Sozialstruktur und Milieuzugehörigkeit der Nationalsozialisten vor; so die Bücher von Peter Merkl, Reinhard Mann oder Mathilde Jamin.[10] Diese im Einzelnen sehr nützlichen Studien zeigten Anhänger und «Kämpfer» des Nationalsozialismus in den Weimarer und frühen Diktatur-Jahren: Gescheiterte und Marginalisierte, Fanatiker und nie zivilisierte Soldaten, Abenteurer und Absteiger – «zwischen den Klassen», wie Jamin den sozialen Ort der frühen Nazis treffend beschrieb. Mit etwas Distanz wird aber deutlich, dass diese Studien auf der Suche nach den Nationalsozialisten nur fanden, was sie zuvor schon kannten: Als Nationalsozialisten wurden diejenigen gefasst, die schon *vor* 1933 als solche auftraten: Parteimitglieder, SA-Männer, Funktionäre. Zudem ergaben sich deutliche Unterschiede zwischen den frühen Anhängern und Mitgliedern der Hitlerbewegung auf der einen und ihren Wählern seit 1930 auf der anderen Seite. Denn diese repräsentierten die deutsche Bevölkerung fast in ihrer ganzen sozialen Breite, und die frühen Überzeugungen, wonach unter den Hitler-Wählern die proletaroiden Mittelschichten, die sozialen Absteiger, das «Lumpenproletariat» gar überwogen, erwiesen sich als falsch.[11]

Vor allem aber tritt bei erneuter Betrachtung der sozialgeschichtlichen Arbeiten über die frühen Nazis hervor, dass es ja nicht der hier untersuchte Nationalsozialismus der SA-Männer und Kneipenschläger war, der die Welt erschütterte – sondern der Nationalsozialismus des Judenmords, des Vernichtungskriegs, der grausamen Partisanenverfolgungen, der Ausbeutung fast ganz Europas – und an diesem Nationalsozialismus, das sei vorweggenommen, waren die SA-Schläger und Alten Kämpfer zwar auch, aber eher am Rande beteiligt.

Das historiographische Problem, das sich hier zeigte, rührte vor allem daher, dass bis in die späten 70er Jahre in Deutschland – und übrigens auch in anderen Ländern – über die deutsche Vernichtungs- und Besatzungspolitik nur wenige empirische Studien vorlagen, und nahezu keine, die sich mit einzelnen Regionen unter deutscher Besatzung und dem deutschen Personal auseinandersetzten. So war auch über die tatsächlichen Protagonisten von Völkermord und Besatzungsterror nur wenig bekannt – anders als bei den westdeutschen Staatsanwälten, die sich seit den 1960er Jahren mühsam in die Verhältnisse im Baltikum oder in Galizien, in Majdanek und Sobibór einzuarbeiten versuchten und dazu fast keine historische Fachliteratur fanden.[12] Erst in den frühen 80er Jahren setzten die Forschungen hierzu in verstärktem Maße ein – nicht wenige davon auf der Basis der staatsanwaltlichen Ermittlungen der 60er und 70er Jahre. Und hier entstanden nun allmählich größere empirische Arbeiten über die Praxis von Besatzung und Völkermord – Christian Streits Arbeit über den Tod von fast drei Millionen sowjetischen Kriegsgefangenen, Falk Pingels Buch über die Konzentrationslager, dann die Arbeiten von Götz Aly, Michael Zimmermann, Hans Walter Schmuhl, Rolf-Dieter Müller; die große Reihe «Das Deutsche Reich und der Zweite Weltkrieg» vom Militärgeschichtlichen Forschungsamt, schließlich die Arbeiten von Christian Gerlach, Thomas Sandkühler, Karin Orth, Dieter Pohl, Frank Bajohr und vielen anderen, die folgten.[13]

Hier wurden unsere konkreten Kenntnisse von der deutschen

Besatzungs- und Vernichtungspolitik während des Zweiten Weltkrieges vervielfacht – und nun kamen mit einem Male auch die Protagonisten dieser Politik ins Blickfeld. Die Generäle und Offiziere der Wehrmacht etwa, die für die Hungerstrategie gegenüber den Kriegsgefangenen und der sowjetischen Zivilbevölkerung verantwortlich waren. Die Staatssekretäre und Ministerialbeamten, welche diese Strategien vor dem Beginn des Krieges gegen die UdSSR erdacht und geplant hatten. Die deutschen Beamten und Funktionäre, die in Polen und Russland die Umsiedlungen der einheimischen Bevölkerung organisierten, um für die deutschen Ansiedler Platz zu machen. Die jungen Kommandeure von Polizei- und Einsatzgruppeneinheiten, die im Baltikum oder in Weißrussland hinter der Front die jüdische Bevölkerung massakrierten. Die Betriebsleiter, die die Arbeitskraft der KZ-Häftlinge in unterirdischen Produktionsanlagen ausbeuteten. Die deutschen Wissenschaftler – Historiker und Sprachwissenschaftler, Volkskundler und Ostforscher –, die dem Regime zuarbeiteten: die einen nur ideell, die anderen ganz praktisch durch die Entwicklung von Volkstumskarten zur Eindeutschung von Regionen, durch bevölkerungswissenschaftliche Berechnungen über die Grenzen der Ernährungsmöglichkeiten der indigenen Bevölkerungen und vieles andere. Die Ärzte, die das «unwerte Leben» diagnostizierten und es zur «Euthanasie», also zum Tod durch Vergasen freigaben. Die Rassekundler, die «zigeunerische Sippen» ausfindig machten und zur Deportation vorschlugen. Aber auch die vielen Deutschen, die an der Beraubung der Juden verdienten – durch Übernahme der jüdischen Betriebe und Wohnungen. Mit einem Mal also waren die Bücher der Historiker voll mit Namen der Funktionsträger und Profiteure des Regimes, und ein Bild von «den Nationalsozialisten» wurde sichtbar, das mit den subalternen SA-Schlägern und Adenauers «Asozialen» kaum noch etwas gemein hatte.

Statt gescheiterter Randexistenzen traten nun Arrivierte aus der Mitte und der Spitze der Gesellschaft ins Bild, und ein näherer Blick auf ihre Biographien verriet, dass auch die Annahmen über politische Karrieren von NS-Spitzenfunktionären und Verantwortlichen für Deportation und Völkermord ganz offenbar unzutreffend waren. Nur wenige «alte Kämpfer» waren darunter; schon weil die Zahl der jungen und sehr jungen Männer unter den Spitzenfunktionären des Regimes vor allem in den besetzten Ländern überproportional hoch war. Viele von ihnen gehörten nicht einmal der NSDAP an oder waren erst relativ spät in die Partei eingetreten. Ihre politische Sozialisation hatten diese Männer in sehr verschiedenen Gruppen und Milieus erfahren, häufig kamen sie aus den Freikorps, viele entstammten den unzähligen nationalen Bünden und Vereinen, vaterländischen Verbänden oder nationalen studentischen Verbindungen, erst ab den 30er Jahren dominierte der Nationalsozialistische Studentenbund. Viele von ihnen waren vom Herkommen eher den Deutschnationalen, den soldatischen Nationalisten oder gar den Konservativen zuzurechnen; vereinzelt finden sich darunter auch einstige Liberale und Demokraten.[14]

Ein Gleiches trifft auf die Wissenschaftler zu. Zwar gibt es auch hier direkte Karrieren aus der Partei in führende Stellungen an Universitäten und Instituten. Aber ein großer Teil derjenigen, die als Ärzte, Naturwissenschaftler oder Geisteswissenschaftler die Politik des Regimes in besonderem Maße trugen, scheint der nationalsozialistischen Bewegung eher spät oder gar nicht nahegestanden zu haben. Sie entstammten der klassischen oberen Mittelschicht der Beamten und Selbständigen, waren national erzogen worden, hatten eine gute Ausbildung hinter und noch bessere Karrierechancen vor sich.[15]

Die Häufigkeit solcher Befunde hat zunächst dazu geführt, Faktoren wie Karrierismus und Opportunismus, Technokratentum oder Beamtenmentalität ins Feld zu führen. Solche Faktoren spielen natürlich immer eine Rolle, und in Diktaturen, die politische Anpassung extensiv belohnen, umso mehr. Nur hätten diese Männer glänzende Karrieren auch außerhalb des engeren Staats- und Terrorapparats gemacht. Um einen Lehrstuhl zu erreichen, war es nicht nötig, eigens Vertreibungspläne zu entwerfen oder kriminelle Sippen ausfindig zu machen. Die erneuten Versuche, auch solche Männer in Spitzenstellungen des NS-Regimes auf ihre Rolle als nur angepasste Funktionäre ohne eigene Überzeugung zu reduzieren, wie das auch in den 80er und 90er Jahren noch häufig vorkam, stand in deutlichem Widerspruch zu dem nachhaltigen, insistierenden Vorgehen dieser Personen, das wir hier allenthalben finden.

Die Arbeiten über «Judenstämmlinge und ererbtes Verbrechertum», die Studien über das historische Anrecht der Deutschen auf den Osten oder die Selektion auszumerzender Irrer sind ebenso wie die zahlreichen Studien und Gutachten über die Grundlagen einer deutschen Bevölkerungspolitik nicht entstanden, weil das NS-Regime das befahl. Vielmehr ermöglichte das NS-Regime den Wissenschaftlern das zu tun, was sie seit langem tun wollten und taten, nun aber intensiviert und frei von humanistischen oder liberalen Einwänden und Beschränkungen. Eben dies aber wurde nach 1945 zur generalisierenden Apologie: Man habe, was man tat, ja auch vorher schon getan; ergo könne es nicht nationalsozialistisch gewesen sein. Ein gleiches gilt auch für viele sogenannte Praktiker, etwa Ingenieure oder Bauleiter oder Betriebsführer, die sich nach dem Kriege im Stile Speers als unpolitische Technokraten stilisierten, vermeintlich naiv und ohne viele politische Kenntnisse. Solche Einwände rekurrieren implizit immer wieder auf das verbreitete Bild von dem, was ein Nationalsozialist «eigentlich» gewesen sei.

Je genauer man also hinzuschauen begann, desto klarer wurde sichtbar, dass das seit Kriegsende entwickelte Bild von den Nationalsozialisten offenbar unzutreffend war: Unter den führenden Protagonisten der Rasse- und Kriegspolitik des Regimes waren viele Männer, deren Entwicklung und Eigenschaften in Widerspruch zu dem standen, was man sich gemeinhin unter einem Nazi vorstellte: Sie waren jünger, besser ausgebildet, beruflich erfolgreicher und persönlich weniger konform als vermutet. Vor allem aber war ihr politischer Werdegang weitaus weniger einheitlich: Ein Teil von ihnen war schon vor 1933 zur NS-Bewegung gestoßen, ein anderer Teil aber hatte vor 1933 andere politische Richtungen im rechten Umfeld bevorzugt. Wenn das zutrifft, dann ist es nötig, die an den Verhältnissen vor 1933 gewonnenen Definitionskriterien, wer ein Nationalsozialist gewesen sei, zu überprüfen.

II.

Das Bild von der deutschen Rechten in Weimar, das wir im überwiegenden Teil der Literatur finden – auch hier gibt es Ausnahmen, aber nicht viele – trennt zwischen verschiedenen Gruppierungen und Richtungen sehr scharf. Die Konservative Revolution als Gruppierung aristokratisch-revolutionärer nationalistischer Denker; die Deutschnationalen und der Stahlhelm; die ästhetisierenden soldatischen Nationalisten; die völkischen Schwärmer; die Traditionskonservativen mit vielfältigen Verästelungen; die zwischen Republik und Diktatur oszillierenden Leute vom Jungdeutschen Orden – und von all diesen Gruppen separiert: Hitler und die Nationalsozialisten.

Bei dem Versuch, Klarheit über diese verwirrende Vielfalt zu gewinnen, ist es nützlich, bei der sich neu formierenden politischen Rechten der Frühphase der Weimarer Republik grob zwei Gruppen zu unterscheiden, die allerdings auf eine spezifische und noch zu erläuternde Weise miteinander verknüpft waren:

Auf der einen Seite die *Traditionsrechte*, herkommend aus Nationalen, Konservativen und Alldeutschen des Wilhelminismus – durch den Ersten Weltkrieg, mehr noch durch Niederlage, Revolution, Republikgründung und durch Versailles radikalisiert, aber in Vielem auch von anachronistischer Gestalt und Gesinnung, in welcher die verwehte Herrlichkeit des Reiches unter Bismarck und Wilhelm II. nach wie vor die politische Vorstellungswelt bestimmte. Parteipolitisch hatte sie sich nach dem November 1918 in drei Richtungen neu gruppiert; in die DNVP, die DVP und die sogenannten Vaterländischen Organisationen. Hier bereits waren die Grenzen zur Neuen Rechten fließend.[16]

Diese *Neue Rechte* hingegen bestand vor allem aus einer nahezu nicht überschaubaren Zahl von völkischen Gruppierungen, Bünden und Parteien, Resten versprengter Freikorps, Teilen der bündischen Jugendbewegung. Diese Welt der rechtsradikalen Bünde und völkischen Verbände war jedoch kein festgefügtes politisches Lager, sondern eher ein Milieu, ein fiebriger Dauerzustand aus Kundgebungen und Geheimtreffen, Verbandsneugründungen und -auflösungen, gekennzeichnet eher durch

Stimmungen und Personen als durch Programme und Parteien. Die weit überwiegende Zahl der Mitglieder oder derer, die sich diesen Gruppen zugehörig fühlten, war jung und sehr jung. Viele von ihnen waren noch in der letzten Kriegsphase Soldat geworden, so etwa die Angehörigen der Jahrgänge 1900 und 1901, und kämpften nach Kriegsende nun weiter gegen innere und äußere Feinde – gegen Spartakus und Ruhrarmee, gegen die Münchener Räterepublik, gegen die Polen an der östlichen Grenze des Reiches oder die französische Besatzungsmacht im Ruhrgebiet und im Rheinland. Schon von hierher rührte die Orientierung auf Gewalt, die man durch die gesamte Weimarer Zeit hindurch als prägendes Merkmal verfolgen kann.

Beide Fraktionen des «nationalen Lagers», wie es vielfach zusammenfassend betitelt wurde, waren aber, so sehr sie sich in Bezug auf ihr Politikverständnis und die Form ihres Auftretens auch unterschieden, miteinander auf vielfältige und bemerkenswerte Weise verknüpft. Statt in der Öffentlichkeit von Parteitagen unter den Augen der Presse und der politischen Gegner über Sachfragen zu streiten, entwickelte sich hier eine halböffentliche Struktur von Clubs und informellen Vereinen, die einerseits eine gewisse soziale und politische Exklusivität sicherstellte, andererseits zahlreiche Querverbindungen zwischen Personen und Gruppierungen ermöglichte, welche in der Öffentlichkeit gegeneinander standen, ohne dass dies dem Publikum offenbar werden musste. Diese neokonservative Ringbewegung erreichte die rechtsradikalen Intellektuellen im Umkreis von Möller van den Bruck, Ernst Jünger oder Martin Spahn ebenso wie die Spitzen der Vaterländischen Verbände, der völkischen Zirkel, der studentischen Korporationen und Bünde, umfasste aber auch die führenden Vertreter von Teilen der alten Eliten, also der Reichswehr, der Verwaltung, der Großagrarier und der Industrie, sowie der rechten und konservativen Parteien bis hinein in DVP und Zentrum.[17]

In dieser Form der Vergemeinschaftung spiegelte sich zum einen die Ablehnung parlamentarischer Strukturen und des als der deutschen Tradition fremd angesehenen Parteienwesens wider, zum anderen aber auch ein ausgeprägtes aristokratisches

Bedürfnis, ein Elitismus, der in denkbar scharfem Kontrast stand zu den apostrophierten Zielen der «Volksgemeinschaft» und der «Überwindung der Klassenschranken». Zugleich aber fand in diesen Zirkeln der alt- und neurechten Ringbewegung eine intensive Diskussion um Ziele und Wege der nationalen Revolution statt, die freilich in ihren Grundstrukturen nach wie vor elitär gedacht wurde.

In den ersten Wochen und Monaten nach dem Kriege war die radikale Rechte in Deutschland zersplittert und demoralisiert, ideologisch und organisatorisch ungeordnet. Diese Position der Defensive begann sich jedoch bereits seit Anfang 1919 zu verändern. Grundlage dieser Entwicklung war vor allem die Wahrnehmung des Krieges und der unmittelbaren Nachkriegszeit in großen Teilen der Bevölkerung. Der Krieg hatte Deutschland nie direkt erreicht; die nationalen Energien waren nicht verbraucht. Eine realitätsverleugnende Grundstimmung, eine radikale Widerstandspose kam deshalb schon in jenem vielzitierten «Traumland der Waffenstillstandsperiode» auf, also der Zeit zwischen November 1918 und Mai 1919. Als dann am 7. Mai 1919 die Friedensbedingungen der Alliierten übergeben wurden, konnten Erschrecken und Empörung in Deutschland nicht größer sein. Unternehmer- und Gewerkschaftsverbände erklärten gemeinsam, der Vertrag sei nichts anderes als das «Todesurteil für das deutsche Wirtschafts- und Volksleben». Seit Weltgedenken sei an keinem so großen, so arbeitsamen und gesitteten Volk ein solches Verbrechen verübt worden, wie es nun gegen Deutschland geplant sei.[18] «Unser Unglück ist ohne Grenzen, es ist nicht auszuschöpfen in der Zeit unseres Lebens», schrieb der nationalliberale Historiker Hermann Oncken. «Man wird vergeblich in der Geschichte seit Karl dem Großen nach einer Parallele zu einer gleichen Verknechtung des besiegten Volkes suchen.»[19] Die Selbstversenkung der im britischen Stützpunkt Scapa Flow internierten deutschen Flotte am 21. Juni und eine Aktion von Berliner Studenten und Freikorpsangehörigen, die in das Berliner Zeughaus eindrangen und die im Kriege 1870/71 erbeuteten französischen Fahnen verbrannten, können als Belege gelten für jene Mischung aus Enttäuschung, ohnmächtiger

Wut und der Weigerung, der durch die Niederlage geschaffenen Realität ins Auge zu sehen, die die Stimmung im Frühsommer 1919 prägte. «Es war vielleicht die verhängnisvollste Wirkung des Versailler Friedensvertrags», hat Martin Broszat dazu treffend formuliert, «dass er die fällige deutsche Selbstkritik an der wilhelminischen imperialistischen Vorkriegs- und Kriegspolitik nach 1919 weitgehend zuschüttete.»[20]

Bereits während der öffentlichen Diskussionen um die Friedensbedingungen im Mai und Juni 1919 begann eine hemmungslose Agitation der Rechten gegen die Regierung und insbesondere gegen jene Kräfte, die als Promotoren und Drahtzieher der Unterzeichnung denunziert wurden. Die gemeinsame Stoßrichtung der nationalistischen Honoratioren um den Deutschnationalen Karl Helfferich, die Matthias Erzberger systematisch als Reichsverderber verleumdeten, und der rechtsradikalen Studenten in der Organisation Consul, die ihn ermordeten, verweist auf die Arbeitsteilung und die Kooperation in der «Großen Rechten», wie das intern vielfach gespaltene nationale Lager zeitgenössisch vielfach bezeichnet wurde.[21]

Die heroische Pose galt fortan als Ausweis eines edlen, idealistischen Patriotismus, verbunden mit einer dumpfen Prophezeiung der Rache. Es war kein Radikalnationalist, sondern der Präsident der Nationalversammlung, der Zentrumsabgeordnete und spätere Reichskanzler Konstantin Fehrenbach, der am 12. Mai 1919 in der Nationalversammlung diese Perspektive gewiesen hatte: «Dieser Vertrag ist eine Verewigung des Krieges. Und jetzt wende ich mich an unsere Feinde, in einer Sprache, die auch Sie verstehen: memores estote, inimici, ex ossibus ultor. Aber auch in Zukunft werden deutsche Frauen Kinder gebären, und die Kinder, die in harter Fron aufwachsen, werden imstande sein, nicht nur die Hand zur Faust zu ballen, sie werden mit dem Willen erzogen werden, die Sklavenketten zu brechen und die Schmach abzuwaschen, die unserem deutschen Antlitz zugefügt werden will.»[22]

Vor allem die Berliner Studenten waren national entflammt. Die Mehrheit von ihnen hatte den Krieg aktiv miterlebt, viele gehörten den Freikorps und Zeitfreiwilligen an, die der Regierung jetzt gegen Spartakus und Polen zur Seite standen. Ihre Erfahrungen während der ersten Jahreshälfte 1919 ließen die Erlebnisse des Krieges und der Nachkriegszeit zu einem einheitlicheren und politisch formulierbaren Bild von der politischen Entwicklung und Lage des Reiches zusammenwachsen. Denn die bewaffneten Auseinandersetzungen während des «Spartakus-Aufstandes» im Januar 1919 in Berlin schienen die Voraussagen der Rechten vor einer unmittelbar drohenden bolschewistischen Revolution zu bestätigen. Die Erfahrungen der Revolutionszeit, die Kämpfe an der Ostgrenze des Reiches zu Polen, die Besetzung der Rheinlande durch die Westalliierten und schließlich vor allem die Friedensbedingungen von Versailles hatten eine forcierte Politisierung und Radikalisierung zur Folge. Als deren wesentliche Kennzeichen galten die zunehmende Distanz zur neuen Republik und ihren Regierungen, die deutliche Absetzung vom «Patriotismus» alter Prägung, der sich im November 1918 als offensichtlich überholt und politisch untauglich erwiesen hatte, die Anknüpfung an die völkische Jugendbewegung der Vorkriegszeit – und der Antisemitismus.[23]

Nicht die Prophezeiungen der Liberalen und Linken hatten sich für sie bestätigt – Menschenrechte, Demokratie, Internationalismus –, sondern jene der radikalen Rechten: die wirtschaftliche Versklavung Deutschlands, die Abtrennung von Gebieten mit mehr als drei Millionen Deutschen vom Deutschen Reich, die Nichtaufnahme in den Völkerbund, die Absage an die selbst aufgestellten Prinzipien der Selbstbestimmung bei unterbundenen oder nicht wirksamen Volksabstimmungen im Osten und Südosten. Sie bewirkten eine tiefgreifende Abkehr vom Westen nicht nur bei der alten, sondern vor allem bei der neuen, jungen Rechten in Deutschland.

Die erst im Vertrag von Versailles einem Großteil der Bevölkerung schockartig zu Bewusstsein gekommene militärische Niederlage hatte zudem in den Augen auch solcher, die den radikalen Rechten zuvor fern gestanden hatten, deren Hauptaussagen eine quasi empirische Validität verliehen, und erst *dies* kennzeichnet den tiefgreifenden Unterschied der deutschen gegenüber der Entwicklung in den Staaten des Westens, wo die ja gleichfalls vorhandenen rechtsextremen Potentiale eben keine umfassende Aufwertung und Bestätigung durch die Erfahrung der Niederlage und des Zusammenbruchs erhielten. Denn durch die Ereignisse der Nachkriegsjahre, die im Mythos von der Versailler Versklavung ihre Zusammenfassung fand, schienen sich aus dieser Sicht eben nicht die Kategorien von Menschenrechten und Demokratie, wie sie noch von dem amerikanischen Präsidenten Wilson verkündet worden waren, zu bestätigen, sondern die Aussagen der nationalistischen Rechten.

Auf der Basis dieser Erfahrungen und ihrer politischen Interpretation und aufruhend auf den tradierten und sich allmählich konsolidierenden Vorstellungen der Rechten seit den 1890er Jahren baute sich nun vor allem in der jungen Generation des deutschen Bürgertums ein Gegenmodell zur liberalen Welt von 1789 und 1848 auf, die bereits als offensichtlich gescheitert und durch den Versailler Vertrag auch als diskreditiert angesehen wurde. Dieses Gegenmodell, das auf Volk und Rasse statt auf die Rechte und die Würde des Individuums, auf politische Biologie, Antisemitismus und territoriale Expansion statt auf Toleranz, Internationalismus und konsensualen Interessenausgleich abhob, bot eine weltanschauliche Grundlage, die nicht nur die jüngsten historischen Entwicklungen zu erklären imstande schien, sondern auch tendenziell alle Probleme und Irritationen der modernen Welt auf ein dahinterstehendes Grundmuster zurückzuführen versprach.

Im Mittelpunkt des politischen Denkens der Neuen Rechten der 20er Jahre stand der Begriff des «Volkes». Entscheidend für die Zugehörigkeit zum deutschen Volk war in Aufnahme der nun gemachten Erfahrungen nicht eine subjektive Kategorie, nämlich deutsch «zu empfinden», sondern eine objektive: Abstammung, Geschichte und Kultur. Waren «Geschichte und Kultur» dabei als nationalkulturelle Faktoren zu verstehen, bedeutete «deutsche Abstammung» die Bejahung des Volks-Begriffs als einer biologischen Kategorie und, wie sich im Rahmen der sich zuspitzenden Kontroversen bald zeigte, des rassenbiologischen Prinzips.[24]

Seit dem Sommer 1919 war angesichts der deutschen Gebietsabtretungen, wie sie als Ergebnis des Krieges in den Bedingungen von Versailles festgeschrieben waren, die aktuell-politische Bedeutung einer solchen Hervorhebung des «Volks»-Begriffs offensichtlich: Nicht der Staat, der, wie zu beobachten, auch untergehen konnte; nicht die Nation, die an den bestehenden Nationalstaat gebunden war, sondern das «Volk» als quasi gegebene, «organische» Kategorie begründete die Zusammengehörigkeit der Deutschen. Damit verbunden war die Ablehnung des Staatsbürgerbegriffs. Zum «Volk» gehörte auch, wer keine deutsche Staatsangehörigkeit besaß, aber deutscher «Abstammung» war. Das schloss deutsche Minderheiten in Ost- und Südosteuropa ein. Nicht zum «Volke» gehörte, wer zwar Staatsbürger, aber nicht «deutscher Abstammung» war. Das aber richtete sich in erster Linie gegen die deutschen Juden.

Hier wird deutlich, wie sich der neue Nationalismus, auf vielfältige neue Erfahrungen aufruhend, mit dem Gedankengut der alten Rechten verband – und je näher man hinschaut, desto mehr verwischen sich die Differenzen. Der sich etablierende neue Antisemitismus war je nach Klassenlage und Kulturstufe wild und schreierisch – oder indigniert und «wissenschaftlich»: Jedenfalls war er Teil der Identitätsmerkmale des nationalen Lagers, wenngleich er in der Bevölkerung bei weitem nicht eine so herausragende, dynamisierende Bedeutung besaß wie bei der aktivistischen Rechten.

Nur ein Jahr nach Kriegsende und Revolution war die deutsche Rechte wieder in der Offensive. Vor allem der Mythos von Versailles steht hier symbolisch für die Reetablierung der nationalistischen Rechten, der es gelang, die innenpolitischen Gegner mit der Schmach der Niederlage zu belegen und zu delegitimieren. Die unmittelbare Schlussfolgerung der Rechten aus dieser Entwicklung bestand in dem Versuch der schnellen Lösung: über den Kapp-Putsch 1920 oder den Hitler-Putsch 1923 sofort wieder an die Macht zu kommen. Das erwies sich als ein Fiasko, weil die Rechte organisatorisch zersplittert, politisch noch nicht vereinheitlicht und sozial noch ohne feste Grundlage dastand, und es bedurfte eines zweiten Anlaufes zehn Jahre später, um unter gewandelten Bedingungen dieses Ziel zu erreichen. Als längerfristig folgenreich erwies sich jedoch, dass die Ereignisse der Nachkriegsjahre den ideologischen Grundpositionen der radikalen Rechten in größeren Teilen der Bevölkerung, vor allem im deutschen Bürgertum und zumal in der bürgerlichen Jugend eine tiefgreifende Legitimation verliehen, die verbunden war mit der bereits frühzeitig formulierten Aufforderung, diese Schmach, dieses «größte Unrecht, das je einem Volk angetan» worden sei, dereinst zu rächen.

III.

Wie sich die radikalen Nationalisten in den verschiedenen Organisationen und Bünden zur aufsteigenden Hitler-Partei stellten, wurde schon vor den ersten Erfolgen der NSDAP 1929/30 vielfach erörtert, zumal sich der Aufstieg der Hitler-Bewegung ja nicht zuletzt in den Universitäten bereits seit längerem angekündigt hatte. Aber erst seit den Septemberwahlen 1930, die den Nationalsozialisten einen Erdrutschsieg bescherten, stand diese Frage im Mittelpunkt.

Für viele Konservative und Deutschnationale war die Hitler-Partei im Grunde kein akzeptabler Partner – aber nicht so sehr wegen ihrer Programmatik, die ja in nahezu allen Punkten mit den gängigen Positionen der radikalen Rechten übereinstimmte: Zerschlagung des Parlamentarismus, Aufbau einer wie immer gearteten autoritären Regierungsform, Zerschlagung der Arbeiterbewegung und ihrer Organisationen, Revanche für die Niederlage des Ersten Weltkrieges, Aussonderung der kranken, schwachen, delinquenten Teile des Volkes und antijüdische Gesetze – so etwa könnte man den Konsens der Rechten zu dieser Zeit grob umreißen.

Gegen eine Unterstützung der NSDAP sprach vielmehr die «rohe Ungeistigkeit» der Partei und ihrer Führer, vor allem aber ihre auf Mehrheiten und Massenunterstützung ausgerichtete Taktik. Andererseits war die schlichte Ignorierung der Nationalsozialisten angesichts ihrer wachsenden Bedeutung ebenfalls nicht möglich. Der nationalistische Aktivist und Autor Edgar Jung brachte diese widersprüchliche Haltung kurz vor der NS-

Machtübernahme beispielhaft zum Ausdruck. Der Rückgriff auf die Massen, so schrieb er, könne nur Mittel zur Machtgewinnung, nicht Ziel der nationalen Erhebung sein. Die Nationalsozialisten seien daher nur das «Referat Volksbewegung» innerhalb des nationalen Lagers. Aber der Nationalsozialismus sei «unsere Volksbewegung», und die Organisation der Massen sei ein unumgängliches Zugeständnis an den einzig möglichen Weg zur Machtergreifung. Es sei daher Aufgabe und Verpflichtung der nationalistischen Intellektuellen, in dieser Bewegung prägend zu wirken. Jung sah hier die Hitler-Partei als Erbe oder Produkt des Kampfes der gesamten Rechten und erinnerte dabei explizit an die Freikorps, die Rheinlandbewegung, den Juni-Club, die akademischen Zirkel.[25]

Nicht zurückzustehen, sondern das Positive im Nationalsozialismus aufzunehmen und der Bewegung den eigenen Stempel aufzudrücken – solche Vorstellungen waren unter den jungen radikal-nationalistischen Intellektuellen dieser Zeit durchaus verbreitet. Und nicht nur dort. Dass die Nazis zwar eine grob ungeistige Bewegung seien, aber doch bestes junges deutsches Volkstum, war etwa auch die Überzeugung vieler deutscher Professoren aus der älteren Generation.

Dass die Nazis selbst Ausdruck der Masse, der Straße, waren, die man so sehr verachtete, war *common sense* im deutschen Nationalkonservatismus – und doch schien nur so ein Ausweg aus den Verschlingungen der Moderne möglich, um die technische Moderne akzeptieren, deren zivilisatorische Auswirkungen aber abstreifen zu können. Auch in der Reichswehr waren die Bedenken gegen die Nazis nicht gering, aber mit keiner anderen Bewegung war das Prinzip der Wehrfreiheit wieder zu erlangen, die Schmach von 1918 zu tilgen und der Großmachtstatus Deutschlands wiederherzustellen.

Dabei ist der Topos des Erwachens, der Wiederauferstehung Deutschlands mehr als ein reiner Propaganda-Begriff. In ihm vermittelte sich vielmehr das Bild des Alptraums, der Umnachtung Deutschlands seit dem Ende des Ersten Weltkrieges. Wie immer man im nationalen Lager im Einzelnen zur Hitler-Bewegung stand – sie verkörperte doch, wenngleich roh und ungebärdig, das, was man selbst wollte und fühlte: den Drang zum Wiederaufstieg als Großmacht, den Wunsch nach Revanche und Rache für das erlittene Unheil. Um dieses Ziel zu erreichen, war man zu vielfältigen Zugeständnissen bereit.

Zudem, das wird oft übersehen, schien die Machtübernahme der Nationalsozialisten in vielen Bereichen des politischen und des wissenschaftlichen Lebens Möglichkeiten zu bieten, nun endlich den Primat der Gemeinschaft, des Volkes vor den Rechten des Individuums durchsetzen zu können – ohne störende Rücksichtnahme auf Widersacher, auf humanistische Bedenken, auf religiöse Einwände – und ebenso den Vorrang des Deutschen vor den Interessen anderer Völker. Für Juristen und Kriminologen bedeutete dies, dass nun die Vorstellung der Ausrottung der Kriminalität durch die Ausrottung der Kriminellen endlich in die Wirklichkeit umsetzbar werden konnte. Für Mediziner und Bevölkerungswissenschaftler wurde die Eugenik, das heißt die Bevorzugung der erblich gut Veranlagten und die Vernachlässigung der schlecht Veranlagten, endlich zur staatlich geförderten Praxis. Für die Militärs bedeutete das Aufrüstungsprogramm die ersehnte Perspektive der militärischen Revanche. Für viele Unternehmer bot sich mit der Zerschlagung der Arbeiterbewegung die Möglichkeit, ohne störende Einflüsse von Betriebsrat und Gewerkschaft in ihrer Firma wirken zu können. Kurz, für zahlreiche Gruppen und Professionen bedeutete die Machtübernahme Hitlers die lang ersehnte Möglichkeit zur Durchführung ihrer seit langem gehegten Pläne allein dadurch, dass ihre Widersacher ausgeschaltet wurden.

So finden wir in den Führungsfunktionen der sich etablierenden Parteistellen und Ministerien, Ämtern und Institutionen des «Dritten Reiches» bald Vertreter nahezu aller Variationen des nationalen Lagers, mit Ausnahme derjenigen Führer konkurrierender Verbände, die mit den Nazi-Führern allzu sehr rivalisiert hatten und den Sieg der «Münchener Richtung», wie Ernst Jünger es nannte, über die anderen nicht anerkennen wollten. Im SD und im Geheimen Staatspolizeiamt, den beiden Zentralstellen des NS-Terrors, finden wir ehemalige Jungdo-Führer und Anhänger der nationalen Jugendbewegung, völkische Studentenführer, Funktionäre des NSDStB und Freikorpskämpfer, aber auch Angehörige eher konservativer Gruppen – vor allem aber Männer, die bis 1930/31 abgewartet hatten, welche Richtung des nationalen Lagers sich durchsetzen würde, um dann, ganz im Sinne Jungs, in die NSDAP einzutreten.[26]

Dabei blieben unterschiedliche Positionen zu einzelnen Fragen durchaus bestehen – in der Kirchenfrage etwa, in der Frage des Verhältnisses zur Sowjetunion oder, besonders aufschlussreich, in der Frage, ob man ein Gebiet mit nichtdeutscher Bevölkerung wie die sogenannte Resttschechei ins Reich integrieren dürfe. Solche Differenzen bezogen sich aber durchaus nicht oder nicht in erster Linie auf diejenigen Fragen, die man als kennzeichnend für die Politik der Nationalsozialisten insgesamt ansehen wird. Dissens in Einzelfragen, Zustimmung im Generellen, zunehmend vermittelt durch die Figur Hitlers, der nicht nur als Integrator der Volksgemeinschaft fungierte, sondern auch als Symbol für die Einigung des nationalen Lagers unter der Führung des Chefs der siegreichen Fraktion – das markierte das Verhältnis der Großen Rechten zur Herrschaft der Nationalsozialisten.

Die ersten sechs Jahre der NS-Herrschaft bis zum Beginn des Krieges sind daher durch einen Prozess der Amalgamierung der traditionellen Nationalsozialisten mit den Vertretern anderer radikalnationalistischer Richtungen und den traditionellen Eliten gekennzeichnet. In diesem Zusammenhang ist die Zerschlagung der SA im Sommer 1934 mithilfe von Wehrmacht und SS als ein Wendepunkt anzusehen. Zwar besetzten SA-Leute und Alte Kämpfer auch nach 1934 weiterhin einige wichtige Positionen, deren bedeutendste vermutlich die Gauleitungen waren, aber in den neuen, zukunftsträchtigen Politikfeldern waren sie nur noch wenig vertreten. Das betraf die Rüstungswirtschaft, das Machtkonglomerat Himmlers aus Polizei, Gestapo, SD, SS und Konzentrationslagern und natürlich die Wehrmacht. Auch in den Ministerialbürokratien gelang es nicht vielen alten Nationalsozialisten, allein über ihre Parteizugehörigkeit in hohe Ämter zu gelangen.[27]

Besonders aufschlussreich ist dabei die Entwicklung der antijüdischen Politik des Regimes. Sie war von den politischen Koalitionspartnern Hitlers anfangs als so etwas wie ein Kompensationsfeld der ansonsten ruhig gestellten NS-Bewegung angesehen worden und hatte auch so gewirkt. Dabei ist zurecht auf das wechselseitige Reagieren von antijüdischen Aktionen von unten und vermeintlich einhegenden, gleichwohl schnell und sukzessive radikalisierten gesetzlichen Bestimmungen von oben verwiesen worden. Diesen Zusammenhang kann man etwa anhand der Nürnberger Gesetze besonders anschaulich beobachten. Spätestens seit den Pogromen des November 1938 aber war die antijüdische Politik ganz in die Hand von Gestapo und SD geraten. Diese setzten die Unterdrückung, Ausbeutung und Vertreibung der Juden nun stiller, aber ungleich radikaler durch, als es die SA-Horden jemals vermocht hätten. Durch die formale Legalisierung der antijüdischen Maßnahmen traten aber auch die Vorbehalte gegen die Form der Politik gegen die Juden zurück.[28]

Mit Beginn des Krieges änderten sich die Koordinaten erneut. Von vielen herbeigesehnt, von vielen befürchtet, produzierte der Krieg nun jenen mentalen Ausnahmezustand, dessen nationalistischer Furor in der Distanz schwer nachvollziehbar ist. Schon die Machtübernahme der Nazis 1933 hatte soziale, liberale, humanistische Einwände gegen solche Maßnahmen beiseitegefegt, die als Teil der Erneuerung, als Schritt zur Wiedererringung der Größe des Reiches apostrophiert wurden. Um wieviel mehr galt dies nun, nach 1939, als der Krieg die dichotomische Struktur des Denkens und Fühlens selbst bei solchen durchzusetzen begann, die es ganz und gar nicht mit den Nazis hielten. Aber wer konnte sich schon dem Sog entziehen, zu den Eigenen zu halten und nicht zu den Feinden, zumal wenn eigene Söhne, Brüder, Väter auf der Seite der Eigenen kämpften, selbst wenn sie es gegen ihren Willen taten.

Der Kriegspatriotismus erwies sich erneut als mächtige Kraftquelle für radikale Bewegungen; und er schwemmte Einwände, kritische Bemerkungen oder auch nur ungute Gefühle hinweg. Das reichte sehr weit. Denn der Krieg und seine zunehmende Ausweitung und Verschärfung rechtfertigten dann selbst solche Maßnahmen gegen Regimegegner, gegen die Bevölkerung der eroberten Länder und natürlich gegen die Juden, die wenige Jahre zuvor noch bei vielen Deutschen vermutlich auf Kritik und Ablehnung gestoßen wären. Solches aber stand nun immer in der Nähe unpatriotischen Verhaltens.

Die Motive der Einzelnen, selbst angesichts des Äußersten noch weiterzumachen und seine Rolle zu erfüllen, sind dabei nur schwer exakt herauszupräparieren. Hier gab es zahlreiche Elemente, die Solches zu erleichtern halfen. Die bürokratische Arbeitsteilung wird hier oft genannt: Selbst der Judenmord wurde noch in zahlreiche Einzelvorgänge separiert, sodass der Einzelne nicht den Eindruck hatte, für das Ganze mit verantwortlich zu sein, das er angesichts seiner reduzierten Aufgabe kaum überblickte. Die Einbindung des Mordens in jeweils andere, scheinbar nicht ideologisch motivierte, Zielsetzungen war hier ein zentrales Element: die Deportation der Juden aus Gründen des Seuchenschutzes oder der Bekämpfung von Partisanen, des Kampfes gegen den Schwarzhandel, aus Platzmangel in den Gettos usw. In dem Maße, in dem es der Regimeführung gelang, ihre Politik, auch ihre Politik des Völkermords und der Vernichtung, mit patriotischen Motiven und utilitaristischen Zielsetzungen zu verknüpfen, wurden Widerstand und Einspruch dagegen jedenfalls über den engen privaten Kreis hinaus immer schwieriger – und nicht allein wegen der Angst vor der Geheimpolizei. Dabei gerieten die eigenen Dissonanzen oder partiellen Unzufriedenheiten mit der Regierung und sogar prinzipielle Gegnerschaft gegen Hitler und sein Regime an den Rand. Und da man einmal mitgemacht hatte, kehrte sich die Legitimationsrichtung oft einfach um. Man tat nicht, weil man es wollte; sondern man wollte es, weil man es tat.[29]

IV.

Wer also waren die Nationalsozialisten? Typologien nach politischen Einordnungen von konservativ über nationalistisch und völkisch bis nationalsozialistisch helfen hier nicht weiter. Der sozialpolitisch Konservative, der die DAF verachtete und Hitler für einen Emporkömmling hielt, konnte gleichwohl ein radika ler Judenfeind sein. Ein kunstsinniger Edelmann entpuppt sich als skrupelloser Volkstumskämpfer. Ein pflichtbewusster Finanzbeamter fungiert als Organisator der Arisierung und der fiskalischen Ausbeutung Polens. Der herausragende General, in dessen Umfeld der Widerstand des 20. Juli organisiert wurde, war zugleich an der Vorbereitung des Vernichtungskrieges gegen die Sowjetunion entscheidend beteiligt.

Diese Ambivalenz entpuppt sich bei näherem Hinsehen als Problem unseres Bildes vom Nationalsozialismus. Wie konnte einer, der mit dem schlechthin Bösen kooperierte, dennoch kunstsinnig sein, konservativ, pflichtbewusst – oder auch in manchen Bereichen ein stringenter Gegner der Politik des Regimes? Eine Antwort ist: indem er das Regime eben nicht als das schlechthin Böse ansah – oder erst sehr spät –, sondern als eine gewiss mit Fehlern behaftete, aber im Grundsatz doch positive, ja berauschende und überragend erfolgreiche Bewegung – allemal besser als das Trauma aus Niederlage und Erniedrigung, das man in den Jahren zuvor erlebt zu haben meinte. Eine andere Antwort: weil er von dem, was er schrieb, entwarf, anordnete und befahl, überzeugt war: weil dadurch die ethnische Neuordnung Europas in Gang gebracht, die deutsche Vorherrschaft gesichert, die Wirtschaftsstruktur verbessert, der Bevölkerungsüberschuss abgebaut, die Kriminalität ausgemerzt, Schleichhandel, Seuchen und Spionage bekämpft wurden. Die nationalsozialistische Vernichtungspolitik war eben keine Exzesstat wahnsinniger Ideologen und asozialer Verbrechertypen, wie wir es uns lange Zeit beruhigend zurechtgelegt haben. Sie war vielmehr Teil der deutschen Kriegs- und Besatzungspolitik insgesamt, und ihr Rational war die Durchsetzung deutscher Interessen. *Nicht* ambivalent, also einmütig gestimmt und ohne Zweifel, war dabei vermutlich nur eine Minderheit der daran Beteiligten – eben jene fanatischen Ideologen und dumpf-skrupellosen Massenmörder, die es ja auch zuhauf gab. Sie hatten es nach 1945, wenn sie Kriegs- und Nachkriegszeit überlebten, auch am schwersten, sich in die neuen Verhältnisse einzuleben, und unter ihnen sind auch die meisten der durch alliierte oder deutsche Gerichte Verurteilten. Für die akademisch ausgebildeten Köpfe aus Verwaltung, Polizei, Medizin und Wissenschaft hingegen war die Rückkehr einfacher, indem ihr eigenes Tun als nicht spezifisch nationalsozialistisch apostrophiert wurde, was bis zu einem bestimmten Punkt ja auch zutraf.[30]

So entpuppt sich die Vokabel von den «ambivalenten Funktionären» als falscher Gegensatz. Sehen wir darin die uns überraschende Verbindung von Fanatismus und Tatbereitschaft einerseits, von Zweifeln und partiellem Dissens andererseits, so beschreiben wir damit vermutlich den überwiegenden Teil der NS-Funktionäre, haben wir uns einmal von jenem Zerrbild des perversen Asozialen gelöst, wie es sich in der Legende von Ilse Koch manifestierte. Indem man erkennt, dass das NS-Regime und seine Verbrechen nicht von einer anderen Gesellschaft und anderen Menschen betrieben wurden als von den uns wohlvertrauten, wird man die Entdeckung der Ambivalenz für einigermaßen selbstverständlich halten.

Zugleich aber ist damit nicht die Ambivalenz des historischen Urteils zu verwechseln. Wir werden jemanden, der für den Mord an Tausenden von unschuldigen Menschen verantwortlich ist, ja nicht deshalb positiver bewerten, weil er zugleich ein brillanter Jurist, ein fähiger Verwaltungsmann und ein Kämpfer gegen die Korruption war, wie Dr. Losacker. Nicht einmal sein Eintreten für den polnischen Teil der Bevölkerung verändert diese Bewertung, weil es in Beziehung steht zu der überaus eifrigen und effektiven Organisation des Mords an den Juden des von ihm befehligten Bezirks. Die Vorstellung, nur wer ganz und gar böse, ganz eindimensional und un-ambivalent sei, sei zu solchen Taten fähig, erweist sich am Ende als Selbstschutz vor allzu großer, aufdringlicher Nähe dieses Geschehens. Nun aber erkennen wir diese Protagonisten ohne solche Schutzvorrichtungen als wirkliche Menschen ohne hilfreiche Anomalien. Unsere Aufmerksamkeit wird dann stärker von dem gelenkt, was sie taten, und weniger von dem, was sie waren. Das müssen wir als Fortschritt erkennen.

2. Was haben die Nationalsozialisten aus dem Ersten Weltkrieg gelernt?

Der Nationalsozialismus war ein Kind des Krieges, mehr noch: ein Kind der Kriegsniederlage. Wie die meisten völkischen Gruppen der unmittelbaren Nachkriegszeit war er aus der Konkursmasse der Vaterlandspartei entstanden, besser: geformt worden. Ideologisch übernahm er vom radikalen Nationalismus der Kriegs- und Vorkriegsjahre alles: die Interpretation der Geschichte, des Krieges, der Niederlage, die Vorstellungen von Gegenwart und Zukunft, den Antibolschewismus und den Antisemitismus, die völkische Idee, die Gegnerschaft zu Liberalismus und Demokratie, die Ablehnung der Zivilisation und Kultur der Moderne – und das Brennen auf Revanche. Neu war in Analogie zur sozialistischen Linken der proletarische Gestus, die Orientierung auf öffentliche Gewalttätigkeit und Massenmobilisation sowie die Betonung von Jugend und die Ablehnung der wilhelminischen Welt. Vor allem aber ein unbändiger, wilder Radikalismus, in dem wir den Ausdruck der Verzweiflung und des Hasses über Kriegsniederlage und Revolution erkennen.

Indes: Nach dem Krieg dominierte die Mitte. Trotz der diversen Putsch- und Aufstandsversuche von links und rechts erreichten die Parteien der konstitutionellen Bewegung in den Wahlen zur Nationalversammlung drei Viertel der Stimmen. Die DNVP, der Zusammenschluss der beiden konservativen Parteien und der Antisemitengruppen des Kaiserreichs, erhielt gerade einmal 10,3 Prozent; die DVP 4,4. Wenn man von der Partei der positiven und der Partei der negativen Kriegserfahrung spricht, die sich in den Weimarer Jahren unversöhnlich gegenüber standen und die politische Öffentlichkeit dieser Jahre konstituierten, so besaß das kritische, die Leiden und den Mangel der Kriegsjahre betonende Lager in den ersten Nachkriegsmonaten ein deutliches Übergewicht.

Das änderte sich im Verlauf der folgenden drei Jahre dramatisch, und neben der Inflation und dem Bürgerkrieg, die Deutschland von 1919 bis 1923 erschütterten, waren es vor allem die Friedensbedingungen von Versailles, welche zu einem Umschwung der Kräfteverhältnisse beitrugen. Die kulturelle und die politische Hegemonie verlagerten sich sukzessive nach rechts. Diese Entwicklung ist vielfältig analysiert worden, und die Hinweise auf die verbreiteten Hoffnungen auf einen leichten, einen Wilson-Frieden stehen dabei ebenso im Vordergrund wie die nur sehr langsam verbreitete Einsicht in Ausmaß und Totalität der Niederlage – hatte man doch die deutschen Truppen bei ihrer Heimkehr von der Front noch wie Sieger begrüßt. In Mainz etwa, wo sie in bester Ordnung mit klingendem Spiel in die Stadt marschierten – «als Helden, als ungeschlagene, unbesiegte Helden», wie die bürgerliche Lokalzeitung ebenso begeistert wie ratlos schrieb.[1] Nun aber der Untergang ins Nichts.

Der Zusammenbruch des Reiches, schrieb ein anderer Zeitgenosse klagend, sei ja gerade deswegen «so schwer und entsetzlich, da er den Sturz aus einer Höhe brachte, die heute, angesichts des Jammers der jetzigen Erniedrigung, kaum mehr vorstellbar ist… Man kann sich kaum mehr der früheren Höhe erinnern, so traumhaft unwirklich gegenüber dem heutigen Elend erscheint die damalige Größe und Herrlichkeit.»[2]

Nun erst, nach Versailles, wurden die Fragen nach den Ursachen für diesen Sturz drängend, setzte in Deutschland der eigentliche Kampf ein um die Interpretation des Ersten Weltkriegs und der Ursachen für die deutsche Niederlage. Auf der Linken bis hin zur DDP bildete sich dabei ein Interpretament heraus, das auf vier Säulen beruhte: 1. dem Ausbruch des Krieges als Folge der zunehmenden Konkurrenz der Großmächte im Zeitalter des Imperialismus; 2. der partiellen oder vorrangigen Mitschuld des Deutschen Reiches am Kriegsausbruch; 3. der Verhinderung von frühzeitigen Friedensschlüssen durch immer weiter greifende Kriegszielkataloge in der Führung von Militär,

Verwaltung und Wirtschaft; und 4. der Niederlage als Folge der Unterlegenheit der Mittelmächte in Bezug auf militärische und wirtschaftliche Ressourcen. Angesichts der riesigen Opferzahlen und der Verheerungen dieses ersten modernen Krieges müsse sich zukünftige Politik vorrangig auf die Verhinderung eines solchen Krieges konzentrieren.

Allerdings, und das war die schwache Stelle der Argumentation der Parteien der Linken und der Mitte, kritisierten auch sie die Friedensbedingungen von Versailles, die Gebietsabtretungen, Reparationsverpflichtungen und den sogenannten Kriegsschuldparagraphen, der Deutschland die Alleinschuld am Ausbruch des Krieges zuschob. Dieses Postulat der deutschen Schuld widersprach nicht nur der Überzeugung der meisten führenden Köpfe etwa der Sozialdemokratie, sondern auch ihrer Anhängerschaft und diskreditierte die Versprechen der Westmächte, eine neue, bessere Weltordnung zu schaffen.[3]

Der Kampf um die Interpretationshoheit in Bezug auf den Ersten Weltkrieg währte bis zum Januar 1933, und mehr noch als die Haltung zum Parlamentarismus oder zur Sozialpolitik markierte dieser Kampf die Grenzen zwischen Feind und Freund; rechts noch mehr als links. Bei allen organisatorischen und ideologischen Unterschieden war es vor allem die spezifische Deutung des Ersten Weltkriegs, die das nationale Lager in Deutschland konstituierte.

Seit 1933 wurde deren Interpretation des Krieges zur Grundlage der politischen und ideologischen Formierung des neuen Deutschland: der Krieg nicht als Lehrmeister des Friedens, sondern als Lehrmeister des nächsten Krieges und der Vorbereitung darauf, so kann man diese Deutungen zusammenfassen, die 1919 einsetzten und bis 1945 reichten – ja selbst darüber hinaus, indem noch bis weit in die Bundesrepublik hinein Versailles als Legitimation für den Zweiten Weltkrieg herangezogen wurde.

Der Krieg als Lehrmeister des Krieges: Bücher, Aufsätze, Denkschriften und Aufrufe zu diesem Thema erschienen seit Ende des Ersten Weltkriegs in großer Zahl, und sie alle arbeiteten sich immer erneut an den Ursachen der großen Schmach ab. Friedrich von Bernhardi, der schon vor 1914 als militärge-schichtlicher Prophet aufgetreten war, publizierte bereits 1920 ein Buch mit dem Titel «Vom Kriege der Zukunft. Nach den Er-fahrungen des Weltkrieges» und schlussfolgerte aus diesen Er-fahrungen, dass zukünftig Kriege nur als Bewegungskriege führ-bar seien, dass die Politiker sich den Militärs zu unterwerfen hätten, dass angesichts des Versagens der Heimat im letzten Kriegsjahr sich in Zukunft die Soldaten von der Heimat zu lösen hätten und als einzige echte Vertreter des Volkes anzusehen seien – allesamt Aspekte, die bald zum Standard der Weltkriegs-deutung des nationalen Lagers gehörten.[4]

Zwei Jahre später postulierte der Oberstleutnant Kurt Hesse, dass nach den deprimierenden Erfahrungen der Kriegs- und Nachkriegszeit der nächste Krieg nur mit einem genialen, von allen anerkannten Führer mit unumschränkten Vollmachten zu gewinnen sei: «Und so wird er sich denn einmal ankündigen, er, auf den wir alle voller Sehnsucht warten, die Deutschlands Not heute tief im Herzen empfinden… Jeder weiß: Er ist der Führer, ihm jubelt jeder zu; ihm gehorcht auch ein jeder… Ein Brutaler und doch ein Gütiger, – ein Unnahbarer unter den Königen oder doch einer der Vielen» – der unumschränkte Führer also nicht als Sonderwunsch der Nationalsozialisten, sondern eine vielfach geteilte, immer wieder neu formulierte Wunschvorstellung mit häufig geradezu messianischen Zügen, abgeleitet aus der Erfah-rung des Weltkrieges.[5]

Ein dritter Autor, Joachim von Stülpnagel, Chef der Heeres-abteilung im Truppenamt der Reichswehr, entwarf 1924 das Sze-nario eines Guerillakrieges gegen Frankreich. Voraussetzung sei dazu die Wehrhaftmachung des ganzen Volkes, der «Kampf ge-gen Internationale und Pazifismus» sowie die «volle Wandlung der inneren Verhältnisse» hin zu einem nationalistischen und militaristischen Regime «unter Ausschaltung der krankhaften parlamentarischen Zustände». Bei diesem Krieg, der aus der Po-sition des quantitativ Unterlegenen geführt werde, weil ein deut-sches Heer von Bedeutung gar nicht bestehe, sei «ein auf das Äußerste zu steigernder nationaler Haß» das wichtigste Treib-mittel des kämpfenden Volkes, das in seinem Kampf «vor keinem Mittel der Sabotage, des Mordes und der Verseuchung zurückschrecken» werde.[6]

Für einen vierten Autor, Max Schwarte, stand in seinem Buch «Der Krieg der Zukunft» (1931) als Konsequenz aus dem Erlebten vor allem der zweiten Kriegshälfte die notwendige «Industrialisierung des ganzen Volkes zum Zwecke der Kriegsführung» im Mittelpunkt – der totale Krieg werde ein Volkskrieg sein, der Unterschied zwischen Soldaten und Zivilisten werde verschwimmen. Einen Schutz der Zivilbevölkerung werde es nicht mehr geben.[7] Die Totalisierung des Krieges gehörte bald zum wichtigsten Postulat dieser Lehren aus dem Weltkrieg, mit Ludendorff als ihrem bekanntesten Protagonisten.

Bei dem Versuch, dieses Lernen aus dem Krieg und aus der Niederlage zu systematisieren und dabei zu fragen, welche Bedeutung dem Ersten Weltkrieg für die Konstituierung der Diktatur und die Vorbereitung und die Praxis der Kriegsführung nach 1933 bzw. 1939 zukam, kann man grob zwischen inneren und äußeren Faktoren der Niederlage unterscheiden. «Die militärische Niederlage», schrieb Adolf Hitler 1924 in Mein Kampf, sei keineswegs eine «unverdiente Katastrophe… Wir haben diese Niederlage mehr als verdient», und zwar zum einen aus Gründen «einer sittlichen und moralischen Vergiftung» im Innern, zum anderen aus äußeren Gründen.[8]

Zunächst zu den inneren Gründen:

1. Der verheerende Einfluss von Urbanisierung, Industrialisierung und westlicher Zivilisation auf das deutsche Volk – diese Basisformel der Modernekritik gehörte spätestens seit den 1890er Jahren zum festen Bestandteil der Überzeugungswelt des neuen Radikalnationalismus und findet sich nach 1919 bei nahezu allen Autoren, die sich mit den Ursachen für die Niederlage beschäftigten. Die Deutschen seien zu bequem geworden, zu stark an die Annehmlichkeiten des Stadtlebens gewöhnt und deshalb nicht mehr ausreichend geeignet, einen so harten Krieg zu führen. Zwar wurde nach der Auflösung der Truppe und der Konstituierung der Soldatenräte im Herbst 1918 auch darüber spekuliert, ob auch die Frontsoldaten, ansonsten immer das

Symbol für Tapferkeit und die Tugenden des deutschen Menschen schlechthin, von diesem Gift beeinträchtigt worden seien. Aber in erster Linie wurden damit der Zusammenbruch der Heimatfront, der sich ausbreitende Pazifismus und die mangelnde Härte der Menschen in der Heimat gegeißelt. Die daraus zu ziehende Lehre war eben die Ablehnung der modernen, als westlich angesehenen Zivilisation und ihrer Begleiterscheinungen des Wohllebens, der Vergnügungs- und Friedenssucht, die Propagierung eines antiurbanen, naturnahen Menschenbildes, die Proklamation von Härte, Entsagung und Soldatentum als Voraussetzung der Wiederwehrhaftmachung des deutschen Volkes, die vor allem in Erziehung und Propaganda wirksam werden sollte.

2. In diesem Kontext stand auch die Überzeugung, dass der negativen Selektion als Folge des Krieges entgegenzuwirken sei; fielen doch im Krieg die Starken und Tüchtigen eher als die Schwachen und die Drückeberger, was auf längere Sicht zur überproportionalen Vermehrung der Minderwertigen und zum Rückgang der Zahl der Tüchtigen führen werde. So argumentierten auch die Befürworter von Eugenik und Euthanasie mit den Erfahrungen des Ersten Weltkriegs, Binding und Hoche etwa in ihrer Schrift «Die Freigabe der Vernichtung lebensunwerten Lebens. Ihr Maß und ihre Form» von 1920, die als eine der ideellen Grundlagen für die Verbreitung des Euthanasiegedankens anzusehen ist.[9]

3. Noch direkter auf die Niederlage bezogen war die Ablehnung von Parlamentarismus, Demokratie, Öffentlichkeit und Parteien. Die innere Zerrissenheit des Volkes während des Weltkrieges habe wesentlich nicht nur zu Verzögerungen und Kompromissen beigetragen, sondern auch die Uneinigkeit und schließlich die Revolution erst ermöglicht. Einen erfolgreichen Krieg könne nur ein einiges Volk führen, das von einer einheitlichen, starken Führung geleitet werde. Ob das der «Militärdiktator» sei, wie ihn Ludendorff in seinen Erinnerungen forderte[10], oder der «Führer», wie ihn die Nationalsozialisten bereits seit ihrer Gründung proklamierten und dann in Hitler fanden – im Krieg der Zukunft sei die innere Geschlossenheit Voraussetzung für den Sieg, die mit Gewalt hergestellt und erhalten werden

müsse. Aus der Analyse des Krieges leiteten sich daher die Eck-
marken der Diktatur ab; der nächste Krieg sei nur gewinnbar,
wenn Spaltung, Widersprüche, Interessengruppen verschwän-
den und durch die politische und rassische Einheit von Volk und
Führung abgelöst würden.

4. Damit einher ging die Heraushebung von Marxismus und
Bolschewismus, also von Sozialdemokraten und Kommunisten,
als den inneren Haupthindernissen eines erfolgreichen Krieges.
Insbesondere die Friedensresolution des Reichstages, die Opposition gegen die deutschen Kriegsziele, gegen den Vertrag von
Brest Litowsk und den erweiterten U-Boot-Krieg, schließlich
die Streiks vom Januar 1918 waren demnach als die wesentlichen
Ursachen für die deutsche Niederlage anzusehen – früh und
klassisch von Hindenburg mit der Dolchstoßmetapher popula-
risiert. In der Wahrnehmung des Nationalsozialismus wurden
dabei die inneren Gegner des Krieges mit den äußeren Feinden
gleichgesetzt: die Vertreter des Internationalismus und des Universalismus im Innern als Verbündete im Kampf gegen die um
ihre nationale Autonomie kämpfende deutsche Nation. Die
Konsequenz daraus war eindeutig: Wer das deutsche Volk wieder wehrhaft machen, wer den nächsten Krieg vorbereiten wollte,
der musste diese Gegenkräfte vollständig ausschalten. Eine nur
partielle Unterdrückung, das hatte das zögerliche Vorgehen der
Kriegsbehörden etwa gegen Gewerkschafter und SPD-Funktio-
näre gezeigt, war unzureichend. Die Dolchstoßlegende war das
zentrale Agitationsinstrument der Rechten in Bezug auf die Ursachen der Niederlage und im Bewusstsein der führenden Nationalsozialisten bis zum Ende des Zweiten Weltkriegs stets ge-
genwärtig. Die deutsche Arbeiterschaft konnte man ideologisch
stilisieren und sozialpolitisch zu integrieren versuchen wie man
wollte – die Angst davor, dass sich die deutsche Bevölkerung erneut gegen den Krieg stellen werde, die Angst vor einer Wiederholung des Januar 1918 und der Novemberrevolution wurde in
der NS-Führung bis 1945 nie ganz überwunden.

5. Diese Befürchtungen waren verbunden mit der Überzeugung, dass die innere Klassenspaltung der deutschen Gesellschaft wesentlich für die Uneinigkeit im Volke und letztlich

auch die Niederlage sei. Daran seien einerseits die Marxisten schuld, weil sie diese Klassenspaltung herbeiredeten. Andererseits aber auch die reichen Unternehmer, mehr noch die Neureichen, die Kriegsgewinnler, die Schieber und Schwarzhändler, welche sich am Krieg bereicherten und die soziale Kluft gegenüber den breiten Bevölkerungsschichten noch betonten. Der daraus gezogene Schluss war die «Volksgemeinschaft», also die Überwindung der Klassenspaltung einerseits durch Unterdrückung jener, die sie propagierten; andererseits durch Betonung der nationalen und rassischen Einheit vor der sozialen Heterogenität; schließlich durch symbolische, vor allem aber durch kompensative Überwindung der sozialen Ungleichheit durch effektive Sozialpolitik. Der daraus entwickelte Ansatz war nicht ohne Attraktivität und weit über Deutschland hinaus verbreitet: Solidarität und Zusammengehörigkeit der Angehörigen einer Nation – völkisch gesprochen: der Volksgenossen, die sich durch die rassische Abgrenzung gegenüber den Nichtvolksgenossen konstituierten – vor der Solidarität der Klassengenossen, der Arbeiterklasse vor allem, quer durch die Nationen. Das mochte sich nach 1933 in verschmockten Betriebsabenden oder Phrasen wie denen vom Arbeiter der Stirn und Arbeitern der Faust lächerlich ausmachen – in Zeiten des Krieges war es aber offenbar nicht so schwer, einen solchen Primat des Nationalen vor dem Sozialen zu konstituieren.

Welche Lehren zog der deutsche Radikalnationalismus aus dem Krieg in Bezug auf äußere Faktoren und militärische Aspekte?

Hauptgrund für die deutsche Kriegsniederlage, so der verbreitete Tenor, sei die Übermacht der Gegner und ihre materielle Überlegenheit gewesen, ihr größerer Reichtum und der Zugriff auf ungleich größere Ressourcen an Bodenschätzen, Menschen, Devisen und industriellen Anlagen. Zwar klang in der Klage darüber häufig auch ein Element der Beschwerde über Unfairness und über ungleiche Bedingungen mit, gleichwohl traf diese Analyse zweifellos zu. Im Grunde hätte aus dieser Feststellung der deutschen materiellen Unterlegenheit aber der Schluss gezogen werden müssen, nun möglichst nicht ein weiteres Mal einen Krieg gegen eine offenkundig überlegene Koalition von Feinden zu führen. Das aber stand gar nicht zur Debatte. Es wurde nicht darüber diskutiert, *ob*, sondern nur *wie* man den nächsten Krieg zu führen hatte.

Daraus wurden zahlreiche Schlussfolgerungen entwickelt, die für die deutsche Kriegsvorbereitung und Kriegsführung große Bedeutung erlangten.

1. Aus dem erfahrenen materiellen Ungleichgewicht zog die Generalität von Reichswehr und Wehrmacht den Schluss, dass ein Krieg gegen mehrere Großmächte tunlichst, ein Zweifrontenkrieg aber unter allen Umständen vermieden werden müsse. Dementsprechend groß war das Erschrecken, als Hitler im Sommer 1938 offen zu erkennen gab, dass er ein solches Risiko durchaus einzugehen bereit war. Denn im Gegensatz zu den Regierungschefs in den Nachbarstaaten, die Erfolgsaussichten und Gefahren, Aufwand und Ertrag ihres Tuns sorgfältig kalkulierten, war Hitler von Beginn an bereit, auch kaum kalkulierbare Risiken einzugehen und Vabanque zu spielen. Dadurch war er seinen Gegenspielern überlegen, die nicht wie er bereit waren, für einen kurzfristigen Vorteil das Schicksal des ganzen Landes aufs Spiel zu setzen. Aber er war es nur so lange, bis es für jene gefährlicher wurde, weiter still zu halten als schließlich doch zu reagieren. Dann aber überstiegen die Kräfte der deutschen Gegner, zu denen über kurz oder lang auch die USA gehören würden, diejenigen des Deutschen Reiches um ein Vielfaches. Diese Konstellation kennzeichnete die außenpolitische Agenda Deutschlands und der europäischen Mächte zwischen Februar 1933 und Dezember 1941.

2. Aus den Erfahrungen des Weltkriegs ergab sich, dass man die strukturelle materielle Überlegenheit des Westens durch die strategische und taktische Überlegenheit der deutschen Armeen ausgleichen musste. Das bezog sich zunächst auf die technische Modernisierung, die Beweglichkeit und Schnelligkeit der Operationen, die große Abnutzungsschlachten vermeiden und schnelle Entscheidungen suchen sollten. Es existierte eine enorme Literatur über die militärstrategische Auswertung des Weltkrieges zwischen 1919 und 1939, die sich dann, wenn auch

nur zum Teil, in den sogenannten Blitzkriegen und vor allem beim schnellen Vormarsch nach Frankreich in die Praxis umsetzen ließ.

3. Wenn der Feind materiell überlegen war, musste man ihm einen umso entschlosseneren Willen entgegenstellen. Im Mittelpunkt stand dabei die Stärkung des Wehrwillens der Bevölkerung und hier vor allem der Jugend. Eine in ihrem Willen zum Krieg entschlossene (der Zeitbegriff war «fanatische») Bevölkerung wurde als womöglich entscheidende Voraussetzung zur Durchführung des Krieges angesehen, der eben ein Volkskrieg sein würde, in welchem der Unterschied zwischen Zivilisten und Soldaten schon durch die Bedrohung aus der Luft, die sich im Ersten Weltkrieg bereits angedeutet hatte, an Bedeutung verlieren würde. Die strikte Militarisierung der Erziehung der Jugend in den NS-Jugendverbänden hat hier ihren Ausgangspunkt, ebenso wie die Förderung des Wehrgedankens in der Bevölkerung durch verstärkte Propaganda.

4. Die Weltkriegsanalysen zeigten, dass die Alliierten zwar materiell und quantitativ überlegen gewesen waren, die deutschen Truppen aber in Bezug auf Entschlossenheit und Kampfkraft. Hier lag offenbar einer der Vorteile der deutschen Seite. Die weitere Verbesserung der Kampfkraft der Truppe sollte einerseits durch die Stärkung und Verbesserung der militärischen Ausbildung, durch Disziplin und Schulung erreicht werden, andererseits aber auch durch größere Freiräume für die Führer der Kampfeinheiten, vor allem die mittlere Offiziersebene. Betrachtet man die Analysen der alliierten Kriegsbeobachter während des Zweiten Weltkrieges und danach – oder auch die militärstrategische Literatur der Gegenwart, man denke nur an van Crevelds Analyse der Kampfkraft der Wehrmacht –, so ist dieses Ziel durchaus erreicht worden.[11] Auf der anderen Seite zeigen die mehr als 15 000 vollstreckten Todesurteile an deutschen Soldaten wegen Desertion oder Feigheit vor dem Feind (im Vergleich zu 450 etwa auf Seiten der Briten), dass diese Einheit eben auch terroristisch hergestellt werden musste und die reale Wirksamkeit des proklamierten Kampfeswillens der deutschen Truppen nicht überschätzt werden darf.

5. Die offenkundige wirtschaftliche Unterlegenheit der deutschen Seite im Ersten Weltkrieg musste perspektivisch durch die massive Erweiterung der ökonomischen Basis Deutschlands während des nächsten Krieges ausgeglichen werden, und zwar vor allem durch die Heranziehung der Volkswirtschaften der zu erobernden und besetzten Länder für die deutsche Kriegswirtschaft. Dies, so wurde vielfach betont, sei im Weltkriege nicht oder in nicht ausreichendem Maße gelungen. Deutschland musste also im nächsten Krieg danach trachten, nach Kriegsausbruch möglichst schnell möglichst große und reiche Regionen zu erobern und zu beherrschen, um den Vorsprung der Kriegsgegner in Bezug auf Ressourcen ausgleichen zu können. Die sofortige Integration der Volkswirtschaften Österreichs, des Sudentenlands und dann der Tschechei nach den Okkupationen 1938/39 war Ausdruck dieses Denkens – hingegen die deutsche Besatzungspraxis in Polen jedenfalls zunächst nicht. Hier standen wirtschaftliche und rassenpolitische Motive zueinander in Spannung, wohingegen die deutsche Besatzungspolitik im Westen und Norden Europas ganz auf die Erweiterung der deutschen Ressourcen ausgerichtet war.

6. Der Erste Weltkrieg hatte gezeigt, dass man sich als strukturell Unterlegener hindernde Rücksichtnahmen etwa in Form von Kriegsgesetzen nicht leisten konnte. Da man, um ein Beispiel zu geben, zur großflächigen Beherrschung von großen Ländern und Regionen mangels ausreichendem Personal gar nicht in der Lage war, wurde die Rücksichtslosigkeit im Umgang mit Zivilpersonen zum leitenden Prinzip – auch dies eine Konsequenz aus den Erfahrungen des Ersten Weltkriegs, in dem man, so die Schlussfolgerung, zu weich und zu human gewesen sei; so wie es Stülpnagel früh angedeutet hatte: Nun dürfe man «vor keinem Mittel der Sabotage, des Mordes und der Verseuchung zurückschrecken». Die immer wiederkehrende Kritik am vermeintlichen Hang der Deutschen zur «Humanitätsduselei», wie wir sie in den NS-Dokumenten so oft finden, hatte hier ihren Resonanzboden.

7. Als besonders wirksame Maßnahme des Feindes im Weltkriege wurden vor allem die Blockade und die damit verbundene

mangelnde Ernährungssicherheit Deutschlands während des Weltkriegs angesehen. Die Möglichkeit für Großbritannien, Deutschland über die Seeblockade jederzeit vom Nachschub an Lebensmitteln und Rohstoffen abschneiden zu können, war schon in der rüstungswirtschaftlichen Frühphase zwischen 1934 und 1936 ein Leitmotiv der Debatten und wurde zu einem der treibenden Beweggründe für die Schaffung der Vierjahresplanbehörde. Aber neben der Herstellung von Ersatzstoffen und den vielfältigen Bestrebungen zur Intensivierung der deutschen Landwirtschaft (die übrigens den politischen Versuchen zur marktfernen Stabilisierung der Bauernschaft etwa durch das Erbhofgesetz scharf zuwiderliefen) waren es vor allem großraum- und besatzungspolitische Konsequenzen, die sich aus der Betrachtung des Ersten Weltkriegs ergaben. Die Schaffung eines blockadefesten Kontinentaleuropas unter deutscher Herrschaft war daher eines der vornehmsten Kriegsziele der Deutschen im Zweiten Weltkrieg. Die Lebensmittel sollten vor allem aus den besetzten Gebieten geliefert werden – und zwar sowohl für die deutsche Bevölkerung als auch für die Wehrmacht. Diese Fixierung auf die Ernährungssicherung hatte weitreichende Konsequenzen. Die Hungerwinter des Ersten Weltkriegs hatten in der Sicht der Militärs wie der NS-Führung entscheidend zur Destabilisierung der Heimatfront beigetragen. Daraus wurde nun die Notwendigkeit abgeleitet, die deutsche Bevölkerung ebenso wie die deutschen Soldaten während des kommenden Krieges durchgehend, sicher und auf hohem Niveau zu versorgen. In der Praxis der deutschen Kriegspolitik im Osten ab 1941 wurde die unzureichende Versorgung der Bevölkerung in der Sowjetunion mit dem Vorrang der Ernährung der deutscher Bevölkerung und der Wehrmacht begründet. Die Strategie der Aushungerung der sowjetischen Bevölkerung, in deren Zusammenhang der Hungertod von Millionen sowjetischen Kriegsgefangenen sowie der Zivilbevölkerung in den großen Städten und den dann von den Deutschen so genannten «Kahlfraßzonen», hat hier ihren Ausgangspunkt.[12]

8. Deutschland besaß, das hatte der Große Krieg gezeigt, nicht nur zu wenig Soldaten, um einen jahrelangen Krieg gegen die

Alliierten zu führen, sondern auch zu wenig Arbeitskräfte. Im Ersten Weltkrieg hatte die deutsche Führung versucht, einerseits deutsche Frauen vermehrt zur Industriearbeit heranzuziehen, andererseits Kriegsgefangene sowie angeworbene und zwangsrekrutierte ausländische Zivilarbeiter aus Polen und später aus Belgien in Deutschland zur Arbeit einzusetzen. Die Erfahrungen damit waren zwiespältig. So hatte in der Wahrnehmung der deutschen Militärs und Behörden wie der Rechtsparteien die Heranziehung von deutschen Frauen zur Industriearbeit durchaus negative Folgen. Es galt zum einen für die Stimmung der Truppe; es gab manche Beobachter, welche die nachlassende Disziplin bei den deutschen Soldaten vorrangig auf deren Verärgerung über die Heranziehung ihrer Frauen zur Industriearbeit zurückführten. Das galt auch für die Stimmung an der Heimatfront, weil die Überstrapazierung der deutschen Frauen zur Verbreitung von Unmut und Kriegsmüdigkeit im deutschen Volke besonders stark beigetragen habe.

Demgegenüber waren die Erfahrungen mit der Heranziehung von Kriegsgefangenen zur Arbeit im Reich insgesamt eher positiv, wenngleich ihr Einsatz wegen des hohen Bedarfs an Bewachung und Versorgung auch als aufwändig und teuer galt. Die Erfahrungen mit zivilen Zwangsarbeitern im Ersten Weltkrieg hingegen waren überwiegend schlecht. Die Arbeitsleistungen waren relativ gering, die Fluchtquoten hoch, die internationale wie die binnendeutsche Kritik am Zwangsarbeitseinsatz vor allem der Belgier enorm. Die Heranziehung von Ausländern zur Zwangsarbeit, das war die Schlussfolgerung, war nur dann effektiv, wenn man die kritischen Stimmen im Innern wie von außen ausschaltete, wenn man bei ihrer Verwendung nicht an die sozialen Standards für deutsche Arbeiter gebunden war und ausreichende Exekutivkräfte zur Verfügung hatte. Allerdings war bereits im Ersten Weltkrieg Kritik an den sittlichen und rassischen Gefahren durch den Ausländereinsatz geübt worden.

Die hemmenden Rücksichten, die vor 1918 einer Totalisierung des Arbeitseinsatzes im Wege gestanden hatten, fielen nach 1939 weg. Die ausländischen Arbeiter wurden millionenfach zwangsrekrutiert, hatten weder Interessenvertreter noch Rechte, wurden sozial schlechter gestellt und rassisch hierarchisiert. Zu einer wirklichen, umfassenden Totalisierung des Krieges, die auch Industriearbeit deutscher Frauen in großem Stile ermöglicht hätte, konnte sich die NS-Führung im Zweiten Weltkrieg aber nie entschließen, auch nicht nach Goebbels' Sportpalast-Rede von 1943. Es waren eher die alliierten Bombenangriffe, die dann tatsächlich zu einer Totalisierung des Krieges führten, in dem die Differenzen zwischen Zivilisten und Soldaten vollends verschwammen.

9. Die Erweiterung des deutschen Hinterlands zum Ausgleich für die materielle Überlegenheit des Westens war, wie gezeigt, eine wichtige Konsequenz der Analysen der Niederlage. Am Ende des Weltkrieges war aber noch eine weitere hinzugekommen. Durch den Zerfall der zarischen Armeen und den Waffenstillstand von Brest Litowsk, vor allem dann aber durch den sogenannten Eisenbahnvormarsch im Frühjahr 1918 hatten die deutschen Truppen ein riesiges Gebiet in Russland besetzt (das nahezu ebenso groß war wie das nach 1941 eroberte). Dadurch hatte sich in der militärischen Führung und auf der politischen Rechten der Eindruck verfestigt, dass es möglich war, hier in relativ kurzer Zeit und mit geringen Mitteln riesige Gebiete zu okkupieren, die Deutschland nahezu unbesiegbar machen würden. Hier hatte man es zudem nicht mit einem zermürbenden Stellungskrieg zu tun, sondern mit einem rasch und sehr bequem vorgetragenen Ausgreifen nach Osten. Zudem erwies sich die Herrschaft des Oberbefehlshabers Ost nicht nur als nahezu unumschränkt, sie vollzog sich anders etwa als die deutsche Besatzung in Belgien und Nordfrankreich auch weitgehend unter Ausschluss der internationalen Öffentlichkeit. Die daraus zu ziehende Schlussfolgerung, statt eines deutschen Kolonialreiches in Übersee zukünftig Lebensraum im Osten zu erobern, um auf diese Weise den Kampf gegen die westlichen Großmächte auf der Basis eines kolonialen Großraums auf dem europäischen Kontinent führen und Deutschland als Weltmacht etablieren zu können, wurde zunächst vor allem von Hitler vertreten. «Deutschland wird entweder Weltmacht oder überhaupt nicht sein», formulierte er im zweiten Band von «Mein Kampf» apo-

diktisch, und dazu bedurfte es der Expansion nach Osten. Bei der Suche nach neuem Lebensraum für das deutsche Volk «können wir in erster Linie nur an Russland und die ihm untertanen Randstaaten denken».[13] Allerdings stand das in Widerspruch zur traditionellen deutschen Ostpolitik, die eher auf eine erneute Teilung Polens und ein Arrangement mit Russland orientiert war. Die Erfahrungen des Ersten Weltkriegs indes ließen nun andere Perspektiven aufscheinen, die zudem den Vorteil boten, die Eroberung eines europäischen Kolonialreiches im Osten mit dem politischen Kampf gegen den Bolschewismus zu verbinden, der seinerseits als Werk des Judentums angesehen wurde – auch dies eine Schlussfolgerung aus dem Ersten Weltkrieg, wie die deutschen Radikalnationalisten ihn wahrnahmen oder doch interpretierten.

10. Diese verschiedenen Ebenen des Lernens aus dem Krieg wurden dadurch miteinander verknüpft, dass in den erkannten Elementen der Schwächung der deutschen Kriegsanstrengungen nicht nur durchgängige Prinzipien, sondern auch ein personaler Faktor als Urheber erkannt wurden. In den Juden verbanden sich all diese Elemente, die zur deutschen Niederlage geführt hatten. Sie wurden als nicht zur Nation gewordene, biologisch, also gewissermaßen «objektiv» definierbare Gruppe angesehen, die in besonderer Weise mit Urbanisierung und Industrialisierung, mit der kulturellen Moderne und der westlichen Zivilisation, vor allem aber mit dem Finanzkapital verbunden war, die von ihrer Zusammensetzung her international und universalistisch ausgerichtet war – sei es in der Variante des internationalen Finanzkapitals, sei es in der Variante des internationalen Marxismus. In den Juden überschnitten sich so strukturelle und momentbezogene Ursachen der Niederlage: Sie waren in der Sicht des Radikalnationalismus in Parteien und Parlamenten, als Journalisten oder Intellektuelle besonders eng mit der Kultur der Moderne verbunden, also mit Öffentlichkeit, Pluralismus, Heterogenität und Internationalität. Zugleich nähmen sie in den marxistischen Parteien führende Positionen ein und hätten als Händler, Schieber und Schwarzhändler exorbitant am Krieg verdient. Wolle man den nächsten Krieg gewinnen, müsse man sich

also vorrangig der Juden entledigen – diese Schlussfolgerung fand sich in nahezu allen Weltkriegsanalysen des nationalen Lagers zwischen 1919 und 1939. «Wenn wir all die Ursachen des deutschen Zusammenbruchs vor unserem Auge vorbeiziehen lassen», so Hitler 1924, «dann bleibt als die letzte und ausschlaggebende das Nichterkennen des Rasseproblems und besonders der jüdischen Gefahr übrig.» Und 1938, schon nach seinem Sturz, schrieb der vormalige Oberbefehlshaber des Heeres, Fritsch: «Wenn Deutschland wieder mächtig werden sollte», seien drei Schlachten siegreich zu schlagen – gegen die Arbeiterschaft, gegen die katholische Kirche und gegen die Juden. «Und der Kampf gegen die Juden ist der schwerste. Hoffentlich ist man sich über die Schwere dieses Kampfes überall klar.»[14]

So bezog sich auch die systematische Verfolgung, die Vertreibung, schließlich die Ermordung der Juden – und zwar der deutschen wie der europäischen – immer auch auf diesen Zusammenhang des Ersten Weltkriegs, am deutlichsten formuliert in Hitlers Rede am 30. Januar 1939 vor dem Deutschen Reichstag: «Wenn es dem internationalen Finanzjudentum in und außerhalb Europas gelingen sollte, die Völker noch einmal in einen Weltkrieg zu stürzen» (so also wie bereits 1914), «dann wird das Ergebnis nicht die Bolschewisierung der Erde und damit der Sieg des Judentums sein, sondern die Vernichtung der jüdischen Rasse in Europa.»[15]

Im Weltkrieg, so lassen sich die hier vorgetragenen Eindrücke zusammenfassen, bestätigten und verschärften sich jene Grundaxiome, welche den deutschen Radikalnationalismus bereits vor dem Kriege gekennzeichnet hatten: die Ablehnung von Industriegesellschaft, kultureller Moderne, Liberalismus und Parlamentarismus, Marxismus und Bolschewismus sowie der eskalierende Antisemitismus. Solche Einstellungen waren vor 1914 verbreitet, aber sie waren weit davon entfernt, das politische und geistige Kräftefeld des Landes zu bestimmen.

Durch die Erfahrungen des Ersten Weltkriegs und noch mehr der Niederlage änderte sich dies. Sie schienen den postulierten Grundsätzen des deutschen Radikalnationalismus eine Art empirischer Grundlage zu geben, verschafften ihnen eine weit größere und zunehmend radikalere Anhängerschaft. Zudem legten sich aus dem Krieg auch militärisch und außenpolitisch neue, bis dahin nicht oder nur am Rande formulierte Optionen nahe: die Notwendigkeit der Totalisierung des Krieges in Bezug auf Industrie, Arbeitskräfte und Mobilisierung, die Ausrichtung auf die systematische Ausbeutung der von Deutschland zu besetzenden Gebiete in Europa und die Schaffung eines kolonialen Hinterlandes in Osteuropa. Vor allem aber wurde die Notwendigkeit des Kampfes gegen die Juden als direkte Schlussfolgerung aus den Lehren des Weltkriegs und der Niederlage gesehen. Indem die Judenfeindschaft aber aus den praktischen Erfahrungen des Krieges abgeleitet zu sein schien, indem man die «deutsche Schmach» direkt mit dem Wirken der Juden in Verbindung brachte, verlor die radikale Judenfeindschaft jenen Zug ins Okkulte und Abergläubische, wie er ihr aus den Tagen der Antisemitenparteien des Kaiserreichs anhing. Indem die Juden als Verantwortliche für jenen Sturz der Deutschen aus der Herrlichkeit der Vorkriegszeit in die Hölle der Niederlage und der Nachkriegsjahre standen, wurde für die radikale Rechte der Kampf gegen die Juden zur wichtigsten Schlussfolgerung aus dem Lernen aus dem letzten Krieg für den nächsten.

3. Woher kam der Judenhass?

I.

Das Deutsche Kaiserreich hat einen schlechten Leumund. Es gilt als Obrigkeitsstaat, in dem Arbeiter unterdrückt, das Militär hofiert und der deutsche Untertan gezüchtet wurden. Das ist alles nicht falsch, aber es unterschlägt doch, dass das Deutsche Kaiserreich neben den USA der in nahezu jeder Hinsicht erfolgreichste Staat der drei Jahrzehnte vor dem Ersten Weltkrieg war. Wirtschaftlich stieg es in dieser Zeit zur Nummer zwei oder drei in der Welt auf, wissenschaftlich war Deutschland das unangefochtene Vorbild, hier gab es die meisten Theater, die berühmtesten Komponisten – und die am stärksten wachsende Hauptstadt, über die 1892 ein Besucher aus den USA schrieb: «Es ist eine neue Stadt, die neueste, die ich je gesehen habe. Chicago nähme sich dagegen ehrwürdig aus, denn es gibt viele altaussehende Bezirke in Chicago, in Berlin jedoch nicht viele. Die Hauptmasse der Stadt macht den Eindruck, als sei sie vorige Woche erbaut worden.»[1] Die Bauwut in Berlin um die Jahrhundertwende beeindruckte diesen Zeitgenossen, es war Mark Twain, ebenso wie die meisten anderen Besucher. Ganze Stadtteile entstanden innerhalb weniger Jahre, das Verkehrsaufkommen vervielfachte sich, atemloses Tempo bestimmte das Leben.

Mit den Erfolgen wuchs der Stolz der Bewohner dieses Landes auf den schier unglaublichen Aufstieg des ja gerade erst gegründeten deutschen Nationalstaats, auch die Begeisterung über technische Neuerungen und die erreichte «Weltgeltung». Aber die damit einhergehenden beschleunigten Wandlungsprozesse in Wirtschaft, Gesellschaft, Kultur und öffentlichem Leben in diesen so dynamischen Jahren zogen nicht nur krisenhafte und nicht voraussagbare konjunkturelle Schwankungen nach sich, sondern auch soziale Statusängste, Verunsicherung und ein verbreitetes Empfinden des Leidens an den Auswirkungen von urbaner Zivilisation und kultureller Moderne. Da wurde der Bezug auf feste überkommene Gemeinschaften immer wichtiger, so etwa die Kirche für die gläubigen Protestanten und Katholiken, die Arbeiterorganisationen, Gewerkschaften und Sozialdemokratie, für die neue Klasse der Proletarier – vor allem aber, und für fast alle, die Nation. Sie vor allem vermittelte in Deutschland (wie auch in anderen sich industrialisierenden Ländern) ein Gefühl der natürlichen Zugehörigkeit, durch das die innere Zerrissenheit überwunden und Orientierungsverlust und Zukunftsängste kompensiert werden konnten.

Der Nationalismus wirkte so wie ein Antidot gegen viele, wenn nicht alle Beschwernisse und Beängstigungen: das Leiden an sozialer Spaltung und politischer Kontroverse, die Resignation vor der Kompliziertheit der modernen Welt, die Suche nach Erlösungsperspektiven und quasi-religiösem Halt. Zugleich vermittelte er aber auch die neue Erfahrung des Rausches einer Massenveranstaltung oder die neu erwachte Lust an der wachsenden Macht eines großen Nationalstaats.

Und bald wirkte der neue Nationalismus auch nach außen: Das ganze Deutschland sollte es sein, nicht nur die kleindeutsche Variante Bismarckscher Art. Und schon daraus folgte, dass für die Zugehörigkeit zum deutschen Nationalstaat nicht die formale Staatsbürgerschaft entscheidend sei, sondern die Kategorie des Volkes – des deutschen Volkes, das über verschiedene Staaten Europas hinweg verstreut sei und nach staatlicher Einheit verlange. Eine solche Definition des Deutschen durch «Blut» und «Rasse» enthielt zugleich eine Wendung gegen die Staatsbürger, die nicht deutschen Blutes waren: die Polen zum Beispiel, vor allem aber die Juden, denn nirgends sonst ließ sich die Differenz zwischen politischer Staatsbürgerschaft und nationaler Zugehörigkeit so deutlich demonstrieren wie anhand jener Minderheit, die zwar die formale Gleichheit als Bürger erreicht hatte, aber im völkischen Sinne dennoch nicht dazu gehörte. So konnte man zwar nicht genau sagen, wer als Deutscher galt – was war etwa mit denen, die vor Jahrzehnten nach Amerika oder vor noch längerer Zeit nach Russland ausgewandert waren? –, aber doch, wer nicht dazu gehören sollte. Der hier aufkommende neue Antisemitismus bezog sich denn auch nicht mehr, wie der alte, auf religiöse Differenz und die Tradition des christlichen Judenhasses, sondern zunehmend auf eine postulierte biologische – «rassische» – Andersartigkeit der Juden. Solche Vorstellungen verbreiteten sich seit den 1890er Jahren auch in solchen gesellschaftlichen Schichten, in denen der Antisemitismus zuvor keine große Rolle gespielt hatte, insbesondere im Bildungsbürgertum, bei Intellektuellen und Künstlern, wo er sich mit der Kritik an Zivilisation und Kultur der modernen Gesellschaft verband.[2]

Ein recht typisches Beispiel dafür ist Ludwig Klages, einer der Modephilosophen des späten Kaiserreichs. Er kritisierte in aufwühlenden Schriften die moderne Gegenwart als Ort des sich apokalyptisch zuspitzenden Verfalls und «die Geschenke des ‹Fortschritts›… Branntwein, Opium, Syphilis, rauchende Schlote, Getöse des Straßenlärms und taghelle Nächte», ebenso wie «Gassenhauer, Operettenmelodie und Kabarett». Das ursprüngliche, naturbezogene Leben sei verloren.[3]

Ausschlaggebend für die Entfremdung der Menschen vom «Leben» aber sei der Einfluss einer nicht aus der Tradition des Volkes schöpfenden, ihm fremden ethnisch-religiösen Gruppe – der Juden: «Wir halten diejenigen Kräfte und Werke, durch welche die moderne die alte Welt zu überbieten wähnt, einschließlich des gepriesenen Fortschritts und der uniformierten Gesittung für eine Anzettelung wesentlich des Judaismus», schrieb Klages im Jahre 1900.[4] Psychologisch trete der Jude als Typus des «modernen Hysterikers» auf, gekennzeichnet durch Eigenschaften wie «Geltungsbedürfnis», «Eitelkeit», «greller Aufputz des Äußeren», «renommierender Hochmut». Seinen Niederschlag finde das im «Wachsen der literarischen Sintflut», in «Reklame», «Zeitungslärm» und dem «von persönlichstem Klatsch durchsetzten Parteileben»: «Hier zeigt sich der Einschlag einer neuen, zähen, aber qualitätlosen Lebendigkeit, die getragen wird vom unaufhaltsam empordrängenden Element eines entarteten Semitismus.»⁵ Die Juden stehen hier als Symbole der neuen, modernen, industriellen Welt. In ihnen fanden rastlose Esoteriker wie Klages ein fixierbares Objekt ihrer Verfalls- und Degenerationsobsessionen. Aber dominierend war das nicht – der Antisemitismus war angesichts der Vielzahl der politisch-kulturellen Bewegungen dieser Jahre weit davon entfernt, das kulturelle Leben um die Jahrhundertwende zu bestimmen. Von Bedeutung ist hierbei vielmehr die enge und offenbar leicht zu ziehende Verbindung von Modernekritik und Antisemitismus, die sich als anschlussfähig in viele Richtungen erwies.

Vergleicht man die hier skizzierte Entwicklung mit derjenigen in anderen europäischen Ländern, so wird man zunächst das allen sich industrialisierenden europäischen Gesellschaften Gemeinsame hervorheben müssen: Die Suche nach Vertrautheit und Orientierung angesichts einer sich schnell wandelnden Umwelt finden wir in Frankreich, den Niederlanden, in Österreich, Italien, Großbritannien oder gar Russland ebenso wie in Deutschland, wenngleich mit spezifischen Varianten. Auch die Verbindung von Modernekritik und Reformbewegungen, Arbeiterbewegung und radikalem Nationalismus, Statusangst und Antisemitismus trat in anderen Ländern hervor, sogar noch stärker als in Deutschland – in Russland vor allem, auch in Österreich. Und wer 1913 hätte voraussagen müssen, in welchem europäischen Land zwanzig Jahre später eine radikale, mörderische Antisemitenpartei an die Macht kommen würde, der hätte gewiss auf Russland gesetzt oder eher noch auf das durch die Affäre um den jüdischen Offizier Dreyfus zerrissene Frankreich. Aber wohl nicht auf Deutschland.

Aber ohne Zweifel gab es hier auch vor Beginn des Ersten Weltkriegs schon Zeichen der Radikalisierung. Nachdem die Sozialdemokraten 1912 bei den Reichstagswahlen zur stärksten Partei geworden waren – als erste Arbeiterpartei weltweit –, formierte sich auf der Rechten eine radikale Sammlungsbewegung, die sich in scharfer Form gegen die Sozialdemokratie, gegen die kulturellen Begleiterscheinungen der Moderne und für einen hitzigen Nationalismus einsetzte, der an seinen Rändern nun «völkisch» wurde. Das bedeutete, dass nicht mehr Wohnort,

Kultur oder Sprache als Kennzeichen des Deutschen genommen wurde, sondern Abstammung. Diese Haltung richtete sich zum einen gegen Ausländer, die in Deutschland lebten, etwa die polnischen Saisonarbeiter; zum anderen aber gegen die Juden, die als deutsche Staatsbürger auf diese Weise aus dem deutschen Volk ausgeschlossen werden sollten.

Bekannt geworden ist hier vor allem das Pamphlet eines der Führer des Alldeutschen Verbands, des Mainzer Rechtsanwalts Heinrich Claß, der unter Pseudonym ein Buch mit dem Titel «Wenn ich der Kaiser wär'»publizierte, das binnen zwei Jahren vier Auflagen erreichte. Hierin fasste er alle gängigen Einschätzungen und Forderungen der äußersten Rechten zusammen. Ausgehend von dem Ergebnis der Reichstagswahlen von 1912 – in seinen Worten: der «Judenwahl» – konstatierte er, dass sich Besitz und Bildung in Deutschland bedroht und entrechtet fühlten und von der Politik der Reichsregierung enttäuscht seien. Der gewaltige wirtschaftliche Aufschwung der vergangenen Jahrzehnte habe durch die Landflucht zum Verlust von Heimat und Gebundenheit geführt. Durch Industrialisierung und Verstädterung sei der Aufstieg der Sozialdemokratie und zugleich die gesundheitliche Schwächung der Volkskraft ermöglicht worden. Der Aufstieg der Großindustrie habe den Mittelstand zerstört. Genusssucht und Luxus seien in die Oberschichten eingedrungen, Dekadenz und «Amerikanisierung» beherrschten die Kunst.

Zugleich sei aber mit der Hochindustrialisierung die «hohe Zeit» der Juden gekommen, weil «deren Instinkt und Geistesrichtung auf den Erwerb» gehe. «Die Elemente der Hast, Rücksichtslosigkeit und moralischen Gefühllosigkeit» seien überhaupt erst durch die Juden, «mit ihrer Skrupellosigkeit, ihrer Habgier, ihrer Gleichgültigkeit gegen Recht und Unrecht, Ehre und Unehre», in das Wirtschaftsleben eingedrungen. Entsprechend beherrschten sie die für die Moderne besonders kennzeichnenden Bereiche: «Publizistik, Theaterwesen, Journalismus» sowie «die Advokatur, die Hochschulprofessuren und die ärztliche Laufbahn».

Deswegen, so Claß, müssten alle Juden in Deutschland unter

Fremdenrecht gestellt werden und doppelte Steuern bezahlen, weitere jüdische Einwanderung sei zu verhindern. Dabei sei Abstammung, nicht Religionszugehörigkeit ausschlaggebend. Alle öffentlichen Ämter, der Militärdienst sowie der Zugang zu den Berufen der Anwälte, Lehrer und Theaterleiter seien den Juden zu versperren, und auch das Wahlrecht müsse ihnen genommen werden.[6]

In dem hier propagierten Antisemitismus waren alle Elemente der Wendung gegen die politischen und kulturellen Auswirkungen der Moderne enthalten. Die Juden galten als besonders erfolgreich in der Bewältigung der Herausforderungen, welche die neue Zeit mit sich brachte – und das nicht ohne Grund: Sie gehörten zu einem überproportionalen Teil dem Bürgertum an, waren besonders bildungsbeflissen und – wie die meisten religiösen oder ethnischen Minderheiten – besonders aufstiegsorientiert. Im Jahre 1901 erreichten 7,3 Prozent der christlichen Kinder in Preußen einen höheren Schulabschluss als die Volksschule – aber 56,3 Prozent der jüdischen Kinder. In der modernen Industriewirtschaft, in den akademischen Berufen, im Bankwesen, bei den neuen Handelsketten waren Juden um die Jahrhundertwende außerordentlich stark vertreten. Gerade die nicht religiös Orientierten unter ihnen besaßen kaum Bindungen an vormoderne Traditionen und fanden sich in den neuen Verhältnissen besser zurecht als viele christliche Deutsche und zumal als das vielfach rückwärts orientierte Bildungsbürgertum. Das Durchschnittseinkommen der Juden war zu dieser Zeit etwa fünfmal so hoch wie das der christlichen Deutschen. Das war eine durchaus neue Entwicklung – bis zur Mitte des 19. Jahrhunderts und natürlich vor allem vor der sogenannten Judenemanzipation nach 1810, durch die sie überhaupt erst die Bürgerrechte erhalten hatten, hatten die Juden als eine eher arme, rückständige Minderheit gegolten. Wie hatten sie es nur erreicht, seit der Hochindustrialisierung einen solchen Aufstieg zu bewerkstelligen? Die Juden in Deutschland waren vor dem Ersten Weltkrieg die sozial vermutlich erfolgreichste Minderheit in Europa. Das weckte Neid, Ressentiment und Angst. In den Juden bündelten die Antisemiten ihre Aversionen und Beängstigungen und schrieben die als negativ empfundenen Begleiterscheinungen der Moderne in Deutschland dem Wirken dieser Gruppe zu.[7]

Und dennoch – selbst in den Anfangsjahren des Ersten Weltkriegs spielte der Antisemitismus in Deutschland nur eine nachgeordnete Rolle. Nach Beginn des Krieges schien er fast verschwunden, zumal sich die jüdischen Deutschen in ihrem Patriotismus von niemandem übertrumpfen ließen. Dass mit Walther Rathenau und Albert Ballin zwei jüdische Unternehmer in die führenden Positionen der staatlich organisierten Kriegswirtschaft einrückten, wurde vielfach als Ausdruck der gelungenen Integration des deutschen Judentums gesehen.

Bei den antisemitischen Gruppen jedoch verschärfte dies den antijüdischen Furor noch, aber erst mit den militärischen Rückschlägen gewann die antijüdische Kampagne an Bedeutung. Ansatzpunkt war dabei zunächst das rasch verbreitete Gerücht, dass sich die Juden vor dem Frontdienst gedrückt hätten. Es erzielte eine solche Wirkung, dass die Regierung im Oktober 1916 schließlich die sogenannte «Judenzählung» anordnete, durch die nun überprüft werden sollte, ob solche Berichte zuträfen. Das Ergebnis der «Judenzählung» ergab das gerade Gegenteil: Die Juden waren sowohl bei den Soldaten als auch bei verwundeten und Gefallenen überproportional vertreten. Dennoch bot der Zählungserlass die Grundlage für eine verschärfte antisemitische Agitation, und von den Juden selbst wurde die Judenzählung als Akt der Diskriminierung und Beschämung wahrgenommen, als Versuch, den Prozess der Gleichberechtigung und Integration rückgängig zu machen – zweifellos ein Wendepunkt in der Geschichte der deutschen Juden in der Neuzeit.[8]

Eine weitere Steigerung der antisemitischen Kampagne wurde durch die Zuwanderung von sogenannten «Ostjuden» hervorgerufen. Bereits vor dem Krieg waren wegen der zunehmenden Pogrome und Verfolgungen in Russland einige tausend russische Juden nach Deutschland gekommen, die meisten von ihnen fest verhaftet in der Kultur der jüdischen Orthodoxie. Die deutschen Kriegswirtschaftsbehörden selbst sorgten nun dafür, dass deren Zahl deutlich anstieg, indem sie bereits 1915 damit begannen, Arbeiter im besetzten russischen Teil Polens für die Rüstungsbetriebe in Deutschland zu rekrutieren, seit Anfang 1916 vorwiegend unter Zwangsausübung. Bis 1917 kamen auf diese Weise etwa 30 000 Ostjuden nach Deutschland. In den Ostjuden fand die antisemitische Agitation vor und besonders nach Kriegsende ihre bevorzugte Zielscheibe. Sie galten als fremd, rückständig, nicht integrationsbereit. Sie waren eher arm und ungebildet, also gerade keine Aufsteiger der Moderne, und dennoch zogen sie Abscheu und Vorurteile der christlichen Deutschen in gleichem, ja noch stärkerem Maße auf sich als die alteingesessenen jüdischen Deutschen.[9]

II.

Die Niederlage im Krieg, die Revolution und der wirtschaftliche Niedergang waren für den überwiegenden Teil der Deutschen unerklärlich. Der Krieg hatte ja nicht auf deutschem Boden stattgefunden, und noch im Frühsommer 1918 hatte man fest mit einem deutschen Sieg gerechnet. Umso tiefer war der Fall.

Dass der Antisemitismus im Zuge von Niederlage und Revolution seit dem Winter 1918/19 einen enormen Aufschwung erlebte, war insofern nicht verwunderlich. Bei der angestrengten Suche nach Verantwortlichen für das Unglück des Vaterlandes fand man sowohl die westlich-liberale Zivilisation als auch die kommunistische Revolution in Russland als Schuldige, beide Kräfte des Universalismus und des Internationalismus, mithin Gegenpole des national ausgerichteten Denkens der Deutschen. Waren nicht führende Bankiers in den USA ebenso wie in England, in Frankreich und in Deutschland selbst Juden? Waren nicht auch einige führende Vertreter der linken Parteien und der revolutionären Gruppen Juden – von Leo Trotzki bis Rosa Luxemburg? Beide Gegner, so die sich verbreitende Überzeugung, würden von den Juden repräsentiert, ja angeführt, einer per definitionem als international und universalistisch ausgerichteten Gruppe.

Noch stärker galt dies für die horrende Geldentwertung bis zur Superinflation von 1923. Wer konnte es verstehen, dass ein Brot plötzlich tausend, dann eine Million Mark kostete? Selbst die Arbeit schien nichts mehr wert zu sein. Die «Veteranen der ehrlichen Arbeit, durch die Deutschland groß geworden ist, darben, hungern, frieren», schrieb ein anonymer Münchner Ende 1923 an die Behörden, während die «blutjungen Bürschchen, dickgemästeten Viehhändler, Holzschieber, Lebensmittelwucherer, die noch dazu ihre dunklen Geschäfte jeglicher Steuerkontrolle zu entziehen wissen, Luxusfahrten im eleganten Auto machen und die Nächte mit ihrem faulenzenden, nur auf immer verrücktere Toiletten bedachten Weiberanhang in Cabarets und weindunstigen Nachtlokalen durchschwelgen».[10]

Es lag daher nahe, sich das Unerklärliche durch das Wirken von Netzwerken und Geheimbünden, durch Verschwörung und Absprachen erklären zu wollen. Dabei lag der Bezug zum Antisemitismus nicht fern. Hier verbanden sich Verdacht und Ressentiment mit der Beobachtung, dass auch jüdische Kaufleute und Händler an der Inflation verdienten. Zwar taten das nichtjüdische Kaufleute ebenso, aber die fielen nicht auf, während ein womöglich aus Galizien stammender Textilhändler, der es in der Inflationszeit zu Wohlstand brachte, wie ein greller Beleg für den Verdacht wirkte, die Inflation sei von dunklen Mächten gesteuert. Gerade der «moderne» Typ, der nicht an Tradition und Herkommen gebunden war, der sich in der neuen Zeit zurechtfand und von ihr profitierte, wurde mit dem Jüdischen identifiziert – selbst von später doch so nüchternen Beobachtern wie Thomas Mann, der den typischen Spekulanten so charakterisierte: «Der Mensch, blond-jüdisch und elegant, Mitte dreißig, mit Monokel und fetten, weißen, manikürten Händen, in gesteppter Hausjacke und Lackhausschuhen, wunderbar als Typus des international-kultur-kapitalistischen Schiebertums.»[11]

Über die Geldentwertung hinaus verstärkte die Inflationserfahrung Misstrauen und Ressentiment gegenüber Liberalismus und Kapitalismus insgesamt. Aber anders als der Antisemitismus, der als Erklärungselement und Ventil für die Rechte diente und diese nachgerade definierte, war der populäre Antikapitalismus, der daraus entstand, auf der Linken und auch in der Mitte verbreitet. Die Erfahrungen der frühen 1920er Jahre lösten so die intellektuellen und emotionalen Bindungen an das liberale

Wirtschafts- und Gesellschaftssystem auch bei jenen, die es gesellschaftlich repräsentierten und politisch getragen hatten – im Bürgertum und insbesondere im Bildungsbürgertum.

So wurde die Inflationszeit zu einer Art von Inkubationsphase des neuen Antisemitismus, in der sich zur Gewissheit zu verdichten schien, was bis dahin doch eher als Gerücht und Nachrede galt. «Der Haß weitester Kreise richtet sich in gesteigertem Maße gegen die Juden», hieß es in einem Bericht aus Bayern schon im Frühjahr 1920, «die den größten Teil des Handels an sich reißen und sich nach Anschauung aller am meisten auf Kosten ihrer Mitmenschen in der gewissenlosesten Weise bereichern.»[12]

Solche Irritationen und Beängstigungen wurden wie in einem Brennglas gebündelt durch die Erfahrungen der Münchner Räterepublik. Dass eine deutsche Großstadt wochenlang von einer ebenso kleinen wie dilettantischen Gruppe linker Literaten und Anarchisten beherrscht worden war, bestätigte die schlimmsten Befürchtungen. Der Hass auf Bolschewismus und linke Intellektuelle wurde im bayerischen Bürgertum nun geradezu fanatisch. Und da unter den Führern der Münchener Räterepublik auch Juden gewesen waren, verband sich die Erfahrung der Räteherrschaft sogleich mit dem Bild vom kommunistischen Juden und verstärkte so die ohnehin vorhandenen antisemitischen Obsessionen nachhaltig.

Wo immer die Gegenwart komplizierter wurde, wo sich die Moderne mit besonderer Wucht durchsetzte und alte Lebensgewohnheiten und Einstellungen überrannte, blühten die Verschwörungstheorien. Für diese Verbindung aus Modernität und Veränderung stand vor allem Berlin. Berlin, so die verbreitete Wahrnehmung, war eine Art von sozialem Großexperiment. Was anderswo verteilt auf lange Jahre sich entwickelte – hier geschah alles auf einmal. «Berlin ist nichts anderes als der vorgeschobenste Posten, das modernst ausgestattete Versuchslokal zur Erprobung, ob und wie der deutsche Mensch der letzten zivilisatorischen Entwicklung innerlich gewachsen ist», schrieb der Publizist Josef Räuscher. War schon in Deutschland die Entwicklung vom Agrar- zum Industriestaat besonders schnell vor sich gegangen, so hatte sich Berlin innerhalb einer Generation in eine der modernsten Städte der Welt verwandelt, in der die Kontraste so deutlich, die Widersprüche so offenbar waren, dass aus diesen Zusammenstößen unaufhörlich neue politische Bewegungen, wirtschaftliche Theorien, künstlerische Umbrüche, revolutionäre Pamphlete, technische Weltneuheiten und exaltierte Moden zu entstehen schienen.[13]

Berlin stand für die «Amerikanisierung» – einer der Trendbegriffe der zwanziger Jahre in Deutschland. Er stand für den Sieg der Technik und für industriewirtschaftliche Dynamik, für Nützlichkeitsdenken und Traditionslosigkeit, für neue Geschlechterrollen, für Unterhaltungsindustrie und flache soziale Hierarchien. «Amerikanismus» wurde als Chiffre für die kulturelle Moderne gebraucht, und damit wurde alles beschrieben, was als unerhört und neu empfunden wurde: «Wenn der Sohn Jazzmusik hört und das Latinum nicht besteht, die Frau einen Bubikopf trägt und erotische Ansprüche stellt, der Chef neue Produktionsmethoden einführt und das Arbeitstempo verschärft – all dies kann als Amerikanismus bewertet werden», so hat es ein Literaturwissenschaftler kürzlich treffend formuliert.[14]

Die Kultur der Moderne hatte sich in Deutschland nun etabliert – wenngleich vorwiegend in den Städten und nach einem verlorenen Krieg, nach Revolution, Bürgerkrieg und Inflation und in einer zerrissenen Gesellschaft, die um Orientierung und Perspektive rang. So wurde sie von vielen nicht als Antwort auf die Probleme der Zeit verstanden, sondern als das Problem selbst. Entsprechend rabiat waren die ablehnenden Reaktionen, die sich im Laufe der zwanziger Jahre steigerten.

Die Massenkultur der Großstadt, so die Bestsellerautoren der rechten Kulturkritik dieser Jahre, sei zugespitzter Ausdruck dieses Werteverlustes, der im Kern die Entfremdung eines Volkes von seinen kulturellen Wurzeln beinhalte. «Kino, Expressionismus, Theosophie, Boxkämpfe, Niggertänze, Poker und Rennwetten», so Oswald Spengler, zeugten von der «Unfruchtbarkeit des zivilisierten Menschen». An die Stelle echter Kultur seien Vermarktung und seelenlose Zerstreuung getreten, an die Stelle echter Künstler die Intellektuellen und Journalisten.[15]

Trotz der nationalistischen Grundhaltung dieser Parolen war die traditionalistische Fundamentalkritik an der Kultur der Moderne keineswegs auf Deutschland beschränkt. Spezifisch für Deutschland (und Österreich) war hingegen die Verbindung der Modernekritik mit den demütigenden Erfahrungen der Niederlage des Ersten Weltkriegs, welche als Sieg der Prinzipien des Westens über die gegenläufigen Ideale der Deutschen interpretiert wurde. Dadurch erhielt die Kulturkritik hier ihre scharfe nationalistische Aufladung, wurden die Erscheinungsformen der Moderne als Varianten der Fremdherrschaft verstanden, mithin als Herrschaft jener Gruppe, die in allem, was neu und modern war, auf so unerklärliche Weise erfolgreich war – der Juden.

Der Alldeutsche Verband hatte am Ende des Krieges versucht, diese Stimmungen dadurch aufzufangen und zu nutzen, dass er zahlreiche antisemitische Gruppen und Parteien gründete, die in der unübersichtlichen Lage der Jahre zwischen 1919 und 1923 überall an Radikalität und Lautstärke einander zu übertreffen versuchten und sich mit älteren und jüngeren Gruppierungen der radikalen Rechten zusammenschlossen. Der Deutschvölkische Schutz- und Trutzbund war in den frühen Jahren der wichtigste und größte unter ihnen mit fast 200000 Mitgliedern (1922) in mehr als 600 Orten. Seine Agitation war an Primitivität und Grobschlächtigkeit kaum zu überbieten, gleichwohl sehr erfolgreich.

Auch in der Deutschnationalen Volkspartei war ein deutlicher, auf dem rechten Flügel sogar radikaler Antisemitismus notorisch; selbst in Stresemanns DVP war diese Einstellung nicht selten – nicht anders in den nationalistischen Wehrverbänden wie dem Stahlhelm und, besonders ausgeprägt, in der protestantischen Kirche. Im Jahre 1924 hatte der nationalistische Soldatenverband «Stahlhelm» für seine knapp 400000 Mitglieder den «Arierparagraphen» eingeführt: Juden, selbst hochdekorierte Frontkämpfer, durften keine Mitglieder sein. Nicht anders beim Jungdeutschen Orden mit 200000 Mitgliedern, dem Deutschnationalen Handlungsgehilfenverband mit 400000 Mitgliedern, dem «Reichslandbund» mit einer Million Mitglieder, den «Deutschen Burschenschaften», dem «Deutschen Turnerbund» und vielen anderen Organisationen.[16]

Kennzeichnend für diese Jahre war aber vor allem jener eher passive Antisemitismus, der durch die Entwicklung während des Ersten Weltkrieges und der Nachkriegszeit neue Nahrung erhalten hatte, sich aber nicht in offener Feindseligkeit oder Straßenkrawallen äußerte. Dass die Juden einen Fremdkörper im deutschen Volke darstellten, dass sie besonders unangenehme Eigenschaften besäßen, dass sie mit den Feinden Deutschlands aus dem Ersten Weltkrieg irgendwie in Verbindung stünden, dass sie die Presse beherrschten und sich am Krieg ebenso wie an Inflation und Wirtschaftskrise bereichert hätten, dass sie jedenfalls auf unerklärliche und zweifellos unverdiente Weise besonders erfolgreich seien, war nun eine durchaus verbreitete Überzeugung, die sich mit dem heißen Bedürfnis nach Revanche für die nicht verwundene Niederlage verband. Aber es ergab sich daraus nicht notwendig auch aktives Engagement.

Auch an den Universitäten setzte sich mit dem «Deutschen Hochschulring» schon früh die völkische, und das hieß: die rassenantisemitische Richtung durch. Bei den Wahlen zu den von der Republik neu eingeführten Allgemeinen Studentenausschüssen (AStA) erzielten die Völkischen schon 1921 mehr als 70 Prozent der Stimmen. Aber nicht mit Pogromen und Ausschreitungen, so schwebte es den Studenten vor, sondern durch das Hinausdrängen aller Juden aus Deutschland mithilfe von Fremdenrecht und staatlichen Maßnahmen sollte das «Judenproblem» in kurzer Zeit «gelöst» werden – ebenso radikal wie «sachlich», das war die hier verbreitete Devise, die weit über die Anhänger der völkischen Gruppierungen hinaus auf Zustimmung traf.[17]

Der Antisemitismus wurde so zum Passepartout, zur Erklärung nahezu aller Widersprüche des modernen Lebens, zumal in dem von Niederlage, Putschen und Aufstandsversuchen gebeutelten Deutschland.

Jedoch stand den Antisemiten in Deutschland bis 1933 immer auch eine große Gruppe von Gegnern gegenüber. So gab es im Verlaufe der Weimarer Jahre in allen Zeitungen von der seriösen

Rechten bis zur Linken mehrfach regelrechte Empörungswellen gegen den Antisemitismus – nach den Krawallen im Berliner Scheunenviertel zum Beispiel, nach dem Rathenau-Mord, nach den sich im Jahre 1924/25 häufenden Friedhofschändungen und seit den späten 20er Jahren auch nach Übergriffen von SA-Leuten auf Juden.

Wichtiger noch war die relative Sicherheit, die die Weimarer Republik als Rechtsstaat den Juden bot. Zwar gab es auch Gerichtsurteile, in denen die Sympathie mit den Antisemiten deutlich durchklang – aber daraus entwickelten sich eben Skandale; sie waren eher die Ausnahme, nicht die Norm. Die Anrufung der Gerichte bei Übergriffen, Beleidigungen oder Schmähpropaganda blieb vielmehr bis zum Ende der Republik das wichtigste Gegenmittel der jüdischen Organisationen gegen die Antisemiten, und der «Central-Verein deutscher Staatsbürger jüdischen Glaubens» wurde nicht müde, dieses Instrument auch zu nutzen, durchaus nicht ohne Erfolg.

Nicht zuletzt daran knüpfte sich die Hoffnung, ja die Überzeugung zahlreicher deutscher Juden, dass der Antisemitismus historisch gesehen ein allmählich absterbendes Überbleibsel aus finsterer Vergangenheit sei. In diesem Optimismus trafen sich die politisch meist eher gemäßigt orientierten deutschen Juden mit der Beurteilung des Antisemitismus durch die Linke, vor allem durch die linken Intellektuellen. In der «Weltbühne» etwa waren Antisemitismus und Antisemiten Gegenstand beißenden Spotts und allenfalls kopfschüttelnder Verachtung. Als die gefährlichen Aspekte der radikalen Rechten in Weimar wurden hier der Militarismus und die Verbindung mit den traditionellen Eliten angesehen. Der organisierte Judenhass hingegen schien eher etwas Anachronistisches zu sein, das gewiss bald überwunden sein würde. In den Augen der Antisemiten, hatte etwa Arnold Zweig in der «Weltbühne» im Jahre 1919 geschrieben, sei der Jude ein «amüsant-schauerliches Märchenvieh», und der arische Siegfried ruhe nicht eher, bis «am deutschen Wesen die verjudete Welt genesen [sei]. Kurzum: wir haben es mit den ewigen Pubertätsträumen unreifer, magenüberladener Dahn- und Wagner-Schwärmer zu tun, denen es ein Hochgefühl ist, gegen den selbstgeschaffenen Popanz zu kämpfen und dabei das eigene Wesen bis ins Widerliche umzulügen.» Für die Wirksamkeit und Suggestivkraft rechtsradikaler Ideologien besaßen die meisten liberalen und linken Intellektuellen kein Sensorium und auch keine analytischen Kategorien.

Erst mit der Weltwirtschaftskrise stieg die NSDAP zur Massenpartei auf und gewann auch der Antisemitismus unmittelbare politische Relevanz. Denn nun geriet mit der Hitlerbewegung die unbestritten radikalste Antisemitenpartei in das Zentrum der politischen Entwicklung. Zwar ist vielfach darauf hingewiesen worden, dass die NSDAP seit 1930 den Antisemitismus weniger ostentativ in den Mittelpunkt ihrer Propaganda stellte als zuvor. Aber zugleich war für jedermann, der die Hitlerpartei wählte oder mit ihr sympathisierte, unübersehbar, dass er oder sie damit die am stärksten antijüdische Gruppierung unterstützte, die in Deutschland je aufgetreten war. Das mögen viele (oder manche) in Kauf genommen haben, weil sie sich von der Wahl der Nazis Verbesserungen für ihre soziale Lage, für das außenpolitische Ansehen des Reiches oder für andere Dinge erwarteten. Aber die radikale Judenfeindschaft nahmen sie mindestens hin. Und viele werden nicht die NSDAP gewählt haben, weil sie die Juden hassten, sondern sie hassten die Juden, weil sie die NSDAP wählten.[18]

III.

Mit der NSDAP hatte 1933 erstmals in Europa eine extrem antisemitische Partei die Regierung übernommen. In den vergangenen Jahren hatte sie ebenso wie ihr Führer keinen Zweifel daran gelassen, dass sie die kleine jüdische Minderheit in Deutschland für einen Großteil der Probleme verantwortlich machte, mit denen Deutschland insbesondere seit der Durchsetzung der Industriegesellschaft und mehr noch seit Ende des Ersten Weltkriegs zu kämpfen hatte. Zwar war die Zahl der extrem judenfeindlichen Ausfälle in den Wahlkämpfen der Jahre 1930 bis 1933 von der NSDAP-Führung etwas zurückgenommen worden, um auch über die antisemitisch eingestellten Bevölkerungskreise hinaus Wähler zu gewinnen, aber in der NS-Anhängerschaft bestand die feste Erwartung, dass nun, nach der Machtübernahme, scharf gegen die Juden vorgegangen würde.

Das befürchteten auch die Juden selbst. Viele von ihnen hatten die Bedeutung des 30. Januar zunächst unterschätzt, aber in der «Jüdischen Rundschau» wurde in diesen Tagen die Tragweite des Geschehens klar erkannt: «Wir stehen als Juden vor der Tatsache, daß eine uns feindliche Macht die Regierungsgewalt in Deutschland übernommen hat [...] Der Nationalsozialismus ist eine judenfeindliche Bewegung, er ist programmatisch in einem Maße antisemitisch, wie es noch keine Partei war, er verdankt der skrupellosen Judenhetze einen großen Teil seiner agitatorischen Erfolge.»[19]

Und in der Tat nahmen die Diskriminierungsmaßnahmen gegen Juden bereits unmittelbar nach Hitlers Ernennung zum Reichskanzler überall im Land zu, und bald, verstärkt nach dem Reichstagsbrand, gab es auch gewalttätige Übergriffe auf einzelne Juden. Einer klaren Linie folgte die antijüdische Politik des Regimes zunächst zweifellos nicht. Die Juden zu demütigen, sie aus einflussreichen Positionen zu verdrängen, sie durch Gewalt und Drohungen zur Ausreise zu veranlassen, vor allem aber: ihr Vermögen an sich zu reißen – darin waren sich die Nationalsozialisten einig. Welche längerfristigen Perspektiven sich daraus ergaben, blieb unklar – in jedem Fall aber würden es die denkbar radikalsten sein, wie immer diese aussehen mochten. Schon früh etablierte sich hier eine Dynamik der Überbietung. «Ämter, Parteistellen, Gerichte und Polizei wetteifern darin, die wehrlosen Juden zu verfolgen und zu quälen», notierten die Deutschland-Berichte der Exil-SPD dazu. «Läßt irgendeine Amtsstelle auch nur ein wenig Milde walten, so fährt sofort die Parteipresse dazwischen – mit dem ‹Stürmer› an der Spitze – und prangert die lässigen Richter, Beamten und Volksgenossen an.» Wenn es gegen die Juden ging, war es kaum noch möglich, eine einmal erreichte Radikalitätsstufe wieder rückgängig zu machen.[20]

Bereits in den ersten Wochen und Monaten nach der NS-Machtübernahme ergoss sich eine Flut diskriminierender Verordnungen und sonderrechtlicher Vorschriften über die jüdische Bevölkerung und umfasste bis zum Beginn des Krieges mehr als 1400 Einzelverordnungen. Dabei kamen die Initiativen gegen die Juden oft aus den Gemeinden oder einzelnen Ländern, und die Beamten und Verbandsfunktionäre schienen sich dabei an Eilfertigkeit, Einfallsreichtum und Tücke gegenseitig übertreffen zu wollen.

Ziel der Diskriminierungen und Gewalttaten war die Vertreibung der Juden aus Deutschland – und diese Strategie erwies sich als wirksam. Noch 1933 verließen 37 000 Juden das Land, in den Folgejahren 23 000 und 21 000. Bei diesen Größenordnungen blieb es zunächst. Bis Ende 1937 waren insgesamt 125 000, mithin etwa ein Viertel der im Lande lebenden Juden emigriert. Und sowohl die unteren Parteigliederungen als auch Länder- und Reichsbehörden drängten darauf, diese Politik zu forcieren.[21]

Die auf Initiative Hitlers im September 1935 in aller Eile beschlossenen Nürnberger Gesetze trugen diesem Drängen Rechnung. Nur zweieinhalb Jahre nach der Machtübernahme der Nationalsozialisten wurden hier die deutschen Juden zu einer Bevölkerungsgruppe minderen Rechts herabgestuft. Diese Maßnahmen ebenso wie die für die Zukunft angekündigten noch weiterreichenden Vorhaben zielten darauf ab, die mehr als hundert Jahre zuvor erfolgte Emanzipation der Juden rückgängig zu machen, ihnen darüber hinaus die wirtschaftlichen Existenzmöglichkeiten zu nehmen und sie innerhalb eines sehr kurzen Zeitraums aus Deutschland vollständig zu vertreiben – insgesamt ein Vorgang, den nur wenige Jahre zuvor außerhalb des engen Kreises der völkischen Aktivisten nahezu niemand auch nur für denkbar gehalten hätte. Hatte man die beständigen Übergriffe und Gewalttaten der NS-Milizen, an denen in auffällig gehäufter Weise auch HJ-Einheiten beteiligt waren, noch als Exzesstaten politisch fanatisierter Minderheiten wahrnehmen können, so wurde mit den Nürnberger Gesetzen der Rassenantisemitismus als Grundlage staatlichen Verwaltungshandelns etabliert – und damit der Bruch mit den Grundprinzipien der Rechtsgleichheit legalisiert.[22]

Wirtschaftliche Aspekte der Judenfeindschaft hatten bereits seit dem Aufkommen des modernen Antisemitismus eine hervorgehobene Bedeutung gehabt. Die Widersprüche und die Aporien des modernen Kapitalismus auf das Wirken einer kleinen Gruppe zurückzuführen, welche sich in der Industrie, im Handel, im Bankwesen und den freien Berufen als besonders erfolgreich erwiesen hatte und anscheinend über geheime Kanäle erheblichen Einfluss auf die Kräfte des Marktes besaß, war eine so verführerisch einfache Erklärung der ansonsten unerklärlichen Bewegungen von Konjunktur und Kapitalmarkt, dass sie selbst von solchen akzeptiert wurde, die sich selbst gar nicht als Antisemiten verstanden. Es war daher nicht überraschend, dass sich der antijüdische Furor vor allem gegen jüdische Geschäfte und Unternehmen richtete. Von Beginn an war der wirtschaftliche Druck auf die Juden im NS-Staat untrennbar mit Korruption, Raub und Bereicherung verbunden. Dabei waren es meist Parteifunktionäre, oft aber auch Mitarbeiter oder Konkurrenten jüdischer Ladenbesitzer oder Handwerker, die mit Denunziationen und Gewalt versuchten, von deren wirtschaftlicher Enteignung zu profitieren. Gegenüber den großen jüdischen Unternehmen waren die NS-Behörden allerdings vorsichtiger, vor allem weil eine Schließung solcher Betriebe mit dem Verlust zahlreicher Arbeitsplätze verbunden gewesen wäre. Erst als sich die wirtschaftliche Lage aufgrund der Rüstungskonjunktur seit 1936 merklich zu bessern begann, wurde auch hier die Zurückhaltung aufgegeben. Nun schalteten sich die großen Banken und Versicherungen in die «Entjudung der deutschen Wirtschaft» ein. Ein regelrechtes «Arisierungsgewerbe» entstand, in dem Treuhandverwaltungen, «Auswanderungsagenten», Makler und Rechtsanwälte die Enteignung der jüdischen Betriebe organisierten und daran in großem Umfang verdienten.[23]

Die Beraubung der deutschen Juden seit 1933 war eine der größten Enteignungsaktionen der deutschen Geschichte, und sie zeigt durchaus viele Gemeinsamkeiten mit anderen Eigentumsrevolutionen im 20. Jahrhundert. Allerdings wurde etwa in der Sowjetunion seit 1917 oder den Ostblockstaaten nach 1945/46 das kapitalistische System insgesamt zerschlagen. In Deutschland hingegen wurde nach 1933 ein nach Rassekriterien definierter Teil der Akteure aus der Volkswirtschaft herausgelöst, während die Wirtschaft insgesamt in der NS-Herrschaft zwar eingeengt und durch staatliche Vorgaben gegängelt wurde, aber doch ihren privatwirtschaftlichen Charakter behielt. So war die Politik der Beraubung der Juden nicht nur ein Rechtsbruch, sondern auch ein Verstoß gegen die Grundsätze der kapitalistischen Eigentumsordnung und der kaufmännischen Glaubwürdigkeit. Aber angesichts der Chance auf Bereicherung, auf Ausschaltung von Konkurrenten und Übernahme großer, zum Teil weltberühmter Firmen stellten die Nutznießer alle kaufmännischen Grundsätze hintan, zumal die Beraubungen ja von den staatlichen Wirtschafts- und Finanzbehörden selbst vollzogen und mit, allerdings denkbar dürftigen, Legitimierungsversuchen kaschiert wurden.

Bemerkenswert war auch die Parole, unter der die Enteignung des jüdischen Teils der deutschen Bevölkerung vollzogen wurde: «Wiedergutmachung». Die Vorstellung war hier, dass die Juden sich vor und nach dem Ersten Weltkrieg auf unerklärliche Weise an den Deutschen bereichert hätten, indem sie schlauer und gewitzter als jene Unternehmen gegründet, neue Produkte entwickelt, als Rechtsanwälte gearbeitet oder als Ärzte Erfolg gehabt hatten. Man nehme sich jetzt nur, was einem sowieso gehörte, war die verbreitete Erklärung für den jetzt organisierten Raub. So konnte auch der zuvor unterlegene Konkurrent sein Mitwirken an der Zerschlagung der Firma des erfolgreicheren Kaufhausbesitzers legitimieren, um das Kaufhaus dann für einen Spottpreis zu erwerben.[24]

Die Verfolgung der Juden, die in den großen Zeitungen in den USA, in England oder Frankreich sehr genau beobachtet wurde, stieß in Deutschland selbst bis 1938 auf eine bemerkenswerte Indifferenz. Nun war das auch auf den mittlerweile stark ausgebauten Repressionsapparat des Regimes zurückzuführen. Niemand wollte sich mit der Gestapo oder den NS-Aktivisten anlegen, wenn es um das Vorgehen gegen die Juden ging, denen die meisten Deutschen ohnehin in Distanz und viele in Ablehnung gegenüberstanden. Die Führung der Exil-SPD beispielsweise, weit entfernt von antisemitischen Anwandlungen, schrieb in ihrem Bericht vom Januar 1936, die sozialistisch orientierten Arbeiter seien gewiss «entschiedene Gegner der Ausschreitungen». Zugleich hielten es viele von ihnen aber auch für richtig, «daß die jüdische Vorherrschaft ein für alle Mal gebrochen und den Juden ein bestimmtes Betätigungsfeld zugewiesen wird». Die meisten Arbeiter seien «zwar nicht mit den harten Methoden einverstanden, [...] aber sie sagen doch: ‹Dem Großteil der Juden schadet's nicht›.»[25] Ähnlich bei den Katholiken: Gewiss, schrieb der Münchner Kardinal Faulhaber an einen Priester, der sich über die Judenverfolgung erregt hatte, das Vorgehen der Nazis gegen die Juden sei unchristlich. Aber es gebe nun wirklich andere Probleme: «Für die kirchlichen Oberbehörden bestehen weit wichtigere Gegenwartsfragen [...], zumal man annehmen darf und zum Teil schon erlebte, daß die Juden sich selber helfen können.»[26]

IV.

Anfang 1938 lebte der überwiegende Teil der jüdischen Bevölkerung in Deutschland bereits von der Substanz, und die Mehrzahl der jüdischen Firmen war bereits «arisiert» worden – sei es durch behördliche Maßnahmen, sei es in Form der «wilden» Arisierungen. Bei den Versuchen, auch die übrigen Betriebe, insbesondere die bis dahin nur wenig angetasteten großen Unternehmen ihren jüdischen Inhabern zu entreißen, wurden jedoch Einwände laut. Als im Juli 1938 das Reichsinnenministerium den Vorschlag machte, ein Gesetz zur sofortigen, vollständigen und erzwungenen Ausschaltung der Juden aus der Wirtschaft sowie der Konfiszierung ihres Vermögens zu verabschieden, protestierte der Reichsfinanzminister unter Hinweis auf zu erwartende Steuereinbußen und die Reichsbank unter Hinweis auf die Gefährdung des Kapitalmarkts.

Ziel der Judenpolitik, so hatte der Chef der Sicherheitspolizei Heydrich formuliert, müsse erstens die «Schaffung von Auswanderungsmöglichkeiten unter möglichster Vermeidung von Devisenkosten» sein und zweitens die «Sicherung der Unterstützungskosten für die zurückbleibenden Juden durch jüdische Mittel des In- und Auslandes». Das aber erwies sich bald als nicht durchführbar. Denn entweder war die Auswanderung der Juden das Hauptziel des Regimes – dann musste es ihnen die Mittel lassen, um vom Ausland aufgenommen zu werden. Oder es nahm den Juden alles Vermögen und allen Besitz, wozu man angesichts der prekären Wirtschaftslage neigte – dann fanden sich nicht genügend Länder, welche die mittellosen Juden aufzunehmen bereit waren. In der Praxis tat man dann beides: Die Verfolgung und Diskriminierung der Juden wurde verschärft, um sie zur Auswanderung zu veranlassen. Und auch die Enteignung wurde beschleunigt, um möglichst an das Vermögen der Juden zu kommen. Im Effekt geriet die Auswanderung dadurch ins Stocken. Die Lage für die Juden wurde noch erschwert durch die Ergebnisse der im Sommer 1938 tagenden internationalen Konferenz von Évian, bei der sich die Bereitschaft der meisten Länder, jüdische Flüchtlinge aus Deutschland aufzunehmen, als äußerst begrenzt erwies. Die USA etwa hielten an einer Quote von 27 370 Einwanderern aus Deutschland und Österreich fest, die meisten anderen Länder schlossen ihre Grenzen ganz.[27]

Die aus diesen Widersprüchen resultierende Pattsituation im Herbst 1938 machte es unsicher und relativ offen, in welche Richtung sich die antijüdische Politik des Regimes entwickeln würde: hin zu einer langsamen, sich über mehrere Jahre erstreckenden «Ausschaltung» der Juden, vor allem der größeren jüdischen Unternehmen, aus dem deutschen Wirtschaftsleben – oder in Richtung auf eine schnelle, radikale Hinausdrängung aus der Wirtschaft, selbst unter Hinnahme volkswirtschaftlicher Nachteile.

Im Oktober 1938 begann das Regime damit, die Juden polnischer Nationalität aus Deutschland abzuschieben. Innerhalb von zwei Tagen wurden 17 000 Juden mit polnischer Staatsangehörigkeit, überwiegend Männer, im Reichsgebiet verhaftet, zu Sammellagern gebracht, mit Zügen an die polnische Grenze gefahren, um nach Polen abgeschoben zu werden. Dort aber verweigerten die polnischen Grenzsoldaten den Juden den Übertritt mit Gewalt, sodass die Deportierten nun tagelang in improvisierten Internierungslagern im Niemandsland unterkommen mussten. Schließlich wurde die Aktion abgebrochen, und die Juden wurden wieder zurück in ihre Wohnungen gebracht. Dieser Misserfolg bestätigte, dass es keine erfolgversprechenden Konzepte zur forcierten Auswanderung der Juden gab. Er steigerte bei den Behörden wie in der Partei aber auch die Erwartung, bei nächster Gelegenheit auf andere Weise gegen die Juden vorzugehen.[28]

In dieser Situation ereigneten sich das Attentat auf den deutschen Diplomaten vom Rath in Paris und als Antwort darauf die von Hitler und Goebbels veranlassten Pogrome des 9. und 10. November 1938, bei denen tausende jüdischer Wohnungen und Geschäfte zerstört wurden und mehr als einhundert Juden umkamen. «Jetzt rast der Volkszorn», schrieb Goebbels begeistert in sein Tagebuch. «Als ich ins Hotel fahre, klirren die Fensterscheiben. Bravo! Bravo! [...] Das ganze Volk ist in Aufruhr.»[29]

Das Volk war keineswegs in Aufruhr. Und es war mehrheitlich mit diesen Aktionen auch keineswegs einverstanden. Nahezu alle örtlichen Behörden berichteten, dass die «Aktion» weitgehend auf Unverständnis und Ablehnung gestoßen sei. Das Vorgehen habe im Volke «Kopfschütteln und eisiges Schweigen» hervorgerufen, schrieb etwa die Polizei in Bielefeld. «Die Bevölkerung war ernst und gedrückt. Hier und da waren deutlich Anzeichen von Mitleid festzustellen.» «Der überwiegende Teil der Bevölkerung hat die Aktion gegen die Juden nicht verstanden und mit dem Hinweis verurteilt, daß Derartiges in einem Kulturstaate nicht vorkommen dürfe» – so der einhellige Tenor.[30]

In der internen Berichterstattung der Parteiorganisation hingegen war vorwiegend von Kritik an der Öffentlichkeit und «Ungeregeltheit» des Tuns die Rede – und immer wieder von der «unnötigen Vernichtung von Werten». Darin mochte auch verklausulierte Kritik stecken. Aber mehr noch kündigte sich darin schon der nächste Schritt an: Wohnungen, Möbel, Geschäfte der Juden sollten hinfort nicht mehr zerstört, sondern ihnen unversehrt weggenommen werden. Denn trotz der Kritik war man in der Regimeführung mit der Aktion nicht unzufrieden. Die stockende Politik gegen die Juden wurde in den folgenden Monaten ausgeweitet und forciert. Noch am Tag des Pogroms befahl Hitler, «daß nunmehr auch die wirtschaftliche Lösung durchzuführen sei».[31]

Auch den Zweiflern unter den deutschen Juden führten die deutschen Behörden nun vor Augen, dass nicht mehr nur ihre gesellschaftliche Position, sondern ihr Leben in Gefahr war; und dieser Schrecken war es, der in den Folgemonaten die Auswanderungszahlen hochschnellen ließ. Bis zum Sommer 1941 verließen etwa 270000 Juden das Land, also etwa die Hälfte der vor 1933 in Deutschland lebenden Juden. Etwa ebenso viele verblieben im Lande, bis im Herbst 1941 die Auswanderung verboten wurde. Unter den Auswanderern war der Anteil jüngerer Menschen überdurchschnittlich hoch: 1939 waren drei Viertel der zurückgebliebenen Juden älter als vierzig Jahre. Die meisten von ihnen waren mittlerweile verarmt, aus ihren Stellungen, oft auch den Wohnungen vertrieben und in «Judenhäusern» untergebracht. Nur 16 Prozent von ihnen waren als beschäftigt gemeldet. Die Behandlung dieser noch im Reich befindlichen Juden war nunmehr in erster Linie ein Polizeiproblem. Denn bald sollten diese verarmten, isolierten, beschäftigungslosen Menschen nun tatsächlich dem Zerrbild der antisemitischen Propaganda von den schmutzigen, arbeitsscheuen und kriminellen Juden entsprechen, mit denen dann entsprechend zu verfahren sei. Die Isolierung und Pauperisierung, prognostizierte die SS-Zeitung «Das Schwarze Korps» am 24. November 1938, werde die Juden in eine elende Existenz hinabstoßen, wodurch sie «allesamt in die Kriminalität absinken» müssten. «Im Stadium einer solchen Entwicklung ständen wir daher vor der harten Notwendigkeit, die jüdische Unterwelt genauso auszurotten, wie wir in unserem Ordnungsstaat Verbrecher eben auszurotten pflegen: mit Feuer und Schwert! Das Ergebnis wäre das tatsächliche und endgültige Ende des Judentums in Deutschland, seine restlose Vernichtung.»[32]

Derartige Drohungen, Ankündigungen und Prophezeiungen des Untergangs und der Vernichtung der Juden konnte man in diesen Wochen häufig hören. So hatte etwa auch Göring nach den Novemberpogromen verkündet: «Wenn das Deutsche Reich in irgendeiner absehbaren Zeit in außenpolitischen Konflikt kommt, so ist es selbstverständlich, daß auch wir in Deutschland in aller erster Linie daran denken werden, eine große Abrechnung an den Juden zu vollziehen.»[33] Wohlgemerkt, das geschah zu einem Zeitpunkt, als die Vorbereitungen auf den Krieg in Deutschland bereits auf vollen Touren liefen! Solche Bemerkungen markierten Grenzüberscheitungen. Indem sie das Gemeinte für die *eigenen* Leute hörbar explizit formulierten und für *Außenstehende* nur der Form nach verhüllten, dehnten sie den Raum des Denk- und Sagbaren aus. Und angesichts solcher Perspektiven wirkten mögliche Einwände gegen neuerliche Verschärfungen des antijüdischen Vorgehens, welche zuvor noch als unvorstellbar angesehen worden waren, nun als geradezu kleinlich.

Ihren Höhepunkt erreichten diese rhetorischen Überbietungen am 30. Januar 1939, als Hitler im Reichstag die Grundlagen und Ziele der antijüdischen Politik seines Regimes erläuterte. Zunächst legitimierte er dabei die «Arisierung» jüdischen Eigentums: «Was dieses Volk aber heute besitzt, hat es sich auf Kosten des nicht so gerissenen deutschen Volkes durch die übelsten Manipulationen erworben. Wir machen heute nur wieder gut, was dieses Volk selbst verschuldet hat.» Wenn die Westmächte allerdings nicht bereit seien, Juden aufzunehmen, könne das jüdische Problem in Europa nicht gelöst werden, denn «Europa kann nicht mehr zur Ruhe kommen, bevor die jüdische Frage ausgeräumt ist [...] Die Welt hat Siedlungsraum genügend.» Wenn aber das Judentum nicht abgeschoben und irgendwo in der Welt angesiedelt würde, werde es «früher oder später einer Krise von unvorstellbarem Ausmaß erliegen». Die darin eingeschlossene Drohung formulierte Hitler dann auch unverblümt: «Wenn es dem internationalen Finanzjudentum in und außerhalb Europas gelingen sollte, die Völker noch einmal in einen Weltkrieg zu stürzen, dann wird das Ergebnis nicht die Bolschewisierung der Erde und damit der Sieg des Judentums sein, sondern die Vernichtung der jüdischen Rasse in Europa.»[34]

Hitlers «Prophezeiung», auf die er in den folgenden Jahren

immer wieder Bezug nahm, enthielt drei wesentliche Merkmale: Erstens erklärte Hitler hier den Niedergang Deutschlands ebenso wie die krisenhaften Auswirkungen der politischen und kulturellen Moderne mit dem Wirken der Juden. Zweitens stellte er das Wirken der Juden als Ursache für den in Deutschland seit Jahren vorbereiteten Krieg heraus. Und drittens eröffnete Hitler mit seinen Äußerungen den Anhängern des NS-Regimes die Perspektive der antijüdischen Politik. Nicht dass man hier schon gewusst hätte, wie fortan vorgegangen werden sollte. Vielmehr entwickelte der Begriff der «Vernichtung der jüdischen Rasse in Europa», einmal öffentlich gesagt, seine eigene Dynamik. Dahinter konnte fortan kein NS-Funktionär mehr zurück, der über die Juden sprach.

4. Das Jahrhundert der Lager

Die historische Berechtigung, das 20. Jahrhundert als das «Jahrhundert der Lager» zu bezeichnen, ist schwer zu bestreiten. Im Jahr 1998 lag die Zahl derjenigen Menschen, die in Lagern zu leben gezwungen waren – die Fälle der Freiwilligkeit sind eher Randphänomene – bei mehreren 10 Millionen. Das bezieht sich zum einen auf Lager für *Kriegsgefangene* in den Krisengebieten der Welt, auf *Flüchtlingslager*, insbesondere in Nordost- und Zentralafrika und im Nahen Osten, auf Lager für *Saison-* und *Wanderarbeiter* in fast allen Armutsregionen der Welt, auf *Straf-* und *Besserungslager* in Diktaturen, insbesondere in China und Nordkorea.[1] In der Mitte des Jahrhunderts war diese Zahl noch erheblich größer, konzentriert auf verschiedene Arten von Lagern: erstens die Lager für Kriegsgefangene und Internierte, zweitens für Flüchtlinge, Vertriebene und Deportierte, drittens für Arbeitsmigranten, die zum Teil freiwillig, zum weit überwiegenden Teil aber zwangsweise weit entfernt von ihrer Heimat Erwerbs- oder Zwangsarbeit leisteten, schließlich die schier unüberschaubare Zahl von Lagern, die zur Unterdrückung, Strafe, Erziehung oder Ausmerze von marginalisierten Gruppen geschaffen worden waren. Schon diese Aufzählung verweist darauf, dass eine phänomenologische Gleichsetzung dieser verschiedenen Formen unter dem Rubrum «Lager» eher in die Irre führt. Die Verhältnisse in einem Konzentrationslager der Nazis und in einem Gastarbeiterlager der 60er Jahre phänomenologisch als zwei Varianten der gleichen Grundstruktur anzusehen, ist offenkundig abwegig.

Zwei Aspekte sollen im Folgenden näher beleuchtet werden: Zum einen soll in historischer Perspektive eine Art von Typologie derjenigen historisch-politischen Faktoren herausgearbeitet werden, die zur massenhaften Errichtung von Lagern führten – in der Hoffnung, dass sich daraus Aufschluss über die spezifische Struktur und politische Funktion der Lager gewinnen lässt. Zweitens soll gefragt werden, ob es, was das Leben in Lagern betrifft, allgemein kennzeichnende und spezifische Tendenzen gibt, die es vom normalen Leben außerhalb der Lager unterscheidet. Fünf Faktoren, die eingangs schon angesprochen wurden, erweisen sich dabei als besonders prägend: *Krieg, Migration, «ethnische Säuberung», Repression, soziales Experiment.* Auf dieser Grundlage will ich dann abschließend überlegen, welche historisch-politische Perspektive denn mit dem Signum «Jahrhundert der Lager» verbunden ist.

– Erstens also: *Krieg.* Das Lager als provisorisches, schnell zu errichtendes Massenquartier finden wir auch in der Zeit vor der Industrialisierung, vor allem zur Unterbringung von Soldaten und Kriegsgefangenen. Zum Massenphänomen auch des zivilen Lebens aber hat sich das Lager erst seit Mitte des 19. Jahrhunderts entwickelt. Gegenüber der vormodernen Entwicklung unterscheidet sich die moderne Kriegführung vor allem durch die Ausweitung des Kriegsgeschehens auf die Zivilbevölkerung. In dem Maße, in dem die kriegerischen Auseinandersetzungen sich nicht mehr auf die Kombattanten begrenzen und die Zivilbevölkerung im Zuge der Totalisierung des Krieges zu einem wichtigen, und sei es nur störenden, Faktor wird, wird die vorübergehende Unterbringung großer Menschenmassen in organisierten und bewachten Behelfsunterkünften zu einem an Bedeutung zunehmenden Phänomen. Es begegnet uns vor allem im Kontext von Kolonialkriegen – in Südafrika, in Kuba, in Kenia, Deutsch-Südwest und anderswo –, um dann durch die Internierung von Angehörigen der Feindstaaten im Ersten Weltkrieg weltweit bekannt und verbreitet zu werden. Andererseits verändert sich durch die Entstehung der modernen Massenheere auch das Problem der Kriegsgefangenschaft. Es waren nun nicht mehr einige Tausend Männer für einige Monate behelfsmäßig unterzubringen, sondern Hunderttausende oder gar Millionen für viele Jahre.[2] Als erste Beispiele für die Neuartigkeit und Massenhaftigkeit dieses Phänomens können der amerikanische Bürgerkrieg und der Krimkrieg gelten. Im Ersten Weltkrieg erfuhr diese neue Form der Kriegsgefangenschaft dann einen ersten Höhepunkt, auf den sich die weiteren Entwicklungen nach 1918 in der Regel bezogen. Allein in Deutschland waren während des Ersten Weltkrieges mehr als eine Million Kriegsgefangener langfristig in Lagern untergebracht. Sie waren zudem, und dies bezeichnete eine in vieler Hinsicht zukunftsträchtige Entwicklung, als Arbeitskräfte für die deutsche Kriegswirtschaft eingesetzt und – etwa im Bergbau – unersetzlich.[3]

– Dies verweist bereits auf den zweiten Faktor bei der Herausbildung des Lagers als Kennzeichen der Epoche: die seit dem letzten Drittel des 19. Jahrhunderts einsetzende *Erwerbsmigration* insbesondere in Europa.[4] Die unmittelbare Nachbarschaft von Staaten mit hoher industriewirtschaftlicher Entwicklung und Dynamik und strukturellen oder vorübergehenden Arbeitskräftedefiziten zu solchen mit geringer Industriewirtschaft und erheblichen Arbeitskräfteüberschüssen sowie die damit verbundenen Unterschiede in Lebenshaltungsniveau und Löhnen führten insbesondere in Westmitteleuropa und namentlich Deutschland und den USA zur Heranziehung von ausländischen Arbeitskräften in großer Zahl.

Als wirtschaftlich stärkstes Land in der Mitte Europas war Deutschland seit Beginn der Hochindustrialisierung in den 1880er Jahren Anziehungspunkt für Arbeiter aus den wirtschaftlich weniger entwickelten Ländern des Ostens und des Südens. Für die deutsche Wirtschaft war dies finanziell attraktiv, denn so verfügte sie über ein Reservepotential an Arbeitskräften, die niedrigere Löhne, schlechtere Arbeitsbedingungen und flexible Einsetzbarkeit garantierten, zugleich aber den wirtschaftlichen Bedingungen entsprechend geheuert und gefeuert werden konnten. In ganz ähnlicher Weise entwickelte sich die Heranziehung und Beschäftigung von chinesischen Hilfsarbeitern in den USA, insbesondere bei den großen Eisenbahn- und Kanalbauprojekten in den 50 Jahren vor dem Ersten Weltkrieg.[5] Von Beginn an aber ebenso präsent waren auch die ideologischen und politischen Vorbehalte gegen die Heranziehung von ausländischen Arbeitern, die zu der Forderung führten, der Aufenthalt der ausländischen Arbeiter müsse strikt begrenzt, eine Integration in die traditionelle Gesellschaft verhindert werden.

Zudem zeigte sich, dass die genannten wirtschaftlichen Vorteile der Beschäftigung ausländischer Arbeitskräfte aus ökonomisch und sozial weniger entwickelten Ländern an die Voraussetzung gebunden waren, dass die ausländischen Arbeiter im Hinblick auf Löhne und soziale Standards weiterhin die Verhältnisse in ihrem Heimatland zum Maßstab nahmen. Nach einigen Jahren aber verblassten die Erinnerungen an das Lebenshaltungsniveau in den Entsendeländern, und die Lage der einheimischen Arbeiter wurde für die Ausländer zum Maßstab der Beurteilung ihrer eigenen Lage. Damit aber geriet der wirtschaftliche Nutzen, der aus den niedrigen Ausländerlöhnen gezogen werden konnte, in Gefahr.

In Reaktion auf diese politischen und wirtschaftlichen Interessen wurde in Deutschland ein System etabliert, das die ausländischen Arbeiter zwang, in jedem Jahr während der Wintermonate das Reichsgebiet zu verlassen, um im Frühjahr erneut um Arbeit in Deutschland nachzusuchen. Der Aufenthalt der ausländischen Arbeiter in Deutschland sollte ein vorübergehender Zustand, ein Provisorium bleiben. Zu diesem Zwecke blieb es das Bestreben der Behörden, die Arbeiter in provisorischen Unterkünften, in Lagern zu beherbergen.

In den USA wurden die chinesischen «Kulis», wie sie genannt wurden, ebenfalls häufig in Lagern untergebracht. Anders als andere Einwanderergruppen sollten sie nach Fertigstellung der Bauprojekte wieder in ihre Heimat zurückkehren, was in der Praxis allerdings weitgehend scheiterte. Diese hastig errichteten Behelfsunterkünfte dienten also dazu, den vorübergehenden Charakter der Arbeitsaufnahme und des Aufenthalts im Gastland hervorzuheben und sicherzustellen, die Kosten für die Unternehmer gering zu halten und die niedrigen sozialen Standards, die die Arbeiter aus ihren Heimatgebieten gewohnt waren, durch Abschließung von der einheimischen Gesellschaft möglichst zu konservieren. Die Lager fungierten einerseits als billige, provisorische Massenunterkünfte. Zum anderen waren sie aber auch Abstellraum für jene undisziplinierbar scheinenden Arbeiterschichten, die für ein geordnetes, und das meinte auch: immobiles Leben in richtigen Wohnungen nicht zu gewinnen waren und daher gesondert untergebracht und gesonderten Vorschriften unterstellt werden sollten. Diese Entwicklung verschärfte sich während des Ersten Weltkriegs beträchtlich, zumal in Deutschland, wo es sich bei den Ausländern zum größten Teil um Angehörige von Feindstaaten handelte, die in geschlossenen, nun oft auch bewachten und umzäunten Lagern untergebracht und als Arbeitskräfte eingesetzt wurden.[6]

Das hier erstmals in großem Ausmaß zu besichtigende System der Lagerunterbringung von Erwerbsmigranten hat im Verlaufe des 20. Jahrhunderts in der ganzen Welt an Bedeutung immer mehr gewonnen und sehr verschiedene Formen angenommen, die nun wiederum abhängig waren von der politischen und wirtschaftlichen Struktur der einzelnen Länder. Die Lagerunterbringung von Erwerbsmigranten ist derzeit in den armen Regionen der Welt ein Massenphänomen. Insbesondere in Afrika sind davon viele Millionen Menschen betroffen, die zur Gewährleistung ihres Lebensunterhalts vorübergehende Erwerbstätigkeit in weit entfernten Regionen aufnehmen. In gleichem Maße gilt dies für Flüchtlinge, die vor Bürgerkriegen, Hungersnot oder Naturkatastrophen fliehen und in benachbarten oder weit entfernten Ländern Unterschlupf suchen. In diesem Zusammenhang stehen auch die Phänomene der armutsmotivierten Süd-Nord-Wanderung, die sich vor allem seit den 1970er Jahren auf Nordamerika und Westeuropa bezieht, und der Ost-West-Wanderung seit 1990 in Europa. Die Lager für Erwerbsmigranten und Flüchtlinge, die wir in vielen Ländern des armen Südens ebenso wie des reichen Nordens finden, verdanken ihre Entstehung den durch die gewaltigen Unterschiede in wirtschaftlicher Entwicklung und politischer Stabilität entstandenen Migrationsbewegungen.[7]

Dies sind die gewissermaßen zivilen Varianten der Erwerbsmigration. Erheblich problematischer in dem hier zu untersuchenden Zusammenhang sind die vor allem in der Jahrhundertmitte gehäuft auftretenden Fälle von massenhafter Zwangsarbeit, vor allem in den großen totalitären Diktaturen dieses Jahrhunderts: im nationalsozialistischen Deutschland und dem von ihm während des Zweiten Weltkriegs besetzten Europa, in der Sowjetunion und dem von ihr beherrschten Teil der Welt sowie in China seit dem Sieg der Kommunisten.[8] Alle diese Fälle haben zu wahren Kosmen von Lagersystemen geführt. Diese Lager sind durchweg Provisorien, was auf den vorübergehenden Charakter ihres Aufenthalts verweist. Sie reduzieren das Leben der darin lebenden Menschen auf die Reproduktion ihrer Arbeitskraft; ein Leben außerhalb der Arbeit gibt es nahezu nicht. Die Lager dienen der Abschirmung vom normalen Leben, das selbst in Diktaturen ja Bereiche des Privaten kennt; auch der Abschirmung vom System des Arbeitslohns und der selbständigen Reproduktion.

Ein Weiteres kommt hinzu: Vor allem in den Lagern der Sowjetunion, bis zu einem gewissen Ausmaß aber auch in Nazi-Deutschland, sollten mithilfe von riesigen Zwangsarbeitssystemen und den dabei entstehenden Lager-Archipelen bestimmte, als politisch notwendig angesehene Projekte unabhängig von den volkswirtschaftlichen Kosten durchgesetzt werden. Für die Sowjetunion ist die «Kampagne», das kurzfristige Einsetzen aller Mittel für ein ansonsten nicht oder erst viel später erreichbares Ziel, geradezu ein Kennzeichen des Herrschaftssystems. Organische Prozesse nicht abzuwarten, sondern durch propagandistische, in der Praxis aber vor allem zwangsweise Mobilisierung wirtschaftliche Entwicklungssprünge vorzunehmen, ohne auf die damit verbundenen Opfer und Kosten zu achten, war kennzeichnend für die sowjetische Agrarreform ebenso wie für die Elektrifizierung, den Aufbau neuer schwerindustrieller Agglomerationen oder die großen Kanal- und Eisenbahnprojekte. Ähnliches findet sich in offenbar noch extremerer Form in China in den 1950er und 1960er Jahren, wo der Verzicht auf Rationalisierung und der Einsatz von Zwangsarbeitssystemen auf denkbar niedriger Produktivitätsstufe bei Großbauprojekten sogar ideologisch überhöht wurde.[9]

In Deutschland schließlich muss man den Zweiten Weltkrieg

insgesamt auf dieser Grundlage betrachten: Nur mithilfe der im Herbst 1944 fast acht, insgesamt aber wohl mehr als zehn Millionen Zwangsarbeiter in Deutschland, die nahezu ausschließlich in Lagern lebten, war dieser Krieg wirtschaftlich überhaupt führbar, wobei die Zwangsarbeiter in Drittländern (etwa sowjetische Arbeiter beim Bau des Atlantikwalls in Frankreich) noch nicht mitgezählt sind. Ohne Zwangsarbeiter wäre der Krieg für NS-Deutschland bereits 1940 oder 1941 zuende gewesen.

Aber es gibt doch auch wichtige Unterschiede zwischen diesen Zwangsarbeits- und Lagersystemen. In Deutschland ist dabei vor allem zwischen den Konzentrationslagern der SS und dem System des «Ausländereinsatzes» zu unterscheiden. Die Grundlage des Zwangsarbeitssystems des «Ausländereinsatzes» war das wirtschaftliche Kalkül: Die Arbeitskräfte wurden gebraucht und sollten arbeiten; dazu war eine entsprechende Behandlung und Versorgung notwendig. Je länger der Krieg dauerte, desto stärker setzte sich dieses Prinzip durch; allerdings in einer spezifischen, durch die rassistische Ideologie des NS-Staats geprägten und gegenüber den Angehörigen der einzelnen Völker sehr unterschiedlichen Weise. Hingegen war der Arbeitseinsatz der KZ-Gefangenen und vor allem der Juden aus Sicht der nationalsozialistischen Regimeführung nur eine vorübergehende, kriegsbedingte Maßnahme. Das Hauptziel gegenüber den KZ-Häftlingen blieb deren Ausschaltung und Erniedrigung; gegenüber den Juden deren Ermordung. Die Ausbeutung eines Teiles der europäischen Juden bei der Zwangsarbeit (meist nur für eine kurze Zeit) war für die Nationalsozialisten kein Ziel, sondern ein kriegsbedingtes Zugeständnis, ein Umweg vor ihrer Ermordung.

Demgegenüber lag das Zwangsarbeitssystem des GULag auf der Linie der stalinistischen «Kampagnenpolitik». Ohne Rücksicht auf Verluste und Todeszahlen wurden hier bestimmte Projekte durchgeführt, auch wenn dies volkswirtschaftlich noch so unsinnig war. Der «Verbrauch» an Arbeitskraft konnte jederzeit nachgeliefert werden; zu einer effizienteren und vor allem produktiveren Verwendung der einzelnen Arbeitskräfte war das stalinistische System, jedenfalls in Bezug auf die Zwangsarbeitslager, offenbar nicht willens, vor allem aber nicht fähig. Der millionenfache Tod der Häftlinge war im stalinistischen GULag eine hingenommene Begleiterscheinung ihrer Verwendung als jederzeit ersetzbare Zwangsarbeiter; nicht Ausdruck einer angestrengt verfolgten politischen Zielsetzung. Zynisch formuliert könnte man sagen: noch nicht einmal dies. Der Massentod der Lagerinsassen des GULag entsprang dem vollständigen *Des*interesse der übergeordneten Behörden am Zustand, am Leben oder Tod der Lagerinsassen.[10]

Vergleicht man die Binnenstruktur des GULag-Systems und der Konzentrationslager – das verdeutlicht vor allem ein Vergleich der Berichte der Häftlinge und geht besonders scharf akzentuiert aus den Erinnerungen jener deutschen Kommunisten hervor, die sowohl den GULag wie die deutschen Konzentrationslager als Häftlinge erlebt hatten –, so können die Verhältnisse in den Anfangsjahren nicht unterschiedlicher gedacht werden. In Deutschland die inkarnierte Ordnungshölle, in der selbst das schlimmste der vor dem Kriege errichteten KZs, Mauthausen, mit rechtwinklig angelegten Blumenrabatten in Reih' und Glied ausstaffiert war. In der Sowjetunion demgegenüber ein Inferno der Willkür, der Verwahrlosung und des normenlosen Zufalls. Vor allem seit der zweiten Kriegshälfte aber veränderte sich die Lage in den deutschen KZs rapide. Überbelegung, Unterversorgung, Vernachlässigung, Sterberaten von über 30% der Häftlingsbelegschaft pro Jahr waren hier kennzeichnend. Die Verhältnisse, notierte Margarete Buber-Neumann, näherten sich denen, die sie in den Lagern der Sowjetunion kennengelernt hatte, immer mehr an.[11]

– Drittens: «ethnische Säuberung». Die Deportation der europäischen Juden durch die Deutschen während des Krieges ist ebenso wie ihre Ermordung nicht vorrangig im Kontext von Zwangsarbeit und Ausbeutung zu verstehen, sondern steht historisch in einem anderen Zusammenhang, der hier nur knapp skizziert werden kann. Mit der Durchsetzung des modernen Nationalstaats in Europa im 19. Jahrhundert entsteht ein Problem, das diesen Kontinent in diesem Jahrhundert vielleicht mehr als alles andere erschüttert hat: die Diskrepanz zwischen dem Postulat des monoethnischen Nationalstaats und der Realität der ethnischen Vielfalt großer Regionen, insbesondere in einer breiten Zone zwischen Ostsee und Mittelmeer. Die dadurch hervorgerufenen Konflikte zwischen Mehrheitsbevölkerungen und Minderheiten, die bereits vor dem Ersten Weltkrieg zu scharfen und gewalttätigen Auseinandersetzungen geführt hatten (und ja durch die Tat von Sarajewo auch den Anlass zu diesem Krieg boten), sollten im Friedenswerk von Versailles und Paris durch ein System des Minderheitenschutzes und der Etablierung supranationaler Clearing-Stellen, nicht zuletzt des Völkerbunds, entschärft werden. Tatsächlich gelang dies zu keinem Zeitpunkt. Vielmehr trat als Lösung bereits früh eine Alternative auf den Plan: die gewaltsame Homogenisierung der Nationalstaaten durch Vertreibung oder Umsiedlung (was nur einen unterschiedlichen Grad der Unfreiwilligkeit ausdrückt) der Minderheiten.

Dieses Prinzip hatte bereits den sogenannten griechisch-türkischen Bevölkerungsausgleich beherrscht. Der Genozid an den Armeniern durch die Türken während des Ersten Weltkriegs allerdings hatte bereits angedeutet, welche Dynamik in der gewalttätigen Lösung von Nationalitätenkonflikten enthalten ist.[12] Dieses Prinzip der «Völkischen Flurbereinigung»[13] bot die Grundlage der deutschen Eroberungs- und Siedlungspolitik in Mittel- und Osteuropa seit Beginn des Zweiten Weltkrieges. Der unmittelbare Zusammenhang zwischen den riesigen Deportations- und «Umsiedlungsprojekten» – von den sogenannten Volksdeutschen in der Sowjetunion über die Polen bis zu den Juden – und der Ingangsetzung der Völkermordpolitik wurde in den letzten Jahren vor allem von Götz Aly herausgearbeitet.[14]

In dem hier beschriebenen Zusammenhang sei dabei ein Aspekt besonders betont: Die zwangsweise Enthausung der jüdischen Bevölkerung im Zuge der Umsiedlung, ihr Einsperren in Lagern und Gettos, die offenkundig als Provisorium, als vorübergehende Zwischenlösung dienten, schufen erst die Probleme, deren Lösung schließlich in der Ermordung der polnischen, dann der europäischen Juden bestand. Die utilitaristischen Sachzwang-Argumente, mit denen die Entfernung der Juden begründet wurde – Seuchen, Schwarzmarkt, Wohnungsmangel – konnten erst dadurch überhaupt entstehen, dass die jüdische Bevölkerung aus ihren Wohnungen, Arbeitsplätzen und ihrem Milieu heraus und in die Lager und Gettos hineindeportiert worden war. Zugleich war mit der *Lagerisierung* der Juden deren Entindividualisierung verbunden, ihre Herauslösung aus der tradierten, sich weitgehend selbst steuernden Umwelt. Die Einweisung in Lager und Ghettos reduzierte sie zu kollektiven Objekten der deutschen Besatzungsverwaltung.

Die Flucht und Vertreibung von Millionen Deutscher aus den deutschen Ostgebieten am Ende des Zweiten Weltkriegs und danach muss als direkte Folge dieser Umsiedlungs- und Mordpolitik der Deutschen angesehen werden; als reziproker Versuch nun der Alliierten, das Problem der Inhomogenität der Nationalstaaten Ostmitteleuropas durch Land- und Bevölkerungsverschiebungen auf Kosten der Deutschen sowie der Polen zu regeln. Und ebenfalls in diesem Zusammenhang stehen die gigantischen Umsiedlungsprojekte missliebiger nationaler Minderheiten vor und während des Krieges in der Sowjetunion, wobei hier allerdings nicht der Versuch zur Schaffung eines homogenen Nationalstaats handlungsleitend war, sondern die Sicherung der Herrschaft des stalinistischen Kommunismus, aber auch der russischen Mehrheitsbevölkerung gegenüber als gefährlich oder aufsässig angesehenen nationalen Minderheiten. Die Politik der «Völkerverschiebung» zur Herstellung monoethnischer Nationalstaaten und zur Machtsicherung der Mehrheits- gegenüber den Minderheitsgesellschaften hat in diesem Jahrhundert vermutlich mehr als die anderen genannten Faktoren zur Bildung von Massenlagern geführt; zumal auch andere Faktoren, der Arbeitseinsatz von Ausländern zum Beispiel, dazu in direkter Verbindung stehen.

– Der vierte Faktor, durch den in diesem Jahrhundert die Lager als Massenphänomen konstituiert wurden, ist durch *Strafe und Unterdrückung* gekennzeichnet und eine direkte Folge der Etablierung radikaler diktatorialer Systeme. In ihrer Gesamtheit sind sie Ausdruck eines außernormativen oder doch eines zweiten Strafsystems, das von der tradierten und im zivilen Leben gültigen Rechtsnorm unterschieden war. Dies kann man anhand des NS-Systems genauer betrachten: Die Konzentrations- und Straflager für tatsächliche und vermeintliche «Reichsfeinde» vor dem Kriege waren vor allem die spezifisch nationalsozialistische Ergänzung zu den Gefängnissen, die bereits der Justiz und anderen staatlichen Organen zugeordnet und mit einem tradierten und differenzierten Reglement ausgestattet waren. Demgegenüber konnte in den KZ-Lagern ein dem Willen der Nationalsozialisten bzw. der SS jeweils angemessenes Reglement neu und voraussetzungslos geschaffen werden. In dieser Form waren die Lager vor allem als Ausdruck der Bürgerkriegsphase des Regimes anzusehen. In den Lagern wurden tatsächliche und potentielle NS-Gegner isoliert, unterdrückt und erniedrigt.

In dem Maße allerdings, wie sich das Regime etabliert hatte und ein vernehmbarer Widerstand nicht mehr bestand, begann diese Funktion der Lager an Bedeutung zu verlieren. Andere Zielsetzungen standen im Vordergrund. Nicht mehr politische, sondern sogenannte «asoziale» Häftlinge, gesellschaftsbiologisch Unerwünschte füllten die Lager. Während des Krieges waren es dann vorwiegend ausländische Häftlinge, die eingesperrt wurden, insbesondere jene, die aus politischen Gründen als gefährlich angesehen wurden. Angehörige der Führungsschichten vor allem, bis dann seit 1942/43 zunehmend auch Motive des Arbeitseinsatzes zu Einweisungen in die KZ-Lager führten.[15]

Die hier deutlich werdende Funktion der Machtsicherung sich etablierender Diktaturen jenseits des traditionellen Justiz- und Repressionsapparats ist auch für andere totalitäre Regimes kennzeichnend, wobei insbesondere in den kommunistischen Diktaturen eine Tendenz zur Perpetuierung des Bürgerkriegs zu beobachten ist, wie sie in den Säuberungen während der 30er Jahre in der Sowjetunion oder in der sogenannten Kulturrevolution in China der späten 60er und frühen 70er Jahre ihren Ausdruck fand. Die Perpetuierung des Terrors und damit auch die Kontinuität und Ausweitung des Lagersystems ist hier ganz im klassischen Sinne des «terreurs» zu verstehen. Die Diktatur der Bolschewiki oder der Kommunistischen Partei Chinas konnte das Stadium einer Minderheitendiktatur nie überwinden. In diesem Sinne war die Einrichtung der Lagersysteme Ausdruck eines einfachen Machtkalküls zur Einschüchterung der den Regimen überwiegend ablehnend eingestellten Bevölkerung – mit der Tendenz zur Verselbständigung und Entgrenzung von Strafmotiv, Strafmaß und Strafform.

– Hier wird schließlich fünftens auch ein weiterer Aspekt sichtbar, mit demjenigen von Strafe und Unterdrückung eng verwandt, der die Einrichtung von Lagern motivierte: die Tendenz zur *Erziehung* und zum sozialen Experiment. Die Revolutionierung der bürgerlichen Gesellschaft und ihrer Individuen war für die Protagonisten der Weltanschauungs-Diktaturen erheblich einfacher zu bewerkstelligen, wenn sie nicht in der Hülle der tradierten bürgerlichen Verkehrsformen stattfand, sondern daraus gelöst wurde. Als Vorbild tritt hierbei die militärische Erziehung in den Vordergrund, aber auch davon abgelöst begegnet uns das Lager als Umerziehungsinstitution an vielen Stationen in diesem Jahrhundert. Auch hier mag der Gedanke der Beschleunigung eine Rolle spielen: Nicht erst auf langwierige Veränderungen warten zu müssen, sondern die für notwendig gehaltene Veränderung des Verhaltens und Denkens der Einzelnen in kurzer Zeit, auf Kommando durchführen zu können, war das hier angestrebte Ideal. Dem kam, um auch hierbei wieder in Deutschland zu beginnen, ein verbreiteter antistädtischer Eskapismus, eine Begeisterung fürs unbürgerlich Militärische vor allem in der bürgerlichen Jugend seit der Jahrhundertwende sehr entgegen; und wenn man sie denn sucht, so sind hier die Verbindungen zwischen dem Jugendlager und dem Zwangslager zu entdecken. In den die Militarisierung des Volkes befördernden Lagersystemen von HJ und Reichsarbeitsdienst mischte sich beides: die Begeisterung für das dem herkömmlichen Leben ferne «Lager» in der freien Natur – und die Konformisierung der Gesellschaft durch Drill und quasimilitärische Verkehrsformen.

Im Vergleich zu dem, was sich in den kommunistischen Diktaturen herausbildete, waren dies jedoch nur Ansätze. Allerdings scheint das Postulat von Erziehung und sozialem Experiment weniger für die einzelnen Lagerinsassen gegolten zu haben als für die Verfasstheit der Gesellschaft insgesamt. Das Lager bot sich als Paradigma der Gleichheit, allerdings der entrechteten Gleichheit, förmlich an. Die Symbiose von Hierarchie und Egalitarismus im Lager bot eine Widerspiegelung des Verhältnisses von Partei und Gesellschaft, der Diktatur des Proletariats, das ja auch totale Herrschaft und Gleichheitspostulat miteinander verknüpfte. Die extremsten Beispiele für diese Tendenz finden sich in den kommunistischen Diktaturen in Asien; insbesondere im Kambodscha der Roten Khmer. Der Versuch der vollständigen Neustrukturierung der Gesellschaft basierte hier auf der Lagerisierung und Umerziehung mehr als der Hälfte, der Ermordung von fast einem Drittel der Bevölkerung.[16]

Eine universelle Phänomenologie des Lagers ist insofern historisch wenig plausibel, als die Verhältnisse in den Lagern Ausdruck politischer Systeme und Entscheidungen sind und nicht aus sich selbst erwachsen. Gleichwohl gibt es offenbar Gemeinsamkeiten des Lagerlebens, Tendenzen und Entwicklungen, die wir in vielen Formen des Lagerlebens unter unterschiedlichen Systemen beobachten können und denen man offenbar nur durch explizite Gegenmaßnahmen gegensteuern kann – ein System der politischen Verantwortlichkeit, der Transparenz und Rechtssicherheit. Allein von der Definition dessen, was ein Lager ist, lassen sich einige Merkmale des Lebens in Lagern bezeichnen: die räumliche Enge, der niedrige Komfort, die vom Leben in großen Gruppen herrührenden Zwänge, die Einschränkung oder der Verlust von Privatheit. Aus diesen Bedingungen heraus aber haben sich in der historischen Entwicklung des Lebens in Lagern Auswirkungen auf das Zusammenleben der Bewohner ergeben. Dies soll abschließend zunächst an einem vergleichsweise harmlosen Beispiel illustriert werden, um daraus anschließend etwas allgemeinere Schlüsse zu ziehen.

In Rheinhausen, auf der Duisburg gegenüber liegenden Rheinseite, wurden im Jahre 1915, also während des Ersten Weltkriegs, von der Kruppschen Friedrich-Albert-Hütte etwa 1000 ausländische Zivilarbeiter aus Russland-Polen eingestellt und nach einiger Zeit auf Druck der Behörden zum größeren Teil in einem Wohnlager untergebracht – zunächst in einem schlichten Arbeiterwohnheim in Fabriknähe, bestehend aus einigen Baracken. Es gab einen Lagerleiter, eine Küche – und eine Hausordnung, in der zunächst wohl nicht mehr stand als Ermahnungen zur Rücksichtnahme und Hinweise auf die kriegsbedingten Einschränkungen für Ausländer. Das änderte sich im Laufe der Zeit. Für Nichtbewohner wurde der Zugang zum Lager eingeschränkt. Die Lagerinsassen wurden gezwungen, ihre Besorgungen beim lagereigenen Kiosk zu erledigen. Das Verlassen des Lagers außer zur Arbeit wurde eingeschränkt. Den häufiger auftretenden Reibereien unter den Lagerbewohnern sowie dem angeblichen «unsittlichen Treiben» und «regelmäßigen Saufgelagen» wurde durch ständige Kontrolle Einhalt geboten. Immer weitere Lebensbereiche wurden durch Vorschriften und Verbote reglementiert und kontrolliert. Dem Lagerleiter, anfangs eher eine Art Hausmeister, wuchsen immer neue Kompetenzen zu, bis hin zur Verhängung von Strafen bei Übertretungen. Schließlich stellte der Landrat des Kreises fest, dass die Überprüfung der Einhaltung der Lagervorschriften nur möglich sei, wenn man die Bewohner des Lagers schon äußerlich von den anderen Arbeitern unterscheiden könne. Die äußere Kennzeichnung der Lagerinsassen, die feste Umzäunung des Lagers, ein verschärftes Ausgehverbot und die Verwendung von «Kruppschen Bediensteten» als Wachmannschaften mit «Armbinde, Dienstmütze und Waffe» waren die daraus abgeleiteten, nicht in allen Fällen aber auch praktisch durchsetzbaren Forderungen. Die Reglementierung des Lagerlebens war zusehends umfassender geworden und betraf Bereiche, die für diejenigen Polen, die zur gleichen Zeit als Schlafgänger oder Untermieter am Ort wohnten, gar nicht als reglementierungsbedürftig galten.

An diesem Beispiel aus dem Ersten Weltkrieg lassen sich einige allgemeine Aspekte des Lagerlebens aufzeigen: Der offensichtlich vorübergehende Aufenthalt der Russland-Polen legte die Unterbringung in provisorischen Unterkünften nahe. Ihr politischer und rechtlicher Sonderstatus sowie der ihnen zugeschriebene «sittliche Tiefstand» ließen es als geboten erscheinen, sie von der übrigen Arbeiterbevölkerung zu separieren und der besseren Kontrolle halber im umzäunten Lager unterzubringen. In diesem abgeschlossenen Lager aber bildete sich in kurzer Zeit ein umfassendes Reglement heraus, das dazu tendierte, immer weitere Bereiche des Lagerlebens zu erfassen und die individuellen Entscheidungsmöglichkeiten des Einzelnen immer mehr zurückzudrängen.[17] Diese beständige Ausweitung und Verschärfung des Lagerreglements finden wir in vielen Beispielen des Lebens in Lagern in ganz unterschiedlichem historisch-politischem Kontext. Wie lassen sie sich erklären?

Ein zentraler Aspekt des Zusammenlebens in der bürgerlichen Gesellschaft beruht darauf, dass der Einzelne eine Vielzahl sozial akzeptierter Verhaltensstandards internalisiert, die den größten Teil seines Handels bestimmen. Die Richtigkeit seines Handelns steht nur in bestimmten Situationen zur Diskussion, vor allem, wenn es in der Öffentlichkeit geschieht und im Zusammenwirken mit Anderen, und selbst dann ist das meiste über Konventionen und Traditionen so gefügt, dass es keiner formellen Regelstruktur bedarf, die meist nur für einen relativ kleinen Bereich des Lebens benötigt wird. Einen großen Teil seiner Zeit verbringt der Einzelne zudem nicht in großen Gruppen, sondern allein oder im engen Kreis von Familie, Kollegen und Freunden, wo es für das Zusammenleben in noch geringerem Maße formeller Reglements bedarf. Schließlich sind die einzelnen Funktionen des Lebens, was Ort und Partner bei ihrer Ausübung angeht, in der Regel getrennt: Arbeit, Freizeit, Schlafen finden an verschiedenen Orten statt und zusammen mit verschiedenen Menschen – und unter verschiedenen Autoritäten.

All das ist im Lager anders: Durch die räumliche Enge und die Allgegenwart der Gruppe steigt die Zahl der durch formelles Reglement festzulegenden Verhaltensweisen gewaltig, da hier weder die formellen gesellschaftlichen Regeln zutreffen (die ja für eine Barackenordnung oder für Essenszeiten keine Handhabe bieten) noch tradierte Konventionen zur Verfügung ste-

hen, noch eine disziplinierende, auf Befehl und Gehorsam auf-
bauende Hierarchie wie beim Militär, die auf eine entsprechende
Ausbildung und erzwungene Akzeptanz der Betroffenen grün-
det. Lager dienen zudem in der Regel der Unterbringung großer
Menschengruppen ganz unterschiedlicher Herkunft und Zusammensetzung. Der Zweck des Lageraufenthalts selbst ist nicht
allgemein definierbar wie die Strafe im Gefängnis oder der
Krieg beim Militär. Von daher haben sich auch keine allgemeinen Traditionen und Konventionen für das Lagerleben heraus-
bilden können, kein Kanon des Lagerreglements. Da nicht auf
Konventionen und auf über die Zeit hinweg erzielten Konsens
aufgebaut werden kann (und in der Regel ja auch nicht soll),
die Selbstregulationsmechanismen also nicht wie außerhalb des
Lagers das Zusammenleben möglich und erträglich machen, da
aber auf der anderen Seite das enge und entindividualisierende
Leben viel mehr und andere Reibungspunkte unter den Bewoh-
nern mit sich bringt, tritt mehr und mehr das explizite Reglement in den Vordergrund.

Diese Tendenz wird noch beschleunigt durch die Machtzusammenballung in den Händen der Lagerleitung. Denn während im normalen Leben in den verschiedenen Bereichen auch
verschiedene Autoritäten das Sagen haben, sind hier mehrere
oder gar alle Autoritätsbereiche in einer Hand konzentriert. Das
sich gegenseitig bremsende Konkurrenzelement der Autoritäten
fällt weg, und es gibt keine Gegengewichte zur beständigen Ausweitung und Verschärfung des Regiments der Lagergewaltigen.
Je hermetischer das Lagerleben gegen die Außenwelt und die
von dorther hineinschwappenden Normen und Konventionen
des normalen Lebens abgedichtet wird, desto deutlicher tritt
diese Entwicklung zutage.

Es ist ein trivialer, aber einleuchtender Erfahrungssatz der
Rechtslehre, dass mit der Zahl der gesetzlichen Vorschriften
auch die Zahl der Verstöße dagegen wächst. Diese Entwicklung
lässt sich beim Leben in Lagern besonders ausgeprägt verfolgen.
Durch die sich ausweitende Reglementierung des Lagerlebens
steigt die Möglichkeit und mit ihr die Häufigkeit der Übertretungen rapide an, weil es informelle Regelstrukturen mit ent-

sprechender Bindungswirkung nicht oder nur in geringem Maße gibt und andererseits solche Verhaltensweisen nunmehr verboten, vorgeschrieben oder festgelegt sind, die im normalen Leben einer Reglementierung gar nicht bedürfen. Dies ist auch in Gefängnissen nicht anders; dort aber ist die Zahl der Aufsichtsbeamten so groß und die räumliche Anordnung des Gebäudes so gestaltet, dass individuelle Regelverstöße (jedenfalls potentiell) sofort geahndet und damit ausgeschlossen werden können. Zudem unterstehen die Gefängnisse der traditionellen Verwaltung. Selbst in Diktaturen gibt es Strafvollzugsgesetze, die zumindest nominell eine Handhabe zur Normierung und zur Kontrolle bieten. Das Lagerreglement aber wird weder durch die baulichen Bedingungen unterstützt (im Gegenteil) noch durch entsprechend hohe Zahlen von Aufsehern kontrolliert, sodass die Zahl der Kontakte unter den Lagerbewohnern viel höher ist als im normalen Leben oder auch im Gefängnis. Entsprechend können Übertretungen nur in relativ wenigen Fällen festgestellt werden. Dementsprechend kann die Ahndung von Verstößen nur in Einzelfällen, also exemplarisch wirken. Um sie wirksam zu machen, muss sie abschreckend sein. Wir finden diese Entwicklung in nahezu allen Formen des Lagerlebens, insbesondere aber in den besonders radikalen Varianten.

Wo alles verboten ist, ist die Übertretung der Verbote unausweichlich, und in vielen Zeugnissen ehemaliger Lagerinsassen wird berichtet von dem Zwiespalt zwischen Angst vor Strafe bei Verletzung von Vorschriften und der Gewissheit, ohne Regelverletzung nicht auskommen zu können. In der Folge bildet sich eine Substruktur unter den Lagerinsassen, die diesem Druck zur dauernden Regelverletzung entspringt – eine Art Unterwelt des Lagers, in der die Diskrepanz zwischen Totalitätsanspruch des Reglements und der sozialen Wirklichkeit genutzt wird, um sich Freiräume für bessere Lebensbedingungen oder gar für das schlichte Überleben zu schaffen. Im Kern ist diese Substruktur individuell, nicht kollektiv organisiert. Ziel ist die Erweiterung des Freiraumes für den Einzelnen innerhalb der entindividualisierenden Gesellschaft eines Massenlagers. Nur in Sonderfällen, etwa in deutschen Konzentrationslagern mit hohen Anteilen

politischer Häftlinge, kam es zu Versuchen einer solidarisch verfassten Substruktur, wenngleich nur unter den politischen Häftlingen selbst – zu den anderen Häftlingsgruppen standen auch
sie in darwinistischer Konkurrenz.

Das hat seinen Grund in einem dritten, für das Leben im
Lager kennzeichnenden Faktor: die Lagergesellschaft ist per definitionem eine Mangelgesellschaft – und sei es nur der Mangel
an Platz, Bewegungsfreiheit, Rückzugsmöglichkeit für den Einzelnen. In der Regel aber sind Lagerbewohner wirtschaftlich,
sozial, politisch Marginalisierte, denen es am Lebensnotwendi-
digsten fehlt. Die Rationierung von Lebensmitteln, der Mangel
an warmer Kleidung, das Fehlen von Wertgegenständen zum
Tausch sind in fast allen Lagern die Kernpunkte der internen
Auseinandersetzungen. Da nun das Lagerleben die Einebnung
der außerhalb des Lagerlebens wirksamen Hierarchie zur Voraussetzung und zur Folge hat, wird durch den Mangel eine so-
zialdarwinistische Struktur und eine neue soziale Hierarchie
gefördert. Wenn es etwas gibt, das alle Formen der Lager durchweg gleichermaßen charakterisiert, dann die Korruption, der
Schwarzmarkt und eine Lagerhierarchie, die sich am Besitz von
Mangelgütern orientiert – oder an der Möglichkeit, solche zu
beschaffen, zum Beispiel durch privilegierte Kontakte nach außen, zur Lagerleitung oder zur Küche. Die Berichte aus den verschiedenen Lagern dieses Jahrhunderts hierzu sind ebenso zahl-
reich wie bizarr. Die Allgegenwärtigkeit der Verbote und des
Mangels fördert überall eine breitgefächerte Unterwelt zutage,
die in krassem Gegensatz zur Reglementierung des Lebens zu
stehen scheint und doch nur ihre Konsequenz darstellt. Die un-
kontrollierte Machtzusammenballung bei den Lagerleitungen
verschärft die Korruption und den Schwarzmarkt noch. Die
Doppelstruktur von Reglement und Verstoß dagegen umfasst
beide Gruppen – Lagerbewohner und Lagerleitung. Besonders
in den radikalen Formen des Lagerlebens verband sich dabei die
Hierarchie des Mangels mit der von außen gesetzten Hierarchie
nach politischen oder ideologischen Kriterien. Beide verstärkten
sich gegenseitig.

Vergleicht man nun Zielsetzungen und Ausgangsbedingungen

des Lagerlebens mit dieser hier geschilderten Entwicklung, so kann die Diskrepanz kaum größer gedacht werden. Auf der einen Seite das Lagerreglement als Ausdruck eines umfassenden Disziplinierungswillens, der immer weitere Bereiche des Lebens umgreift, und eine Lagergesellschaft, die durch gleichermaßen schlechte wie einheitliche soziale Ausgangsbedingungen gekennzeichnet ist. Auf der anderen Seite eine vielschichtige Substruktur auf der Grundlage der permanenten Gebotsübertretung, eine Mischung aus Selbsthilfe und Wolfsgesellschaft – und ein heilloses Durcheinander: das gerade Gegenteil von geregelter Ordnung sowie eine schroff hierarchisierte Lagergesellschaft, deren auffallendstes Merkmal die extreme soziale Ungleichheit ist.

Die Untersuchung des Lebens in Lagern, das legen diese Überlegungen nahe, führt zu Fragen, ob eine Gesellschaft, die ausschließlich auf der formellen Reglementierung und nicht vor allem auf der kollektiven Internalisierung eines sozialen und politischen Konsensus beruht, sich diese Gegenwelt zur Reglementierung nicht selbst produziert. Wo wie im Lager die äußeren Bedingungen so gestaltet sind, dass durch das Fehlen von Konventionen und durch die Omnipräsenz der Gruppe die Selbstregulationsmechanismen der Gesellschaft ausgeschaltet sind, führt der Versuch, das Leben umfassend zu reglementieren, in der Konsequenz zu einer Situation des permanenten Regelbruchs. Insofern könnte man das Lagerleben als Beleg nehmen für das notwendige Scheitern der Versuche, die von der Sozialisationskraft ziviler Konventionen nicht erfassten oder davon ausgenommenen Randgruppen durch ein differenziertes System expliziter Normen zu disziplinieren. Das wäre die positive Schlussfolgerung aus dem Gesagten, weil sie eine Komponente der Hoffnung in sich trägt. Wie zum Beweis dessen zeigt sich gerade in den lange bestehenden Lagern mit einem hohen Anteil an «Stammbelegschaft» im nationalsozialistischen Deutschland ebenso wie, ausweislich etwa der Bücher Solschenizyns, in den Lagern der Sowjetunion, dass dort das formelle Reglement nach einiger Zeit immer weiter in den Hintergrund gedrängt wurde und sich aus der Substruktur und der Routinisierung des Lageralltags allmählich informelle Verhaltensweisen entwickelten, die einer Gewöhnung an das Lagerleben entsprachen und sich zwar inhaltlich fundamental von den Konventionen im normalen Leben unterschieden, aber doch Konventionen waren.

Nicht notwendig ist aber dies ein Element der Hoffnung: In den nationalsozialistischen Konzentrationslagern während des Krieges wurde diese Entwicklung von der SS regelrecht funktionalisiert. Hier betrafen die informellen Verhaltensregeln vor allem die Bewältigung jenes gefährlichen Zwiespalts zwischen dem offiziellen Reglement und der Substruktur unter den Gefangenen. Durch die systemlose und willkürliche Bestrafung einzelner «Vergehen» entstand ein Klima der dauernden Verunsicherung, wodurch sich alle Energie der Lagerinsassen darauf richtete, zu überleben – was bei Befolgung aller Befehle oft gar nicht möglich war – und andererseits nicht aufzufallen. Dadurch war alle Aufmerksamkeit auf die Verhältnisse im Lager selbst gerichtet, was eine generelle Opposition gegen das Leben im Lager an sich auf diese Weise gar nicht aufkommen ließ.

Dieser Schwebezustand zwischen totalem Reglement und allseitiger Übertretung zerstörte die Kalkulierbarkeit des Lebens, weil ständig alles möglich schien und ja auch war, während selbst ein strenges, aber durchgehaltenes Reglement noch die Rationalität der Abfolge von Gebot und Befolgung bzw. Übertretung und Strafe in sich barg. In den Extremsituationen der KZ-Lager wie des GULag war auf diese Weise nicht das Reglement das wirksamste Disziplinierungsinstrument, sondern die Unmöglichkeit seiner Befolgung, die den einzelnen Lagerinsassen der beständigen und alles umfassenden Unsicherheit aussetzte, der gegenüber es keine abwägbaren Schutzmaßnahmen gab – ein zentraler Faktor jenes «psychotischen Kosmos», den etwa die KZ-Lagergesellschaft darstellte und den die psychoanalytische Forschung als Ausgangspunkt der langjährig, oft lebenslang wirksamen Traumatisierungen des Lagerinsassen hervorgehoben hat.[18]

Beziehen wir nun die zuletzt skizzierten extremen Entwicklungen zurück auf die allgemeine Diskussion um Disziplinierung und Konvention, so wird deutlich, dass jenseits des Reglements nicht die Solidarität steht, sondern die Diktatur der Willkür. Die Disziplinierung einer Gruppe durch ein umfassendes, explizites Normensystem, wie wir es beim Leben in Lagern in der gesamten Bandbreite verfolgen können, lässt vielleicht noch Platz zum Widerstand und schafft sich selbst die Gegenwelt des dauernden Normenverstoßes; sie ist bis zu einem gewissen Grad nicht kalkulierbar. Die daraus in Extremsituationen abgeleitete Disziplinierung durch die Unkalkulierbarkeit der Reaktionen auf das eigene Handeln, welche Konvention und formelle Norm ignoriert, lässt keinen Platz für Risikoabwägung und Entscheidung des Einzelnen, fordert die völlige Unterwerfung und schließlich die Selbstaufgabe der Betroffenen.

Ist das Lager nun das Kennzeichen der Epoche und zukünftig an Bedeutung eher noch wachsendes als abnehmendes Signum der Moderne? Ist es der zugespitzte Ausdruck und die extreme Erscheinungsform des modernen, disziplinierenden Alltags? Folgt man Michel Foucault oder auch Zygmunt Bauman, dann ist das Lager ebenso wie der Genozid Ausdruck der modernen Gesellschaft, nicht ihr Krisenfall. Betrachtet man diese Aussage in historischer Perspektive, kommen aber doch Zweifel an solchen geschichtspessimistischen Menetekeln. Schon ein kurzer Blick auf die Unterschiede zwischen einem Kriegsgefangenenlager für deutsche Soldaten in den USA der 40er Jahre und einem Kriegsgefangenenlager der Roten Armee oder der Wehrmacht zur gleichen Zeit bestätigt dies: Im einen Fall ein Leben zwar in Enge und unter Bewachung, aber doch unter Bedingungen, die von vielen ehemaligen deutschen Kriegsgefangenen in ihren Erinnerungen als im Vergleich zu dem vorher Erlebten geradezu paradiesisch beschrieben wurden. In den beiden anderen Fällen apokalyptische Szenen von Mangel, Unterernährung, Seuchen, Massensterben und vollständiger Ausweglosigkeit.

Aber auch diese beiden Fälle unterscheiden sich auf charakteristische Weise: Die hohe Sterberate der deutschen Soldaten in sowjetischer Gefangenschaft war, den meisten Berichten zufolge, immer noch niedriger als die der einheimischen Gefangenen in den Lagern des GULag und stand, wie wir aus nahezu allen Berichten deutscher Heimkehrer erfahren, in direkter Verbindung zu Hungersnot und Elend der sowjetischen Bevölkerung insgesamt. Der Tod der sowjetischen Gefangenen in den deutschen Lagern hingegen war kühl geplant. Er war nicht Ausdruck von Planungsmängeln oder organisatorischer Überforderung, sondern Folge der von der deutschen Führung angestrebten Verminderung der Bevölkerungszahl in den von der Wehrmacht eroberten Gebieten der UdSSR.

Ein drittes Beispiel: Vergleicht man die Lebensbedingungen sowjetischer mit derjenigen britischer oder US-amerikanischer Soldaten in deutscher Gefangenschaft, so ist der Unterschied größer kaum denkbar: Von den sowjetischen Soldaten gingen fast zwei Drittel in deutscher Hand zugrunde, bei den britischen und amerikanischen Kriegsgefangenen lag die Sterberate nicht über der alterstypischen Mortalität.[19] Kurz: das Leben in Lagern war und ist in erster Linie abhängig vom politischen Willen und den wirtschaftlichen Kapazitäten derjenigen, die es beherrschen. Eine Eigendynamik der «totalen Institution» als Gegensatzbegriff zur «gewachsenen Lebenswelt», wie dies in Zusammenhang mit Theorien Foucaults und Goffmans eine Zeitlang propagiert worden ist, verkennt diesen spezifisch politischen Charakter der Lager.[20]

Die beschriebenen Phänomene und Entwicklungen sind vielmehr durchweg als Ausdruck von Entwicklungsverwerfungen zu verstehen, als Transformationsphänomene der krisenhaften Zone zwischen der Errichtung der modernen industrialisierten Nationalstaaten und ihrer Saturierung. Wir finden Lager in den Krisenzonen der Welt und als Ausdruck von wirtschaftlichen, sozialen oder ethnischen Spannungen; und insbesondere finden wir sie in Diktaturen. Das sichert nicht vor neuen Entwicklungen, aber es widerspricht jenem zukunftsgewissen Fatalismus, der uns einreden möchte, das beispiellos Schreckliche sei das Normale und die Entwicklung hin zur Zivilgesellschaft nichts weiter als eine Chimäre naiver Fortschrittsoptimisten.

Das 20. Jahrhundert ist die Ära der umfassendsten und tiefgreifendsten Veränderungen der Menschheitsgeschichte. Hier, in den Prozessen der Industrialisierung und der Nationenbildung, der Kriege und der Weltanschauungsdiktaturen, der Bürgerkriege und der «ethnischen Säuberungen» sowie der extremen wirtschaftlichen und sozialen Unterschiede zwischen dem reichen Norden und dem armen Süden des Globus, liegen die Ursachen dafür, dass Millionen von Menschen für lange Zeit unter schrecklichen Bedingungen in Lagern leben mussten – und müssen.

5. Der deutsche Professor im Dritten Reich

Der deutsche Professor in der NS-Zeit ist eine umstrittene Figur, nicht erst seit heute. Dass die Professoren nach dem Machtantritt fast alle umgeschwenkt und die Institute voller «Märzgefallener» seien, darüber konnte man Kritisches und Spöttisches schon 1933 hören. Ganz sicher war man sich ihrer aber nicht. So berichtete der SD, der innenpolitische Geheimdienst der SS, dass die Anpassung der Universitäten an das Neue Reich höchst oberflächlich sei und man vom jetzigen Lehrkörper keinerlei Unterstützung zu erwarten habe. Hitler selbst waren Professoren wie Intellektuelle insgesamt außerordentlich unsympathisch, wie er im November 1938 den versammelten Journalisten und Verlegern erklärte: «Wenn ich die intellektuellen Schichten bei uns ansehe, leider, man braucht sie ja, sonst könnte man sie eines Tages ja, ich weiß nicht, ausrotten oder so was.»[1]

Wissenschaft als Feld von Forschung und Kritik, von Vernunftorientierung und Rationalität hatte einen schweren Stand gegen die von der nationalsozialistischen Bewegung beschworenen Werte der Totalität, des Führerprinzips, der Volksgemeinschaft und des blutlichen Instinkts. Nicht die Diskussion, sondern die Tat sollte im Vordergrund stehen; nicht die Ratio, sondern der Glaube. Das war nicht nur Schein und Proklamation. Die Abwertung von Bildung und Belesenheit, von Formulierkunst und Analysefähigkeit gegenüber politischer Zuverlässigkeit, Energie, Tatlust und militärischem Habitus – zu schweigen von «rassischen» Prädispositionen – hatte bei der Besetzung von Lehrstühlen, aber auch von Redakteursposten, Beratergremien und Institutsvorständen deutliche Auswirkungen. Schon aus diesem Grunde gelang es nach 1945 den Universitätsprofessoren besser als anderen Berufsgruppen, ein Bild ihrer geistigen Distanz, ja der

Regimeferne oder gar ihres Widerstands gegen das NS-Regime zu zeichnen, das lange Zeit Verbreitung und Zustimmung fand, auch weil die Hochschulprofessoren in Deutschland seit der Jahrhundertwende ein außerordentliches Ansehen genossen, das ihnen einen Nimbus von Entrücktheit und Alltagsferne verlieh. Während der 1960er Jahre wurde dieses Bild zwar in Frage gestellt, aber nicht systematisch widerlegt, schon weil es damals um politisch-generationelle Konfrontationen ging und nicht um Wissenschaftsgeschichte. Eine intensivere Beschäftigung mit der Rolle der Hochschullehrer in der NS-Zeit setzte erst in den 1980er Jahren ein, allerdings je nach Disziplin in unterschiedlichem Maße. Nun konnte man hören, die Hochschulprofessoren hätten das NS-Regime in ganz besonderer Weise unterstützt und zwar nicht nur ideologisch, sondern auch praktisch, bis hin zur Politikberatung bei der Konzeption der NS-Vernichtungspolitik.

Einerseits also: die NS-Diktatur, ein wissenschaftsfeindliches Regime, die Professoren: verachtet und von wissenschaftsfremden Ideologen gegängelt. Andererseits: die Professoren als willige Vordenker, ja als Mittäter bei den Verbrechen des Regimes, das selbst intensiv und begierig die Expertise der Wissenschaftler nachfragte. Wie geht das zusammen?[2]

1932 gab es in Deutschland etwa 2000 ordentliche Professoren. Es ist einsichtig, dass man hier Pauschalerklärungen für ihr Verhalten nicht finden wird und in dieser kurzen Übersicht auch kein vollständiges Bild zeichnen kann. Ich möchte vielmehr die politischen und beruflichen Biografien von vier Wissenschaftlern näher betrachten – allesamt sehr bekannt, ja berühmt in ihren Fächern und darüber hinaus –, anhand derer sich bestimmte intellektuelle Milieus und Generationengruppen, biografische Verläufe, fachspezifische Formationen und Spielräume erörtern lassen. Am Ende will ich versuchen, die hier gewonnenen Eindrücke zu bündeln. Die vier sind der Historiker Gerhard Ritter, der Jurist Carl Schmitt, der Ethnologe Wilhelm Mühlmann und der Physiker Walther Gerlach.

Gerhard Ritter (1888 bis 1967) war neben Friedrich Meinecke sicherlich einer der bekanntesten deutschen Neuzeithistoriker der 1920er bis 1960er Jahre. Nach dem Abitur studierte er an den Universitäten von München, Heidelberg und Leipzig und wurde schließlich 1911 mit einer Arbeit über die preußischen Konservativen und Bismarcks deutsche Politik promoviert. Ab 1912 war Ritter als Schullehrer tätig, im Ersten Weltkrieg kämpfte er als Infanterist. Nach seiner Habilitation erhielt er bereits 1918 einen Ruf an die Universität Heidelberg, 1923 nach Hamburg, 1925 nach Freiburg, wo er bis zu seinem Lebensende blieb.[3]

Seine Herkunft aus der politischen Kultur des Wilhelminismus und das Erlebnis des Krieges blieben für Ritter zeit seines Lebens prägend. Er wurde dreimal verwundet, aber noch Anfang Oktober 1918, als der Krieg längst verloren war, formulierte er mit allem Pathos: «Herz zittere nicht! Verzage nicht, Deutschland – halte aus im Sturmgebaren, halte aus, halte aus!» Ein klassischer Nationalkonservativer, strikt antirepublikanisch und voller Verachtung für die Revolution, in der er nichts Anderes erkennen konnte als «eine Soldatenmeuterei großen Stils». Auch der Antisemitismus war ihm nicht fern, etwa wenn er 1918 von den «schmarotzenden Judenlümmeln auf Ministersesseln» sprach. Ein typischer Vertreter der Frontgeneration unter den deutschen Professoren, die den Friedensvertrag von Versailles als «Versklavung» des deutschen Volkes anprangerten, das System von Weimar verachteten und sich nach einer streng nationalen Regierung sehnten, ob als Monarchie oder als autoritäres Militärregiment.

Aus seiner Ablehnung der NSDAP und ihres fanatisierten Massenanhangs vor 1933 machte Ritter indes keinen Hehl. Aber auch seine Haltung zum Nationalsozialismus war nicht frei von Widersprüchen und Anpassungsleistungen. Denn so sehr er bestimmte Elemente der NS-Politik kritisierte, etwa wenn er dagegen wetterte, dass das Nationale «materialistisch missdeutet wird als bloß naturhaftes Erbe von Boden und Blut», so sehr war er mit anderen Seiten des neuen Regimes überaus einverstanden. Das Dritte Reich, so erklärte er 1934 in einem Vortrag, könne jetzt unter der «zielbewussten staatsmännischen Leitung unserer Führer» das vollenden, was es «so glückhaft begonnen habe: die innere Verschmelzung von Reich, Staat und Nation».

Systemkritik und Systemlegitimation waren hier keine Gegensätze, sie kennzeichneten das Verhalten vieler nationalkonservativer Hochschullehrer in der Frühzeit des Dritten Reiches. Diese Widersprüche spiegelten sich auch in seinem Werk wider. Sein großes Buch «Machtstaat und Utopie» von 1940 konnte man durchaus als ein öffentliches Bekenntnis zum NS-Staat und seinen expansionistischen Zielen lesen, aber auch als eine indirekte Kritik an den totalitären Zumutungen vor allem in den Bereichen Recht und Wissenschaft.

Ritter wurde ein gefragter Vortragsreisender für die Wehrmacht und sogar für die Partei. Vor deutschen Soldaten pries er die Siege der Wehrmacht über Polen und Frankreich und rechtfertigte den deutschen Angriff auf die Sowjetunion und die dort praktizierte Kriegsführung angesichts der Gefahren, die von Slawentum und asiatischen Horden drohten.

Zugleich aber geriet er in wachsende politische Distanz zum NS-System, das er in Vorträgen mit erstaunlicher Offenheit zu kritisieren begann. Dabei spielten wie bei vielen Nationalkonservativen die kirchenfeindliche Politik des Regimes eine Rolle, die Unterdrückung des freien Worts und der freien Wissenschaft. Aber erst als Ritter infolge des von Deutschland ausgehenden Krieges die Zerstörung des Bismarck'schen Reiches erkannte, setzte er sich vollständig ab. Er engagierte sich im oppositionellen «Freiburger Kreis», knüpfte Kontakte zu Goerdeler und wurde deshalb im November 1944 verhaftet. Zwischen November 1944 und April 1945 war er in Gefängnisse und Konzentrationslager gesperrt, überlebte den Krieg aber und stieg nach 1945 zu einer der Leitfiguren der deutschen Wissenschaft auf, als im Grunde einziger unter den nach 1933 in Deutschland verbliebenen deutschen Hochschullehrern, der tatsächlich Widerstand gegen die Nationalsozialisten geleistet hatte.

Beim Wiederaufbau der Freiburger Fakultät nach dem Krieg spielte er eine herausragende Rolle. Er setzte sich massiv für die rasche Öffnung der Universitäten und die Fortsetzung des Lehrbetriebes ein. großzügig verteilte er «Persilscheine» für belastete Wissenschaftler. Für eine Rückkehr der emigrierten jüdischen Professoren auf ihre früheren Positionen hingegen setzte er sich nicht ein. Als Vorsitzender des 1949 neu gegründeten Verbandes deutscher Historiker forcierte Ritter vor allem den Kampf gegen den Kommunismus. In der Spiegel-Affäre 1962 zog er mit allem Ingrimm öffentlich gegen die «so genannten Linksintellektuellen» zu Felde, die «das Gift des politischen Nihilismus» in die Gesellschaft trügen, und sein Kampf gegen Fritz Fischers Thesen von der Schuld der deutschen Politik am Ersten Weltkrieg war von geradezu fanatischer Heftigkeit.

Indem Gerhard Ritter sich tatsächlich den Widerstandskreisen um Goerdeler angenähert hatte, war er die große Ausnahmefigur unter den deutschen Professoren. In seiner zunächst ablehnenden, dann mit dem NS-System sympathisierenden, seit der zweiten Kriegshälfte zunehmend distanzierten Haltung gegenüber dem Regime war er hingegen für einen großen Teil der Hochschullehrer typisch; ebenso wie in seinem fachlichen und politischen Auftreten nach 1945.

Ritters Biographie ermöglicht daher einige allgemeine Beobachtungen. Die Machtergreifung der Nationalsozialisten hatte sich an den Universitäten leichter durchgesetzt als in der Gesellschaft insgesamt. Das lag vor allem daran, dass der weit überwiegende Teil der Hochschulprofessoren scharf nationalkonservativ eingestellt war und zu dem demokratischen Parlamentarismus von Weimar in ablehnender Distanz stand. Es ist vermutlich nicht übertrieben, wenn man davon spricht, dass etwa zwei Drittel der 1933 ca. 2000 Universitätsprofessoren und ein noch höherer Anteil der außerplanmäßigen Professoren und Privatdozenten antirepublikanisch eingestellt war. Die Koordinaten ihres politischen Weltbildes waren vor allem die Opposition zu Versailles und Weimar, die Überzeugung von der Notwendigkeit der, wenn nötig, militärischen Revision der Ergebnisse des Ersten Weltkriegs, das Verlangen nach einer starken, nicht parlamentarisch kontrollierten Regierung, die weitgehende Ablehnung der kulturellen, westlichen Moderne und das Verlangen nach Wiedereinsetzung elitärer Strukturen gegen die nivellierenden Tendenzen des demokratischen Sozialstaats. Verbreitet, aber nicht durchgehend auch ein virulenter Antisemitismus und ein Denken in biologistischen Kategorien. Unübersehbar waren hierbei die breiten Überschneidungsfelder mit den Positionen der radikalen, völkischen Rechten, zu der auch die Nationalsozialisten gehörten. Gleichwohl hielt man Distanz, schon allein, weil deren lautes, plebejisches Gebaren in schroffem Widerspruch stand zum Habitus eines deutschen Hochschullehrers.[4]

Wesentlich ausgeprägter als in der Professorenschaft war die Affinität zum Nationalsozialismus bei der Studentenschaft, bei der sich bereits seit 1920 völkische Nationalisten, seit 1931 der NS-Studentenbund auf breiter Front durchgesetzt hatten. Hier und im akademischen Nachwuchs waren die stärksten Kräfte derer zu finden, die die nationalsozialistische Machtübernahme an den Universitäten vor 1933 beförderten.[5] Gleichwohl wurde die so genannte Machtergreifung dann auch von der Professorenschaft begrüßt, wenngleich es bei vielen Hochschullehrern weiter starke Vorbehalte gegen die «grobe Ungeistigkeit» der Nazis gab. Die Sehnsucht nach nationaler Erneuerung, welche die meisten Professoren umtrieb, machte sie empfänglich für die Proklamation der «nationalen Revolution», zumal viele von ihnen ja bis zum Sommer 1934 durchaus noch überzeugt waren, nicht die Nationalsozialisten seien an die Macht gekommen, sondern das «nationale Lager» insgesamt, zu dem sie sich wohl auch selbst zählten.

Es war Eduard Spranger, mithin einer der prominenteren Hochschullehrer, der zu den Nazis in deutlicher Distanz stand, der am 22. April 1933 die Würzburger Erklärung des Verbandes der Deutschen Hochschulen formuliert hatte. Dort hatte es geheißen: «Die Wiedergeburt des Deutschen Volkes und der Aufstieg des neuen Deutschen Reiches bedeutet für die Hochschulen unseres Vaterlandes Erfüllung ihrer Sehnsucht und Bestätigung ihrer stets glühend empfundenen Hoffnungen. Nach dem Fortfall unseliger Klassengegensätze ist für die Hochschulen wieder die Stunde gekommen, ihren Geist aus der tiefen Einheit der deutschen Volksseele heraus zu entfalten und das vielgestaltige Ringen dieser durch Not und fremdes Diktat unterdrückten Seele bewusst auf die Aufgaben der Gegenwart hinzulenken.»[6]

«Glühend empfundene Hoffnungen» also – aber das mochte doch auch manches Verschiedene bedeuten. Auf der einen Seite die Akzeptanz der politischen Umwälzung bei gleichzeitiger Betonung der Autonomie von Universität und Wissenschaft. Dann die besonders bei den Geisteswissenschaftlern verbreitete Überzeugung, nun werde endlich die kulturelle Moderne beendet, etwa durch eine Symbiose von Christentum und nationalem Staat oder durch eine Wiederkehr des Bismarckschen Reiches. Oft auch die Hoffnung, dass mit dem Nationalsozialismus die nationale Grundlegung der je eigenen Wissenschaftsauffassung bestätigt würde, etwa: die deutsche Dichtung als Wegbereiter des neuen Staates, das Nazi-Regime als Vollendung der jahrhundertealten Reichsgeschichte, die Aushebelung des demokratischen Rechtsstaats als Ausdruck des Strebens nach einem völkischen Rechtssystem. Entsprechend boten nun auch viele wissenschaftliche Arbeiten die Basis für eine weitgreifende Legitimation des NS-Regimes.

Bereits im Frühjahr 1933 nahm die Zahl der NSDAP-Mitglieder unter den Hochschullehrern zu, von weniger als 10 Prozent 1933 auf mehr als 50% 1938. Dabei waren sicherlich Motive wie Opportunismus, Karrierismus oder auch Angst vor Nachteilen wichtige Motive. Soweit wir das rekonstruieren können, sind aber politische Motive nicht weniger einschlägig, so etwa die Überzeugung, als «Geistiger» die noch rohe und ungeformte Volksbewegung des Nationalsozialismus lenken und heben zu können, oder die Begeisterung über Hitlers schnelle Erfolge im Innern wie ab 1935 vor allem nach außen.

Voraussetzung für diese relativ konfliktarme Anpassung an das neue Regime war allerdings die schnelle und sehr weit reichende Entfernung jüdischer sowie oppositioneller Hochschullehrer. In den beiden ersten Jahren nach der Machtergreifung wurden etwa 15–20 Prozent des Lehrkörpers an den Universitäten entlassen, bis 1938 etwa 30 Prozent, unter den ordentlichen Professoren etwa 20 Prozent. Das war an den einzelnen Universitäten allerdings recht unterschiedlich, was auf den vorherigen Anteil pro-republikanischer und jüdischer Dozenten verweist. An den Universitäten Berlin und Frankfurt am Main waren es mehr als 32 Prozent, in Heidelberg 24 Prozent, in Breslau, Freiburg, Göttingen, Hamburg, Köln etwa 20 Prozent. Demgegenüber in Rostock 4 und in Tübingen nur 1,6 Prozent.

Diese gewaltige Entlassungs- und Vertreibungswelle ging ohne größere Störungen oder Einsprüche vor sich. Dafür war die unter deutschen Professoren verbreitete Distanz und Ablehnung gegenüber jüdischen Kollegen verantwortlich, vielleicht stärker noch der aktionistische Antisemitismus der Studentenschaft, die an vielen Universitäten Kampagnen gegen einzelne jüdische Professoren organisierte. Hinzu kam aber noch ein Weiteres: Den etwa 2000 planmäßigen Universitätsprofessoren in Deutschland standen 1931 etwa 3000 Habilitierte ohne feste Stelle gegenüber, für die sich in der Regel angesichts der Wirtschaftskrise außerhalb der Universitäten kaum adäquate Arbeitsplätze finden ließen. Zugleich war der Anteil der aktiven Nationalsozialisten unter den Assistenten und Privatdozenten weitaus höher als unter den Professoren. Auf den Nachwuchs setzte daher auch die NSDAP ihre Hoffnungen, ihren Einfluss an den Universitäten durch die Berufung jüngerer Privatdozenten rasch zu vergrößern.

Im Juli 1933 von Otto Hahn gefragt, ob er sich nicht daran beteiligen wolle, möglichst viele Kollegen zu sammeln, um gegen die Behandlung der jüdischen Kollegen zu protestieren, antwortete Max Planck: «Wenn heute 30 Professoren aufstehen und sich gegen das Vorgehen der Regierung einsetzen, dann kommen morgen 150 Personen, die sich mit Hitler solidarisch erklären, weil sie die Stelle haben wollen.»[7]

Mit der mehr oder weniger widerstandslosen Hinnahme der Entlassung nahezu eines Drittels der Hochschullehrer aus politischen Gründen aber hatte sich die Professorenschaft zum Komplizen des Regimes gemacht, dem sie nun nicht mehr von der Warte höherer moralischer Autorität und Unabhängigkeit aus entgegentreten konnte. Zwar wissen wir aus Briefnachlässen, dass nicht wenige konservative Professoren mit Ingrimm und Bedauern das Schicksal ihrer jüdischen sowie – seltener – ihrer sozialistisch oder pazifistisch eingestellten Kollegen verfolgten. Aber gegenüber der Begeisterung angesichts der rauschenden Erfolge der Nationalsozialisten in der Innen- wie Außenpolitik spielte dies eine nachgeordnete Rolle.

Insofern ist auch die Rolle des unpolitischen Fachmanns zu relativieren, der sich angesichts der Zumutungen der Politik ganz in sein Fach zurückgezogen und aus den Fährnissen der Gegenwart herausgehalten habe. Gewiss, die Versuche, das Regime und den Krieg nur zu überstehen, unbeschädigt und ohne selbst jemanden zu schädigen, waren unter der Professorenschaft nicht seltener zu finden als in der Bevölkerung insgesamt. Und die privaten Korrespondenzen geben heute Aufschluss über die Anspannungen und Bedrückungen, die für viele damit verbunden waren. Aber angesichts der Vertreibung jedes dritten Hochschullehrers war solches ohne eine gewisse Realitätsreduktion kaum möglich. Betrachtet man, mit welcher Indifferenz, vor allem aber mit welcher Abwehr und welcher Schäbigkeit die deutschen Hochschulen den von den Nazis vertriebenen jüdischen und linken Kollegen nach 1945 begegneten, so gerät die Vorstellung von der nur an Wissenschaft interessierten, die Politisierungsversuche des Regimes beständig abwehrenden Hochschullehrerschaft noch stärker ins Wanken.

Gleichwohl, Zustimmung im Ganzen, oft verbunden mit Skepsis und Kritik im Einzelnen, so könnte man die Haltung der vermutlichen Mehrheit der deutschen Professoren zum NS-Regime bis 1939 zusammenfassen. Diese Konstellation veränderte sich seit Kriegsbeginn noch einmal dramatisch, als nun die patriotischen Reflexe bei allen national Gesinnten und zumal bei den Teilnehmern des Ersten Weltkrieges durchschlugen und kritische Einwände gegen diese oder jene Entscheidung Hitlers zurückstanden. Nun wurden selbst solche Maßnahmen gerechtfertigt, die viele Professoren wenige Jahre zuvor noch als beschämend angesehen hätten. Die vollständige Identifikation mit dem im Krieg befindlichen und als bedrängt angesehenen Deutschland verlor ihre Bindungskraft erst in der letzten Kriegsphase, als die drohende Niederlage und die fortschreitende Zerstörung Deutschlands Hitlers Kriegspolitik widerlegten und die Sorge um den Bestand der Nation vor die Identifikation mit seiner derzeitigen Regierung stellten.

In dieser Lage wie Ritter aktiv nach Alternativen zum Nationalsozialismus zu suchen, war die Ausnahme von der Regel, die eher durch Ausharren, Wegducken oder auch durch Flucht in die eigene Profession gekennzeichnet war. Aber die Kritik am Regime nahm doch zu, wenngleich die Konfliktlinien zwischen nationalkonservativen Professoren und Regime in der Regel nicht entlang der Frontlinie verliefen, die wir heute zwischen verbrecherisch und nicht verbrecherisch ziehen würden. Wer sich schroff gegen die Kirchenpolitik Hitlers aussprach, konnte mit der Judenpolitik durchaus einverstanden sein. Und wer die Geistesfeindlichkeit der Nazis beklagte, konnte deren Kreuzzug gegen Slawentum und Bolschewismus aus ganzer Kraft bejahen. Hier liegt jene Unschärferelation zwischen Nationalsozialismus und Nationalkonservatismus, die präzise Beurteilungen oft so schwierig macht. Aber die innere Entfremdung von der NS-Diktatur ließ bereits vor Kriegsende bei vielen Nationalkonservativen den Eindruck entstehen, man stehe selbst ganz abseits von dem Regime, und das sei von Beginn an so gewesen. Hier liegt einer der Gründe für das selbstbewusste und ganz uneinsichtige Verhalten eines Großteils der Hochschullehrer nach 1945. Sie konnten nun den Nationalsozialismus einordnen als Variante der kulturellen Moderne und der Massengesellschaft, ganz so wie den Weimarer Demokratismus, den Kommunismus oder auch den jetzt als besonders bedrohlich empfundenen Amerikanismus. Dem wurde eine Welt der allein der Wahrheit und der Tradition verpflichteten deutschen Gelehrten gegenübergestellt, die vor diesen Tendenzen der Vermassung und des Verfalls seit jeher gewarnt hatten.

Das zweite Beispiel: *Carl Schmitt*, geboren 1888, gestorben 1985, wurde nach dem Studium der Rechts- und Staatswissenschaften 1910 in Straßburg mit der Arbeit «Über Schuld und Schuldarten» promoviert und nach dem zweiten Staatsexamen 1916 mit einer Studie über den «Wert des Staates und die Bedeutung des Einzelnen für Staats- und Verwaltungsrecht, Völkerrecht und Staatstheorie» habilitiert. Nach einer kurzen Lehrtätigkeit an der Handelshochschule in München folgte er 1921 in kurzen Abständen den Rufen nach Greifswald (1921), Bonn (1921), Berlin (Handelshochschule 1928), Köln (1933) und wieder Berlin (Friedrich-Wilhelms-Universität 1933–1945).[8]

Schmitt profilierte sich zunächst als Exponent einer katholischen Variante der «Konservativen Revolution» und engagierte sich politisch als scharfer Kritiker des Liberalismus und der westlichen Demokratie und Staatsrechtslehre. Insofern galt er schon seit den frühen 20er Jahren als besonders scharfzüngiger und prominenter Gegner der Republik. Anfang der 30er Jahre wuchs er in die Rolle eines juristischen Beraters der Präsidialkabinette hinein, denen er Wege zur Aushöhlung der Weimarer Verfassung und zur Überwindung der parlamentarischen Demokratie aufzeigte. 1932 vertrat er die Reichsregierung unter Franz von Papen in dem Prozess um den so genannten Preußenschlag vor dem Staatsgerichtshof.

Der Hitlerbewegung hatte er zunächst ablehnend gegenübergestanden, noch in «Legalität und Legitimität» vom Sommer 1932 hatte er sie in einem Atemzug mit Kommunisten und «Gottlosen» genannt. Nach der Machtergreifung schwenkte er jedoch zu den Nationalsozialisten über, mit dem Ziel, wie er später formulierte, «dem Wort ‹Nationalsozialismus› einen Sinn zu geben». Er wurde Mitglied der NSDAP, beteiligte sich an der Ausarbeitung des Reichsstatthaltergesetzes, wurde Preußischer Staatsrat, Mitglied des Führerrates der Akademie für Deutsches Recht. 1934 war er zum einflussreichsten Rechtswissenschaftler im NS-Staat geworden, der in seinen Schriften feststellte, dass «die deutsche Revolution legal» sei und sich «formal korrekt in Übereinstimmung mit der früheren Verfassung» befinde. Der Zentralbegriff des nationalsozialistischen Staatsrechts sei «Führertum», unerlässliche Voraussetzung dafür rassische Gleichheit von Führer und Gefolge.[9] Die Morde des Regimes vom 30. Juni 1934 im Zuge der Röhm-Affäre rechtfertigte er mit dem Argument, der «Führer» schütze das Recht vor «dem schlimmsten Missbrauch», wenn er «im Augenblick der Gefahr kraft seines Führertums als oberster Gerichtsherr unmittelbar Recht» schaffe.[10]

Bis 1933 hatte Schmitt eine judenfeindliche Einstellung durchaus mit einer größeren Zahl jüdischer Freunde und Bekannter vereinbaren können. Diese Kontakte wurden nun abgebrochen und machten einem zunehmend aggressiver werdenden Antisemitismus Platz. Die Nürnberger Gesetze lobte er als «ein neues weltanschauliches Prinzip in der Gesetzgebung», eine «von dem Gedanken der Rasse getragene Gesetzgebung».[11]

Höhepunkt seiner antisemitischen Geschäftigkeit war die im Oktober 1936 unter seiner Leitung durchgeführte Tagung «Das Judentum in der Rechtswissenschaft». Diese Tagung, die «massivste Kundgebung eines militanten Antisemitismus in der deutschen Wissenschaftsgeschichte», wie Michael Grüttner formuliert hat, forderte den völligen Ausschluss von Juden aus der deutschen Rechtswissenschaft, weil, wie Schmitt in seinem Schlussvortrag erklärte, «der Jude für die deutsche Art des Geistes unproduktiv und steril ist. Er hat uns nichts zu sagen, mag er noch so scharfsinnig kombinieren oder sich noch so eifrig assimilieren.»[12]

Carl Schmitt, in vieler Hinsicht eine Sonderfigur des Dritten Reiches, wird hier vorgestellt, weil sich an ihm die Entwicklung einer ganz besonderen Spezies zeigen lässt, nämlich jener Meisterdenker und Großintellektuellen, die sich bereits vor, meist aber erst nach dem Januar 1933 mit Verve auf die Seite der Nazis stellten, deren Umgestaltungsprozess vorbehaltlos und scharf unterstützten – und dies mit dem Anspruch verbanden, die NS-Bewegung geistig zu führen und ihre eigenen Gedanken als wesentliche, womöglich als offiziöse Interpretation der NS-Weltanschauung zu vertreten. Hans Freyer, Ernst Krieck, Erich Rothacker, vor allem aber Martin Heidegger stehen für diese Gruppe, deren Prestige enorm zur Legitimation des gerade an die Macht gekommenen Regimes beitrug und die insoweit Vorbild war für zahlreiche Hochschullehrer minderer Prominenz, welche nun antraten, den Machtanspruch des neuen Regimes gegenüber politisch Andersdenkenden und vor allem gegenüber den Juden an den Universitäten durchzusetzen.[13]

Aufschlussreich ist aber, dass kein einziger der hier genannten Männer von den Nationalsozialisten auch als Vordenker der Bewegung anerkannt wurde – ebenso wenig wie der Parteiphilosoph Alfred Rosenberg, der zwar über einigen institutionellen Einfluss und enorme Geldmittel verfügte, dessen intellektueller Einfluss in der Geisteswelt des nationalsozialistischen Deutschlands aber als nicht sehr hoch zu bewerten ist. Heidegger, von den eigenen Professorenkollegen in Freiburg isoliert, von anderen Rechtsintellektuellen wie Krieck als Nihilist denunziert, zog sich 1934 vom Freiburger Rektorat zurück und wagte keine weiteren Versuche als nationalsozialistischer Hochschulpolitiker. Freyer versuchte sich zwar an einer Philosophie des Nationalsozialismus, aber schon dadurch, dass er eine solche festzuschreiben versuchte, geriet er in Konflikt mit dem Lebenselixier der NS-Bewegung: der sich radikalisierenden Dynamik. Ebenso wurde auch Krieck in seinem Wahn, ein geschlossenes System der NS-Weltanschauung zu kreieren, in welchem selbst Kant wegen undeutscher Abweichungen kritisiert wurde, mehr und mehr belächelt.

Schließlich geriet auch Schmitt seit 1936 zunehmend unter Beschuss. Die SS-Zeitschrift «Das Schwarze Korps» griff ihn wegen seiner früheren Nähe zu Schleicher an und hielt ihm seine einstigen jüdischen Freunde ebenso vor wie seine Herkunft aus dem politischen Katholizismus. Jemand wie Schmitt, der offenkundig aus politischem Nützlichkeitsdenken zur NSDAP gekommen sei, konnte nach Auffassung der SS kein «Kronjurist des Dritten Reiches» sein. Daraufhin verlor Schmitt innerhalb weniger Tage fast alle Ämter, konnte aber seinen Lehrstuhl an der Friedrich-Wilhelms-Universität in Berlin und den Titel «Preußischer Staatsrat» behalten. Drei Jahre später trat er mit einer völkerrechtlichen Arbeit zur Legitimation der deutschen Expansionspolitik erneut in die Öffentlichkeit, gelangte aber nie mehr zu solcher Bedeutung wie in den Jahren zwischen 1933 und 1936.[14]

Nach der deutschen Kapitulation 1945 wurde Schmitt zeitweise verhaftet und in Nürnberg verhört; zu einer Anklage kam es jedoch nicht. Als einem der ganz wenigen Professoren wurde ihm eine Weiterbeschäftigung verwehrt, obwohl er keineswegs nationalsozialistischer gewesen war als viel seiner dann ungeschoren gebliebenen Kollegen. Schmitt zog sich zurück und wirkte fortan im Stillen sowie mit zahlreichen, weiterhin viel beachteten Publikationen, etwa «Der Nomos der Erde», «Theorie des Partisanen» und «Politische Theologie II». Sein Einfluss auf die westdeutsche Staatsrechtslehre und zahlreiche Staatsrechts- und Völkerrechtslehrer war enorm, darunter Ernst Rudolf Huber, Ernst Forsthoff, Werner Weber, Roman Schnur, Ernst Friesenhahn, Rüdiger Altmann, Johannes Gross, Ernst-Wolfgang Böckenförde oder Josef Isensee.[15]

Wilhelm Mühlmann, 1904 geboren, gilt als einer der führenden deutschen Ethnologen der 1920er bis in die 1960er Jahre. Schon während des Krieges kam er mit der nationalen Jugendbewegung in Kontakt, begann sich hier früh für die nordische Rasseidee zu interessieren, für völkische Theorie und nationale Politik, begrüßte als 19-Jähriger den Hitlerputsch von 1923 freudig als Auftakt der «Befreiung des Vaterlandes von der Fremdherrschaft» und war entschlossen, «die Forschung am Menschen, Anthropologie, rassenbiologische Geschichtsbetrachtung» zu seinem Lebensberuf zu machen. 1925 begann er ein Studium der Anthropologie bei Eugen Fischer in Freiburg, wechselte dann nach München zu Fritz Lenz an den einzigen deutschen Lehrstuhl für Rassenhygiene, anschließend nach Hamburg. Hier kam er erstmals mit Völkerbiologie und Völkerkunde in Verbindung. Schließlich schloss er sein Studium in Hamburg bei dem Völkerkundler Richard Thurnwald ab, dessen Verständnis von «biologischen Grundproblemen im gesellschaftlichen Leben» ihn prägte. Gesellschaften, «Völker», seien in ihrem Leben grundständig von biologischen, von rassischen Faktoren determiniert – darauf richtete sich sein Interesse.[16]

In seiner Dissertation von 1931 untersuchte er einen tahitianischen Stamm und führte an ihm die negativen Auswirkungen von Wohlleben und zu langen Friedensperioden vor, ebenso wie die Notwendigkeit von rassischer Auslese und Elitenbildung. Solches gehörte zu dieser Zeit durchaus zum Mainstream des Faches, nicht nur in Deutschland. Seit 1933 waren aber hier, anders als in anderen Ländern, die kritischen Gegenstimmen gegen den Ansatz der Rassenhygiene unterdrückt. Da das intellektuelle Widerlager fehlte, konnten sich die auf gesellschaftsbiologischer Grundlage stehenden Ansätze dynamisieren und radikalisieren, während im internationalen wissenschaftlichen Diskurs rassenhygienische Ansätze seit den 30er Jahren an Bedeutung verloren und seit den 40er Jahren gänzlich als überholt galten. Im nationalsozialistischen Deutschland aber waren Rassenhygiene, biologische Soziologie und Völkerkunde nun eng mit politischen Gegenwartsdeutungen verbunden und verschafften den politischen Aussagen der Nationalsozialisten den Nimbus einer aus Geschichte und Natur abgeleiteten Gesetzlichkeit.

Wie viele, ja die meisten Angehörigen seiner akademischen Generation lehnte Mühlmann die westlich-kapitalistische Zivilisation scharf ab. Hier waren Forschungsgegenstand und politische Einstellung miteinander eng verbunden. Schon deshalb begrüßte er die NS-Bewegung, durch die der Bezug zu Volk, Rasse und Nation als zentrale Kategorien wieder hergestellt werde.

Gleichwohl stand Mühlmann der NSDAP lange Zeit eher skeptisch gegenüber, mokierte sich über die geistige Minderwertigkeit der meisten Nazi-Führer und über das Pöbelhafte der Bewegung. Die Machtübernahme jedoch begrüßte er überschwänglich als Erneuerung einer überalterten Welt. Die geistigen Menschen, allen voran die Hochschullehrer seien aufgerufen, sich der Bewegung «geistig zu bemächtigen». Bereits 1934 in die SA eingetreten, wurde er erst nach einem ersten – gescheiterten – Habilitationsversuch 1937 Mitglied in der Partei, deren Abzeichen er «stolz» und «als Zeichen der Solidarität mit meinem Volk» bis 1945 trug.[17]

Mühlmann fand gleichwohl für längere Zeit keine feste Anstellung. Erst 1939 konnte er sich bei Eugen Fischer habilitieren und trat in Berlin eine Dozentur für Völkerkunde und Völkerpsychologie an. Der von ihm verfolgte Ansatz einer «Ethnosoziologie» stand in Opposition zu der das Fach dominierenden «kulturhistorischen» Richtung und blieb den Anforderungen der politischen Gegenwart immer eng verbunden. Das Fach sah Mühlmann als «überaltert», «antiquiert», «muffig» und personell wie inhaltlich als «nicht fähig» an, «die modernen, brennenden Völkerprobleme» zu bearbeiten, und forderte eine Neuorientierung auf die «rassenbiologische, soziologische und psychologische Denkweise».[18] Insbesondere setzte sich Mühlmann für die Ausweitung der bevorzugten Gegenstände ethnologischer Studien auf Ost- und Ostmitteleuropa ein – ein Paradigmenwechsel für ein Fach, das sich bis dahin auf sogenannte «schriftlose Völker» konzentriert hatte. Sein besonderes Interesse galt dabei dem Problem der «Volkwerdung» und der «ethnischen Reifegrade» der verschiedenen Völker der Erde. Ab etwa 1942 untersuchte er dabei die Möglichkeiten von «Umvolkung» und «Assimilation», wobei er insbesondere die Juden als nicht assimilierbares «Scheinvolk» definierte. «Soziologisch», so urteilte Mühlmann, stellen die Juden «das höchste Parasitentum auf Erden» dar, eine eigene Rasse im wissenschaftlichen Sinne seien sie aber nicht.[19] Der von ihm dabei entwickelte dynamische Rassenbegriff stieß zwar auf Widerspruch, blieb aber folgenlos, schon weil es einen fixen Kanon von nationalsozialistischen Dogmen gar nicht gab, und die Frage, was unter Volk, Rasse und Nation im engeren Sinne zu verstehen sei, auch während der NS-Zeit durchaus umstritten war und öffentlich diskutiert wurde.

Mühlmann war 1939 erst 35 Jahre alt. Er verkörpert den Typus des Angehörigen der Kriegsjugendgeneration, die bereits früh in der Gedankenwelt des völkischen Radikalismus, des rassischen Materialismus, der Biologisierung des Gesellschaftlichen aufwuchs. Aus dieser Generation entstammte mit ähnlicher Sozialisation auch ein Großteil der jungen Führungselite in SS, SD und Reichssicherheitshauptamt. Sie setzten sich deutlich ab vom wilhelminischen Pathos der älteren Nationalkonservativen. Besonders häufig finden wir diesen Typus in jenen als besonders zukunftsträchtig angesehenen Wissenschaftsfeldern, die von den Nationalsozialisten vornehmlich gefördert wurden und in direktem Bezug zur Wiederaufrüstung, zur Sicherung der Ernährungsbasis, zur Autarkisierung im Rohstoffbereich, zur Erbbiologie, zur Asozialenforschung standen.[20] In den Geisteswissenschaften wurden vor allem solche Felder gestärkt, die vom «Volkstum» ausgingen und damit kulturelle oder auch biologische Belege für die Theorie vom Volk als selbständigem, natürlichen historischen Subjekt boten – der «Atlas der deutschen Volksunde» etwa als prominentes Beispiel.

Die Ethnologie stand im Schnittpunkt dieser Entwicklungen, schien sie doch Ansätze zu einer spezifisch rasseorientierten Erklärung der Geschichte der Völker zu bieten, indem sie deren Entwicklung, ihren Aufstieg oder Niedergang als Ausdruck ihrer jeweiligen rassischen Dispositionen erklärte. Hier entstanden weitverzweigte interdisziplinäre Verbindungen, insbesondere kooperierten hier naturwissenschaftliche Disziplinen, vor allem die Biologie, mit geisteswissenschaftlichen Fächern. Daraus resultierten nicht nur Legitimationsvorteile für die nationalsozialistische Eroberungs- und Vernichtungspolitik. Anthropologische, sprachwissenschaftliche, rassekundliche Forschungen waren auch direkt in diese Politik integriert, wie man in zugespitzter Weise beim Wirken des Rasse- und Siedlungshauptamtes sehen konnte, das auf der Grundlage anthropologischer Begutachtungen ganze Menschengruppen klassifizierte und je nach Bewertung unterschiedlichen Schicksalen überantwortete.[21]

Einen der Höhepunkte dieser Verbindung von angewandter Forschung und der Vorbereitung der Expansions- und Vernichtungspolitik stellte zweifellos der sogenannte Generalplan Ost dar. Am 28. Mai des Jahres 1942 übersandte der Agrarwissenschaftler und Raumplaner Professor Konrad Meyer den Entwurf eines Plans für die volkstumspolitische Neugestaltung Osteuropas, betitelt «Kurze Zusammenfassung der Denkschrift Generalplan Ost» dem Reichsführer-SS Heinrich Himmler, der diesen Plan in seiner Eigenschaft als Beauftragter für die «Germanisierung der eroberten Gebiete» in Auftrag gegeben hatte. Ziel war es, umfassende Pläne für einen Wieder- bzw. Neuaufbau der von Deutschland während des Krieges eroberten riesigen Ostgebiete zu erarbeiten.[22]

Es gelang Meyer, bekannte Wissenschaftler wie Walter Christaller, die Landesplaner Erhard Mäding und Franz Doubek, die Finanzwissenschaftler Felix Boesler und Max Rolfes sowie den Staatsrechtler Reinhard Höhn zur Mitarbeit heranzuziehen. Die Wissenschaftler erstellten Kartenmaterial zur Umgestaltung des Altreichs und der besetzten Gebiete, prüften rechtliche Fragen des Siedlungsaufbaus und bilanzierten die Siedlungsfinanzierung, äußerten sich zur angestrebten Siedlungsstruktur und

Städteplanung. Auf dem Gebiet der Raum- und Landesplanung erarbeiteten Meyers Spezialisten zahlreiche Innovationen.

Allerdings standen die von den Wissenschaftlern im Einzelnen vorgeschlagenen Siedlungs-, Sanierungs- und Landschaftspläne unter einer Voraussetzung, die sie ausführlich begründeten: nämlich die Verfügung über «menschenleere Räume» in Osteuropa. Diese Voraussetzungen aber sollten erst geschaffen werden. Die dazu von den Wissenschaftlern erarbeiteten Planungen sahen im besetzten Osteuropa ausgedehnte Umsiedlungen und Vertreibungen der polnischen, sowjetischen und baltischen Bevölkerung vor. Neuansiedlungen von Volksdeutschen und Reichsdeutschen sollten dann zur «Germanisierung» weiter Teile der eroberten Gebiete und zur Festigung des deutschen Herrschaftsanspruches über den besetzten Osten beitragen. Als Nebeneffekt dieser Umsiedlungen war der Hungertod von Millionen Menschen einkalkuliert. Der Tod aller Juden der betreffenden Gebiete stellte hier bereits die Prämisse aller volkstumspolitischen Pläne dar.

Zurück zu Mühlmann. Er fand nach 1945 schnell wieder Anschluss an die wissenschaftliche Welt und konnte seine Karriere fast ungestört fortsetzen. Zu fürchten hatte Mühlmann nichts. Seine Freunde und Schüler belegten, dass seine Forschung stets vorurteilsfrei und ohne Rücksicht auf die amtliche Weltanschauung gewesen sei. Im Entnazifizierungsverfahren wurde er in Gruppe V eingestuft: völlig entlastet.

1950 wurde Mühlmann außerplanmäßiger, dann planmäßiger Professor in Mainz, 1960 folgte er einem Ruf nach Heidelberg und gründete dort das Universitätsinstitut für Soziologie und Ethnologie, das bis heute einzige seiner Art in Deutschland. Fachlich blieb Mühlmann auch nach Kriegsende bei seinen Themen, wenngleich er begriffliche Abschwächungen vornahm. Den Rassenbegriff verwendete er weiter, nun als «soziologische» Rassekategorie, und aus «Umvolkung und Volkwerdung» wurden nun «ethnische Assimilation und Ethnogenese». Konkrete Forschungen zum Thema der Assimilation führen ihn in den 1960er Jahren zu ausgedehnten Feldforschungen nach Sizilien.[23]

Unter den Bedingungen von Kaltem Krieg und beginnender Dekolonialisierung allerdings begann sich Mühlmanns stetes Bestreben nach einem ethnologischen Nachweis der Herausbildung von sozialen Hierarchien zu erweitern. Die inneren sozialen Trennlinien zwischen Bürgertum und Arbeiterschaft übertrug er nun auf das Verhältnis zwischen den europäischen Staaten und der Dritten Welt. Die Bevölkerungen der Entwicklungsländer sah er dabei als eine Art «externes Proletariat», das den europäischen «Kulturträgern des Abendlandes» gegenüberstehe. In diesen Jahren besetzte Mühlmann auch neue Forschungsfelder, vor allem über die neuen Nationalbewegungen in den einstigen Kolonien, was ihm von Seiten der damals kritischen Studentenschaft durchaus Respekt und Lob einbrachte. Bei den Soziologiestudenten der Nachkriegsjahre war der hochgebildete Mann als Doktorvater begehrt. Einige der innovativsten Ethnologen der nächsten Generation wie Hans Peter Duerr kommen aus seiner Schule.

Das vierte und letzte Beispiel betrifft den Physiker *Walther Gerlach*. Gerlach, geboren 1889, gehörte zu den frühen Protagonisten der Jugendbewegung und begann im Studienjahr 1908/09 in Tübingen mit dem Studium der Mathematik und Philosophie, wechselte ein Jahr darauf zur Physik und wurde dort 1912 von Friedrich Paschen promoviert, einem der prominentesten Experimentatoren der Zeit, später Direktor der Physikalisch-Technischen Reichsanstalt. Seine Dissertation von 1912 behandelte Strahlungsmessungen auf der Grundlage des sogenannten Stefan-Boltzmann-Gesetzes über den Zusammenhang von Strahlung und Temperatur. Nach zweijährigem Kriegseinsatz als Soldat führte er in seiner Habilitationsschrift von 1916 diese Gedanken weiter. Mit dem Thema seiner Promotion und Habilitation stand Gerlach an der vordersten Linie der Physikalischen Forschung.[24] Von dort aus führte der Weg in die Quantenphysik. Nach dem Krieg wurde er Erster Assistent von Richard Wachsmuth an der wenige Jahre zuvor gegründeten Universität Frankfurt am Main. Hier gelang ihm der wissenschaftliche Durchbruch mit dem «Stern-Gerlach-Experiment», der Richtungsquantelung von Silberatomen im Magnetfeld. Walther Gerlach hatte den Versuch gemeinsam mit dem fast gleichaltrigen Physiker Otto Stern (1888–1969) durchgeführt, der 1933 als Jude in die USA emigrierte und 1943 für das Stern-Gerlach-Experiment den Nobelpreis erhielt; Gerlach ging leer aus.[25]

1925 ging Gerlach als Nachfolger seines Lehrers Paschen zurück nach Tübingen; 1929 folgte der Ruf auf den Lehrstuhl für Experimentalphysik an der Universität München. Gerlach verfügte über beste Kontakte zu Wissenschaftlern aus England, Frankreich, Russland und den USA. Zum wissenschaftlichen Umfeld und zum Freundeskreis Gerlachs zählte auch eine ganze Reihe jüdischer Kollegen und Förderer, die ab 1933 aus ihren Positionen verdrängt und in die Emigration gezwungen wurden, außer Otto Stern auch James Franck und Albert Einstein.

Gerlach hatte sich parteipolitisch vor 1933 nie engagiert und stand der nationalsozialistischen Machtergreifung kritisch gegenüber. Zwar verstand er sich durchaus als «national» eingestellt. Aber nach der Machtergreifung ging er nicht in die Partei oder gar in die SA oder SS, sondern stellte sich als Münchner Professor den Ansprüchen und Vereinnahmungsversuchen der Nationalsozialisten in manchen Punkten entgegen. So kritisierte er, dass die Institutsarbeit durch die ständigen Unterbrechungen aufgrund politischer Tätigkeiten, Appelle, Aufmärsche litte. Nach einem Polen-Besuch im Frühjahr 1939 bemängelte er die im Vergleich zum Institut in Posen mangelnde Ausstattung der wissenschaftlichen Bibliotheken in Deutschland. Er setzte sich vehement gegen die sogenannte «Arische Physik» in München zur Wehr und scheute auch nicht die Auseinandersetzung mit prominenten NS-Wissenschaftsfunktionären wie dem Münchener Privatdozenten für Astrophysik, Wilhelm Führer. Spektakulär war Gerlachs Auseinandersetzung mit einflussreichen Kreisen der Partei bei der Neubesetzung des Lehrstuhls von Arnold Sommerfeld, dem Münchner Haupt der Theoretischen Physik, die den völkischen und NS-Ideologen als «jüdische Physik» galt. 1940, nach fünfjährigen Auseinandersetzungen, konnte die Berufung des «arischen» bzw. «deutschen» Physikers Wilhelm

Müller zwar nicht verhindert werden, er wurde aber in der Fakultät isoliert und kaltgestellt.[26]

Gleichwohl war Walther Gerlach ein loyaler Bürger des Dritten Reiches. Systemkritische Bemerkungen, die über den hochschulpolitischen Bereich hinausreichten, sind von ihm nicht bekannt. Explizit widersprach er dem Eindruck ausländischer Kollegen, dass die Physik in NS-Deutschland im Niedergang begriffen sei.

Mit Beginn des Krieges verstärkte sich allerdings sein wissenschaftspolitisches Engagement. 1940 war Gerlach im Rahmen der Arbeitsgemeinschaft Cornelius maßgeblich daran beteiligt, durch Organisation und eigene Forschungs- und Entwicklungsarbeiten unter Einbeziehung seines Münchner Instituts die schwere «Torpedokrise» der deutschen Kriegsmarine zu überwinden. Diese Torpedo-Aktivitäten empfahlen ihn für die höhere Funktion des Fachspartenleiters Physik und Leiters der Arbeitsgemeinschaft für Kernphysik im Reichsforschungsrat, der NS-spezifischen Weiterführung der DFG. 1944 zählte er zur Spitze der 1944 gegründeten «Wehrforschungs-Gemeinschaft» und gehörte damit zu den einflussreichsten Naturwissenschaftlern des NS-Staates. Er galt als besonders effektiv und durchsetzungsstark.[27]

Dabei nahm er auf ideologische Kapriolen keine Rücksicht und forderte sogar die Intensivierung der Arbeiten auf dem Gebiet der verfemten, weil «jüdischen» Relativitätstheorie. Andererseits schrieb er im August 1944 an einen Kollegen im Reichsforschungsrat: «Ich begrüße das Bestreben, das Fachwissen der in Konzentrationslagern sitzenden Wissenschaftler für die Grundlagenforschung einzusetzen.» Aber das konnte man auch mit gutem Grund als Versuch verstehen, das Leben dieser Kollegen zu retten. Am Ende des Krieges war er einer der mächtigsten Wissenschaftsmanager des Dritten Reiches.[28]

So gelang es ihm auch, beträchtliche Forschungsmittel an sich zu ziehen. Er war nun «Bevollmächtigter des Reichsmarschalls für Kernphysik» und erhielt in den letzten zehn Kriegsmonaten noch einmal 6,2 Mio. RM aus Mitteln des Reichsforschungsrates. Vor allem aber gehörte er zu jenen deutschen Wissenschaftlern, die das deutsche Uran-Projekt maßgeblich vorantrieben. Wir wissen heute, dass die deutschen Physiker damit sehr weit kamen, wenngleich nicht bis zur Herstellung einer Atombombe. Mittlerweile ist auch deutlich geworden, wie gern die deutschen Wissenschaftler die Arbeit bis zum Ende, d. h. bis zur kontrollierten Kernreaktion, fortgeführt hätten, wenngleich sie nach 1945 den Eindruck förderten, sie hätten sich absichtlich zurückgehalten, um dem NS-Staat nicht die Atombombe zur Verfügung stellen zu müssen.[29]

Gerlach steht für die vermutlich wichtigste Gruppe der deutschen Wissenschaftler in der NS-Zeit: Naturwissenschaftler und Mediziner, Ingenieure und Techniker waren für das Regime und die deutsche Kriegsführung von überragender Bedeutung, weit wichtiger als Runenforscher, Reichshistoriker und völkische Philosophen, die in der Frühzeit des Regimes so sehr im Mittelpunkt gestanden hatten. Entsprechend wurden sie von der Regimeführung unterstützt, ja hofiert.

Die meisten von ihnen setzten ihre Karriere nach 1933 fort, ungeachtet der politischen Ereignisse, konzentriert auf ihre Forschungsarbeiten und nur insoweit dem Regime gegenüber kritisch, als es die freien Forschungsmöglichkeiten einzuengen versuchte. Mit der in Nebenfragen kritischen Wahrnehmung, in der Hauptsache aber loyalen Haltung gegenüber dem Regime war bei vielen Wissenschaftlern im Bereich der Natur- und Ingenieurswissenschaften die Bereitschaft verbunden, auch und vor allem solche Forschungen zu unterstützen, die dem Wiederaufstieg Deutschlands, der Stärkung seiner wirtschaftlichen, demographischen, militärischen Kraft dienten. Eine gewissermaßen eingebaute moralische Sperre gegen solche Forschungsarbeiten, die der Aufrüstung und Kriegführung Deutschlands im weitesten Sinne dienten, gab es nicht.

In der zugespitzten Situation des Krieges ließ diese Form eines moralisch entleerten Radikalpatriotismus auch jene Forschungen als im Sinne der Stärke von Volk und Nation legitimierbar erscheinen, die wie im Fall des Uranprojekts zu unabsehbaren, katastrophalen Folgen geführt hätten. In noch stärkerem Maße ist dies etwa bei den medizinischen Menschenversuchen zu erkennen, die zur gleichen Zeit in großem Stile durchgeführt wurden. Angesichts der äußeren Entwicklung während des Krieges waren viele Wissenschaftler bereit, sich solcher Methoden zu bedienen, welche sie als Forscher wenige Jahre zuvor vermutlich noch abgelehnt hätten. Dabei standen zwei Aspekte im Vordergrund: erstens die Möglichkeit, frei von Hemmnissen, auch von moralischen Hemmnissen, forschen zu können. Es ist ein Irrtum, anzunehmen, dass etwa mit verbrecherischen Mitteln durchgeführte Forschungen ausschließlich oder auch nur in der Regel scheinwissenschaftliche Pseudoforschung gewesen seien. Es handelte sich um gewissermaßen normale medizinwissenschaftliche Forschung, aber befreit von den ethischen und moralischen Hemmnissen einer christlich oder humanistisch ausgerichteten Gesellschaft. Zweitens war hier das Empfinden ausschlaggebend, etwas für Volk und Nation zu tun, wobei angesichts der Bedeutung der im Kriege gestellten Aufgaben bisher gültige Rücksichtnahmen zu entfallen hätten.

Kehren wir zurück zu Gerlach, dessen Tätigkeit für das Regime ja vor allem im Bereich der Physikalischen Forschung gelegen hatte, deren Höhepunkt der allerdings nicht geglückte Versuch war, eine deutsche Atombombe zu bauen.

Die «Zeit danach» begann mit Gerlachs Internierung. Als Spartenleiter Kernphysik gehörte er zu den zehn internierten Wissenschaftlern in Farm Hall bei London, zu denen auch Hahn, Heisenberg und Max von Laue zählten. Als er vom Abwurf der ersten Atombombe auf Hiroshima hörte, war Gerlach niedergeschlagen. Er empfand den Vorsprung der Amerikaner ebenso als wissenschaftliche wie als persönliche Niederlage.

Wenn ein Deutscher, nämlich Otto Hahn, schon das Prinzip der Kernspaltung entdeckt habe, so äußerte er, dann «wollten wir sie in Deutschland als erste auch anwenden».[30] Kurz darauf wurde Gerlach aus Farm Hall entlassen und im Entnazifizierungsverfahren als unbelastet eingestuft. Auf dem Umweg über Bonn kehrte er 1948 auf seinen Lehrstuhl an der Münchener Universität zurück, wo er sogleich Rektor wurde.

Damit begann ein überaus erfolgreiches und vielfältiges Engagement als Multifunktionär in den Organisationen der deutschen Wissenschaft. Gerlach war kein Parteimitglied gewesen, von solchen gab es nach 1945 nicht viele erstklassige deutsche Wissenschaftler. Von 1949 bis 1951 war er Präsident der Fraunhofer-Gesellschaft und Vizepräsident der Notgemeinschaft der Deutschen Wissenschaft, anschließend bis 1961 Vizepräsident der neuen DFG; von 1955 bis 1957 Vorsitzender des Verbandes Deutscher Physikalischer Gesellschaften, schließlich von 1962 bis 1972 Vorsitzender der Johannes-Kepler-Gesellschaft. Das Hauptziel seiner wissenschaftspolitischen Tätigkeit in der Bundesrepublik war es nach eigener Aussage, die Autonomie der Wissenschaften zu erhalten und den vielbeklagten deutschen Rückstand auf dem Gebiet der technischen und Naturwissenschaften gegenüber dem «Ausland» zu überwinden.

Aber im Mittelpunkt stand die Kernenergie, für deren zivile Nutzung er sich einsetzte. Zugleich engagierte er sich gegen ihre militärische Anwendung und zählte zu den achtzehn bundesdeutschen Atomforschern, die am 12. April 1957 die «Göttinger Erklärung» gegen die atomare Bewaffnung der Bundeswehr veröffentlichten.[31] Spätestens seit der «Göttinger Erklärung» gehörte Gerlach zu den bekanntesten kritischen Intellektuellen der Bundesrepublik. In Hans Werner Richters Buch «Bestandsaufnahme. Eine deutsche Bilanz» von 1961, einer Art Gründungsdokument der Neuen Linken, in dem auch Leute wie Wolfgang Abendroth, Heinrich Böll, Hans Magnus Enzensberger und Peter Rühmkorf schrieben, äußerte sich Gerlach ausführlich zur naturwissenschaftlichen Forschung im Nationalsozialismus sowie nach 1945 in Westdeutschland.[32] Bis zu seinem Tode 1979 publizierte Gerlach unentwegt zu Fragen der Physik, der Wissenschaftspolitik und zum Verhältnis von Naturwissenschaften und Moral.

Ziehen wir am Ende ein kurzes Fazit. Die vier Typen des deutschen Professors, die wir hier vorgestellt haben, repräsentieren natürlich nicht das ganze Bild. Vor allem sind es vier zugespitzte, explizite Varianten – die des klassischen Nationalkonservativen, des brillanten, nach Definitionsmacht strebenden Karrieristen, des in den Kategorien von Rasse und Volk denkenden jüngeren

Akademikers und des Naturwissenschaftlers, der die Möglichkeiten des Regimes nutzt, um ungeahnte Forschungsmöglichkeiten zu erhalten.

Bei allen ist deutlich geworden, dass die deutschen Professoren dem NS-Regime zu Diensten waren, in verschiedenen Abstufungen von begeistert bis widerwillig. Um die Hochschulen in so kurzer Zeit in das Regime einpassen zu können, war es aber notwendig, zuvor ein Drittel der deutschen Hochschullehrer aus den Universitäten und Instituten zu vertreiben und wissenschaftliche Gegenpositionen zu unterdrücken. Das widerspricht der These von der reibungslosen Einpassung der Wissenschaft in das NS-System.

Die deutschen Professoren standen in aller Regel vor 1933 den Nazis distanziert gegenüber, aber die meisten teilten einen großen Teil ihrer Überzeugungen und Ziele, wenngleich nicht durchweg der Methoden. Diese Zustimmung im Großen, bei fortwährender Kritik im Einzelnen, ist der eine durchgehende Zug, den wir beobachten können. Der überschießende Patriotismus bei Kriegsbeginn, der alle Einwände verstummen ließ, ist ein zweites Kennzeichen, das bei den Geisteswissenschaftlern zu solchen Weiterungen wie dem «Kriegseinsatz der deutschen Geisteswissenschaften», bei den Natur- und Ingenieurwissenschaftlern wie bei den Medizinern zur Bereitschaft führte, nun angesichts des Krieges Ziele und Methoden ihrer Wissenschaften zu akzeptieren und selbst voranzutreiben, die zuvor noch vielfach undenkbar gewesen waren.

Die nationalistischen Grundorientierungen waren durch die Niederlage des nationalsozialistischen Deutschlands 1945 nicht überwunden. Vielmehr wurde in den Nachkriegsjahren die Kategorie des spezifisch Nationalsozialistischen auf eng begrenzte Bereiche reduziert, während das deutsche Wissenschaftssystem und seine tragenden Institutionen als von einer Neuorientierung nicht betroffen angesehen wurden – und dem stimmten auch solche Wissenschaftler zu, die zu den Nationalsozialisten politisch auf Distanz gestanden hatten.

Auf dieser Grundlage wurde auch der westdeutsche Universitätsbetrieb personell, institutionell und konzeptionell in erstaunlichem Ausmaß restituiert und fortgeführt. Nur einzelne, als außerordentlich belastet geltende und explizit als National-sozialisten angesehene Wissenschaftler fanden keine Neuanstel-lung. Dabei meinte der Begriff «NS-belastet» durchaus nicht das gleiche wie im heutigen Sprachgebrauch: Nur solche Personen galten als durch ihre Vergangenheit diskreditiert, deren Verhal-ten den internen Komment ihres wissenschaftlichen Umfeldes verletzt hatte – ungeachtet dessen, was und woran sie geforscht hatten. Carl Schmitt, der schon früh als Kronjurist des Dritten Reiches gegolten hatte, galt als nicht tragbar. Erbbiologen wie der so genannte Zigeunerforscher Robert Ritter, deren Tätigkeit direkt und indirekt Tausende von Menschen in den Tod ge-schickt hatte, wurden weiter beschäftigt.

Den vielen Beispielen der bis in den Tod Unbelehrbaren unter den Professoren, die ihre eigene Rolle vor 1945 ignorierten, sich als Opfer der Zeitumstände stilisierten und die Entnazifizie-rung mit den Nazi-Verbrechen gleichsetzten, stehen aber auch zahlreiche Beispiele von Wissenschaftlern gegenüber, die ihre Haltung nach 1945 veränderten. Erneut sind hier, nicht über-raschend, auch Opportunismus, Anpassung, Karrierismus zu erkennen. Interessanter sind aber jene erstaunlichen Karrieren der politischen Konversion, wie jene des bekannten Germanis-ten Schneider-Schwerte, der sich (unter falschem Namen) vom Ideologen des Ahnenerbes der SS zum linksliberalen Germanis-tikprofessor wandelte. Auch die Karriere Walther Gerlachs ist dafür ein Beispiel. Solche Fälle zeigen zum einen die rasch nach-lassende Bindungskraft der darwinistischen NS-Ideologie, die sich im Misserfolgsfall selbst widerlegte. Aber sie zeugen auch von der persönlichen Katastrophe, die Krieg und Niederlage für viele darstellte – so einschneidend, dass sie Anlass zu vollständi-ger und tiefgreifender Wandlung wurde. Aber solches war eben nicht die Regel.

Es hat lange Zeit gedauert, bis die moralischen und ethischen Standards einer demokratischen Gesellschaft auch für die deut-sche Wissenschaft in toto wieder galten. Die Erkenntnis, was am Nationalsozialismus tatsächlich als verbrecherisch anzusehen sei, hat sich über Jahrzehnte hinweg erst allmählich herausgebildet und sukzessive erweitert – das gilt für die gesamte Gesellschaft, aber für die Wissenschaft in ganz besonderer Weise. Dabei wird sichtbar, dass die Kooperation der deutschen Wissenschaft mit dem NS-Regime in vielem eine lange Vorlaufzeit seit 1918 oder gar seit der Jahrhundertwende besaß, und eine lange Zeit des Nachglühens, die erst in den späten 1960er Jahren an ihr Ende kam.

Aber bereits in der Mitte der 1950er Jahre sind in zahlreichen Disziplinen auch neue Ansätze feststellbar, die zum einen die Bemühungen um eine Wiedereingliederung in die internationale Forschung markierten und zum anderen auch die seit 1933 unterdrückten Forschungstrends in Deutschland wiederaufnahmen. Seit Ende der 1950er Jahre wurden diese Entwicklungen durch einen generationellen Wandel unterstützt. Zwar verloren die alten Paradigmen nur langsam an Kraft, neue Impulse gingen von ihnen jedoch nicht mehr aus. So ist mit den 1960er Jahren ein deutlicher Einschnitt verbunden, der sich sowohl auf Personen und Institutionen als auch auf wissenschaftliche Grundorientierungen bezieht.

So erweist sich die Frage nach dem deutschen Professor im Dritten Reich als zu eng. Erstens sind die wesentlichen Fehlentwicklungen offenbar bereits vor und nach dem Ersten Weltkrieg zu diagnostizieren, die, nun abgekoppelt von hemmenden Gegenkräften, nach 1933 eine kumulative Zuspitzung gewannen, nach 1945 aber noch lange nicht gleich abgebaut waren und erst im Verlaufe der 1960er und 70er Jahre gleichsam wieder ins Normalfahrwasser zurückglitten, sowohl was die Qualität der Forschung als auch was die ethischen Standards anbetrifft. Und zweitens widerspiegeln die Irrungen und Wirrungen der deutschen Professoren in den ersten 60 Jahren des 20. Jahrhunderts in überdeutlicher Vergrößerung die Höhen, vor allem aber die Tiefen der deutschen Geschichte in diesen Jahrzehnten insgesamt.

6. Nationalsozialistische und stalinistische Herrschaft

Die Inbezugsetzung von Nationalsozialismus und Stalinismus ist so alt wie die betreffenden «Bewegungen» respektive Regimes selbst. Schon deshalb ist es beinahe müßig, hier auf die Notwendigkeit, die Gefahren oder den Ertrag des Vergleichs dieser beiden Diktaturen im wissenschaftlichen Zusammenhang allgemein einzugehen. Dass beinahe zur gleichen Zeit in zwei europäischen Großmächten politisch und ideologisch konträr zueinander stehende und gleichwohl aufeinander bezogene hochrepressive Regimes entstehen, die ein in der Geschichte bis dahin unbekanntes Destruktions- und Vernichtungspotential entfalten, lädt auf so evidente und unwiderstehliche Weise zu vergleichenden Betrachtungen ein, dass selbst, wenn man solchen Vergleich für nicht tragfähig oder sinnvoll hielte, man sich ihm doch nicht oder nur unter Strafe der intellektuellen, politischen oder wissenschaftlichen Isolierung verschließen könnte.[1]

Allerdings standen und stehen seit den 1920er Jahren in der Regel politische Absichten oder soziale Erfahrungen als Antriebskräfte der Gleichsetzung oder des Vergleichs hinter den verschiedenen systemtheoretischen Ausformungen. Dies gilt sowohl für die Varianten der Totalitarismustheorie, wie sie vor, während und nach dem Kalten Krieg im Westen und seit den späten 8oer Jahren in zunehmendem Maße auch in den Ländern des ehemaligen Ostblocks reüssierten,[2] als auch für die Schulen, die sich etwa auf das Brachersche Konzept der antiliberalen Diktaturen beziehen. Es gilt auch für die diesen im entscheidenden Punkt entgegengesetzten Ansätze der marxistischen Orthodoxie, des Berliner Historikers Nolte oder auch des Amerikaners Arno Mayer, die allesamt darin übereinstimmen, den Nationalsozialismus als extreme Form des Antibolschewismus zu interpretieren, mit divergierenden, aber durchweg sehr weitreichenden Schlussfolgerungen.[3]

Diesen hoch aggregierten und durch enorme aktuell-politische Aufladungen gekennzeichneten Konzepten ist ein zuweilen durchaus voluntaristischer Zugriff auf die Empirie zu eigen – sowohl in Bezug auf die Geschichte der nationalsozialistischen Herrschaft als auch und vor allem auf die Geschichte des stalinistischen Regimes der späten 20er bis zu den frühen 50er Jahren. Das mag zum einen an den historiographischen Gegenständen selbst liegen, die je für sich eine Bibliothek an Literatur hervorgebracht haben, so dass es fast niemanden gibt, der sich in der Geschichte beider Regimes gut und gleich gut auskennt. Zum anderen sind Systemtheoretiker und «Geschichtsdenker» nicht selten grundsätzlich und schon aus Selbsterhaltungstrieb empiriefern. In jedem Fall aber hat sich gezeigt, dass die bloße Fortschreibung der politisierten Parallelisierung von Nationalsozialismus und Stalinismus aus der Ära der Blockkonfrontation in das «posttotalitäre» Zeitalter, die auf der Ebene der Ideologievergleiche oder der säkularen Großkonzeption verbleibt, weder intellektuell ergiebig noch forschungsbezogen anregend ist, da das Ergebnis solcher Vergleiche im Geheimen immer schon feststeht und ohne empirische Grundierung und Differenzierung auch viel zu global ist, um über Leitartikel hinaus tragfähig zu sein.

Komparatistisches Vorgehen in der Geschichtswissenschaft zielt in der Regel auf zwei Ergebnisebenen ab: *Zum einen* wird versucht, durch Herauspräparierung wesentlicher Einzelelemente historischer Prozesse oder auch komplexer Systeme auf ähnliche Grundstrukturen zu stoßen, die beide untersuchten Phänomene als Subspezies einer übergeordneten Konstellation ausweisen. Bei dem uns interessierenden Beispiel werden bestimmte Erscheinungsformen des NS-Regimes und des stalinistischen Regimes in abstrahierter Form als Varianten eines gemeinsamen Prinzips apostrophiert: Führerstruktur, Parteienherrschaft, verbindliche Weltanschauung etc. als Kennzeichen der Gattung «totalitäres Regime». Oder die Reziprozität des Handelns, die vorausgreifende Bezugnahme auf das jeweils Andere als Ausdruck des beiderseitigen Engagements im «europäischen Bürgerkrieg» des 20. Jahrhunderts, wie Nolte es vorgeschlagen hat.[4]

Einige der häufig hervorgehobenen Nachteile beider Ansätze sind schnell aufgezählt: Die Totalitarismustheorie hebt die Regime des millionenfachen Massenmordes, Stalinismus und NS-Diktatur, nicht gegenüber solchen Regimen ab, die zwar diktatorial und undemokratisch, jedoch keineswegs massenmörderisch waren und degradiert so – ähnlich wie die Faschismustheorie – den Völkermord zu einer Kategorie minderen Ranges. Auf der anderen Seite stellt die Theorie vom Weltbürgerkrieg ähnlich wie die orthodoxe marxistische Schule der kommunistischen Herausforderung die verschiedenen Varianten «bürgerlicher Herrschaft» gegenüber und ebnet so die strukturellen Differenzen zwischen Nationalsozialismus und liberalen Demokratien ein.

Demgegenüber müsste ein in diesem Sinne vergleichender Ansatz das spezifisch Gemeinsame beider Regimes herausarbeiten, das beide auf eindeutige Weise von anderen Diktaturen ebenso unterscheidet wie von liberalen Demokratien und anderen Herrschafts- und Regierungsformen.

Die *zweite* Zielrichtung von Vergleichen stellt Ähnliches einander gegenüber, um durch Analyse von Gemeinsamkeiten und Unterschieden die Tiefenschärfe in der Analyse des jeweils einen Gegenstands zu vergrößern. Dabei dient der Vergleich nicht der Herausarbeitung einer gemeinsamen Grundstruktur, sondern der Vermeidung von Blindstellen und von als selbstverständlich betrachteten Vorannahmen. Die Kenntnis der chaotischen Herrschaftsstruktur des Stalinismus etwa verhindert die Annahme, die polykratische Struktur des NS-Regimes sei einzigartig und auf Hitler, die NS-Ideologie oder die soziale Zusammensetzung der nationalsozialistischen Bewegung zurückzuführen. Die Analyse des Hitler-Mythos gibt Hinweise auf unerkannte Aspekte bei der Analyse des Stalinkults. Weitere Beispiele lassen sich leicht finden.

Beide Wege sind legitim und unter entsprechenden Fragestellungen auch erfolgversprechend. Ein Vergleich der beiden Systeme unter allgemeinen totalitarismusspezifischen Fragestellungen hingegen ist zwar möglich, aber nicht der Besonderheit beider Regimes angemessen, die sie von allen anderen Diktaturen des 20. Jahrhunderts unterscheidet – sieht man von China und Kambodscha ab –, nämlich die von ihnen betriebene, Millionen von Menschen betreffende Politik des organisierten Massenmords; wobei man die kommunistischen Diktaturen in China und Kambodscha hier als Varianten des Stalinismus einordnen kann.

Ich versuche im Folgenden, einige Elemente («mittlerer Reichweite») anzusprechen, die mir aus der Perspektive des Historikers, der sich genauer mit der Geschichte des Nationalsozialismus und der NS-Diktatur beschäftigt hat, interessant genug erscheinen, um sie einem vergleichenden Blick auf beide Diktaturen zu unterziehen. Das geschieht auf einigermaßen unsystematische und subjektive Weise. Ich will mich dabei auf sechs Punkte beschränken, die mir beim Lesen in Aufsätzen und Büchern über neuere Ergebnisse der Stalinismusforschung sowie in einer Konferenzserie zu diesem Thema aufgefallen sind und die sich auf das NS-Regime womöglich zurückprojizieren lassen.

I.

Im zeitlichen und politischen Umfeld des Ersten Weltkrieges entstehen in Deutschland und Russland zwei ideologisch konträre, wenngleich in manchen Erscheinungsformen ähnliche politische Radikalbewegungen, die nach dem verlorenen Ersten Weltkrieg eskalieren und in den 30er und 40er Jahren zu terroristischen Regimes ohnegleichen werden. Für beide ist bei aller Verschiedenheit eine radikale Absage an die parlamentarisch-industrielle liberale Welt – die «bürgerliche Gesellschaft» des «Westens» – kennzeichnend, obwohl zumindest in Russland eine solche, von einzelnen Entwicklungsinseln abgesehen, real noch gar nicht bestand.

Die Krise der bürgerlichen Gesellschaft in den entwickelten Industriestaaten des Westens kann um die Jahrhundertwende als eine der kräftigsten Empfindungen im Publikum begriffen werden. Dabei ist zwischen der realen Krise und der diese bei weitem übersteigenden Krisenerfahrung zu differenzieren. Dass die «moderne Gesellschaft» eine Sackgasse sei, dass sie Massenarbeitslosigkeit und Verelendung, Verstädterung und Kriminalität, Auflösung der tradierten Strukturen und Verbindungen, Individualisierung und Vereinzelung, Verlust der überkommenen Wert- und Moralvorstellungen mit sich gebracht habe, entsprach den Erfahrungen oder doch der Empfindung außerordentlich weiter Kreise, wenngleich die Erklärungen, die für diese fundamentalen Krisenerscheinungen gefunden wurden, sich manifest unterschieden – die Entfaltung des modernen Parteiensystems in den westlichen Ländern Europas spiegelt die Bandbreite dieser Antworten wider.[5]

Inwieweit aber sind die «Resonanzböden» des hier in Rede stehenden Radikalismus in Deutschland und Russland als Ausdrucksformen der Kritik an der bürgerlichen Gesellschaft zu verstehen und auf dieser Ebene vergleichbar?

Der Größe und Umfassendheit der durch die Industrialisierung hervorgerufenen gesellschaftlichen und politischen Veränderungen entsprechend ging die sich hierbei entwickelnde Radikalkritik davon aus, dass der Entwurf der bürgerlichen Gesellschaft, der, verkürzt gesagt, auf den Ideen von 1789 und 1848 aufruht, vollkommen gescheitert sei und dass ihm ein vollständig neuer Entwurf entgegengestellt werden müsse. In stark abstrahierter Form könnte man sagen, dass der rechtsradikale Gegenentwurf zu 1789 auf dem Grundsatz von Abstammung und Nationalismus beruhte und nicht das Individuum, sondern das Volk in einer spezifisch blutlichen Definition zum Subjekt der Geschichte erklärte. Demgegenüber basiert der linksradikale Gegenentwurf auf der Kategorie der sozialen Ungleichheit und des Internationalismus und erklärt die Klassen allgemein, aktuell die Arbeiterklasse zum Subjekt der Geschichte.

Beiden gemeinsam war die Überzeugung, dass sie mithilfe dieses Instrumentariums nicht nur die Phänomene der Krise der bürgerlichen Gesellschaft zu erklären imstande seien, sondern darüber hinaus die diesen Phänomenen zugrundeliegenden geschichtlichen oder natürlichen Gesetze erkannt hätten.

In Deutschland griff ein eskalierender Radikalnationalismus seit den neunziger Jahren des 19. Jahrhunderts und dann vor allem nach der Jahrhundertwende diese Krisenphänomene auf – seien sie zu verstehen als Erfahrungen des Verlusts vormoderner Identitäten, seien sie erfahren worden als spezifische Hervorbringungen des Industrialismus – und versuchte sie zu erklären: durch Rückgriffe auf vormoderne Leitbilder wie die ständisch-autoritäre Gesellschaft des 18. Jahrhunderts, durch die Zuweisung von Schuld an einzelne ethnische oder politische Gruppen, durch die Beschwörung einer spezifisch deutschen, von derjenigen des Westens abweichenden Sonderentwicklung und Anderes. Im Zuge der weiteren Entwicklung bis zur Jahrhundertwende erfuhren diese Einzelelemente allmählich eine ideologische Konsolidierung. Ein Prozess der Systematisierung und Verwissenschaftlichung setzte ein, den man als schrittweise Klärung und Vereinheitlichung ideologischer Grundpositionen der deutschen Rechten verstehen kann. Insofern trifft die Aussage, die NS-Ideologie sei eklektisch und nicht originell, nicht den Kern. Die politischen Überzeugungsgehalte des Nationalsozialismus sind vielmehr als das Ergebnis eines langen ideologischen Konsolidierungs- und Radikalisierungsprozesses im Lager des Konservatismus und des Nationalismus zu verstehen und entfalteten von daher ihre Anziehungskraft.[6]

In Russland verlief dieser Prozess anders insofern, als eine entfaltete bürgerliche Gesellschaft dort gar nicht gegeben war und die Essentials der marxistischen Kritik an ihr noch gar nicht griffen. Nun ist dies eines der Spezifika marxistisch-leninistischer Regime im 20. Jahrhundert insgesamt, die sich ja nur in vormodernen Gesellschaften von Kuba bis China haben entwickeln können und in entfalteten Industriestaaten nicht oder nur als Besatzerregime etabliert werden konnten. Die Kritik an der bürgerlichen Gesellschaft wirkte im Russland der Jahrhundertwende offenbar in gewissermaßen indirekter Weise, indem die Kritik an den autoritären feudalen und bürokratischen Strukturen, etwa des Zarismus, in die Form einer potentiell massenwirksamen Kritik der bürgerlichen Gesellschaft gegossen wurde, dabei Forderungen des entstehenden städtischen Proletariats mit denjenigen der radikalen Bauernbewegungen verknüpfte und so jene eigentümlich radikale Form erhielt, die sie von den parallelen Entwicklungen in der westlichen Linken unterschied. Der praktische Bezugspunkt der linksradikalen Agitation in Russland waren die Armut, das Elend, die Unterdrückung der Massen unter dem Zarismus. Der theoretische Bezugspunkt der russischen Revolution aber war die entfaltete bürgerliche Gesellschaft, war vor allem Deutschland, und die Frage Lenins «Dürfen wir die Revolution machen?» hat hier ihren Zusammenhang.[7]

Gleichwohl – der Ansatzpunkt der Bolschewiki ähnelt doch in vielem auch dem der radikalen Rechten in Deutschland; was angesichts der politischen Sozialisation der Führer der Bolschewiki im Gravitationsfeld der westlichen Intelligenz nicht überrascht. Die Überzeugung, dass es mit der bürgerlichen Gesellschaft westlichen Zuschnitts zu Ende gehe, speiste sich aus den ja auch von der Rechten wahrgenommenen Krisenerscheinungen in den westeuropäischen Gesellschaften, und hier vor allem der deutschen, seit der Jahrhundertwende. Und dass diese Krise so umfassend, so radikal sei, dass sie nur durch revolutionäre Umwälzungen von ähnlicher Wucht überwunden werden könne, wie sie die bürgerliche und industrielle Revolution selbst mit sich gebracht hatte, war hier wie dort eine gefestigte Überzeugung, die der Bereitschaft zur Gewalt, zur Rücksichtslosigkeit eine historisch-politische Legitimation verlieh.

Anders als die Rechte im Deutschland der Vorkriegsjahre verfügte die Linke, auch die in der Sowjetunion, aber über einen theoretischen Gesamtentwurf in Form eines popularisierten Marxismus. Und da die von Marx prognostizierte Zusammenbruchskrise der kapitalistischen Staaten tatsächlich einzutreffen schien, wandelte sich der Marxismus, insbesondere in der von Lenin besorgten bolschewistischen Reduktion, endgültig von einer historisch-kritischen Theorie zu einer Welterklärungsmaschine mit außerordentlicher Suggestionskraft.

Beiden Entwicklungen, derjenigen in Deutschland wie der in Russland, war aber eigen, dass die radikalen Antworten auf die Krise der jeweils vorgefundenen Gesellschaft in den Jahren vor dem Kriege im Grunde Randerscheinungen blieben. Zwar war in Russland die Unzufriedenheit mit dem zaristischen System weit verbreitet, aber die Bolschewiki blieben lange eine ziemlich kleine Minderheit. Und zwar war das Krisengefühl in Deutschland geradezu ein vorherrschendes Kennzeichen der Jahre vor dem Krieg, aber die radikalen Antworten von rechts waren diejenigen von Minderheiten, wenngleich sie vor allem in den Führungsschichten des Landes Anknüpfungs- und Verbindungspunkte hatten. Erst durch den Ersten Weltkrieg, das ist offenkundig, wurden die Voraussetzungen geschaffen, dass diese radikalen Randerscheinungen zu dominanten Bewegungen und schließlich zu diktatorialen Regimes werden konnten.

In Deutschland sind dabei drei Aspekte herauszuheben: zum einen die massenhafte Gewalterfahrung im Kriege, die diese im Grunde doch eher friedliche Gesellschaft und ihre Formen der Konfliktaustragung manifest veränderte; zweitens die Einbeziehung der Massen als politischer Faktor ersten Ranges und drittens die Niederlage selbst. Sie vor allem schien die Morschheit der alten Regimes und die Kernaussagen des rechtsradikalen Weltbilds zu bestätigen:

– innere Klassengegensätze statt Volksgemeinschaft als Ursache der Niederlage;
– die Niederlage gegenüber dem «Westen», der die undeutschen Prinzipien von Parteiendemokratie und Internationalismus nach Deutschland brachte und hier in Verbindung mit den einheimischen Vertretern der verschiedenen Formen des Internationalismus (Sozialisten, Kapital, Juden, katholische Kirche) gegen die autochthon deutschen Interessen vorging;
– die Abtrennung von Gebieten mit deutscher Bevölkerung als Bestätigung des völkischen Volksgedankens, symbolisch verdichtet im Versailler Vertrag etc.
– und immer auch Antisemitismus als Integrationsfaktor der verschiedenen Einzelelemente.

Der verlorene Krieg hatte in den Augen auch solcher, die den Rechtsradikalen, den «Völkischen», zuvor fern gestanden hatten, deren Hauptaussagen eine quasi empirische Validität verliehen, und erst dies kennzeichnet den tiefgreifenden Unterschied der deutschen gegenüber der Entwicklung in den Staaten des Westens, wo die ja gleichfalls vorhandenen rechtsextremen Potentiale eben nicht durch die Erfahrung der Niederlage und des Zusammenbruchs ihre umfassende Aufwertung und Bestätigung erhielten.[8]

Auch in Russland wirkt der verlorene Krieg in mancher Hinsicht als quasi empirische Bestätigung der radikalen Theoreme, die schon vorher im Schwange waren; vor allem für die Überholtheit des Zarismus und die Notwendigkeit einer grundstürzenden Veränderung. Dass sich in diesem Zusammenhang die Bolschewiki durchsetzten, war jedoch nicht Ausdruck ihrer politischen und ideologischen, sondern ihrer organisatorischen Stärke, die freilich auf der Überzeugungsgewissheit der Kader aufruhte. Für die weitere Entwicklung bedeutsamer aber waren hier der Bürgerkrieg und die schließliche Durchsetzung derjenigen politischen Kraft, die sich als organisatorisch geschlossenste, ideologisch radikalste und herrschaftstechnisch modernste erwies. Der Bürgerkrieg selbst wirkte ähnlich wie die Erfahrung des Weltkrieges in Deutschland entzivilisierend und verrohend auf die russische Gesellschaft insgesamt, auf die kämpfende Jugend im Besonderen, sodass die Erfahrung von Gewalt als erfolgversprechendes Mittel in der politischen Auseinandersetzung eine ganze Generation nachhaltig prägte.[9]

II.

Was den Aufstieg des Nationalsozialismus seit den frühen 1920er Jahren betrifft, so sind hier zwei Aspekte hervorzuheben und voneinander zu unterscheiden: Auf der einen Seite ist der Aufstieg der Nationalsozialisten von einer völkischen Splittergruppe unter vielen zur stärksten Partei im Reichstag zwischen 1930 und 1932 im Wesentlichen als Ausdruck der Verzweiflung und des Protests jener Anteile der Bevölkerung anzusehen, die (nicht zu Unrecht) das Gefühl hatten, dass ihre katastrophale soziale Lage, ihre existenziellen Sorgen von der politischen Führung des Landes nicht verstanden und vertreten wurden. Diejenigen Gruppen, die nicht fest in ein sozialmoralisches Milieu – wie das der sozialdemokratischen Arbeiterbewegung oder der Katholiken – eingebunden waren, fanden in den Nationalsozialisten diejenige Partei, deren Wahl einerseits ganz offenbar den größten Widerhall in der Öffentlichkeit und bei den politischen und sozialen Eliten fand und andererseits durch unablässigen Aktivismus, durch Lautstärke und Propaganda den Eindruck großer Einsatzbereitschaft machte, ohne durch allzu viele programmatische Festlegungen den Interessen und Wünschen einzelner Gruppen zu widersprechen. Demgegenüber spielten weltanschauliche Grundsätze des Nationalsozialismus für die Gewinnung eines Massenanhangs eine eher geringe Rolle.[10]

Anders bei den Protagonisten. In den Jahren nach dem Kriege, jedoch aufruhend auf den tradierten und sich allmählich konsolidierenden Vorstellungen der Rechten, war seit den 1890er Jahren insbesondere bei der bürgerlich-akademischen Jugend in Deutschland ein Gegenmodell zur liberalen Welt von 1789 und 1848 entwickelt worden, die nach dem Ende des Ersten Weltkrieges als offensichtlich gescheitert angesehen wurde. Dieses Gegenmodell, das auf Volk und Rasse statt auf die Rechte und die Würde des Individuums, auf politische Biologie, Antisemitismus und territoriale Expansion statt auf Toleranz, Universalismus und konsensualen Interessenausgleich abhob, bot eine weltanschauliche Grundlage, die nicht nur die jüngsten historischen Entwicklungen zu erklären imstande schien, sondern auch tendenziell alle Probleme und Irritationen der modernen Welt auf ein dahinterstehendes Grundmuster zurückzuführen versprach.

Durch einen solchen ideologischen Gesamtentwurf schienen nicht nur alle Probleme lösbar, sondern schnell lösbar, wenn nur die entsprechenden Voraussetzungen erfüllt waren. Die Überzeugung, durch die Teilhabe an einer solchen Welterklärungslehre im Einklang mit den Gesetzen der Natur und der Geschichte zu stehen, verlieh der politischen Praxis nach 1933 eine enorme Dynamik, zugleich aber auch jene kennzeichnende Rücksichtslosigkeit und Brutalität. Denn diese weltanschauliche Grundüberzeugung vermittelte den Protagonisten das Gefühl, zu größerer Härte und Rücksichtslosigkeit nicht nur berechtigt, sondern geradezu verpflichtet zu sein – verstieße man doch durch Weichheit und Zurückhaltung gegenüber inneren und äußeren, politischen wie biologischen Gegnern nicht nur gegen die Interessen des eigenen Volkes, sondern gegen die «Gesetze der Natur». Spätestens mit Beginn des Zweiten Weltkriegs rückte diese von Krieg und revolutionären Nachkriegswirren geprägte Generation der bürgerlichen Jugend in die Führungspositionen des Regimes ein und nahm hier insbesondere im Terrorapparat des NS-Regimes führende Positionen ein.[11]

Hierzu gibt es in Russland interessante Parallelen. Zum einen kam mit den Bolschewiki eine Bewegung an die Macht, die durch einen als in sich geschlossen empfundenen Ordnungsentwurf geprägt war. Die Faszination, die von der marxistisch-leninistischen Lehre ausging, bestand ja vor allem in dem Versprechen, nicht nur auf alle gegenwärtigen Probleme eine bündige, aus den Hauptwidersprüchen und der Geschichte ableitbare Antwort zu besitzen, sondern auch die Zukunftstendenzen mit wissenschaftlicher Genauigkeit vorausbestimmen zu können. Die hieraus gewonnene Überzeugung, auf der Seite nicht nur des moralisch Besseren zu stehen, sondern auch den Bewegungsgesetzen der Geschichte zu folgen, muss als Stimulans von ganz außerordentlicher Kraft, aber auch als Schutzschild gegen alle durch Betrachtung der Wirklichkeit aufkommenden Zweifel und nicht zuletzt als beständiger Radikalisierungsfaktor angesehen werden.

Zum anderen war zwar die erste Führungsgruppe des Bolschewismus noch durch Exil und eigene Erfahrungen mit einer friedlichen Welt geprägt; die Trägergeneration des Stalinismus jedoch nicht mehr. Sie war vielmehr vor allem im Bürgerkrieg politisch sozialisiert worden, wo die Kombination aus weltanschaulicher Heilsgewissheit und Gewaltanwendung den Erfolg gebracht hatte.[12]

Die Existenz von generationell homogenen, durch spezifische Erfahrungen im Kontext von Krieg und Bürgerkrieg geprägten und hochgradig ideologisch aufgeladenen Weltanschauungseliten als Führungsnachwuchs, der sich durch besondere Brutalität bei der Erringung des politischen Zieles auszeichnen kann, scheint mir für beide Regimes ein wesentlicher und insbesondere für die Analyse der jeweiligen Vernichtungspolitik bedeutsamer Faktor zu sein.

III.

Beiden «Weltanschauungseliten» gemeinsam war die Überzeugung, nun in sehr kurzer Zeit mit einer enormen Anstrengung Entwicklungen einleiten zu können, die viele, wenn nicht alle gesellschaftlichen Probleme auf einmal und für lange Zeit, wenn nicht für immer, lösen würden. Dies hatte vielfältige Auswirkungen.

Zum einen war damit die Vorstellung verbunden, mit den vermeintlichen Urhebern dieser Probleme auch die Probleme selbst verschwinden lassen zu können. Ausgehend von der Überzeugung, dass der als kulturell-biologischer Organismus wahrgenommene deutsche «Volkskörper» sowohl durch innere Degeneration als auch durch den Einfluss negativer Elemente von außen gefährdet sei, wurden in Deutschland, nachdem die politischen Widersacher in kurzer Zeit aus dem Weg geräumt waren, zunächst die als «Schädlinge» apostrophierten Volksangehörigen («Asoziale», psychisch Kranke, Schwachsinnige etc.) eingesperrt, seit 1939 dann auch umgebracht; anschließend diejenigen, die als «blutliche Gefährdung» der Deutschen von außen betrachtet wurden, vor allem Juden, Zigeuner und Slawen.[13]

In der Sowjetunion besaß diese Dynamik zunächst in Manchem durchaus vergleichbare Ausformungen. Die Ausschaltung der landbesitzenden Bauern vor allem in der Ukraine, der sogenannten Kulaken, durch einen gesteuerten und dann selbstläufigen Aushungerungsprozess kann womöglich vom Ansatz her noch als programmatisch motivierte Maßnahme, als Landreform durch Massenmord, apostrophiert werden. Tatsächlich aber vollzog sich die Praxis des Massenmords an der bäuerlichen Bevölkerung vor allem der westlichen Regionen der Sowjetunion als vollkommen ungeregelter, willkürlicher, von den ursprünglichen Intentionen weitgehend abgelöster Prozess, mit langfristigen, katastrophalen Folgen für die sowjetische Wirtschaft wie die Versteppung riesiger ehemals landwirtschaftlich genutzter

Regionen, die Rearchaisierung der bäuerlichen Produktion, die Entstehung eines Massenheeres unbehauster Flüchtlinge.[14]

Der sich seit Mitte der dreißiger Jahre rapide forcierende Terror gegen sogenannte «Verräter», «Volksfeinde», «Trotzkisten» etc. ist in Bezug auf die ursprüngliche Motivation wohl in ähnlichem Kontext zu interpretieren wie die Aushungerung der Kulaken. Die Gewissheit der bolschewistischen Führungsgruppe und ihrer Trägerschichten, dass die eigenen Überzeugungen wissenschaftlich begründet und im Kern unwiderleglich seien, hatte zur Folge, dass die vielfältigen Rückschläge des Regimes in verschiedenen Bereichen nicht auf die Maßnahmen des Regimes selbst oder die damit verbundenen Ziele und Mittel zurückgeführt werden konnten. Vielmehr musste die Ursache dafür entweder in «Fehlern» bei der Umsetzung eines im Prinzip richtigen Zieles gefunden werden – oder im Wirken von Feinden und Verrätern, sei es von außen, sei es von innen; und in der Regel wurde jeder innere Feind auch sogleich als Agent des äußeren Feindes erkannt.[15]

In dem Maße, wie sich die Misserfolge häuften, nahm auch der Terror zu, dem nun aber nicht mehr allein eindeutig definierbare soziale (oder ethnische) Gruppen zum Opfer fielen, sondern von dem immer mehr Sowjetbürger bedroht waren, vor allem jene, die in irgendeiner Weise Verantwortung oder Leitungsaufgaben in der jungen Sowjetunion übernommen hatten – oder auch nur politisch aktiv waren. Wenn die Misserfolge des Regimes nicht auf «Fehler» oder «Feinde» hätten zurückgeführt werden können, hätte das Projekt der bolschewistischen Revolution selbst in Frage gestanden – dies und nicht allein Verhöre und Folter erklären übrigens auch die Bereitschaft vieler alter Bolschewiki, sich vor Stalins Tribunalen selbst wider besseres Wissen der Verräterschaft zu bezichtigen.

Darüber hinaus war mit dieser Überzeugung (in kurzer Zeit mit einer enormen Anstrengung Entwicklungen einleiten zu können, die die gesellschaftlichen Probleme auf einmal lösen würden) die Einsicht verbunden, diese Veränderungen nun mit größtmöglicher Schnelligkeit vorantreiben zu können, mehr noch: zu müssen. Zunächst definiert dieser Gedanke ja den Charakter revolutionärer Bewegungen schlechthin. Denn die Überzeugung, dass die als notwendig erachteten Veränderungen nicht auf allmählichem Wege, durch Reformen und über lange Zeiträume hinweg möglich seien oder dass dies als zu langsam angesehen wurde, war ja die Voraussetzung der Entscheidung für eine schnelle, für eine revolutionäre Lösung, und der entscheidende Unterschied zu den Sozialdemokraten auf der einen, den Nationalkonservativen auf der anderen Seite.

In Deutschland war vor allem Hitler selbst davon besessen, dass dieses Land die einmalige historische Chance, die ihm durch seine, Hitlers, Führerschaft gegeben sei, nutzen müsse. Aber auch unabhängig von der charismatischen Führerfigur war der Gedanke, dass nun eine historisch vielleicht einmalige Chance gegeben sei, Veränderungen in großem, ja in weltweitem Maßstab durchzuführen, in der Führungsgruppe des Regimes ebenso wie bei der Anhängerschaft weit verbreitet. Nicht zuletzt daraus folgte eine außerordentliche Dynamik und Mobilisierungsfähigkeit des Regimes, die es bis zum Ende seiner Herrschaft auszeichneten, die aber auch seine Defizite und sein Scheitern ausmachten. Denn anders als der Bolschewismus erwies sich der Nationalsozialismus als reines Mobilisierungsregime, dem, solange es existierte, ein Übergang zu einer statischen Diktaturform nicht gelang.[16]

In der Sowjetunion steht, damit vergleichbar, vor allem die «Kampagne» – das kurzfristige Einsetzen aller Mittel für ein ansonsten nicht oder erst viel später erreichbares Ziel – für die Kurzfristigkeit und Dynamik des Regimes. Organische Prozesse nicht abzuwarten, sondern durch vor allem propagandistische Mobilisierung Entwicklungssprünge vorzunehmen, ohne auf die damit verbundenen Opfer und Kosten zu achten, war kennzeichnend für die Agrarreform ebenso wie für die Elektrifizierung, den Aufbau neuer schwerindustrieller Agglomerationen oder die großen Kanal- und Eisenbahnprojekte.

Die «Kampagne» kann als geradezu kennzeichnendes Element des Stalinismus angesehen werden. Aber auch die Überzeugung, dass nun die Gunst der Stunde, der historische Augenblick genutzt werden müsse, um irreversible Veränderungen der

Gesellschaft durchzusetzen, war hier verbreitet, allerdings im Vergleich zum Nationalsozialismus auf kennzeichnend unterschiedliche Weise.[17] Denn während der Nationalsozialismus die günstige historische Konstellation vor allem auf das Erscheinen des charismatischen Führers bezog, war es in der Sowjetunion die Erringung der Macht durch die Bolschewiki, die ja nicht die Mehrheit der Bevölkerung hinter sich wussten, sondern als Diktatur einer im Grunde sehr kleinen Minderheit so schnell wie möglich solche Veränderungen in der Gesellschaft durchzusetzen versuchen mussten, die eine Rückkehr zu den alten Verhältnissen unmöglich machte.

Der Zeitdruck rührte insofern aus unterschiedlichen Konstellationen, war aber mithin kennzeichnend, ja geradezu grundlegend für beide Regimes und ein gewichtiger Faktor bei der Ingangsetzung der Massenverbrechen.

IV.

Anders als bis in die 1980er Jahre propagiert, können wir das Auftreten des NS-Regimes gegenüber der deutschen Bevölkerung mit dem Begriffspaar «Verführung und Gewalt» wohl nur unzureichend beschreiben.[18] Vielmehr wird deutlich, dass nach der Phase der unmittelbaren Machtergreifung der NSDAP auch solche Teile der Bevölkerung, die vor 1933 nicht nationalsozialistisch gewählt hatten, dem Regime angesichts von dessen außen- und wirtschaftspolitischen Erfolgen zumindest nicht mehr vollständig ablehnend gegenüberstanden. Zudem erwies sich der Terror des Nationalsozialismus hier als weitgehend berechenbar. Der weit überwiegende Teil der deutschen Bevölkerung, der weder politisch oppositionell, jüdisch oder erbkrank war, wurde von staatlicher Repression in den Jahren der NS-Herrschaft nicht bedroht. Erst am Ende des Krieges gab es hier bemerkenswerte Ausweitungen.

Die innenpolitischen Handlungen des Regimes geschahen durchweg unter Berücksichtigung der «Stimmung und Haltung» in der deutschen Bevölkerung. Das Regime lebte vor allem während der frühen Kriegsjahre in starker Angst vor einer

Wiederholung des November 1918. Zudem hatten die Erfahrungen des wirtschaftlichen und außenpolitischen «Wiederaufstiegs» Deutschlands unter Hitler offenbar so tiefgreifende und nachhaltige Auswirkungen in erheblichen Teilen der deutschen Bevölkerung hinterlassen, dass auch die mit Kriegsbeginn einsetzenden und 1942/43 stark erweiterten Belastungen durch den Krieg nicht zu einem merklichen Absinken der Loyalität oder Akzeptanz führten, solange die innere Stärke des Regimes und seines Polizeiapparates unüberwindlich schien und solange die gegebenen Verwaltungsstrukturen inmitten des sich ausbreitenden Chaos durch Bombenangriffe und kriegsbedingten Mangel allein noch einen Abglanz der Normalität sicherzustellen in der Lage waren.[19]

Ob und inwieweit es in der Sowjetunion eine Art von sozialer Basis des Stalinismus gegeben hat, ist umstritten. Insbesondere die nach der gewaltsamen Vertreibung der Landbevölkerung in die Städte flutenden und dort in das Industrieproletariat einrückenden jüngeren Generationen werden als Trägerschicht des Regimes apostrophiert, die von der Industrialisierungsdynamik und dem sich allmählich entfaltenden System der sozialen Grundsicherung sowie im Bildungsbereich profitiert hätten. Demgegenüber gibt es andere Forscher, die die Trägerschicht des Stalinismus im Grunde auf den sich rapide ausdehnenden Partei- und Staatsapparat begrenzen – also auf jene Funktionärsschicht, die auf zentraler, regionaler und lokaler Ebene als neue Elite und privilegierte Kaste auftrat. Demgegenüber sei in der Bevölkerung eine breitere, politisch motivierte oder sozial grundierte Zustimmung zum Stalinismus nie entstanden, und das Regime habe ohne Unterbrechung allein mit Überwachung und Terror regiert.[20]

Allerdings sind hierbei die veränderten Verhältnisse während des Krieges in Rechnung zu stellen, als das stalinistische Regime auf einen patriotisch motivierten Verteidigungskrieg umschaltete und dadurch selbst bei jenen als Verteidiger des Vaterlands akzeptiert wurde, die unter dem Regime schwerste Verfolgung erlitten hatten.

Insgesamt aber ist der Hauptunterschied unübersehbar: Das

Stalin-Regime war die Diktatur einer Minderheit, die sich nie auf größere Teile der eigenen Bevölkerung verlässlich stützen konnte außer bei der Verteidigung gegen den äußeren Aggressor. Dementsprechend richtete sich ihre terroristische Kraft in erster Linie gegen die eigene Bevölkerung. Das NS-Regime wurde anfangs von einer starken Minderheit, aber bald von einer vermutlich erheblichen Mehrheit im eigenen Volk getragen. Seine Vernichtungsdynamik richtete sich in erster Linie auf die Bevölkerungen der eroberten Länder des Ostens und auf die aus rassischen Gründen verfolgten Juden Europas. Die unterschiedlichen Zielrichtungen der terroristischen Energie beider Regimes spiegeln die unterschiedlichen Koordinaten der politischen Grundhaltung wider.

V.

Als eines der wesentlichen Kennzeichen des nationalsozialistischen Herrschaftssystems wird im Allgemeinen die konsequente Vermeidung aller Strategien zum Ausgleich von politischen und sozialen Interessen angesehen; zur Austarierung der unterschiedlichen Ansprüche gesellschaftlicher Gruppen, zur Findung von Konsens und Kompromissen, wie sie für liberale Systeme kennzeichnend und für die Vielfältigkeit moderner Gesellschaften vonnöten sind. An die Stelle komplizierter Abwägungen der Interessen sei der aus der Weltanschauung legitimierte einheitliche Wille getreten, der von oben nach unten durchgesetzt werden sollte und vom charismatischen Führer verkörpert wurde. Da dies aber die real bestehenden Interessenunterschiede in der Gesellschaft nicht aufhob, es aber andererseits keine praktikablen Formen und Instanzen zur Austragung solcher Gegensätze gab, habe sich die Abgleichung von Interessengegensätzen in die Ressorts und Behörden des Regimes selbst verlagert und ein undurchschaubares Durcheinander von Kompetenzrivalitäten und Behördendarwinismus verursacht.

Diese Entwicklung, die durch eine Gleichzeitigkeit von tradiertem Verwaltungshandeln und institutioneller Behördenanarchie gekennzeichnet und zudem noch durch lokale und regionale Machtzentren vielfach weiter differenziert gewesen sei, habe sich im Laufe der Herrschaftsjahre des Nationalsozialismus noch verschärft und existentielle Widersprüche produziert, die allein durch die Position des von Tagesauseinandersetzungen abgehobenen Führers mediatisiert worden seien. Die dadurch entstehende Kompetenzakkumulation aber habe in praxi die Lahmlegung der Zentralinstanz zur Folge gehabt. Als Hitler schließlich sogar die Metall-Legierungen für Panzerabwehrkanonen selbst aussuchte, sei von einer hierarchisierten Verantwortungsstruktur keine Rede mehr und die Auswahl der getroffenen Einzelentscheidungen reine Willkür gewesen.[21]

Die daraus folgende Herausbildung immer neuer Sonderbehörden mit Sammelverantwortlichkeiten habe diesen Trend noch verstärkt. Auf diese Weise gelang es zwar, kurzfristig außerordentliche Mobilisierungseffekte zu erreichen; zugleich aber seien strategische Planungen, langfristige Koordinationen und arbeitsteiliges Verwaltungshandeln in immer stärkerem Maße behindert worden.

In diesem Bereich, der zunehmenden Dysfunktionalität des Herrschaftssystems, der Verselbständigung der Parteidiktatur, der Aushöhlung des Staates und des Rechtsstaates insgesamt, werden traditionellerweise die meisten Gemeinsamkeiten zwischen beiden Regimes geortet. Bei näherem Hinsehen jedoch bestätigt sich dies nicht. Vielmehr sind hier eher fundamentale und strukturelle Unterschiede festzustellen als Parallelen oder partielle Gemeinsamkeiten.

Denn zum einen sind am NS-spezifischen polykratischen Charakter des Regimes einige Zweifel angebracht. Schon ein Blick auf die tiefgreifenden Widersprüche und Rivalitäten im britischen Regierungs- oder gar Wirtschaftssystem lässt Zweifel an der Spezifität und vorrangigen Bedeutung der vermeintlichen Kompetenzanarchie im nationalsozialistischen Deutschland – weniger in den deutschen Besatzungsadministrationen in Osteuropa – aufkommen. In gewisser Weise ersetzten hier die Ressortkämpfe die Auseinandersetzungen zwischen Regierung und Opposition in Demokratien. Die vor allem während des Krieges eingesetzten Sonderbehörden erwiesen sich vielfach als flexible, den kurzfristigen Erfordernissen der Kriegsgesellschaft entsprechende Einrichtungen. Anders als in der Sowjetunion gab es in Deutschland bis in die letzten Tage des Krieges hinein einen hochdifferenzierten und effizienten Staatsapparat, eine arbeitsteilig tätige Bürokratie, ein früh professionalisiertes und flächendeckendes Rechts- und Finanzwesen, ein ausgebautes Sozialsystem und einen mehrstufigen und föderalen Regierungsapparat.

Derartiges aber fehlte in der Sowjetunion entweder ganz oder doch weitgehend. Charakteristisch für das stalinistische System war vielmehr das Fehlen der Infrastruktur eines modernen Verwaltungsstaates und in dessen Gefolge einerseits ein zentralisiertes Befehlssystem, das nur wenige oder gar keine hierarchischen Zwischenstufen kannte, und andererseits ein weitgehendes Abkoppeln ganzer gesellschaftlicher Bereiche oder auch räumlicher Gebiete vom Zugriff der Zentrale. Um dieses Manko wettzumachen, war die Partei neben der Armee das einzige räumlich und sachlich stark genug differenzierte Instrument der Herrschaft, um den Willen der Zentrale auch durchsetzbar zu machen. Das aber konnte im Grunde nur bei den lediglich als Sondermaßnahme denkbaren Kampagnen funktionieren und nicht als jederzeit und überall zur Verfügung stehender Verwaltungsapparat moderner Prägung.[22]

Im Vergleich entpuppt sich das stalinistische Regime so als das polykratischere, schon allein weil nicht einmal die Möglichkeit existierte, die Entscheidungen der Zentrale überall im Lande kundzutun oder gar durchzusetzen. Der ausgreifende Terror der Geheimpolizei ist auch als Reaktion darauf anzusehen: um den Machtanspruch der Zentrale wenigstens durch schubartige Repressionswellen zu manifestieren.

Ian Kershaw hat darauf hingewiesen, dass Stalin aus dem Parteiapparat gekommen und immer ein Mann des Apparats geblieben sei; während Hitler nie in parteibürokratische Strukturen eingebunden oder gar davon bestimmt gewesen sei: «Stalin war das Produkt eines Systems, Hitler die Verkörperung eines solchen.»[23] Das ist gewiss richtig; aber es ist interessant, dies in Verbindung zur Existenz eines ausgebildeten Staatsapparates zu sehen. Stalins Führerkult integrierte und symbolisierte den Machtanspruch der Zentrale, des «Staates», weil ein omnipräsenter Staatsapparat gar nicht vorhanden war und insofern die Zentrale eine sichtbare Symbolfigur brauchte. Demgegenüber verkörperte Hitler nicht den bestehenden und weit differenzierten Staatsapparat, sondern setzte sich davon ab und symbolisierte die «Idee», zu deren Verwirklichung der Staat benutzt werden sollte, und die Tatbereitschaft, die der langsame Verwaltungsapparat eher behinderte.

Schon der von Fraenkel entwickelte (tatsächlich aber von der Gestapo-Führung selbst entworfene) Begriff der «Doppelherrschaft» verweist auf diesen Zusammenhang: Denn neben der Herrschaft des «Maßnahme-Staates», der nach politisch-ideologischen Maßstäben vorging und die Rechtstraditionen außer Kraft setzte, gab es in Deutschland bis 1945 immer auch den «Normenstaat», der nach allgemeinen und gleichen Maßstäben vorging und somit für ein umzirkeltes Gebiet und die definierte Gruppe des deutschen Volkes auch Rechtssicherheit garantierte.[24] Demgegenüber hat, um in der Sprache Fraenkels zu bleiben, in der Sowjetunion ein tradierter «Normenstaat» in dieser Ausprägung nur in Ansätzen bestanden, sodass es auch für viele unpolitisch scheinende Bereiche keine vorfindbaren Formen und Institutionen des Konfliktaustrags gab. Bei einem Vergleich beider Systeme sind also weniger die Parallelen in Bezug auf personale Herrschaft und chaotische Machtstrukturen hervorzuheben als vielmehr die essentiellen Unterschiede in Bezug auf die Existenz eines «Staates» und die sich daraus ergebenden Folgen.

VI.

Der Nationalsozialismus entfaltete sein Repressions- und Vernichtungspotential vorwiegend nach außen, viel weniger nach innen. Der Anteil der deutschen Staatsbürger inklusive der deutschen Juden unter den Opfern der nationalsozialistischen Verfolgungs- und Vernichtungspolitik dürfte bis Kriegsende weit unter fünf Prozent aller Opfer des NS-Regimes gelegen haben:

Von den sechs Millionen ermordeten Juden waren nicht mehr als 150000 Deutsche. In den Konzentrationslagern lag bei Kriegsende der Anteil der deutschen Häftlinge bei unter vier Prozent. Dies entsprach der nationalsozialistischen Weltanschauung, die die Menschheit und die einzelnen Gesellschaften nicht horizontal (nach sozialen Gruppen oder Klassen), sondern vertikal (in Bezug auf die als naturgegeben angesehene Konkurrenz der einzelnen Völker und Rassen) differenzierte.

Sieht man von der letzten Kriegsphase ab, so muss man feststellen, dass das terroristische Vorgehen der Nationalsozialisten durch ein gewisses Maß an Binnenrationalität gekennzeichnet war. Innerhalb der deutschen Bevölkerung war daher relativ eindeutig, wer zu den verfolgten Gruppen zu zählen war: erstens diejenigen, die sich aus politischen Motiven aktiv gegen die Herrschaft des NS-Regimes auflehnten – ihre Zahl war seit 1936 sehr gering geworden. Zweitens diejenigen, die aus «rassehygienischen Gründen» verfolgt wurden, also Behinderte und sozial Unangepasste wie die sogenannten «Asozialen» oder Homosexuellen. Drittens, wer zu einer als «schädlich» angesehenen «rassischen Minderheit» gezählt wurde, also vor allem die deutschen Juden sowie die «Zigeuner». Wer nicht zu diesen Gruppen gehörte, die zusammen vielleicht fünf Prozent der deutschen Bevölkerung ausmachten, lebte unter dem NS-Regime relativ sicher und ziemlich unbehelligt. Der Massenterror und die Massenvernichtungspolitik richteten sich vielmehr gegen die europäischen Juden sowie gegen die Bewohner der besetzten Gebiete insbesondere des Ostens.[25]

Demgegenüber hat sich der Terror der Stalinisten nahezu ausschließlich gegen die eigene Bevölkerung gerichtet. Dabei nahm der Grad von Binnenrationalität der Verfolgungsmaßnahmen in dem Maße ab, wie sich die Misserfolge des Regimes häuften. Der Terror gewann eine sich selbst steuernde Dynamik – bis hin zur Etablierung und Erfüllung von Fangquoten durch die «Sicherheitsorgane», die dann wahllos auf Menschenjagd gingen.[26]

Allerdings ist der Begriff der «eigenen Bevölkerung» in Bezug auf die Sowjetunion eine problematische Kategorie. Denn durchaus in der Tradition des zaristischen Imperialismus stand das stalinistische Regime zugleich ja auch für die Herrschaft der Russen über die übrigen im sowjetischen Reich versammelten Völker und Volksgruppen. Der Versuch der NS-Spitze, die deutsche Herrschaft in Mittel- und Osteuropa durch Massendeportation missliebiger ethnischer Gruppen zu etablieren und zu sichern, erkennen wir als eine der wichtigsten Voraussetzungen für die Ingangsetzung der Massenmordprojekte insgesamt, dem gegenüber den Juden im Besonderen. Hier sind die Parallelen zur Entwicklung in der Sowjetunion unübersehbar: Die mit unglaublicher Brutalität durchgeführten Deportationen solcher Volksgruppen und ethnischen Minderheiten in den «Osten», die im Süden und Westen der Sowjetunion als potentielle Kollaborateure der Deutschen, als politische Störenfriede oder auch nur als nicht domestizierbar angesehen wurden, verdeutlichen, dass der Archipel GULag nicht nur als Repressionssystem gegen politisch und sozial, sondern auch gegen ethnisch definierte «Feinde» errichtet worden war.[27]

Auf der anderen Seite sind die Verfolgungssysteme des Nationalsozialismus und des Stalinismus selbst aber in voneinander zu unterscheidende Rationalitätszusammenhänge eingebunden. Das Zwangsarbeitssystem des GULag zum Beispiel lag durchaus in der Linie der stalinistischen «Kampagnenpolitik». Ohne Rücksicht auf Verluste und Todeszahlen wurden hier bestimmte Projekte durchgeführt, auch wenn dies volkswirtschaftlich noch so unsinnig war. Der «Verbrauch» an Arbeitskraft konnte jederzeit nachgeliefert werden. Zu einer effizienteren und vor allem produktiveren Verwendung der einzelnen Arbeitskräfte war das stalinistische System, jedenfalls in Bezug auf die Zwangsarbeitslager, offenbar nicht willens, aber auch nicht fähig.[28]

Demgegenüber war der Arbeitseinsatz der KZ-Gefangenen und vor allem der Juden aus Sicht der nationalsozialistischen Regimeführung nur eine vorübergehende, kriegsbedingte Maßnahme. Die tatsächliche Bedeutung des Arbeitseinsatzes von Häftlingen war, sieht man auch hier von der letzten Kriegsphase ab, als die Untertageproduktion von Raketen und Flugzeugen vorwiegend mit KZ-Häftlingen betrieben wurde, volkswirtschaftlich durchaus unerheblich. Das Hauptziel gegenüber den KZ-Häftlingen blieb deren Ausschaltung und Erniedrigung; gegenüber den Juden deren Ermordung. Im stalinistischen GULag hingegen war der millionenfache Tod der Häftlinge eine hingenommene Begleiterscheinung ihrer Verwendung als jederzeit ersetzbare Zwangsarbeiter. Die Ausbeutung eines Teiles der europäischen Juden bei der Zwangsarbeit (meist nur für eine kurze Zeit) war für die Nationalsozialisten kein Ziel, sondern ein kriegsbedingtes Zugeständnis, ein Umweg vor ihrer Ermordung.[29]

Die Lagersysteme selbst können in den Anfangsjahren nicht unterschiedlicher gedacht werden, das verdeutlicht vor allem ein Vergleich der Berichte der Häftlinge und geht besonders scharf akzentuiert aus den Erinnerungen jener deutschen Kommunisten hervor, die sowohl den GULag wie die deutschen Konzentrationslager als Häftlinge erlebt hatten: in Deutschland die inkarnierte Ordnungshölle, in der selbst das schlimmste der vor dem Kriege errichteten KZs, Mauthausen, mit rechtwinklig angelegten Blumenrabatten in Reih' und Glied ausstaffiert war. In der Sowjetunion demgegenüber ein Inferno der Willkür, der Verwahrlosung und des normenlosen Zufalls.

Vor allem seit der zweiten Kriegshälfte aber veränderte sich die Lage in den deutschen Konzentrationslagern rapide. Überbelegung, Unterversorgung, Vernachlässigung, Sterberaten von über 30 Prozent der Häftlingsbelegschaft pro Jahr waren hier kennzeichnend. Die Verhältnisse, notierte Margarete Buber-Neumann, näherten sich denen, die sie in den Lagern der Sowjetunion kennengelernt hatte, immer mehr an.[30]

Bei einem Vergleich der Terror- und Vernichtungspolitik beider Regimes erweist es sich also als entscheidend, welches die Vergleichsgrößen sind. Vergleicht man die politische Unterdrückung während der NS-Zeit *in* Deutschland mit derjenigen des stalinistischen Regimes in der Sowjetunion, sind die Unterschiede fundamental. Nimmt man aber das Wüten der Deutschen in den besetzten Gebieten des Ostens zum Ausgangspunkt, so verändert sich das Bild, und tiefgreifende Parallelen werden sichtbar.

VII.

Der wichtigste Unterschied zwischen beiden Regimes wird häufig gerade darin gesehen, dass der Stalinismus zum einen, wie einmal formuliert wurde, jedenfalls noch einen «Abglanz der emanzipatorischen Zielsetzungen der Arbeiterbewegung» in sich getragen habe, wovon beim Nationalsozialismus keine Rede sein könne, und zum anderen, dass der Nationalsozialismus kein reproduktionsfähiges Regime, sondern mit Hitlers Tod auch als System am Ende gewesen sei, während der Stalinismus nach Stalins Tod hingegen zu einer gemäßigteren Form der Diktatur habe entwickelt werden können. Diese Argumente überzeugen mich nicht. Das eine nicht, weil es vom Ansatz her dogmatisch ist; mit der gleichen Begründungsfigur kann man im nationalsozialistischen Genozid an den Juden noch einen Abglanz der Verteidigung Europas vor den Bolschewisten erkennen, wie dies Ernst Nolte und die Seinen ja auch taten. Das andere Argument ist kontrafaktisch und eine Glaubensfrage. Die Überlebensfähigkeit eines siegreichen NS-Deutschland mit Truppen in ganz Europa und einer im Osten nicht befriedeten Grenze ist in der Tat zu bezweifeln; aber auszuschließen wäre es auch nicht – und jedenfalls ist dies nicht als Argument zur Analyse des realen Nationalsozialismus zu gebrauchen.

Das Noltesche Gegenargument, der Nationalsozialismus und seine Verbrechen seien als eine Antwort auf die Bedrohung des deutschen und tendenziell des europäischen Bürgertums durch den Bolschewismus anzusehen, als eine Art von putativer Notwehr, kann ebenfalls nicht überzeugen: Nationalsozialismus und Stalinismus waren nicht aufeinander voraussetzungsbildend bezogen, sondern als gleichermaßen radikale Alternativen zu der als gescheitert angesehenen bürgerlichen Gesellschaft westlichen Zuschnitts entstanden. In *diesem* Kontext entfalteten sie ihre vernichtende Dynamik, nicht vorrangig zur Zerstörung der jeweils anderen Alternative, die sie ja zudem jeweils nur als zugespitzte Variante des Hauptfeindes ansahen.

Das Wesen beider Regimes, um eine dritte Argumentationsfigur aufzunehmen, erschöpft sich zudem nicht in ihrem totali-

tären Charakter, ja es ist sogar zu bezweifeln, ob der Nationalsozialismus im Sinne Brzezińskis und Friedrichs, wohl auch im
Sinne Hannah Arendts, ein totalitäres Regime war, insbesondere
wenn man das Verhältnis des Regimes zur eigenen Bevölkerung
und vice versa berücksichtigt. Auf der anderen Seite fallen die
Unterschiede umso stärker ins Auge, je genauer man die Herr-
schaftssysteme selbst und insbesondere die wirtschaftlichen und
sozialen Verhältnisse, das industrielle und gesellschaftliche Ent-
wicklungsstadium berücksichtigt. Die Differenz zwischen einer
reichen und entfalteten Industriegesellschaft einerseits und einem
Entwicklungsland andererseits ist so groß, dass sie die Grenzen
eines sinnvollen Vergleichs, der über die politische Tagesdebatte
hinausreichen soll, doch sehr eng zieht.

Insgesamt: Der empirisch informierte und die Details nicht als
störende Abweichungen von der Theorie vernachlässigende Vergleich zwischen nationalsozialistischer und stalinistischer Herrschaft bietet als analytisches Instrument wichtige Aufschlüsse,
nicht zuletzt weil er den distanzierten Blick auf vermeintlich
selbstverständliche Eigenschaften des schon Bekannten konzentriert und so neue Fragen und Bewertungen ermöglicht.
Gleichwohl darf man die Reichweite solcher komparatistischer
Versuche nicht überschätzen und die Ergebnisse nicht überbe-
werten. Der Vergleich entdeckt Unterschiede und Ähnlichkei-
ten, weit voneinander Entferntes und auffällige Parallelen und
versucht, diese zu erklären. Er ist weder ethisch und moralisch
unstatthaft, noch relativiert er die begangenen Massenverbrechen in irgendeiner Weise. In Bezug auf die Struktur der Regimes, ihre Voraussetzungen und ihre Herrschaftsform scheinen
mir die Unterschiede ausgeprägter als die Parallelen. Demgegenüber kennzeichnet es beide Regimes, dass sie auf dem Wege zur
Realisierung einer radikalen Alternative zur westlichen, zur
bürgerlichen Gesellschaft Millionen von Menschen zu Tode
brachten und dies um der Erreichung dieser Ziele wegen rechtfertigten.

7. Deutsches Europa und Großgermanisches Reich

Dass die rechtsautoritären und faschistischen Bewegungen und Regimes der Zwischenkriegszeit in Europa politisch, strukturell und habituell einander ähnelten, dass sie aufeinander Bezug nahmen und sich auch als ähnlich, womöglich verwandt erkannten, ist schwer zu bestreiten. Zu offensichtlich waren die Gemeinsamkeiten, zu wirkmächtig auch die Kategorisierung nach links und rechts. Das lehrt schon ein Blick in die Gegenwart: Politisch-konzeptionell stehen die neuen rechten Bewegungen allesamt gegen den Liberalismus, gegen die Aufweichung der Geschlechterrollen, gegen Universalismus und Internationalismus, gegen Multikulturalismus und Einwanderung, sie sind stark oder sehr stark rassistisch, vor allem aber nationalistisch. Selbstverständlich erkennen Orbán und Le Pen, Wilders und Kaczyński, Salvini, Strache und die Neuen Finnen, die dänischen, norwegischen und schwedischen Rechtsaußenparteien, die AfD, UKIP und auch die rechtsextrem orientierten Ideologen im Umfeld der Trump-Regierung einander als politische Verwandte. So hatte es 2016 auch bereits einen Kongress der neuen Rechten in Europa gegeben, bei dem man sich der gemeinsamen Gegner und Ziele versicherte.

Aber zugleich handelt es sich eben vor allem um nationalistische, zum Teil extrem nationalistische Parteien oder Bewegungen, deren politische Identität sich nicht nur durch politische Gegnerschaft zu liberalen oder linken Parteien und Bewegungen herstellt, sondern vor allem durch Abgrenzung der eigenen nationalen Interessen von denjenigen anderer Staaten, unabhängig von der politischen Ausrichtung ihrer Regierungen. America first! Insofern ist dem, was heute «populistische Internationale» genannt wird und in der Zwischenkriegszeit als «faschistischer Universalismus» gekennzeichnet wurde, ein zentraler Widerspruch wesensgemäß: Universelle oder transnationale Konzepte stehen dem Primat der nationalen Interessen entgegen.

Diese Problematik soll im Folgenden etwas näher betrachtet werden: durch eine Analyse der supranationalen Perspektiven der Nationalsozialisten, ihrer Pläne für ein Europa unter deutscher Herrschaft oder ein Großgermanisches Reich und deren Verhältnis zu den Zielen und Wünschen der faschistischen Bewegungen und Regimes in Europa inner- und außerhalb des deutschen Machtbereichs.

I.

Die neuen radikal nationalistischen Bewegungen der Jahre nach dem Ersten Weltkrieg, die fast überall in Europa entstanden oder auch nur stärker wurden, unterschieden sich von den alten nationalkonservativen Kräften vor allem durch Jugend, Masse, Radikalität und Bejahung der technischen Moderne. Diese Bewegungen waren aus den jeweils national spezifischen Konfliktsituationen während des Ersten Weltkriegs und danach entstanden, aber schon bald nahmen sie einander auch als ähnlich, wenn nicht gar als Teil einer supranationalen, europäischen Bewegung wahr. So gab es schon in den 1920er und frühen 1930er Jahren verschiedene Konzepte eines europäischen faschistischen Einheitsstrebens, so ganz explizit etwa bei den britischen Faschisten, vor allem aber auch bei Mussolini selbst, der den Faschismus als eine Art von Exportartikel propagierte. Zunächst über die Auslandsorganisation des PNF, die Fasci all'estero, gegenüber den Millionen von Auslandsitalienern, dann vor allem über die Comitati d'azione per l'Universalitá (CAUR) seit 1933, die aktive Werbung für das faschistische Regime in Italien betrieben. Dabei wurde der Faschismus explizit als Modell für die «Neue Europäische Ordnung» verstanden, die das liberale ebenso wie das bolschewistische Europa zerschlagen und ein nach dem italienischen Modell ausgerichtetes, in den Einzelhei-

158

ten aber nicht weiter ausgeführtes System europäischer Staaten errichten werde. So waren die österreichischen Heimwehren ebenso wie die Schweizerischen Fronten, die «Rex»-Bewegung Degrelles in Belgien, die britischen Faschisten unter Mosley ebenso auf Italien und Mussolini orientiert wie die Ustascha in Kroatien oder anfangs eben der Nationalsozialismus in Deutschland.[1]

Als dann 1933 mit dem deutschen Nationalsozialismus ein rechtsextremes Regime etabliert wurde, das der italienischen Diktatur nach wenigen Jahren an politischer, wirtschaftlicher und militärischer Kraft bald weit überlegen war, entstand ein neues Kraftfeld, um das die rechten und faschistischen Bewegungen Europas bald kreisten. Die Frage, welche politischen Vorstellungen der Nationalsozialismus gegenüber diesen Bewegungen und Regimes entwickelte, gewann daher erheblich an Bedeutung.

Im Vordergrund standen hierbei natürlich die engen Beziehungen des nationalsozialistischen Deutschlands zum faschistischen Italien, die sich in einer Vielzahl von Kontakten auf politischer, kultureller und wirtschaftlicher Ebene ebenso ausdrückten wie durch Übernahmen und Anleihen aus dem Arsenal der faschistischen Symbole. Auf der anderen Seite orientierte sich Italien in dem Maße stärker an dem Nachbarn im Norden, wie Hitlerdeutschland an Macht und Einfluss gewann. Das galt nicht zuletzt auch, wie in den vergangenen Jahren deutlich herausgearbeitet wurde, in Bezug auf Rassismus und Antisemitismus.

Welche Rolle aber die rechtsautoritären und faschistischen Regimes und Bewegungen dereinst in einem deutsch beherrschten Kontinentaleuropa spielen sollten, ob es so etwas wie eine faschistische Europaunion geben und in welchem Verhältnis hier nationale Interessen zu politischer Verwandtschaft stehen würde, war eine durchaus offene und kontrovers diskutierte Frage.

II.

Das betraf zunächst die verschiedenen Facetten der Mitteleuropa-Idee. Dahinter verbarg sich eine Hegemonialtheorie, wonach die Deutschen zwischen den westlichen, dem Meer zuzuordnenden Staaten wie Frankreich und England und dem russisch-asiatischen Block als stärkste Macht des Kontinents eine natürliche Führungsrolle einzunehmen hätten, die von Skandinavien über das Baltikum bis zu den Nachfolgestaaten der k. u. k.-Monarchie an das Schwarze und das Mittelmeer reichte. Solche Vorstellungen waren während der Weimarer Jahre im bürgerlichen Lager recht verbreitet und fanden Aufnahme vor allem in Teilen der deutschen Industrie, die angesichts der angloamerikanischen Dominanz nach Alternativen zum Weltmarkt suchte und diese vor allem in Südosteuropa fand. Hier bildete sich schon frühzeitig die Vorstellung von der Konzentration der Weltwirtschaft auf wenige wirtschaftliche und politische Großräume heraus. «Aus der Enge des nationalen Wirtschaftsraumes», so Carl Duisberg, Vorsitzender des RDI und der IG Farben im Jahre 1931, «streben kräftige Industriestaaten ebenso wie absatzsuchende Agrarstaaten nach größeren übernationalen Wirtschaftsräumen, die für einen größtmöglichen Anteil der Produktion Ausgleich in sich bieten und nach außen hin als starke Handelsvertragspartner auftreten können.» Nach dem Vorbild der USA mit dem «panamerikanischen Wirtschaftsraum von Alaska bis Kap Hoorn» sollte eine solche Entwicklung auch in Europa greifen. Beginnend mit einer Verständigung von Österreich, Deutschland und den südosteuropäischen Staaten könne «das europäische Problem von der Südostecke aus aufgerollt werden». «Was liegt für diese Staaten näher, als mit Deutschland, dem kräftigsten Partner, eine Verständigung auf wirtschaftlichem Gebiet zu suchen?» Auf dieser Grundlage werde schließlich ein «geschlossener Wirtschaftsblock von Bordeaux bis Sofia Europa das wirtschaftliche Rückgrat geben, dessen es zu seiner Behauptung in der Welt bedarf.»[2]

Die sich hieraus entwickelnde, in zahllosen Variationen verbreitete Idee vom europäischen Großraum mit deutscher Hegemonie blieb von nun an bis in die Kriegsjahre hinein eine dominante Vorstellung in Teilen der deutschen Wirtschaft wie bei Politikern der Mitte und der Rechten. Er zielte zunächst darauf ab, den Bedingungen des Weltmarktes zu entkommen, der sich angesichts der Erschütterungen während der Weltwirtschaftskrise als offenbar endgültig unkalkulierbar erwiesen hatte. Stattdessen wollte man eine sichere Binnenmarktbasis zu vorteilhaften Bedingungen schaffen. Allerdings, darauf ist zu Recht verwiesen worden, blieb die Mehrheit der überwiegend exportorientierten Industrie bei ihrem Votum für den Weltmarkt.[3] Auch die außenpolitischen Konzeptionen einer Reihe von Nationalsozialisten blieben auf diese Perspektive orientiert, die sich nach 1933 in den Clearing-Abkommen mit den südosteuropäischen Staaten und schließlich im «Anschluss» Österreichs niederzuschlagen schien.

Ob eine solche Vorstellung ökonomisch tatsächlich plausibel war, ist zu bezweifeln. Allzu gering war die wirtschaftliche Bedeutung von Staaten wie Jugoslawien, Ungarn, Rumänien oder Griechenland. Ob Deutschland auch nur eines seiner export- und rohstoffwirtschaftlichen Probleme auf diesem Wege würde lösen können, blieb zweifelhaft. Die leitende Idee dieser Konzeption war von vornherein eher eine politische: Die Errichtung einer Art von «informal empire» im Südosten sollte das machtpolitische Gewicht Deutschlands stärken, um auf diese Weise eine hegemoniale Stellung auf dem europäischen Kontinent zu erreichen.

Tatsächlich aber war zu einer Einigung Europas im Gegenteil der Ausgleich zwischen den verschiedenen Groß- und Mittelmächten vonnöten, eine intensivierte Zusammenarbeit auf den Gebieten von Politik, Wirtschaft und Kultur, die wiederum ein rasches Absinken der Aggressionsniveaus in Europa durch Zugeständnisse, Kompromisse und Aussöhnung auf allen Seiten voraussetzte. Solches entsprach der politischen Konzeption der demokratischen Politiker der Weimarer Republik und bezeichnete das exakte Gegenteil der Vorstellungen der Rechtsparteien. Nicht eine europäische Kooperation, sondern die Revision von Versailles, die Wiedererrichtung der deutschen Stärke und die Gewinnung der Dominanz über die anderen europäischen Staaten war das hier vertretene Ziel, das zwischen den verschiedenen Vertretern lediglich durch die geopolitische Hauptrichtung und das für notwendig gehaltene Ausmaß an Gewalt differierte.

Der Wiener Historiker Ritter von Srbik etwa sah in seinen Vorträgen zum Verhältnis von Deutschem Reich und Europa spätestens seit dem Ersten Weltkrieg Mitteleuropa als eine «naturgegebene Einheit». Denn «nicht eine historische Idee allein, nicht ein Gegeneinanderstehen der nationalstaatlichen und der universalistischen übernationalen Idee» könne «das Heil der Zukunft begründen, ... sondern nur eine Doppelheit der beiden unvergänglichen Gedanken», denn die Zeit der reinen Nationalstaaten sei vorüber und die Zeit des einheitlichen, über den Staaten stehenden Volkstums sei gekommen. Europa könne geschaffen werden, wenn «die stärkste Tragfläche und der machtvolle Kern und Schirm das deutsche Reich» sei, eine «deutsche Lebensgemeinschaft des Reichs und Österreichs», an die sich die Staaten Ostmittel- und Südosteuropas in Form einer losen politischen Gemeinschaft angliederten. Wenn also die kleinen Völker dieses Raumes das «Blut, die Ehre und den Boden» der Deutschen anerkennten, würden die Deutschen den anderen Völkern ihr volles Lebensrecht zuerkennen.[4]

Deutsche Hegemonie, aber Autonomie der Nationen und zugleich eine universalistische, übernationale Idee – das war der Grundgedanke Srbiks, der dabei manche Ideen der faschistischen Intellektuellen Italiens aufnahm. Diese allerdings sahen den Kern Europas stärker auf das Christentum bezogen, was bei Srbik und anderen deutschen Hegemonietheoretikern eine geringe oder gar keine Rolle spielte.

III.

In der jungen Rechten – von den soldatischen Nationalisten bis zu den Völkisch-Radikalen und Nationalsozialisten – trafen solche Ansätze auf Ablehnung. Schon der Begriff der «Staatengemeinschaft» traf auf Widerspruch, denn die europäische Staatenwelt der Pariser Verträge wurde ja als Herrschaftsform der Kriegsgegner wahrgenommen. Neue Nationalstaaten mit demokratischer Verfassung und ethnischen Mehr- und Minderheiten widersprachen ihren an ethnischer Homogenität orientierten Vorstellungen. Demgegenüber wurde eine Betrachtung der politischen Gegenwart und der jüngeren Geschichte postuliert, die nicht von Staaten, sondern von «Völkern» ausging. Anknüpfend an Autoren wie Wilhelm Stapel, Max Hildebert Boehm und später, besonders einflussreich, Edgar Jung wurde gegen die «individualistisch-liberale» und die sozialistische Anschauung, wonach der Einzelne, respektive «die Menschheit» oder die «menschliche Gesellschaft» Träger des geschichtlichen Lebens seien, die «völkische» Anschauung gestellt, wonach die «Völker» als Subjekte der Geschichte anzusehen seien. Denn während es sich bei Staaten und Gesellschaften um Zweckverbände handele, die willkürlich entstanden und also aufhebbar seien, sei das «Volk» eine unaufhebbare, «natürliche» Gemeinschaft, vergleichbar etwa der Familie. Wo kulturelle Ausdrucksformen anderer Völker übernommen würden, ohne dem eigenen Wesen angepasst zu sein, entstünden Schäden – «man denke an die Übernahme des römischen Rechts am Ausgang des Mittelalters, an die Übernahme des Manchestertums im vorigen Jahrhundert, an die Übernahme der westlichen Demokratie in der Gegenwart.»[5]

Auch Hitler selbst, etwa in «Mein Kampf» und vor allem im sogenannten «Zweiten Buch», erteilte allen supranationalen Staatengemeinschaften ebenso wie «allen weltindustriellen und welthandelspolitischen Versuchen» eine Absage und forderte eine konsequente Raumpolitik im Osten, «um unserem Volk durch die Zuweisung eines genügenden Lebensraumes für die nächsten 100 Jahre auch einen Lebensweg vorzuzeichnen».[6] Politische Bewegungen waren für ihn nachrangig, entscheidend waren Nationen und Völker, und hier waren rassische Bedingtheit und nationale Interessen die ausschlaggebenden Faktoren, nicht politische Zugehörigkeiten.

In dieser Vorstellung ging es daher zunächst um eine Wiedervereinigung der über verschiedene Staaten verstreuten Teile des deutschen Volkes in einem einheitlichen «Deutschen Reich». Infolge der naturgegebenen Konkurrenzen der einzelnen Völker um Macht, Raum und Ressourcen werde sich das deutsche Volk bald als das stärkste in Europa herausstellen und dann seine Hegemonie auf dem Kontinent errichten – vorausgesetzt, es gelang zuvor, die Einflüsse des dem deutschen Volk fremden Denkens in den Kategorien von sozialen Klassen und universalistischen Menschenrechten zu überwinden. So verwandelte sich die zunächst defensive Kategorie des Volkes, die sich gegen das Denken in supraethnischen Kategorien wie Staat, Gesellschaft und Menschheit richtete, in eine aggressive Theorie, die einerseits den Zusammenschluss von Mutterland und ethnischen Minderheiten in den Nachbarstaaten verfocht und zum anderen die Geschichte als Geschichte der Völkerkämpfe interpretierte.

Ein immanentes Problem bei dieser Denkfigur bestand in dem latenten Gegensatz zwischen «Volk» und «Reich». Denn im völkischen Denken wurde die Inkorporation fremder Volksteile in das eigene Herrschaftsgebiet als schädlich angesehen und musste unbedingt verhindert werden. Ein über das deutsche Volkstum hinausgreifendes «Deutsches Reich» in Europa war demnach abzulehnen und wurde von der jungen Rechten als imperialistisch kritisiert. Daraus entwickelte sich eine Art von Stufentheorie, die drei Schritte vorsah: erstens die «Wiedervereinigung» aller Deutschen in einem Deutschen Reich, was bereits die Veränderung der 1919 gezogenen Grenzen implizierte – in Bezug auf Österreich, an der polnischen Westgrenze, im Westen der Tschechoslowakei, im westrheinischen Grenzgebiet, in Süd-Dänemark sowie womöglich in Tirol. Zweitens die Schaffung von Satellitenstaaten um Deutschland herum und drittens, vermutlich nur auf kriegerischem Wege zu erreichen, die Niederringung der europäischen Rivalen. So weit fanden sich derartige Vorstellungen bei zahlreichen Autoren der Neuen und auch bei einem Teil der Alten Rechten. Und so weit folgte die NS-Außenpolitik dem auch durch die Interventionen im Rheinland, in Österreich und im sogenannten Sudetenland, also den überwiegend von der deutsch sprechenden Minderheit bewohnten westlichen Teil der Tschechoslowakei.

Politische Verwandtschaft zu Bewegungen in anderen Ländern war diesem Denken fremd. Auch wenn autoritäre und faschistische Regime die deutsche Hegemonialstellung auf dem Kontinent sicherlich erleichtern würden – am Primat der Interessen der einzelnen Völker und Staaten änderte dies nichts. Und die konnten zueinander durchaus in antagonistischem Interessenwiderspruch stehen. Südtirol war das Beispiel dafür, dass Hitler aus außenpolitischen Interessen, um das Bündnis mit Italien nicht zu gefährden, gegen völkische Interessen verstieß.

IV.

Mit der Inkorporation der sogenannten «Resttschechei» als «Protektorat Böhmen und Mähren» entstand jedoch eine neue Situation. Denn hier hatte Deutschland einen europäischen Nachbarstaat gewaltsam unterworfen, aufgelöst und seinen Machtbereich über die Siedlungsgebiete von Deutschen oder sich als solche empfindenden Menschen hinaus ausgedehnt. Der völkerrechtlich unklare Begriff des Protektorats, im 19. Jahrhundert eine Vorstufe der Kolonie, später als ein Gebilde zwischen Annexion und Teilsouveränität definiert, assoziierte die Wiederkehr des multiethnischen Reiches – und stieß deswegen auf der extremen Rechten, nicht zuletzt in der SS, auf Kritik. Aber auch für die nationalkonservativen Machtpolitiker bedeutete der Übergriff auf die sogenannte «Resttschechei» ein Problem, denn weder die Forderung «Deutschland den Deutschen» noch die Revision von «Versailles» standen als Rechtfertigung dieses Gewaltaktes zu Gebote. Vielmehr wurde das deutsche Machtstreben nach einer beherrschenden Stellung in Mitteleuropa unverhüllt und aggressiv dargeboten. Ein Konzept, eine legitimierende Theorie, die den Expansionsdrang des Reiches in eine langfristig angelegte politische oder völkerrechtliche Perspektive einband und ihn damit zwar nicht weniger gewalttätig, aber womöglich berechenbar machte, war hingegen nicht zu entdecken.

In diese Lücke stieß, wenige Tage nach dem deutschen Einmarsch in Prag, der Staatsrechtler Carl Schmitt mit einem Vortrag über «Völkerrechtliche Großraumordnung mit Interventions-verbot für raumfremde Mächte».[7] Schmitts Analyse legitimierte den deutschen Einmarsch in Prag mit dem Entwurf einer europäischen Großraumordnung in Analogie zur amerikanischen Monroe-Doktrin von 1823. Die nämlich gebe einen Hinweis auf eine den wirklichen Machtverhältnissen entsprechende völkerrechtliche Konstruktion. Demnach sei die Welt aufgeteilt in die Interessens- und Ausstrahlungssphären von wenigen Großmächten. Das völkerrechtlich zu begründende Verbot der Intervention fremder Mächte in dieses Gebiet, in diesem Fall in den von den USA dominierten amerikanischen Kontinent, leitete sich hierbei nicht von dem universalistischen Prinzip der Gleichberechtigung der Völker oder Staaten ab, sondern von der Machtstellung der jeweiligen Großmacht in diesem Gebiet. Das herkömmliche universalistische Völkerrecht müsse also durch ein die wirklichen Machtverhältnisse berücksichtigendes, allgemeingültiges Prinzip abgelöst werden, eben die «völkerrechtliche Großraumordnung mit Interventionsverbot für raumfremde Mächte».

Die aktuelle Bedeutung einer solchen Konstruktion war unübersehbar: Wenn die gegenseitige Respektierung der Einflussbereiche der Großmächte den Status eines «völkerrechtlich» verbindlichen Grundsatzes erhielte, so wäre den einzelnen Großmächten in ihren «Großräumen» freie Hand zu geben, ohne dass sich andere Großmächte hier einzumischen hätten. Damit aber wären die Westmächte gezwungen, die deutsche Expansionspolitik in Mittel- und Osteuropa, perspektivisch im gesamten europäischen Kontinent, hinzunehmen – so wie dies die US-Amerikaner in Bezug auf Lateinamerika von den anderen Großmächten verlangten. Dem Anspruch des nationalsozialistischen Deutschen Reiches auf territoriale Ausdehnung und politische Vorherrschaft in Europa war so eine quasivölkerrechtliche Legitimation, dem deutschen Machtstreben gar der Rang eines Elements der Weltordnung verliehen worden. Hierin lag die über die Prager Ereignisse hinausreichende Bedeutung des Schmittschen Entwurfs.

V.

Schmitt verblieb aber in den Kategorien von Staaten und ihrem Machtanspruch. Der die theoretischen Debatten der Nationalsozialisten kennzeichnende Bezug auf das «Volk» als Subjekt der Geschichte fehlte hier. Grundlage einer neuen, quasi völkerrechtlichen Ordnung, so Schmitt, könne nur der Staat, nicht das «Volk» sein. Das traf bei den jüngeren NS-Intellektuellen auf Widerspruch. Einige von ihnen, wie Daitz, Höhn, Klopfer, Best, Stuckart und Six, die vor allem in SS und Reichssicherheitshauptamt führende Positionen bekleideten, hatten sich um die Zeitschrift «Reich – Volksordnung – Lebensraum» (RVL) geschart, in der sie Konzepte diskutierten, auf welche Weise eine deutsche Hegemonie in Europa ausgestaltet werden und wie sie begründet werden könnte.[8] Schmitts Beharren auf einer staatsrechtlichen Theorie des Großraums stieß bei ihnen auf scharfe Kritik. Unabhängig von der inneren Ausgestaltung des Großraums sei für Schmitt nach außen allein das Prinzip der Nichtintervention ausschlaggebend. Zwar sei die Durchsetzung des Prinzips der Nichtintervention für das Deutsche Reich im Frühjahr 1939 wichtig gewesen, um überhaupt mit dem Aufbau eines von ihm beherrschten Großraums beginnen zu können. Für die Schaffung einer neuen völkerrechtlichen Ordnung sei dies jedoch nicht ausreichend. Der Großraumgedanke könne vielmehr nicht von allgemeinen Begriffen aus als eine abstrakte Ordnung entwickelt werden, sondern setze die Geltung konkreter – und das bedeute in diesem Falle: völkischer – Lebensprinzipien voraus.

Während sich die RVL-Gruppe auf das «Volk» als lebendigen Organismus und als legitimatorischen Ausgangspunkt «völkischer» Politik bezog, ermangelte das Denken Schmitts einer solchen «natürlichen» Kategorie. Zentralpunkt seines politischen Denkens war vielmehr die Macht. Er pries das «Dritte Reich» nicht wegen seiner weltanschaulichen Zentralkategorien wie Blut, Rasse, Volk, sondern weil es die Macht besaß und erfolgreich zu erweitern bestrebt war. Dies aber denunzierte implizit den Anspruch des NS-Regimes, dass seine Herrschaft Ausdruck eines «natürlichen», mithin ewig gültigen Prinzips sei.

Allerdings bezog sich Schmitt, indem er den Kontinental-
imperialismus des Reiches «völkerrechtlich» abzusichern und
zu legitimieren versuchte, sehr aktuell auf die Situation Deutschlands zu Beginn des Zweiten Weltkrieges. Seinen Ausführungen
lag die Vorstellung zugrunde, dass die Deutschen sich in Mittel-
und Osteuropa nun ihren eigenen Commonwealth zusammen-
raubten und ihre eigenen Bananenrepubliken um sich scharten,
während die Westmächte den deutschen Einmarsch in Prag zu
dulden hätten, weil sich die Deutschen in Indien, Honduras
oder Algerien ja auch nicht einmischten.

Solche Vorstellungen wurden von Hitler durchaus bestätigt,
etwa wenn er am 9. Juni 1940 ausführte: «Amerika den Ame-
rikanern, Europa den Europäern... Diese gegenseitige grund-
legende Monroe-Doktrin würde, wenn sie von beiden Seiten
beachtet würde, nicht nur einen immer dauernden Frieden zwischen der Alten und der neuen Welt sicherstellen, sondern auch
die idealste Grundlage für den Frieden der ganzen Welt abge-
ben können.»[9] Das war jedoch reine Propaganda, in Wirklichkeit lag Hitler nichts ferner, als sich auf irgendwelche groß-
raumpolitische Normen festzulegen; was sich schon aus der
Tatsache belegen lässt, dass Hitler bereits im Juli 1940 den Krieg
gegen die Sowjetunion vorbereiten ließ. Mit dem Sieg über
Frankreich im Frühsommer 1940 setzte nun allerdings bei Behörden und Parteigliederungen ein regelrechter «Europa-
Rausch» ein. Beinahe jeder schien nun Pläne zur Beherrschung
des Kontinents, ja der Welt, entwickeln zu wollen, die sich gegenseitig an Radikalität und Größenwahnsinn zu übertrumpfen
versuchten.

VI.

Die Maßgabe aller dieser Pläne war der Wille zur deutschen Vorherrschaft, der keinen Platz ließ für föderale Europa-Modelle
oder einen faschistischen Universalismus. «Wenn dieser Krieg
zuende ist», so Goebbels im Oktober 1940, «dann wollen wir
die Herren über Europa sein, und dann wird ein großes Kolonialreich unser Eigen sein.»[10] Im Westen etwa, so der gesandte

Gustaf Braun von Stumm unmittelbar nach dem Sieg über Frankreich, «müßten Belgien, Holland und Frankreich große Teile an das Reich abtreten. Hierbei müsse angestrebt werden, die Grenzen von 1619 wiederherzustellen.» Andere schlugen vor, dass in dem «Europa nach dem Sieg» nur die Hälfte der übrigen Europäer in eigenstaatlichen Verbänden leben sollte. Die anderen sollten in kolonialähnlich verwalteten Gebieten direkt unter deutscher Aufsicht verbleiben.[11]

Und noch im Herbst 1942 machte Goebbels sehr deutlich, worum es in diesem Krieg ging. er polemisierte «sehr scharf gegen das Gerede vom ‹Neuen Europa›. Von dem Deutschen allgemein würde man es noch glauben, dass der nur für eine Idee kämpfe, aber von den Nazis wisse man, dass sie einen Kampf um Öl und Getreide und eine materielle Besserstellung unseres Volkes führen würden und nicht einem Phantom nachrennten.»[12] Die «Gesellschaft für europäische Wirtschaftsplanung und Großraumwirtschaft», das «Zentralforschungsinstitut für nationale Wirtschaftsordnung und Großraumwirtschaft», die «Reichsarbeitsgemeinschaft für Raumforschung und Raumordnung», die «Deutsche Weltwirtschaftliche Gesellschaft», das «Arbeitswissenschaftliche Institut der Deutschen Arbeitsfront», das «Deutsche Auslandswissenschaftliche Institut» in Berlin, das «Institut für Weltwirtschaft» in Berlin, das «Institut für Großraumwirtschaft» in Heidelberg, das «Institut für Staatsforschung» in Berlin – sie alle entwickelten Pläne, Konzepte und Begründungen für ein deutsch beherrschtes Europa, in dem nur eines zählte: deutsche Interessen.

Demgegenüber blieb das Auswärtige Amt eher zurückhaltend. Hier blieb zunächst die Vorkriegsorientierung an einem deutsch dominierten Großwirtschaftsraum vorherrschend. Am 1. Juni 1940 sah man im Auswärtigen Amt nunmehr «für die Zukunft die Möglichkeit eines Großwirtschaftsraumes unter deutscher Führung … Diesem Raum gehören an: 1. Großdeutschland (mit Böhmen und Mähren und Polen) als wirtschaftliches und politisches Zentrum. 2. Ihm sind einzugliedern Holland, Belgien, Luxemburg, Dänemark, Norwegen in einer wirtschaftspolitischen Form, die noch zu entscheiden ist.»[13] Was aber bedeutete «einzugliedern»? Und wie ließen sich völkische Ideen und Reichskonzeptionen damit vereinbaren?

Eine klare Perspektive ergab sich daraus nicht, ebenso wenig aus dem Dreimächtepakt vom 27. September 1940, der mit einigem Pomp ins Leben gerufen und als Schritt zur notwendigen Neuordnung Europas gefeiert wurde. Ein Jahr später wurde die Erneuerung des Bündnisses als «Antikominternpakt» gar zu einem europäischen Kongress ausgeweitet. Hier spielte die Beschwörung des Neuen Europa eine noch ausgeprägtere Rolle – aber ohne jeden Anflug einer über das Propagandistische hinausreichenden Konzeption. Auf die aber warteten vor allem die Kollaborationsparteien und -regimes in den besetzten Ländern dringlich. Im Auswärtigen Amt gab es durchaus Kräfte, die gern eine verbindlichere Kooperation, die mit einer Perspektive für die Nachkriegszeit verbunden war, angestrebt hätten. Solche Pläne allerdings stießen bei Hitler auf scharfe Ablehnung. «Als Grund, weshalb wir uns auch auf Gespräche über Neuordnung Europas nicht einzulassen hätten», notierte von Weizsäcker in seinem Tagebuch, «wird vom Führer intern gesagt, unsere Nachbarn seien ja doch alle unsere Feinde. Wir müßten sie ausquetschen, könnten und dürften ihnen aber nichts versprechen.»[14]

VII.

Bei den europäischen faschistischen Gruppierungen traf diese Haltung auf Unverständnis und Enttäuschung. Nach dem Beginn des Krieges und seinem für Deutschland zunächst so außerordentlich erfolgreichem Verlauf hatten sie erwartet, aufgrund ihrer ideologischen Nähe zum Nationalsozialismus in ihren Ländern die Regierung zu stellen oder von der deutschen Besatzungsmacht bevorzugt behandelt zu werden. Das galt für die «Nationaal-Socialistische Beweging» (NSB) in den Niederlanden ebenso wie für die Rexisten in Belgien, für die Ustascha in Kroatien oder die Pfeilkreuzler in Ungarn. Den Sieg der Deutschen im Westen, Norden und Südosten hatten sie als Sieg der europäischen faschistischen Bewegung über Liberalismus und Demokratie gefeiert, und mit dem deutschen Angriff auf die Sowjetunion im Sommer 1941 wuchs ihr Enthusiasmus noch an. Denn mochten sie sich in Bezug auf Fragen wie Rasse, Massenherrschaft, Volk, Kultur oder das Verhältnis zu den Konservativen unterscheiden, rabiate Antibolschewisten waren sie alle. Das schlug sich nicht zuletzt in den rasant anwachsenden Zahlen der Freiwilligenmeldung für Wehrmacht und Waffen-SS nieder, nicht zuletzt, wie Robert Grunert formuliert hat, «um sich anhand der so erworbenen militärischen ‹Verdienste› eine günstige Ausgangslage für die Nachkriegsordnung zu erarbeiten, die das ‹Neue Europa› des Nationalsozialismus zu versprechen schien».[15]

Und tatsächlich schien sich mit dem Überfall auf die Sowjetunion auch für Hitler die Begründungsfigur einer Einigung Europas unter deutscher Vorherrschaft zu verändern. Mit dem Krieg gegen die Sowjetunion, so Hitler am Morgen des Angriffs in einer Rundfunkrede, habe Deutschland Europa im letzten Augenblick vor dem bevorstehenden Ansturm der Roten Armee bewahrt. Von hier aus entwickelte er auch eine Parole vom gemeinsamen europäischen Schicksal. «Wenn diese größte Front der Weltgeschichte nunmehr antritt, dann geschieht es nicht nur, um die Voraussetzung zu schaffen für den engültigen Abschluß des großen Krieges überhaupt oder um die im Augenblick betroffenen Länder zu schützen, sondern um die ganze europäische Zivilisation und Kultur zu retten.»[16]

Auf solche Aussagen bezogen sich die westeuropäischen Faschisten, wenn sie von einem europäischen Staatenbund oder einem faschistischen Föderalismus träumten. So entwarf etwa Anton Mussert, der Führer der niederländischen NSB, das Konzept eines Bundes der germanischen Länder mit faschistischen Regierungen. Hier sollte das «völkische Prinzip» den Völkern (West-) Europas nationalstaatliche Autonomie und territoriale Integrität garantieren. Dazu in einem eigentümlichen Widerspruch stand jedoch, dass Mussert zugleich darauf abzielte, die Großniederlande zu gründen, unter Einschluss der flämischen Teile Belgiens und weiterer Gebiete. Ähnlich waren die Vorstellungen der belgischen Rexisten. Für die baldige Nachkriegszeit strebten sie einen belgischen Nationalstaat an, natürlich unter deutscher Hegemonie, aber selbstständig und unter faschistischer Führung. Zugleich aber sollte Belgien erweitert werden und ein «Neues Burgund» entstehen, wobei Luxemburg und niederländische und französische Territorien einzubeziehen waren. Auch bei den ungarischen Pfeilkreuzlern oder der Eisernen Garde in Rumänien gab es Ansätze zu einer Vision von einem selbstständigen Nationalstaat unter ihrer Führung und mehr oder weniger fest oder locker eingebunden in eine Art faschistischer Föderation unter deutscher Aufsicht. Und auch hier entwarf man großräumige Erweiterungspläne auf Kosten der Nachbarländer, ob diese nun von einer faschistischen Bewegung, einer konservativen Regierung oder einer Militärdiktatur beherrscht wurden. Die Bestrebungen der französischen Rechtsradikalen hingegen richteten sich vor allem darauf, die Großmachtstellung Frankreichs zu bewahren und die Herrschaft der Rechten zu verfestigen. Hier spekulierte man darauf, hinter Deutschland die Nummer zwei im Konzert der faschistischen europäischen Mächte zu werden.

Hitler selbst zeigte sich trotz aller propagandistischer Verlautbarungen an solchen Konzepten vollständig desinteressiert. Am 16. Juli erregte er sich über den Bericht einer französischen Zeitung, wonach «der Krieg gegen die Sowjetunion ein Krieg Europas (sei); er sei also auch für ganz Europa zu führen». Offenbar denke man in Frankreich bereits daran, «dass die Nutznießer dieses Krieges nicht allein die Deutschen sein dürften, sondern dass alle europäischen Staaten daraus ihren Nutzen ziehen müßten». Aber daraus werde nichts. «Wesentlich sei es nun, dass wir unsere Zielsetzung nicht vor der ganzen Welt bekanntgäben; dies sei auch nicht notwendig, sondern die Hauptsache sei, dass wir selbst wüßten, was wir wollten.»[17] «Es sei nun die Zeit, um Europa für immer zu konsolidieren», erklärte er immer wieder. «Es dürfe nur eine europäische Macht geben und das sei Deutschland.»[18]

So war auf deutscher Seite auch von Beginn an ausgemacht, dass Belgien und die Niederlande nach Ende des Krieges ihre Selbstständigkeit verlieren und in einer noch nicht genau geklärten Weise an das Deutsche Reich angegliedert werden würden.

Die deutsche Besatzungspolitik aber war von germanischen Rücksichtnahmen ganz frei, sodass selbst Anhänger des NSB in Zwiespalt zwischen Zustimmung zum Nationalsozialismus und Ablehnung der deutschen Fremdherrschaft geraten konnten. Denn ihr politisch-ideologisches Problem bestand ja darin, dass sie zwar einerseits extrem nationalistische Positionen bezogen, gleichzeitig aber mit den Besatzern kollaborierten und daher als nationale Verräter stigmatisiert wurden.

Tatsächlich übernahmen in den von Deutschland besetzten Ländern nicht die faschistischen Gruppen oder Parteien die Regierungen. Lediglich in Norwegen wurde mit Quisling der Führer der dortigen faschistischen Bewegung von den Deutschen an die Macht gehievt, und dieses Experiment erwies sich für die Deutschen als wenig erfolgreich. Quisling hatte nur geringe Unterstützung in der Bevölkerung, erwies sich als politischer Dilettant, und seine Herrschaft schien den norwegischen Widerstand noch weiter anzufachen. In den meisten anderen besetzten Ländern kooperierten die deutschen Besatzer mit den traditionellen konservativen Verwaltungseliten, die das deutsche Vorgehen nicht notwendig teilten, aber bereit waren, deren Anordnungen umzusetzen, wenn sie in rechtsförmiger Gestalt daherkamen. Die Deutschen ihrerseits dachten gar nicht daran, Perspektiven einer künftigen föderalen oder auf andere Art koordinierten Struktur Europas zur Maßgabe ihrer Besatzungspolitik zu machen, schon weil sie sich dadurch in ihrem Vorgehen festlegen würden.

Die deutsche Besatzungspolitik hatte sich nach dem Willen Hitlers auch im Westen auf zwei Zielsetzungen zu konzentrieren: die militärische Ruhigstellung und die wirtschaftliche Ausbeutung. Demgegenüber hatten weiterreichende politische Zielsetzungen, wie sie von den deutschen Besatzungsverwaltungen nicht selten mit einigem Ehrgeiz vertreten wurden, nur wenig Realitätsbezug. «Kollaboration macht nur Herr Abetz», bemerkte Göring im August 1942 über den als frankophil geltenden deutschen Botschafter in Frankreich. «Ich mache keine Kollaboration. Kollaboration der Herren Franzosen sehe ich nur in folgendem: wenn sie abliefern, bis sie selber nicht mehr können;

wenn sie es freiwillig tun, dann werde ich sagen, ich kollaboriere. Wenn sie alles selbst auffressen, dann kollaborieren sie nicht.»[19]

Besonders enttäuscht über das deutsche Gebaren waren die Italiener. «Die deutsche Führung lässt uns über ihre Absichten zwar im Unklaren», notierte Luca Pietromarchi, Minister Mussolinis, im März 1942 in seinen Tagebüchern. «Es ist augenscheinlich, dass Berlin eine wirtschaftliche, politische sowie kulturelle und soziale Einheit für den europäischen Kontinent anstrebt. Ob sich unter dieser Einheit regionale Autonomie bewahren lässt oder ob die Interessen der Einzelstaaten ganz denen Deutschlands untergeordnet werden, d. h. Europa germanisiert wird, weiß bislang noch niemand mit Gewissheit zu sagen.»[20] In aller Offenheit prallten die gegensätzlichen Standpunkte dann aufeinander, als Giovanni Selvi, Präfekt von Arezzo und Piacenza, in der Parteizeitschrift Gerarchia im April 1942 einen Aufsatz über die Grundlagen der Neuen Ordnung veröffentlichte, für die eine «ideologische Geschlossenheit» die unabdingbare Voraussetzung sei. Die aber liege in der faschistischen Doktrin bereits vor. In ihr seien «alle fundamentalen Prinzipien vereinigt, die sich auf verschiedene europäische Länder mit dem gleichen oder einem ähnlichen Grad an Zivilisation anwenden lassen». Eine Neue Ordnung werde erfahrungsgemäß mit den Bajonetten durchgesetzt, aber auf lange Sicht gründe sie «mehr auf Ideen als auf der Macht der Waffen».[21]

Dieser Aufsatz wurde in der schon erwähnten Zeitschrift «Reich, Volksordnung, Lebensraum» in deutscher Sprache teilabgedruckt; hinter den Aufsatz von Selvi stellte man den Gegenentwurf unter dem Titel «Herrenschicht oder Führungsvolk?».[22] Er richtete sich einerseits gegen die korrupte und unfähige deutsche Verwaltung insbesondere in Osteuropa und bekräftigte zugleich die bereits zuvor an anderer Stelle entwickelte Theorie der Großraum-Ordnung in Europa, die von dem stärksten, dem «Führungsvolk», «bewußt nach eigener Auffassung einheitlich gestaltet» wird – weder eine staatsrechtliche noch eine völkerrechtliche Erscheinung, sondern eine vom Willen des Führungsvolkes abhängige Ordnung, in der Rechtsetzung, Rechtsprechung und Verwaltung einheitlich und ungeteilt wahrgenommen wurden. Die Großraum-Ordnung werde gestaltet von dem Volk, das stark genug sei, seinen Volksraum zu einem Großraum zu erweitern. Dabei zwinge das Führungsvolk den schwächeren Völkern seinen Willen auf. Was ein Volk sei, werde jedoch nach rassischen Kriterien entschieden, nicht nach den politischen Vorlieben des Augenblicks.

Aus diesen grundsätzlichen Erwägungen entwickelte der anonyme Autor, tatsächlich Werner Best, ein System von Verwaltungstypen im Großraum: Im Westen eine «Bündnis-Verwaltung», die den einzelnen Staaten bzw. Völkern Regierung und die vollständige Verwaltung beließ, nur die Überwachung und Lenkung der Regierung würde von einem Vertreter des «Führungsvolks» übernommen, wobei dieser sich tunlichst von häufigen und fühlbaren Eingriffen in die Regierungstätigkeit des abhängigen Volkes zurückzuhalten habe. Auf der anderen Seite im Osten eine reine «Kolonial-Verwaltung», bei der aufgrund der niedrigen Kulturstufe der dort lebenden Völker die gesamte, allerdings auf das Notwendigste reduzierte Verwaltung vom Führungsvolk selbst zu übernehmen sei, wobei «Ordnung und Gesundheit» sowie die Heranziehung des «Eingeborenen» zur Arbeit seiner «Art» im Mittelpunkt stünden. Zwischen beiden könne es zwei Zwischenstufen geben, je nach rassischer Bedingung und politischer Haltung der Großraumvölker.

Wenn aber im Großraum Völker lebten, die vom Führungsvolk «unerwünscht» seien und nicht in die Großraum-Ordnung eingegliedert werden sollten, so sei es eine lebensgesetzlich zwingende Notwendigkeit, dass diese Völker vom Führungsvolk entweder «total vernichtet (oder aus seinem Bereiche total verdrängt)» werden müssten: «Vernichtung und Verdrängung fremden Volkstums widerspricht nach geschichtlichen Erfahrungen den Lebensgesetzen nicht, wenn sie vollständig geschieht.»[23]

Die hier entwickelten Vorstellungen waren so lebensfremd nicht, wie sie sich anhörten. Sie waren eher von dem Versuch geprägt, dem von militärischen, politischen und wirtschaftlichen Gesichtspunkten geprägten deutschen Machtstreben eine systematische Perspektive zu verleihen. Von einem föderalen, faschistischen Europa fand sich hier keine Spur. Zugleich wurde hier versucht, der vollständigen Auslöschung eines ganzen Volkes, wie er ja zu diesem Zeitpunkt gegenüber den Juden in vollem Gang war, eine völkerrechtliche Legitimität zu verleihen.

Kurzfristig waren es nahezu ausschließlich militärische und wirtschaftliche Gesichtspunkte, nach denen die Stellung der europäischen Länder im deutsch dominierten Großraum beurteilt wurde. Mittel- und langfristig war es die rassische Einordnung der einzelnen Länder bzw. Völker, die mit der kulturellen Wertschätzung der Bevölkerung einherging. Darauf stützte sich das schroffe West-Ost-Gefälle; nicht auf die Stärke der politischen Rechtsbewegung in den jeweiligen Ländern.

VIII.

Von diesen Konzepten in wichtigen Punkten unterschieden war die vor allem von Heinrich Himmler früh und immer wieder beschworene Vision eines «Großgermanischen Reiches». Hier war der Kernbegriff weniger das Volk als vielmehr die Rasse. Nun war dieser Begriff zwar in der politischen Außenwirkung der Nationalsozialisten und natürlich vor allem in der Politik gegen die Juden von großer Bedeutung, es ist aber nicht zu übersehen, dass er sowohl bei Hitler wie in den politischen und theoretischen Verlautbarungen der Protagonisten der Diktatur eine sich wandelnde und nur ungenau zu bestimmende Rolle spielte. War ursprünglich von «arischer Rasse» die Rede, manchmal sogar von «deutscher Rasse», so wirkten die vielfältigen Versuche der Verwissenschaftlichung des Begriffs doch ernüchternd. Immerhin erhielt sich vor allem in der SS und hier vor allem im Umfeld Himmlers sowie im «Rasse- und Siedlungshauptamt» bis zum Ende des Krieges die Vorstellung von einem «germanischen Rassekern nordisch bestimmter Männer», der außer Deutschen und Österreichern auch Skandinavier, Niederländer und Flamen sowie versprengte Rassebestandteile in Südwest- und Osteuropa umfasste. «Ich persönlich bin der Auffassung, dass, theoretisch gesehen, alle Niederländer Volksdeutsche sind», schrieb der Höhere SS und Polizeiführer Rauter im September 1942 an

Himmler.[24] Früh schon waren daher Vorstellungen von einem zu schaffenden einheitlichen Reich der Germanen in Europa aufgekommen und blieben in der SS eine weiterhin verfochtene Perspektive für ein Europa nach dem Kriege. Noch 1944 beschwor Heinrich Himmler seine Perspektive eines germanischen Weltreichs: «Es ist unverrückbar, daß wir die Volkstumsgrenze um 500 km herausschieben, daß wir hier siedeln. Es ist unverrückbar, daß wir ein germanisches Reich gründen werden. Es ist unverrückbar, daß zu den 90 Millionen die 30 Millionen übrigen Germanen dazukommen werden, so daß wir unsere Blutbasis auf 120 Millionen Germanen vermehren.»[25]

Himmlers Begriff von Rasse war übervölkisch, heute würde man vielleicht sagen: transnational. Während die völkisch-radikalen Großraumdenker im RSHA eine Inkorporation fremder Volksteile in das Deutsche Reich grundsätzlich ablehnten und höchstens die Identifizierung und Herausnahme deutschen Blutes in fremden Staaten akzeptierte, wie etwa in Form der Deutschen Volksliste in Polen, ging Himmlers Gedanke vom Germanischen Großreich von der Homogenität der nordischen Rasse aus, sodass Norweger, Dänen oder Niederländer nach dem Kriege durch ihre kolonisatorische Tätigkeit im Osten mit dem verwandten deutschen Blut verschmelzen und sich als Herrschaftsrasse auf dem Kontinent verbreiten würden. Noch «zu Lebzeiten des Führers», hoffte Gottlob Berger, der Leiter des SS-Hauptamts, werden wir «die enge Zusammenfassung aller germanischen Länder zustande bringen.»[26]

Von besonderer Bedeutung war dabei die Aufstellung «germanischer» Einheiten in der Waffen-SS, die zuletzt mehr als 200 000 Mann aus 12 Ländern ausmachten. Bernd Wegner hat darauf hingewiesen, dass es neben allem politischen Druck doch auch eine durchaus verbreitete Zustimmung zu dem Kampf der Deutschen gegen die Sowjetunion gegeben hat – und auch eine gewisse Aufnahmebereitschaft für die germanischen Rasseideen der SS vor allem in Teilen der Jugend der nord- und westeuropäischen Länder.[27] Zu dem mythisierten Eliteorden der SS zu gehören, dem Militärverband mit der höchsten Kampfkraft während des Zweiten Weltkrieges, war jedenfalls auch dann noch für viele attraktiv, als die deutschen Einheiten nicht mehr von Sieg zu Sieg eilten. Zweifellos war ein solcher soldatischer Männerorden keine ausreichende Grundlage für eine föderale oder universalistische Politik des NS-Regimes in Europa. Aber die Waffen-SS belegt doch, dass die Idee eines germanischen Großreichs auch über Deutschland hinaus eine gewisse Attraktivität gehabt zu haben scheint, jedenfalls solange sie in einer so romantisch-blutrünstigen Form auftrat wie der Waffen-SS.

Auch Hitler sprach häufiger von der Zukunft eines Großgermanischen Reiches, vor allem im Jahre 1940, ohne dass dies aber praktische Bedeutung erlangen sollte. «Wir stehen vor der großen Zukunftsaufgabe, planmäßig Rassenpolitik zu treiben», erläuterte er in den «Tischgesprächen». «Die Norweger, Schweden, Dänen, Niederländer müssen wir alle in die Ostgebiete hineinleiten; das werden Glieder des Reiches.»[28] Konkretere Aussagen wird man dazu bei Hitler jedoch nicht finden, der sich im Übrigen keine Illusionen darüber machte, dass seine Herrschaft in Europa auf nichts anderem beruhte als auf der Überlegenheit der Wehrmacht. Die nordischen Staaten seien nichts Anderes als «Feindesland», bemerkte er im Oktober 1942. Sollte etwa in Dänemark eine «Marionetten-Regierung» unter Führung der dänischen Nationalsozialisten eingesetzt werden, so müsse deren Chef jederzeit gewärtig sein, «bei einem etwaigen Abmarsch der deutschen Truppen am nächsten Laternenpfahl aufgehängt» zu werden.[29]

So gelangte die Idee vom Großgermanischen Reich über das Stadium der mystischen Parole nicht weit hinaus. Eine Großraumtheorie war damit nicht verbunden, die etwa das Verhältnis von Rasse zu Nationalstaat behandelte. Auch der Gedanke politischer Nähe war ihr fremd; sie schloss Italiener ebenso aus wie Kroaten oder Spanier – wenngleich die multiethnische Struktur der Waffen-SS hier möglicherweise auf eine andere Perspektive verwies, die dann eben doch politische Nähe zum Ansatzpunkt machte.

Insgesamt aber blieb die Orientierung auf den deutschen Sieg und deutsche Herrschaft auf dem Kontinent unter den Nationalsozialisten das vorherrschende Prinzip. Konstruktionen eines faschistisch-föderalen Europa waren demgegenüber eher propagandistische Veranstaltungen, wie bei der Erweiterung des Antikominternpakts 1941 besonders augenfällig wurde.[30] Konzessionen an einzelne Staaten und ihre dem Deutschen Reich besonders freundlich gesonnenen Regierungen waren aufgrund der militärischen und wirtschaftlichen Interessen des Reiches kurzfristig möglich, langfristig aber war politische Nähe kein ausschlaggebender Faktor für die Perspektiven deutscher Herrschaft in Europa.

Gleichwohl wurden in den meisten faschistischen Bewegungen in Europa die Hoffnungen auf eine irgendwie geartete Form des faschistischen Föderalismus weiterhin gepflegt und erhielten nach dem Angriff auf die Sowjetunion erneut Auftrieb. Demgegenüber machte sich Mussolini über das deutsche Vorgehen schon früh keine Illusionen. «Künftig wird Deutschland Europa dominieren», erklärte er seinem Schwiegersohn Graf Ciano am 13. Oktober 1941. «Die besiegten Staaten wird man zu Kolonien degradieren. Auch die verbündeten Staaten werden nur den Status von konföderierten Provinzen haben, von denen Italien allerdings die wichtigste sein wird. Wir müssen diese Entwicklung akzeptieren, da wir mit jedem Versuch, daran etwas zu ändern, vom Status einer konföderierten Provinz auf den schlechteren einer Kolonie absinken würden.»[31]

IX.

Mit der deutschen Niederlage in Stalingrad und dem damit einsetzenden Rückzug der Deutschen jedoch begann sich dies zu verändern. Hitler machte das in seiner Ansprache zum 30. Januar 1943 deutlich: Deutschland verteidige mit dem Kampf gegen den Bolschewismus ganz Europa, denn die Rote Armee sei kurz davor gewesen, «Europa zu überfallen, seine Kultur zu vernichten, vor allem aber seine Menschen auszurotten, um Sklavenarbeiter für die sibirischen Tundren zu gewinnen». Die Abwehr des Bolschewismus sei nur möglich gewesen, weil sich «seit dem Jahre 1941 der größte Teil Europas um Deutschland im Kampf gegen die Gefahren des Ostens schart».[32]

Angesichts der Bedrohung aus dem Osten, so das Propagandaminsterium am Tag darauf, sei es vorrangig, «dass die europäischen Völker jetzt alles Trennende zu vergessen haben, dass sie ihre Familienstreitigkeiten bis nach dem Kriege aufschieben müssen und dass es jetzt darum geht, den Brand vom gemeinsamen Hause fernzuhalten».[33] Familienstreitigkeiten – angesichts der deutschen Kriegspolitik der vorangangenen Jahre war das ein an Absurdität nicht zu übertreffender Begriff.

Diese Betonung Europas unterschied sich von der Phase der Europapläne von 1940/41 aber ganz erheblich, und zwar vor allem durch ihren strikt defensiven Charakter. Deutschland als Kämpfer für Europa, «Europa gegen den Bolschewismus», wurde von nun an zur Zentralachse der deutschen Propaganda – obwohl Hitler aus seiner Abneigung gegen jede Form solcher Zusammenschlüsse nach wie vor keinen Hehl machte und die Gewalt weiterhin als einzig wirksame Bindung der europäischen Nachbarstaaten an das siegreiche Deutschland ansah. Gleichwohl stand dieses Thema nun auf der Tagesordnung, und eine Unzahl von Instituten, Ämtern und Behörden beschäftigten sich erneut mit der «Europa»-Frage und verfassten darüber Denkschriften und Bücher.

Im März 1943 legte Außenminister Ribbentrop eine Aufzeichnung über einen Europäischen Staatenbund und eine entsprechende Gründungsakte vor. Darin hieß es einleitend: «Die Glieder des ‹Europäischen Staatenbundes› sind souveräne Staaten und garantieren sich gegenseitig ihre Freiheit und politische Unabhängigkeit. Die Gestaltung ihrer innerstaatlichen Verhältnisse bleibt ihrer souveränen Entschließung überlassen.»[34]

Nun plötzlich war «Europa» zu einem positiv besetzten Begriff geworden; eine Föderation, ein Staatenbund souveräner Staaten die Zielsetzung – welch eine Entwicklung innerhalb so kurzer Zeit. Aber dass der Opportunismus hier mit Händen zu greifen war, musste nicht bedeuten, dass diese Perspektive in dem seiner Niederlage entgegentaumelnden Deutschen Reich nicht wirksam gewesen wäre – im Gegenteil. Je katastrophaler die militärische Entwicklung, desto inbrünstiger, so scheint es, klammerten sich die Beamten im Auswärtigen Amt ebenso wie die Autoren der SS-Leithefte, die Intellektuellen im Umfeld des RSHA und sogar Propagandisten des Großgermanischen Reiches an die Leitidee Europa.

Zu welchen Höhenflügen sich diese Orientierung aufschwang, mag ein Zitat aus den Leitsätzen des Europa-Ausschusses des Auswärtigen Amtes vom September 1943 zeigen: «Deutschland strebt die Einigung Europas auf föderativer Grundlage an: freiwilliger, aus der Einsicht der Notwendigkeit geborener Zusammenschluss aller europäischen Völker ... Die Gliedstaaten des europäischen Bundes behalten ihre Selbständigkeit und Freiheit, Einmischung in die inneren Verhältnisse der Staaten ist nicht beabsichtigt. Die einzige Forderung an die europäischen Staaten ist, loyale, Europa bejahende Glieder der europäischen Gemeinschaft zu sein... Zur Belebung des gegenseitigen Güteraustausches sollen die zwischen den einzelnen europäischen Staaten bestehenden Zoll- und andere Schranken fortschreitend beseitigt werden... Im gemeinsamen Bemühen werden die zurückgebliebenen Wirtschaften entwickelt und damit die Lebenshaltung der breiten Massen gehoben werden. Insbesondere wird für den Absatz der europäischen Landwirtschaft zu gerechten Preisen gesorgt werden.»

Voraussetzung für eine solche Europapolitik sollte allerdings die «Führung der Achsenmächte» sein – wohlgemerkt: der Achsenmächte, nicht Deutschlands –, verstanden nicht als «Beherrschung», sondern als «gegenseitiges Treue- und Vertrauensverhältnis». Dazu sollten, ganz in Schmittscher Diktion, «raumfremde Einflüsse» abgewehrt werden.[35]

Für die faschistischen Bewegungen in den besetzten Ländern kamen solche Beteuerungen zu spät, weil der Krieg entschieden war. Dennoch stürzten sich viele von ihnen mit einiger Verve auf solche neuen Verlockungen aus Berlin, weil ihnen die Rückorientierung auf die kulturellen Gemeinsamkeiten der (west-)europäischen Länder so etwas wie eine positive Zukunftsperspektive zu versprechen schien, wenn der Krieg für Deutschland, was immer wahrscheinlicher wurde, nicht wie gewünscht ausgehen würde. Deutschland als Vormacht eines geeinten Europa gegen die bolschewistische Bedrohung aus dem Osten – das war nach

Stalingrad die politische Hoffnungsperspektive für die Nach-kriegsordnung, in Deutschland wie bei den faschistischen Kolla-borateuren. Im Lichte der besatzungspolitischen Praxis der Deutschen in den besetzten Ländern Europas enthielten solche Vorstellungen nicht mehr als propagandistische Seifenblasen. Aber noch nach Kriegsende lief das Gerücht um, die West-mächte wollten jetzt zusammen mit der Wehrmacht gegen die Sowjetunion marschieren – und fand bei vielen bereitwilliges Gehör.

X.

Kehren wir am Ende noch einmal zum Ausgangspunkt zurück. Den Konzeptionen eines «faschistischen Internationalismus», hieß es dort, sei der Widerspruch zwischen universellen Kon-zepten und dem Primat der nationalen Interessen eigen. Dies gilt, so versuchte ich zu zeigen, in noch verstärkter Weise für die Jahre nach 1933 und ganz besonders für die Zeit des Zweiten Weltkriegs. Selbst Himmlers Konzept vom Germanischen Groß-reich, so unausgegoren es war, kannte keinen faschistischen Föderalismus, sondern wollte die außerdeutschen Nationalstaa-ten gewissermaßen rassisch entkernen. Das schloss taktische und strategische Bündnisse, Rücksichtnahmen, Propagierung der Nähe, Beteuerungen der Gemeinschaft der jungen Völker Euro-pas und finanzielle sowie militärische Unterstützung befreunde-ter Regierungen und Regimes nicht aus. Aber supranationale Perspektiven der Nationalsozialisten ergaben sich daraus nicht. Und die Vorstellungen eines vereinten, föderal und gleichbe-rechtigt strukturierten Europas unter deutscher Führung, wie sie das Auswärtige Amt im Herbst 1943 propagierte, waren zu deutlich vom drohenden Untergang gekennzeichnet, als dass sie noch ernsthafte politische Bedeutung hätten erreichen können.

Ein Nachtrag: Nach Ende des Krieges kam es hier zu einer ebenso bemerkenswerten wie kuriosen, gleichwohl langlebigen Wiederaufnahme. Im Jahre 1951 wurde vom ehemaligen SS-Sturmbannführer und «Chef der Bandenbekämpfung» im Füh-rerhauptquartier, Arthur Erhardt, und unterstützt vom stellvertretenden Reichspressechef der NSDAP Helmut Sündermann die Zeitschrift «Nation Europa» gegründet (der Begriff geht übrigens auf Oswald Mosley zurück), Untertitel: «Monatsschrift im Dienste der europäischen Neuordnung», bis in die 1990er Jahre hinein eines der wichtigen Organe der extremen Rechten. Die Zeitschrift nahm die Europa-Vorstellungen der letzten Kriegsjahre auf und propagierte ein regionalistisches Europa, in dem Deutschland die Führungsrolle bei der Wiedergewinnung der Identität der europäischen Völker und Nationen zukam – gegen die beiden Hauptgegner: die USA und Israel. Hier finden sich unter den Autoren die altbekannten Namen wieder: Alain de Benoist, Gottlob Berger, Filip Dewinter, Jean-Marie Le Pen, Bruno Mégret, Armin Mohler, Oswald Mosley, Frank Vanhecke (übrigens auch Gerhard Meyer-Vorfelder).

Allerdings war die supranationale Ausrichtung des Europa-Gedankens hier durchaus umstritten. Nach einigen Jahren wurde die Zeitschrift umbenannt. Aus «Nation Europa» wurde «Nation und Europa». Das Grundproblem war ungelöst.

8. Barbarossa

Dass Russland einmal zum kolonialen Hinterland eines Großdeutschen Reiches werden könnte, war nicht nur eine fixe Idee
Adolf Hitlers. Wir finden sie auch bei anderen deutschen Theo-
retikern und Militärs der Weimarer Jahre, so etwa bei Rüdiger
von der Goltz. Eine ausschlaggebende Rolle spielten dabei die
Erfahrungen des Ersten Weltkriegs. Denn nach dem Ausschei-
den Russlands aus dem Krieg 1917 forderten die deutsche Mili-
tärführung und die nationalistische Rechte, dass Deutschland
nun bei den Friedensverhandlungen mit den Bolschewiki einen
weit ins Russische Reich vorgeschobenen deutschen Einfluss-
raum durchsetzte. Als die Verhandlungsführer der Bolschewiki
zögerten, derartig umfassende Forderungen zu akzeptieren,
stießen die deutschen Truppen innerhalb weniger Tage und Wochen fast 1000 Kilometer weit nach Osten vor, meist per Eisen-
bahn, bis zum Donezbecken und der Krim. In diesen Gebieten
herrschte nun für fast ein Jahr allein das deutsche Militär. Eine
politische und nationale Neuordnung dieser Gebiete unter deutscher Oberhoheit war, so schien es, leicht zu etablieren, und die
riesigen Regionen zwischen der deutschen Ostgrenze und den
«moskowitischen» Gebieten schienen sich als Basis eines neuen
deutschen Kolonialreichs, diesmal aber auf dem Kontinent,
förmlich anzubieten. Diese Erfahrungen wirkten lange nach.[1]
Nach 1918/19 richteten sich die Vorstellungen der politischen
Rechten allerdings in erster Linie auf die – kriegerische – Revision des Versailler Vertrages und die Reetablierung Deutschlands als Groß-, besser als Weltmacht. Die weiterhin gedachte
Ausdehnung des von Deutschland beherrschten Territoriums
nach Osten richtete sich vor allem gegen Polen. Hier sollte wieder Siedlungsraum für die wachsende deutsche Bevölkerung

gewonnen werden, um dadurch das bäuerliche Element im deutschen Volke zu stärken und die verhängnisvollen sozialen Auswirkungen großstädtisch-industrieller Agglomerationen abzumildern. In diesem Punkt wichen Hitlers Vorstellungen allerdings vom nationalistischen Mainstream ab, dem er sonst weitgehend folgte. Für ihn war die Einverleibung Polens nur ein Zwischenschritt. Bei der Suche nach «neuem Lebensraum für das deutsche Volk», erklärte er, «können wir in erster Linie nur an Rußland und die ihm untertanen Randstaaten denken». Deutschlands Ausweitung nach Osten müsse bis weit in die westlichen Teile der Sowjetunion hinein erfolgen.[2] Hier bezog sich Hitler eben auf die Erfahrungen der deutschen Truppen bei ihrem Vorstoß nach Russland im Jahre 1918. Ein riesiger Raum mit einer nach Revolution und Bürgerkrieg geschwächten Regierung: Hier sollte das neue deutsche Kolonialreich entstehen.

Und doch kann die Entscheidung für den Krieg gegen die Sowjetunion 1941 nicht, wie Eberhard Jäckel einst formulierte, einfach als «Vollzug einer Weltanschauung» angesehen werden. Es waren vor allem strategische, aus dem Kriegsverlauf seit dem Herbst 1939 abgeleitete Erwägungen, die Hitlers Entschluss zum Angriff auf die Sowjetunion prägten – allerdings aufruhend auf der generellen, historisch-politischen Perspektive der Schaffung eines Kolonialreichs in Osteuropa.

I.

Mit dem Sieg über Polen im Herbst 1939 war der Krieg nicht zu Ende, obwohl es zunächst so scheinen mochte. In der NS-Führung hofften manche, dass England und Frankreich doch noch einlenken würden. Aber nachdem sie es im September 1939 versäumt hatten, mit starken Kräften nach Westdeutschland einzumarschieren, hatte das brutale Vorgehen der Deutschen in Polen den Widerstandswillen vor allem der Briten noch weiter gestärkt.[3]

Dennoch dauerte es fast neun Monate, bis der Krieg im Westen begann. Für die Westmächte erwies sich das nun als Vorteil, denn so konnten sie ihre Rüstungsdefizite weiter ausgleichen.

Für die deutsche Seite aber drängte die Zeit, denn spätestens nach den amerikanischen Präsidentenwahlen im Herbst 1940 war damit zu rechnen, dass die USA durch verstärkte Rüstungslieferungen oder gar durch den Kriegseintritt für ein deutliches Übergewicht der Westmächte sorgen würden. «Wir müssen in diesem Jahr zum Sieg kommen», erklärte Hitler gegenüber Goebbels. «Sonst würde die Materialüberlegenheit der Gegenseite zu groß. Auch wäre ein langjähriger Krieg psychologisch schwer zu ertragen.»[4] Tatsächlich aber verschob Hitler den Angriffstermin im Westen ein ums andere Mal. Denn zum einen hoffte er weiterhin auf ein Friedenssignal aus London, das dem Deutschen Reich die Hegemonie auf dem europäischen Kontinent ermöglichen und Großbritannien das Imperium in Übersee erhalten würde. Zum anderen war Deutschland auf einen langen Krieg gar nicht vorbereitet. Weder verfügte man über eine klare Strategie, noch waren die aufgelegten Rüstungsprogramme abgeschlossen.

Die Wehrmachtsführung hatte, ganz in der Tradition der kaiserlichen Armee, für den Krieg im Westen eine modifizierte Wiederauflage des 1914 so grandios gescheiterten Schlieffenplans vorgesehen, also einen Einmarsch in Frankreich durch Belgien und die Niederlande, eine Kesselschlacht in Nordfrankreich und anschließend die Einnahme von Paris. Da man aber wusste, dass die Alliierten exakt auf ein solches Vorgehen auch vorbereitet waren, deutete alles auf einen erneuten Stellungskrieg und eine lange Kriegsdauer hin. Hitler entschied sich daher für eine erheblich riskantere Variante, die aber im Erfolgsfalle versprach, einen längeren Krieg zu vermeiden. Danach wurde die Hauptmasse der deutschen Truppen durch die engen Täler der Ardennen in den Rücken des Gegners geführt. Auf diese Weise sollten die französischen Verbände überrascht und in kurzer Zeit besiegt werden. Ziel dieses Vorgehens war das schnelle Erreichen der Kanalküste, um so einen günstigen Ausgangspunkt für den Krieg gegen Großbritannien zu gewinnen.

Am 10. Mai begann der deutsche Vormarsch im Westen – anders als im Ersten Weltkrieg nicht über Belgien und Nordfrankreich, sondern durch die Ardennen. Diese Strategie war erfolgreich, die französischen Verbände wurden rasch eingekesselt und besiegt, am 14. Juni marschierten deutsche Verbände in Paris ein. Deutsche Truppen beherrschten Europa vom Atlantik bis zum Bug, von Biarritz bis Narvik.

Jubel und Erleichterung in Deutschland waren grenzenlos. «Die ganze Nation ist nun von einem so gläubigen Vertrauen zum Führer erfüllt, wie dies vielleicht in diesem Ausmaße noch nie der Fall war», hieß es in einem Bericht aus Augsburg. «Vor dieser Größe verstummt aller Kleinmut und alle Nörgelei.»[5]

Auch die Wehrmachtsführung war voller Bewunderung für Hitlers strategische Fähigkeiten, und das Wort des Generalfeldmarschalls Keitel von Hitler als dem «Größten Feldherrn aller Zeiten» signalisierte dem «Führer» die vollständige Ergebenheit auch des Offizierskorps, in dem über den dilettierenden Gefreiten nun keine Scherze mehr gemacht wurden.

Die verbreitete Überzeugung, der Krieg sei nun bald zu Ende, wurde allerdings durch die Angst vor der noch bevorstehenden Auseinandersetzung mit Großbritannien getrübt, war es den Briten doch gelungen, ihre schon geschlagene Expeditionsarmee noch über den Ärmelkanal in Sicherheit zu bringen. Dadurch schien eine Fortsetzung des Kampfes gegen Deutschland für Großbritannien immerhin möglich, und in die Triumphstimmung der Deutschen mischte sich bald die Befürchtung, der Krieg werde doch nicht so schnell zu Ende sein wie zunächst gedacht.

Da Großbritannien nicht klein beigab und auch ein Friedensangebot Hitlers nichts bewirkte, bestand in der deutschen Führung Unklarheit über das weitere Vorgehen: Eine Invasion auf der britischen Insel war ein enorm aufwändiges Unternehmen, dessen militärischer Ausgang höchst zweifelhaft war. Hitler schob daher die geplante Landungsoperation immer weiter hinaus, bis er sie schließlich ganz aufgab. Vielmehr versuchte die deutsche Seite nun im Sommer und Herbst 1940, die Moral der britischen Bevölkerung zu brechen und das Land durch schwere Luftangriffe so stark zu schwächen, dass entweder eine Invasion aussichtsreich oder die britische Regierung schließlich gezwungen sein würde, sich mit den Deutschen zu arrangieren und ihre Hegemonie auf dem Kontinent anzuerkennen.

Die von einem enormen Propagandagetöse begleitete «Luftschlacht um England» endete für die Deutschen jedoch in einem Desaster. Zwar richteten die deutschen Angriffe auf die britischen Großstädte, insbesondere auf London, schwere Schäden an und hielten die Bevölkerungen der bombardierten Städte monatelang in Angst und Schrecken. Aber es gelang weder die Moral noch die Rüstungsproduktion der Briten nennenswert zu senken. Das Ziel der Deutschen, Großbritannien in die Knie zu zwingen, wurde nicht erreicht.

Das aber brachte die deutsche Führung in eine strategisch äußerst schwierige Lage. Es gab nun drei Optionen: Die erste hieß Abwarten. Durch das Bündnis mit der Sowjetunion und die an Bedeutung stark zunehmenden sowjetischen Lieferungen von Rohstoffen und Rüstungsmaterial würde die deutsche Überlegenheit bald erdrückend sein und ein Sieg über Großbritannien nach einiger Zeit nicht mehr schwerfallen, so die Überlegung. Aber Zeit hatten die Deutschen angesichts des etwa in Jahresfrist erwarteten Kriegseintritts der USA eben nicht, und zudem drohte Deutschland dadurch in wachsende Abhängigkeit von der Sowjetunion zu geraten.

Die zweite Option sah eine Fortsetzung des Krieges gegen England an der Peripherie vor: Durch den Angriff auf die britischen Stützpunkte und Besitzungen im Mittelmeer, in Nordafrika, am Suez-Kanal und im Nahen Osten sollten die Briten hier besiegt und die USA von einem Kriegseintritt abgeschreckt werden. Aber auch ein solcher Kampf ums Mittelmeer würde lange dauern, die geplante Mitwirkung Spaniens und der Türkei war nicht sicher und der Ausgang eines solchen Kampfes ungewiss. Dennoch wurde diese Variante ernsthaft erwogen, und noch im Spätherbst 1940 hielt die Marineführung sie für den aussichtsreichsten Weg.

Die dritte Option war ein Krieg gegen die mit Deutschland seit dem August 1939 verbündete Sowjetunion – das war einerseits naheliegend, denn seit den frühen 1920er Jahren hatte Hitler ja stets und immer erneut den Krieg um Lebensraum im Osten, die Zerschlagung der Sowjetunion und die Beendigung der dortigen «Judenherrschaft» als Kern seiner außenpolitischen

Zielvorstellungen propagiert. Andererseits bedeutete ein Angriff auf die Sowjetunion *vor* einem endgültigen Sieg über England einen Zweifrontenkrieg. Schon im Ersten Weltkrieg hatten der gleichzeitige Kampf im Osten und im Westen sowie der spätere Kriegseintritt der USA zu den wichtigsten Ursachen der deutschen Niederlage gezählt. Allein das mahnte zur Vorsicht. Hitlers Kalkül war jedoch ein anderes. Es ging davon aus, dass Großbritannien seine Hoffnungen auf den Kriegseintritt der USA und einen Seitenwechsel der Sowjetunion setzte. In der Tat bemühte sich die britische Regierung verstärkt darum, eine Änderung der sowjetischen Politik zugunsten des Westens zu erreichen. Die Sowjetunion, so befürchtete Hitler, werde diesem Drängen womöglich eines Tages nachgeben und damit die Position Deutschlands erheblich verschlechtern. «Stalin kokettiert mit England, um England im Kampf zu erhalten und uns zu binden, um Zeit zu haben, das zu nehmen, was er nehmen will und was nicht mehr genommen werden kann, wenn Frieden ausbricht», äußerte er vor seinen Generälen.

Am 21. Juli 1940, zwei Tage nach der Zurückweisung des deutschen Friedensangebots durch Großbritannien, bereitete er seine Oberbefehlshaber daher erstmals auf die Möglichkeit eines Krieges gegen die Sowjetunion vor: «Russisches Problem in Angriff nehmen. Gedankliche Vorbereitungen treffen.» Und zehn Tage später präzisierte er seine Planungen: «Ist aber Rußland zerschlagen, dann ist Englands letzte Hoffnung getilgt. Der Herr Europas und des Balkans ist dann Deutschland. Entschluß: Im Zuge dieser Auseinandersetzung muss Rußland erledigt werden. Frühjahr 1941[…] Fünf Monate Zeit zur Durchführung.»[6]

Hitlers Entscheidung traf die Wehrmachtsführung nicht unerwartet, hatte sie doch in dieser Richtung bereits erste Vorbereitungen getroffen. Anstelle einer vermutlich verlustreichen Landung in Großbritannien, so nahm sie an, könnten auf diese Weise der britischen Führung die Hoffnungen auf eine weitere Fortsetzung des Krieges genommen und die USA vom Kriegseintritt abgehalten werden. Dieses Kalkül Hitlers wie seiner Generäle basierte jedoch auf einer außerordentlichen Unterschätzung der Kräfte der Sowjetunion und einer Überschätzung der eigenen Möglichkeiten. Aber nach dem grandiosen Sieg über Frankreich wähnten sich Hitler und mit ihm das ganze Regime unbesiegbar. Keine Planung war zu groß, kein Ziel zu phantastisch, kein Gegner zu mächtig. Und mehr denn je war Hitler davon überzeugt, dass ihm alles gelang.

So waren auch die ersten Planungen von überschäumendem Optimismus geprägt. Nicht länger als einige Monate sollte der Krieg gegen die Sowjetunion dauern, ganz so wie die Feldzüge gegen Polen und Frankreich. Diese Geringschätzung der Kampfkraft der Roten Armee teilten die Deutschen allerdings mit vielen internationalen Beobachtern. Nach Stalins blutigen Säuberungen der Armeeführung und insbesondere nach dem verlustreichen Krieg der Roten Armee gegen das kleine Finnland im Winter 1939/40 schien ein Sieg der deutschen Truppen, die ja die britischen und französischen Armeen binnen weniger Wochen geschlagen und sieben europäische Länder besetzt hatten, eine ausgemachte Sache. Dann aber wäre Deutschland auf dem Kontinent kaum noch besiegbar und aufgrund der Verfügung über die Ressourcen fast des ganzen Kontinents auch wirtschaftlich eine Weltmacht. In dieser Lage würde man Großbritannien in die Knie zwingen und auch die USA isolieren können.

Spätestens Mitte November 1940 entschied sich Hitler endgültig zum Krieg gegen die Sowjetunion. Am 18. Dezember erließ er die «Weisung Nr. 21»: «Die deutsche Wehrmacht muss darauf vorbereitet sein, auch vor der Beendigung des Krieges gegen England Sowjetrußland in einem schnellen Feldzug niederzuwerfen (Fall Barbarossa) [...] Den Aufmarsch gegen die Sowjetunion werde ich gegebenenfalls acht Wochen vor dem beabsichtigten Operationstermin befehlen. Vorbereitungen, die eine längere Anlaufzeit benötigen, sind – soweit noch nicht geschehen – schon jetzt in Angriff zu nehmen.»[7]

Als Angriffstermin hatte Hitler frühestens Mitte Mai 1941 festgelegt. Der tatsächliche Kriegsbeginn wurde dann, auch wegen der dramatischen Entwicklungen auf dem Balkan, um fünf Wochen verschoben. In Belgrad hatte nämlich die deutschfreundliche Führung Jugoslawiens im März unter deutschem Druck den Beitritt zum Dreimächtepakt erklärt. Nur wenige

Stunden später wurde sie jedoch durch einen Putsch serbischer Offiziere gestürzt und durch eine Regierung ersetzt, die Großbritannien und, was nun wichtiger war, auch der Sowjetunion freundlich gesonnen war. Das veranlasste Hitler zur sofortigen Reaktion, indem er den ohnehin geplanten Einmarsch in Griechenland (zur Unterstützung der schwer bedrängten italienischen Truppen) mit einem gleichzeitigen Angriff auf Jugoslawien verband. Am 6. April 1941 marschierten deutsche Truppen in beide Länder ein und waren rasch siegreich. Am 17. April kapitulierte die jugoslawische, am 21. April die griechische Armee. 344 000 jugoslawische, 223 000 griechische sowie 220 000 britische Soldaten gerieten in Gefangenschaft.

Hitler hatte ein weiteres, allerdings auch ein letztes Mal, einen «Blitzkrieg» geführt. Deutschland war der Beherrscher des Kontinents und schien nun nahezu unbesiegbar. Das Kalkül, die Briten durch einen schnellen Sieg über die Sowjetunion gewissermaßen indirekt, aber vernichtend zu schlagen und den Krieg so innerhalb der nächsten Monate siegreich abzuschließen, schien nun sehr aussichtsreich, auch wenn der «Balkanfeldzug» erhebliche Opfer an Menschen und Material gekostet hatte, den Angriff auf die Sowjetunion verzögerte und weitere Wehrmachtseinheiten zur Besatzung beider Länder band. Dennoch – im Frühjahr 1941 stand das nationalsozialistische Deutschland auf dem Höhepunkt seiner Macht und seines Selbstbewusstseins.

II.

Die Ausgangslage des Krieges hatte sich im Verlaufe des Jahres 1940 geradezu umgekehrt. Hatte Hitler zuvor einen Sieg gegen Großbritannien als Voraussetzung gesehen, um danach den von ihm seit mehr als 20 Jahren angekündigten, auch ideologisch motivierten Krieg gegen die Sowjetunion beginnen zu können, sollte nun der Angriff auf die Sowjetunion ein Mittel sein, um Großbritannien zu bezwingen. Angesichts der Alternativen war Hitlers Entscheidung für den «Russland-Feldzug» nachvollziehbar, jedenfalls für die Generäle der Wehrmacht, die den Plan ja mittrugen und ausarbeiten. Sie war allerdings erneut die riskanteste der möglichen Varianten und spitzte den extremen Zeitdruck, unter dem die deutsche Seite ohnehin stand, noch weiter zu.

Die Wehrmacht bereitete sich daher auf einen kurzen «Blitzfeldzug» von nur drei Monaten vor; bis Ende des Jahres 1941 sollte die Sowjetunion geschlagen sein. Weder wurden größere personelle Reserven eingestellt, noch war der Rüstungsschwerpunkt ganz auf den Ostfeldzug ausgerichtet. Vielmehr wurde bereits im Juli 1941 von der Produktion von Heereswaffen für den Krieg gegen die Sowjetunion auf die Vorbereitungen des Krieges gegen Großbritannien umgesteuert, also vor allem für den Bedarf von Marine und Luftwaffe. Sollte der Krieg jedoch länger dauern, würde das ganze Kartenhaus zusammenstürzen, das sich die deutsche Führung seit dem Sieg über Frankreich erbaut hatte. Diese bedrohliche Aussicht forcierte von Beginn an eine Kriegsplanung, die auf einen schnellen Sieg mit allen Mitteln setzte – ohne Rücksicht auf die Zivilbevölkerung oder auf völkerrechtliche Vereinbarungen.

Das verband sich mit den politischen und ideologischen Zielsetzungen des Krieges. Mit der Sowjetunion sollte nicht nur eine europäische Großmacht besiegt, sondern ein feindliches politisches System mitsamt seinen Trägerschichten vernichtet werden – damit waren in der politischen Ideologie des Nationalsozialismus aber nicht nur die politischen, sondern zugleich auch die «rassischen» Trägerschichten gemeint. Da die Herrschaft des Kommunismus als politischer Ausdruck der Herrschaft des Judentums angesehen wurde, schwang in der Parole «Vernichtung des Bolschewismus» immer auch die Forderung «Vernichtung des Judentums» mit, auch wenn die Konsequenzen dieser Gleichsetzung erst schrittweise zutage traten. Nach Überzeugung der deutschen Seite werde die Ausschaltung der dünnen, jüdisch dominierten bolschewistischen Führungsschicht genügen, um den «Koloss auf tönernen Füßen» zum Zusammenbruch zu bringen.

In der Perspektive zielte die deutsche Kriegführung auf die Errichtung einer deutschen Kolonialherrschaft in Osteuropa. Die Bezüge zum europäischen Kolonialismus in Asien, Amerika und Afrika waren überall sichtbar, wenngleich eher in der deutschen Wahrnehmung als in der tatsächlichen Praxis der Engländer oder Franzosen. Hitler jedenfalls wurde nicht müde, auf die britische Herrschaft in Indien oder die Eroberung des amerikanischen Westens anzuspielen. Im Osten, so Hitler, plane er «eine Germanisierung durch Hereinnahme der Deutschen vorzunehmen und die Ureinwohner als Indianer zu betrachten».[8] Die Abwertung der Bevölkerung der Sowjetunion, ihre rassische Einstufung als minderwertige Slawen hatte zur Folge, dass sie nicht wie die europäische Zivilbevölkerung, sondern wie indigene Kolonialvölker behandelt werden sollte und dass ihr Schicksal allein von Nützlichkeitserwägungen, nicht von Kriegs- und Völkerrecht abhing.

Diesen strategischen, politischen und ideologischen Perspektiven entsprachen weitreichende wirtschaftliche Zielsetzungen, die bei den Kriegsvorbereitungen zwischen Januar und Juni 1941 immer stärker in den Vordergrund traten. Die zu erobernden Gebiete der Sowjetunion sollten als Hinterland des Reiches fungieren, landwirtschaftliche Produkte, Rohstoffe und Arbeitskräfte liefern und zugleich Raum für deutsche Siedler in großem Stil bieten. Hier waren die kolonialen Perspektiven, in denen die deutsche Führung dachte, besonders deutlich sichtbar.

Die Ausarbeitung solcher langfristiger Konzepte für die Besiedlung der zu erobernden Gebiete in der Sowjetunion hatte Himmler als Reichskommissar für die Festigung deutschen Volkstums (RKF) schon früh bei einer Gruppe hochrangiger Wissenschaftler in Auftrag gegeben. Deren Leiter, der Berliner Professor Konrad Meyer, Jahrgang 1901, war ein fachlich anerkannter Spezialist für Raumordnung und Landwirtschaftswissenschaften, seit 1939 zugleich Leiter der für die Umsiedlungsplanungen zuständigen Hauptabteilung «Planung und Boden» des RKF. Er hatte ein Team aus Wissenschaftlern verschiedener Disziplinen um sich gesammelt, darunter den bedeutenden Geographen und Raumplaner Walter Christaller, die Landesplaner Erhard Mäding und Franz Doubek, die Finanzwissenschaftler Felix Boesler und Max Rolfes oder den Staatsrechtler Reinhard Höhn. Diese Gruppe machte sich nun daran, ein Neuordnungsprogramm für die Zeit nach der Eroberung des Ostraums auszuarbeiten. In dem nach einigen Vorstudien Anfang Juni 1942 schließlich vorgelegten «Generalplan Ost» waren die Rationalisierung der Landwirtschaft, die Umgestaltung der Siedlungsstruktur sowie umfangreiche Straßen- und Kanalbauten in einem Zeitraum von 25 Jahren vorgesehen – ein Projekt der Modernisierung und Zivilisierung. An die Stelle schmutziger, uneffektiver Einzelgehöfte, verschlammter Feldwege und verarmter Kleinbauern sollte ein modernes System von Ober- und Mittelzentren treten, mit Straßen, Kanälen, Elektrizität, Krankenhäusern und Landbau und Viehhaltung nach neuesten agrarwissenschaftlichen Methoden.

Unübersehbar waren allerdings auch die hier auftretenden Widersprüche: auf der einen Seite die Pläne zur radikalen Modernisierung der osteuropäischen Landwirtschaft mit großen Anbauflächen, durchgreifender Maschinisierung und ausgedehnter Neubesiedlung durch mehr als drei Millionen deutscher und volksdeutscher Kleinbauernfamilien, die aus ihren Herkunftsgebieten in den «Ostraum» zwangsumgesiedelt werden sollten. Auf der anderen Seite die verbreiteten Vorstellungen von der Wiederherstellung eines traditionellen, schollengebundenen deutschen Bauerntums als Blutquell der Nation, wie sie sich im Reichserbhofgesetz niedergeschlagen hatten.

Die von den Wissenschaftlern im Einzelnen vorgeschlagenen Siedlungs-, Sanierungs- und Landschaftspläne standen jedoch unter einer Voraussetzung, die sie ausführlich begründeten: nämlich die Verfügung über «menschenleere Räume» in Osteuropa. Diese Voraussetzungen aber sollten erst geschaffen werden. Die dazu von den Wissenschaftlern erarbeiteten Pläne sahen in Osteuropa ausgedehnte Umsiedlungen und Vertreibungen der einheimischen Bevölkerungen vor. 80 Prozent der Polen, zwei Drittel der Ukrainer, drei Viertel der Weißrussen sollten aus ihren Heimatgebieten entfernt und nach Osten umgesiedelt werden: megalomane Vorstellungen einer nie dagewesenen Bevölkerungsverschiebung. Aber angesichts der Dimensionen und der Faszinationskraft dieses Projekts einer durchgreifenden Modernisierung und ethnischen Neuordnung ganz Osteuropas bis zum Ural erschien das Schicksal der indigenen Bevölkerung den Wissenschaftlern wie der politischen Führung als nachgeordneter und zu vernachlässigender Faktor.

Die in diesen Regionen lebenden Juden kamen in diesen Planungen schon nicht mehr vor. Die Wissenschaftler gingen vielmehr bereits zu diesem Zeitpunkt davon aus, dass, wenn mit der Realisierung dieses Konzepts begonnen würde, in diesen Regionen, den Zentren des europäischen Judentums, keine Juden mehr leben würden.[9]

Die Grundlinien der Planungen für den Krieg gegen die Sowjetunion waren bis etwa Ende Februar 1941 festgelegt. Am 30. März unterrichtete Hitler die Wehrmachtsgeneräle über den Charakter und die Zielsetzung des kommenden Krieges: «Kampf zweier Weltanschauungen gegeneinander», notierte Generalstabschef Halder während der zweieinhalbstündigen Rede. «Vernichtendes Urteil über Bolschewismus, ist gleich asoziales Verbrechertum. Kommunismus ungeheure Gefahr für die Zukunft. Wir müssen von dem Standpunkt des soldatischen Kameradentums abrücken. Der Kommunist ist vorher kein Kamerad und nachher kein Kamerad. Es handelt sich um einen Vernichtungskampf […]Wir führen nicht Krieg, um den Feind zu konservieren […] Vernichtung der bolschewistischen Kommissare und der kommunistischen Intelligenz […] Der Kampf muß geführt werden gegen das Gift der Zersetzung. Das ist keine Frage der Kriegsgerichte. Die Führer der Truppe müssen wissen, worum es geht. Sie müssen in dem Kampf führen. Die Truppe muß sich mit den Mitteln verteidigen, mit denen sie angegriffen wird. Kommissare und GPU-Leute sind Verbrecher und müssen als solche behandelt werden. Der Kampf wird sich sehr unterscheiden vom Kampf im Westen. Im Osten ist Härte mild für die Zukunft.»[10]

Hitlers Ansprache war selbst für seine Verhältnisse von besonderer Brutalität geprägt: Hier wurde ein Vernichtungskrieg geplant, keiner seiner Zuhörer konnte daran zweifeln. Aber es erhob sich kein Widerspruch wie noch vor dem «Frankreich-Feldzug» oder auch während des Kriegs gegen Polen. Die Generalität trug diese Ausrichtung des Krieges mit.

Bereits Mitte März hatte das OKW angekündigt, dass Himmler als Reichsführer SS «zur Vorbereitung der politischen Verwaltung Sonderaufgaben im Auftrage des Führers» erhalten würde, «die sich aus dem endgültig auszutragenden Kampf zweier entgegengesetzter politischer Systeme ergeben».[11] Damit wurden die Einsatzgruppen des RSHA aus dem Verantwortungsbereich der Wehrmacht entlassen, nachdem es während des Kriegs gegen Polen um diese Frage zu teilweise erheblichen Friktionen zwischen SS und einzelnen Truppenkommandeuren der Wehrmacht gekommen war. Solche Probleme blieben nun aber aus. Vielmehr übertrafen die Aufrufe und Anweisungen der einzelnen Militärführer die Ankündigungen Hitlers noch an Schärfe.

Das hier von Hitler angekündigte Vorgehen wurde daher in den nun folgenden Wochen Punkt für Punkt in Befehle und Anordnungen für die Dienststellen und Truppenteile umgesetzt; so am 13. Mai in Gestalt des «Gerichtsbarkeitserlasses», durch den die Wehrmachtsgerichtsbarkeit über die einheimische Bevölkerung in den besetzten Gebieten der Sowjetunion ausgesetzt wurde. Verdächtige oder nur unliebsame Personen sollten nicht vor Gericht gestellt, sondern von der Truppe sofort erschossen werden. Kollektive Geiselerschießungen wurden ausdrücklich erlaubt. Zudem, und das gab dem Erlass den Charakter einer unbeschränkten Mordvollmacht, wurden deutsche Soldaten, die gegen die Zivilbevölkerung vorgingen, explizit außer Verfolgung gestellt.[12]

Schon früh bestand in der deutschen Führung Einigkeit darüber, dass auch in der Sowjetunion die «Träger des feindlichen Widerstandsgedankens» ausgeschaltet, und das hieß: umgebracht werden sollten. Ein Jahr zuvor in Polen hatte sich diese Strategie vor allem gegen Politiker, Intellektuelle, Wissenschaftler und hohe Kleriker gerichtet, um den polnischen Nationalismus auszulöschen. In der Sowjetunion aber sollten vor allem die bolschewistischen Funktionäre, in Hitlers Worten «die jüdisch-bolschewistische Intelligenz», liquidiert werden. Am 6. Juni wurde der Truppe jener Befehl zugeleitet, wonach Politische Kommissare entweder sofort zu erschießen oder nach Gefangennahme abzusondern und dann «zu erledigen» seien. Bis zum Sommer 1943 wurden allein auf der Grundlage dieses sogenannten «Kommissarbefehls» etwa zehntausend Männer als «bolschewistische Kommissare» direkt von der Wehrmacht und eine vermutlich etwa gleich große Zahl von den Einsatzgruppen der SS umgebracht.[13]

Zugleich begannen die Einsatzgruppen bereits in den ersten Tagen des Krieges damit, überall, wohin sie kamen, die männliche jüdische Bevölkerung im wehrfähigen Alter zu töten.

Insgesamt erschossen Einsatzgruppen, Waffen-SS, Polizei und Wehrmachtseinheiten zwischen Juni 1941 und März 1942 in den besetzten Gebieten der Sowjetunion mehr als 600000 Juden. Der Prozess der Barbarisierung, der Verrohung und Enthemmung, der hier zu beobachten ist, war seit Beginn des Krieges gegen die Sowjetunion durch den sich aufbauenden Zeitdruck und die militärischen Misserfolge beschleunigt worden. Aber auch die problematische Versorgungslage, die Bedrohung durch den sowjetischen Widerstand und die Ineinssetzung von Juden und Kommunisten spielten hier eine Rolle. Darauf gründete sich die beständig erneuerte Überzeugung, dass man nur durch vollständige Rücksichtslosigkeit, durch noch härteres Vorgehen, durch die Ablösung von allen hemmenden und mildernden Überzeugungen und eingeübten Haltungen dieser Bedrohungen Herr werden könne.

III.

Welche Größenordnungen die Vernichtungsplanungen der deutschen Führung vor Beginn des Krieges gegen die Sowjetunion besaßen, wurde auch im wirtschaftlichen Bereich deutlich. Zwei Hauptziele standen dabei im Vordergrund: Zum einen sollte die Sowjetunion als koloniales Ergänzungsland dem Deutschen Reich vor allem Rohstoffe und landwirtschaftliche Güter liefern, und zwar in so überreichem Maße, dass eine Wiederholung der britischen Blockade des Ersten Weltkriegs unmöglich wurde. Mit russischem Getreide und Erdöl würde Deutschland wirtschaftlich unangreifbar sein, so das Kalkül. Das setzte aber voraus, dass die Lebensmittelproduktion und die Rohstoffe der besetzten sowjetischen Gebiete nahezu vollständig für deutsche Zwecke genutzt wurden.

Zum anderen waren die Dimensionen des Krieges gegen die Sowjetunion auch in geografischer Hinsicht völlig andere als in den Kriegen zuvor. Wenn, wie geplant, der deutsche Vorstoß bis nach Moskau und Leningrad und im Süden bis ans Schwarze Meer reichen sollte, dann würden sich die deutschen Fronten über fast 3000 km erstrecken und bis zu 1500 km von der deutschen Ostgrenze entfernt sein, was enorme Probleme für den Nachschub, insbesondere für die Lebensmittelversorgung der Truppe aufwarf. Daraus wurde die Forderung abgeleitet, dass sich die Wehrmachtseinheiten ganz überwiegend aus dem Lande ernähren sollten.

Beiden Zielsetzungen, der wirtschaftlichen Ausbeutung wie der Versorgung der Truppe aus dem Lande, stand aber die sowjetische Bevölkerung im Wege. Aus dieser Konstellation heraus entwickelte die deutsche Führung die zunächst nur vorsichtige, dann immer drängendere Forderung, die sowjetische Zivilbevölkerung jedenfalls zu einem großen Teil nicht mehr mit Lebensmitteln zu versorgen. In einer Besprechung Görings mit den wichtigsten Vertretern der an den kriegswirtschaftlichen Planungen beteiligten Ressorts und Wehrmachtsabteilungen am 2. Mai 1941 wurden diese Überlegungen zusammengefasst: «1.) Der Krieg ist nur weiter zu führen, wenn die gesamte Wehrmacht im 3. Kriegsjahr aus Rußland ernährt wird. 2.) Hierbei werden voraussichtlich zig Millionen Menschen verhungern, wenn von uns das für uns Notwendige aus dem Lande herausgeholt wird. 3.) Am wichtigsten ist die Bergung und Abtransport von Ölsaaten, Ölkuchen, dann erst Getreide. Das vorhandene Fett und Fleisch wird zweifellos die Truppe verbrauchen. 4.) Die Beschäftigung der Industrie darf nur auf Mangelgebieten wieder aufgenommen werden.»[14]

Diese knappen Sätze wurden drei Wochen später, am 23. Mai 1941, in den «Wirtschaftspolitischen Richtlinien für Wirtschaftsorganisation Ost, Gruppe Landwirtschaft» näher ausgeführt. Ausgangspunkt war die Feststellung, dass Russland früher erhebliche landwirtschaftliche Überschüsse erwirtschaftet und nach Europa exportiert habe. Nun aber sei infolge der starken Bevölkerungszunahme und der sowjetischen Industrialisierungspolitik der Eigenverbrauch vor allem in den Städten so hoch geworden, dass keine Ausfuhrüberschüsse mehr bestünden. Da aber diese Überschüsse unter allen Umständen von Deutschland selbst gebraucht würden, müsse der Konsum der sowjetischen Bevölkerung «entsprechend herabgedrückt werden». Das sei am zweckmäßigsten dadurch zu erreichen, dass aus dem agrarisch strukturierten Süden keine Lebensmittel mehr in die landwirtschaftlichen Zuschussgebiete im Norden und die dort liegenden Städte geliefert würden, mit der Konsequenz: «Die Bevölkerung dieser Gebiete, insbesondere die Bevölkerung der Städte, wird größter Hungersnot entgegensehen müssen.» Selbst wenn die deutsche Seite sich bemühe, die Hungersnot einzudämmen, werde das nichts ändern: «Viele 10 Millionen Menschen werden in diesem Gebiet überflüssig und werden sterben oder nach Sibirien auswandern müssen. Versuche, die Bevölkerung dort vor dem Hungertode dadurch zu retten, dass man aus der Schwarzerdezone Überschüsse heranzieht, können nur auf Kosten der Versorgung Europas gehen. Sie unterbinden die Durchhaltemöglichkeit Deutschlands im Kriege, sie unterbinden die Blockadefestigkeit Deutschlands und Europas. Darüber muß absolute Klarheit herrschen.»[15]

Die Gebiete der Sowjetunion sollten also nach der Eroberung durch Deutschland zurück in den Stand etwa um 1860 gebracht werden – ohne Industrie und mit etwa 30 Millionen Einwohnern weniger als derzeit. Die hierbei genannten Größenordnungen – «zig Millionen», «viele 10 Millionen Menschen» – verdeutlichten, dass sich hier sehr ungenaue Vorstellungen von der wirtschaftlichen Zukunft des Landes mit enthemmter und tendenziell grenzenloser Vernichtungsbereitschaft verbanden. Denn die meisten Annahmen dieser Planungen waren durchaus unzutreffend. Erstens waren die landwirtschaftlichen Zu- und Überschussgebiete der Sowjetunion geografisch nicht klar voneinander zu trennen, zweitens lebte die Stadtbevölkerung nicht nur im Norden, drittens erwies sich auch die Zielsetzung einer vollständigen Deindustrialisierung der Sowjetunion schon früh als völlig unrealistisch – und viertens war ganz unklar, in welchem Ausmaß überhaupt landwirtschaftliche Güter aus der Sowjetunion nach Deutschland zu bringen waren, wenn schon die Wehrmacht aus dem Lande ernährt wurde. «Je unsicherer Überschüsse wurden, desto brutaler musste man sie in den Augen der deutschen Führung aus dem Land herauswirtschaften», so fasst der Historiker Christian Gerlach das aberwitzige Kalkül der deutschen Kriegswirtschaftsplaner zusammen.[16]

Der «Hungerplan» war die brutale Konsequenz des die deutschen Ressourcen vollständig überfordernden Krieges und stellte sich den Verantwortlichen als Sachzwang, ja als Notwehr dar. Die hieraus entwickelte Vernichtungsbereitschaft war insofern nicht Ausdruck einer abstrakten rassistischen Lehre, vielmehr wurde die Rangfolge der Überlebensmöglichkeiten angesichts der offenbaren Knappheit der Ressourcen nach rassistischen Kriterien definiert. Die deutlichsten Auswirkungen fanden die Hungerplanungen bei der Behandlung derjenigen Gruppen, die in dieser Hierarchie ganz unten standen: der Juden, der sowjetischen Kriegsgefangenen und der Bewohner der «großrusssischen» Städte, so wie bei der Belagerung von Leningrad. Hier wurde aus den Konzepten der Kriegswirtschaftsplaner schreckliche Praxis, als tatsächlich Millionen Menschen nicht ernährt wurden und starben.[17]

IV.

Am Ende die Frage, wie diese strategischen Planungen und politischen Vorentscheidungen der deutschen Führung von den deutschen Soldaten aufgenommen wurden, die nun in dieses Land einmarschierten? Nach allem, was wir wissen, war dieser Krieg unter den Soldaten ebenso wie in der gesamten deutschen Bevölkerung überwiegend unpopulär. Angst vor einem langen, harten Krieg mit hohen Opferzahlen mischte sich mit historischen Reminiszenzen etwa an Napoleons Russland-Feldzug. Die deutsche Armee, die in die Sowjetunion einfiel, bestand etwa zur Hälfte aus Männern, welche die Zeit vor der Machtergreifung Hitlers noch als Erwachsene erlebt hatten. Von diesen waren am Ende der Weimarer Zeit mindestens wiederum die Hälfte keine Parteigänger oder Wähler und die Mehrheit sogar Gegner der Nationalsozialisten gewesen.[18] Gleichwohl war die Abneigung gegen die Sowjetunion und gegen den Bolschewismus unter den Soldaten offenbar außerordentlich stark verbreitet; wobei man hier wegen der unsicheren Quellenlage vorsichtig argumentieren muss. Aber die ersten Eindrücke nach dem Einmarsch in die Sowjetunion schienen die Voreinstellungen Vieler doch zu bestätigen und noch zu verstärken. «Hier herrscht großes Elend», schrieb ein Soldat in den ersten Tagen nach Kriegsbeginn an seine Familie, «die Leute hielt man über Jahrzehnte unter einem Druck, den man sich kaum vorstellen kann. Wir alle würden lieber sterben als solches Elend und solche Qual mitzumachen, wie es dieses Volk mitgemacht hat.» Die überall anzutreffende, grenzenlose Armut der Bevölkerung auf dem Lande, die denkbar einfachen Behausungen, Verwahrlosung und Verfall standen in scharfem Kontrast zur proklamierten Utopie einer kommunistischen Gesellschaft und machten bei den Soldaten tiefen Eindruck, zumal wenn sie sie mit den Zuständen in ihrer Heimat verglichen. Die Bevölkerung der Sowjetunion wurde dabei als willenlos, roh, schmutzig, primitiv und stumpf beschrieben, und ganz besonders galt das für die gefangenen Rotarmisten: «Oft kommen uns die Gefangenen entgegen – einzeln oder in Massen, stumpf, tierisch und zerlumpt – und doch oft heimtückisch», bemerkte ein Soldat der 6. Infanterie Division am 15. Oktober. Kultur und Zivilisation auf der eigenen – Barbarei und Wildheit auf der anderen Seite: Es waren die Kategorien des Kolonialkriegs, mit denen die deutschen Soldaten diese ihnen fremde und unheimliche Welt einzuordnen versuchten. «Es ist ein Volk, das langer und guter Schulung bedarf, um Mensch zu werden. Charakter und Wesen der Russen gehören noch viel mehr ins Mittelalter als in die Neuzeit», hieß es in einem Feldpostbrief vom 1. August. Solche Belege für die fortgeltende Tradition der Zivilisierungsmission sind in den Briefen von der Ostfront ebenso zu finden wie wilde Vernichtungswünsche, die zum Teil wörtlich die politische Propaganda aufnahmen: «Das sind keine Menschen mehr, sondern wilde Horden und Bestien, die durch den Bolschewismus in den letzten 20 Jahren so gezüchtet wurden. Ein Mitleid mit diesen Menschen darf man nicht aufkommen lassen.»[19]

Dagegen standen, nicht durchgehend, aber immer wieder, Träume von der eigenen Zukunft: «Dieses Gebiet, das klimatisch ausgezeichnet ist – vergleichbar mit dem Italiens – birgt wertvollere Schätze als Kolonien», schrieb ein Soldat im Dezember 1941 an seine Frau. «Dort unten am Schwarzen Meer, wo Palmen fast im tropischen Klima gedeihen, muß es herrlich sein. Dort eine stattliche Farm, eine stattliche Pferdezucht, ein schönes Haus, Arbeit, Mühe – und der Erfolg wäre an Deiner Seite mir Gewissheit.»[20]

Der Prozess der Barbarisierung, der Verrohung und Enthemmung, der hier zu beobachten ist, wurde seit Beginn des Krieges gegen die Sowjetunion in der Führung wie bei den Mannschaften beschleunigt durch den sich aufbauenden Zeitdruck, durch die militärischen Misserfolge, die problematische Versorgungslage, die Bedrohung durch den sowjetischen Widerstand, die Ineinssetzung von Juden und Kommunisten – und daraus resultierend die beständig erneuerte Überzeugung, dass man nur durch vollständige Rücksichtslosigkeit, durch noch härteres Vorgehen, durch die Ablösung von allen hemmenden und mildernden Überzeugungen und eingeübten Haltungen dieser Bedrohungen Herr werden könne. Das wirkte, als in Kamenez-Podolsk, in Babij Jar, in Leningrad und vielen anderen Orten die Umsetzung des Vernichtungsprogramms in die Praxis begann, als legitimierender Schutzschild – wenn es dessen nach all dem, was in den ersten Monaten des Krieges gegen die Sowjetunion geschah, noch bedurfte.

9. Der Weg zur Ermordung
der europäischen Juden

Am 2. Juli 1941 drangen die deutschen Truppen in die Ortschaft Glubokoje in Weißrussland ein, 80 km östlich der litauischen Grenze gelegen. Als erstes forderten sie die Bewohner dazu auf, die Getreidevorräte abzuliefern. Zugleich begannen sie damit, die jüdischen Einwohner zu registrieren und zur Zwangsarbeit abzukommandieren. In dem Bericht der Gebrüder Rajak über die Ereignisse in Glubokoje heißt es dann: «Die Juden wurden gezwungen, Arbeiten auszuführen, die über ihre Kräfte gingen, und dabei wurden sie noch gedemütigt und gequält. Sie mussten die widerlichsten Launen der deutschen Aufseher stillen: Sie mussten singen, auf allen Vieren laufen, Haustiere nachahmen, tanzen, den Deutschen die Stiefel küssen usw.»[1]

Am 22. Oktober 1941 verfügte der Gebietskommissar, dass alle Juden binnen einer halben Stunde in das Ghetto des Ortes überzusiedeln hätten. Hier begann das eigentliche Martyrium. Das Ghetto war chronisch überfüllt, Hungersnot brach aus, denn es war verboten, Lebensmittel von außen zu besorgen. Immer wieder wurden einzelne Ghettobewohner von den Deutschen ergriffen, gequält und umgebracht. Im Dezember 1941 begann dann die systematische Ausrottung der Juden aus Glubokoje, «Aktion» genannt. Die Deutschen beseitigten die Überfüllung des Ghettos, indem sie einige hundert Bewohner aussuchten und zu dem nahe gelegenen Ort Borki brachten. In Borki, so schreiben die Brüder Rajak, «zwangen die Deutschen die Jungen, an der offenen Grube zu tanzen, und die Alten, jüdische Lieder zu singen. Nach derart sadistischer Verhöhnung zwangen sie die Jungen und Gesunden, die kraftlosen Alten und

Invaliden in die Grube zu tragen und dort niederzulegen. Erst dann mussten sie sich selbst hinlegen. Danach begannen die Deutschen, methodisch und seelenruhig, alle zu erschießen.»

In den darauffolgenden Wochen wurden nach und nach alle Juden aus der Umgebung in das Ghetto Glubokoje gebracht, unter dem Vorwand, die «Aktionen» seien nun zu Ende und man benötige Facharbeiter, die einen sicheren Ausweis erhalten sollten. Auf diese Weise gelang es den Deutschen, Juden aus 42 Ortschaften hier zu versammeln. Das Hauptinteresse der deutschen Besatzungsoffiziere und Mannschaften aber galt den Besitztümern der Juden. «Tagelang transportierten die Deutschen auf Fuhrwerken die geraubte Kleidung, das Schuhwerk, die Wäsche, Geschirr, Nähmaschinen, Strickmaschinen zur Fertigung von Strümpfen und Mützen sowie anderes Hausgerät herbei. Tag und Nacht arbeitete die Wäscherei, in der die Sachen der Ermordeten gereinigt wurden. Als Arbeitskräfte in der Wäscherei (wie auch in den anderen ‹Restaurationswerkstätten›) waren Juden beschäftigt. Beim Sortieren der Sachen und bei ihrer Reinigung kam es zu furchtbaren Szenen. Die Leute erkannten und identifizierten Wäsche und Kleidungsstücke ihrer gemarterten Angehörigen. Rafael Gitlitz erkannte die Wäsche und das Kleid seiner ermordeten Mutter. Manja Frejdkina musste das blutbefleckte Hemd ihres Mannes Simon waschen. Die Frau des Lehrers Milichmann musste mit eigenen Händen den Anzug ihres ermordeten Mannes in einen ‹ordentlichen› Zustand bringen. In der Karl-Marx-Straße 18 existierte ein spezielles Büro des Gebietskommissars von Glubokoje, dessen Aufgabe darin bestand, die Werkstätten zu kontrollieren, die Buchführung sicherzustellen und die Arbeitskräfte zu beaufsichtigen. Das Büro bereitete außerdem auf Bestellung deutscher Behörden oder von Einzelpersonen Pakete zum Versand nach Deutschland vor.» Alle deutschen Mitarbeiter beim Gebietskommissar und der Gestapo waren ständige Kunden dieses Büros.

In der Nacht vom 18. zum 19. Juni 1942 fand die nächste «Aktion» statt. Vor allem Frauen und Kinder wurden zusammengetrieben und am nächsten Morgen nach Borki gebracht. Einige hundert Menschen wurden zu den Gruben geführt und dort umgebracht. Diejenigen, die diese Aktion überlebt hatten, wussten, dass auch ihre Tage gezählt waren.

Ein Jahr später, im August 1943, begannen die Deutschen dann mit der endgültigen Räumung des Ghettos in Glubokoje. Am 13. August wurden alle noch lebenden Bewohner, etwa 3000, versammelt, nach Borki in Marsch gesetzt und dort an den Gruben getötet. «Die deutschen Zeitungen berichteten, dass in Glubokoje ein bedeutendes Partisanennest von 3000 Personen unter Leitung eines 70jährigen Rabbiners ausgehoben worden sei.»

Dieser Bericht der Gebrüder Rajak über das Geschehen in Glubokoje beschreibt den Alltag des Judenmords, wie er sich zu dieser Zeit fast überall in Weißrussland, in der Ukraine, im Baltikum, in den von den Deutschen besetzten Teilen der Sowjetunion abspielte. Er steht am Anfang dieser Bemerkungen, weil er uns hineinführt in das Geschehen selbst, um das es bei diesem Vortrag geht. Der Bericht ist einer von sehr vielen dieser Art, und gewiss kein besonders spektakulärer. Er beschreibt die übliche und sich überall in den besetzten Regionen der Sowjetunion so oder so ähnlich wiederholende Abfolge der Ereignisse: Die Deutschen marschieren ein, in der Regel Einheiten der Einsatzgruppen, der Ordnungspolizei, zuweilen auch der Waffen-SS, oft begleitet von einheimischen Kollaborateuren. Unmittelbar nach ihrer Ankunft beginnen sie mit der Registrierung der jüdischen Bevölkerung, verpflichten die Juden zur Zwangsarbeit, verhöhnen und demütigen sie. Ein paar Wochen später müssen die Juden ihre Wohnungen verlassen und in ein völlig überfülltes Ghetto ziehen. Die viel zu hohe Zahl der Bewohner wird immer wieder durch Erschießungsaktionen vermindert.

Zugleich bereichern sich die Deutschen an der Habe der Juden. Ein riesiger, widerlicher Korruptionshandel setzt ein. Die Bewohner wissen schon lange, dass sie vermutlich nach und nach alle ermordet werden, und doch hoffen sie. Hoffen, als Facharbeiter unersetzlich zu sein; hoffen, dass man die Kinder am Leben lässt; dass sie doch noch fliehen können; dass die Rote Armee kommt und sie befreit. Am Ende werden die Kinder zuerst erschossen, nach und nach alle anderen, fast keiner überlebt.

Und nur von Orten, in denen wenigstens *ein* Mensch überlebt hat, besitzen wir überhaupt Berichte, die das furchtbare Geschehen beschreiben.

Dies alles ist weit entfernt von dem Bild des kalten, beinahe klinischen, industriellen Massenmords, das in den vergangenen Jahren und Jahrzehnten vielfach unseren Eindruck von dem Genozid an den Juden geprägt hat, wonach der Völkermord gleichsam automatisch und ohne sichtbare Täter stattfand, dessen Opfer namenlos und unwirklich schienen. Aber kein geheimes, nur Eingeweihten bekanntes Geschehen vollzog sich hier im Sommer und Herbst 1941, kein mechanisierter, steriler Massenmord jenseits aller Wahrnehmbarkeit, sondern apokalyptische, geradezu archaische Massaker, vollzogen unter Mitwirkung aller deutscher Dienststellen der Region; vorbereitet durch und begleitet von fast allen denkbaren Formen der Demütigung und Qual, gekennzeichnet durch eine kaum begreifbare Grausamkeit und immerwährende, alles verbindende Korruption.

Die Frage, wie es dazu kommen konnte, beschäftigt uns seit Jahrzehnten, nicht nur die Historiker, sondern auch Politiker, Psychologen, Geistliche, Museumsangestellte und ganz normale Leute. Aber über die lange oder kurze Vorgeschichte dieses Verbrechens, über das Aufkommen des Nazismus in Deutschland, über die Persönlichkeit der Täter werde ich heute nicht sprechen, sondern allein über die Stufen des Entscheidungsprozesses der deutschen Führung von 1939 bis etwa 1942, von Kriegsbeginn bis zum Beginn der Massendeportationen aus Westeuropa und des systematischen Massenmords in den Lagern im Osten, in Treblinka, Sobibór, Bełżec und Auschwitz. Ich will versuchen, zu erklären, dass der Massenmord keineswegs unerklärlich ist, sondern Schritt für Schritt im Einzelnen nachgezeichnet werden kann. Ich werde dabei keineswegs originell vorgehen, sondern zusammentragen, was die Historikerinnen und Historiker in den letzten Jahrzehnten herausgefunden haben. Was ich zu berichten habe, ist bis auf Kleinigkeiten unter den Fachleuten auch keineswegs umstritten, sondern beschreibt den unter ihnen seit langem etablierten Konsens.

Betrachtet man die schier endlose Folge von Drangsalierungen und Entrechtungen, von Enteignung, Verfolgung und Gewalt, welche die Juden nach 1933 zunächst in Deutschland und Österreich, dann seit Kriegsbeginn in Polen und schließlich in dem ganzen deutschen Herrschaftsbereich in Europa erleiden mussten, erscheint der Beginn der systematischen Massenmorde im Herbst 1941 rückblickend wie ein nahezu folgerichtiger, seit langem angestrebter Schritt. Lange Zeit wurde daher auch in der Geschichtsschreibung aus den monströsen Mordaktionen auf eine schon früh vorhandene Absicht der Nationalsozialisten geschlossen, die Juden allesamt zu töten. Das verkennt aber, dass das Ausmaß eines so gigantischen Völkermords im Jahre 1933, 1937 oder auch noch 1939 für die deutsche Führung gar nicht vorstellbar war, obwohl es viele Äußerungen von radikalen Antisemiten gibt, die schon in den 1920er Jahren und noch früher davon sprachen oder schrieben, Juden zu töten. Aber selbst im Sommer 1939 konnten nicht einmal die härtesten Nazis daran denken, dass nur ein Jahr später drei Viertel des Kontinents unter deutscher Herrschaft stehen und damit auch fast vier Millionen Juden im deutschen Machtbereich leben würden. Erst durch die Explosion der Gewalttätigkeit während des Krieges entstand jenes sich stetig verschärfende Klima der Rücksichtslosigkeit und Brutalisierung, das bestehende Vorbehalte sukzessive auflöste und das immer radikalere Lösungen denkbar und dann auch machbar erscheinen ließ, etwa die systematische Ermordung auch von Frauen und Kindern.

Diese schrittweise Erweiterung und Verschärfung des Vorgehens gegen die Juden war bei den meisten Verantwortlichen gleichwohl von der festen Überzeugung getragen, dass die Juden die Antipoden des nationalsozialistischen Deutschlands darstellten, und zwar sowohl als Vertreter oder Agenten des liberalen, universalistischen Westens als auch des bolschewistischen, internationalistischen Ostens; und dass man Wege finden müsse, sie aus dem deutschen Herrschaftsbereich zu verdrängen. Und sie waren überzeugt, dass die Juden auf die eine oder andere Weise schuld seien an allem Übel, das den Deutschen widerfahren sei – von der Niederlage im Ersten Weltkrieg über die verheerende Inflation bis zur Weltwirtschaftskrise. Und da diese Übel nicht geringer wurden, als man die Juden schlecht behandelte, begann man sie noch schlechter zu behandeln, sie auszugrenzen, zu verfolgen und ihnen das Eigentum wegzunehmen.

Schon seit Mitte der dreißiger Jahre waren in der deutschen Führung Überlegungen angestellt worden, wie man sich der deutschen Juden entledigen könne. Dabei markierte das Bestreben, sie zur Auswanderung zu zwingen, das *eine* Ziel; das Interesse, an ihr Vermögen zu kommen, das *andere*, und beide Ziele standen prinzipiell in Widerspruch zueinander. Mit Beginn des Krieges setzte die Suche nach einer «Lösung der Judenfrage» ein, die dann bald alle Juden im deutsch beherrschten Europa einschloss. Und schon als die deutschen Behörden mehrfach kurzfristige Provisorien einrichten mussten, kam die Rede von einer anzustrebenden «Endlösung der Judenfrage» auf, die solche Provisorien bald überflüssig machen würde. Dieses Suchen dauerte bis etwa Oktober 1941. Es gestaltete sich widersprüchlich und keinesfalls linear. Die Motive und Begründungen wechselten, wobei die Entscheidungen am stärksten durch die Entwicklung an den Fronten beeinflusst wurden. Der Judenmord war kein von den anderen Entwicklungen in militärischer, politischer und wirtschaftlicher Hinsicht getrenntes Ereignis, sondern mit diesen unmittelbar verbunden. Er lässt sich nicht auf allein ideologische Elemente zurückführen, aber ohne solche nicht verstehen. Dabei ist es hilfreich, «Ideologie» nicht als eine geschlossene Lehre zu begreifen, die bestimmte Handlungen unmittelbar nahelegt, sondern als eine Weltsicht, welche die Ereignisse und Erfahrungen zu interpretieren und zu deuten hilft und Zielsetzungen hierarchisiert.

Der Gesamtprozess der «Endlösung» vollzog sich während des Krieges in mehreren Phasen und Einzelschritten, in eskalierenden Aktionen und partiellen Rücknahmen und zudem nicht in allen Regionen des deutsch besetzten Europas gleichzeitig und mit gleichen Auswirkungen. Gleichwohl ergibt sich ein klares Bild. Man kann die Entwicklung der Entscheidungen und Aktionen in zehn Schritte gliedern.

1. In Polen war die antijüdische Politik der Deutschen in den ersten Monaten der Besatzung rasch verschärft und systematisiert worden: Auf Misshandlungen und Diskriminierung folgte die Heranziehung zur Zwangsarbeit und die Einweisung in Ghettos. Eine besondere Bedeutung kam dabei der von der deutschen Regierung mit der Sowjetunion vereinbarten Umsiedlung der deutschstämmigen Bewohner aus den sowjetischen Gebieten in das Deutsche Reich zu. Auch aus anderen Ländern, aus Rumänien, aus Ungarn, aus dem italienischen Südtirol wurden zehntausende Deutsche «heim ins Reich» geholt. Ein großer Teil von ihnen sollte in den von Deutschland annektierten Gebieten Westpolens angesiedelt werden. Um für sie Platz zu machen, wurden die dort lebenden Juden und auch ein Teil der nichtjüdischen polnischen Bevölkerung vertrieben und in das sogenannte Generalgouvernement umgesiedelt. Hier begann eine verhängnisvolle Kette von Vertreibung, Umsiedlung, provisorischer Unterbringung, von stetig verschlechterten Verhältnissen und der bald aufkommenden Frage der deutschen Behörden, *wie* – und dann *ob* man diese etwa im Ghetto Łódź eng zusammengedrängten Menschen ernähren sollte.

Nach den Siegen im Westen begann im Frühsommer 1940 die Verfolgung der Juden auch in den von der Wehrmacht besetzten Ländern West- und Nordeuropas. Sie verlief außer in Dänemark nach ähnlichem Muster und analog zu der Entwicklung in Deutschland seit 1933, allerdings in einem Bruchteil der Zeit. Auf die Erfassung und Registrierung der Juden folgten sukzessive zahlreiche Diskriminierungen und Schikanen, um die Juden zu isolieren. Dabei hatten die ausländischen Juden, darunter viele Flüchtlinge aus Deutschland und Österreich, unter der Verfolgung besonders zu leiden, zumal sie von den einheimischen Behörden nicht oder doch weniger geschützt wurden als die seit langem eingebürgerten Juden. Zugleich wurde die wirtschaftliche Drangsalierung verschärft, schließlich die Enteignung jüdischen Besitzes und Vermögens vollzogen, bis die Juden in bestimmten Wohngebieten und Lagern separiert wurden, meist organisiert über die Anordnung des Arbeitszwangs. Dabei spielten die in den meisten Ländern bestehenden Ressentiments gegen Juden insgesamt, vor allem aber gegen ausländische Juden eine beschleunigende Rolle.

Für die noch im Reich lebenden deutschen Juden, unter ihnen sehr viele alte Menschen, wurde die Auswanderung nach Kriegsbeginn noch schwieriger. Nur noch etwa zwanzigtausend von ihnen gelang nach 1939 die Emigration. Die Zurückbleibenden sahen sich ständig verschärften Bestimmungen ausgesetzt: Viele wurden zur Zwangsarbeit herangezogen, sei es in Rüstungsfabriken oder in Kolonnen zum Schneeschippen. Viele mussten ihre Wohnungen verlassen und wurden in «Judenhäuser» eingewiesen. In Wien wurden die etwa 100 000 dort lebenden Juden in bestimmten Stadtteilen konzentriert.

Der deutschen Führung war indes nicht klar, was weiterhin mit den Juden im Reich, in Westeuropa und in Polen geschehen sollte. Das «Gesamtproblem der rund 3 ¼ Millionen Juden im deutschen Herrschaftsbereich», schrieb der Chef der Sicherheitspolizei und des SD Heydrich bereits zwei Tage nach dem Sieg über Frankreich an Außenminister von Ribbentrop, könne nun «nicht mehr durch Auswanderung gelöst werden». Vielmehr müsse jetzt eine «territoriale Endlösung» gesucht werden.[2]

2. Mit dem Sieg über Frankreich schien ein solches Territorium gefunden: die afrikanische Insel Madagaskar, die als französische Kolonie nun in deutsche Hand zu geraten schien. In der Hochstimmung des nahen Siegs über Frankreich hatte Himmler schon am 25. Mai 1940 angekündigt, er hoffe, den «Begriff Jude» durch die «Möglichkeit einer großen Auswanderung sämtlicher Juden nach Afrika oder sonst in eine Kolonie» völlig auslöschen zu sehen.[3] Der Gedanke machte schnell die Runde und nahm einige Wochen später erstmals konkrete Gestalt an, als Anfang Juli 1940 vom Auswärtigen Amt ein erstes Konzept vorgelegt und bereits technische Einzelheiten einer solchen Massendeportation kalkuliert wurden, etwa die Zahl der jährlich umzusiedelnden Juden oder die dazu benötigte Schiffstonnage.[4] Da aber eine solche Umsiedlung von vielen Millionen Menschen per Schiff gar nicht denkbar war, solange die britische Seeherrschaft ungebrochen war, wurde diese Option seit dem Herbst 1940 nicht

weiterverfolgt. Durch die Diskussionen um den Madagaskar-Plan aber war die Größenordnung der Planungen gewissermaßen europäisiert worden.

Die Bemühungen, Volksdeutsche massenhaft in den eingegliederten Gebieten anzusiedeln und dafür Polen und Juden in großem Stil ins Generalgouvernement abzuschieben, waren bereits im Sommer 1940 überwiegend an Organisationsproblemen gescheitert. Im besetzten Polen war deshalb ein Stillstand in der Umsiedlungspolitik eingetreten. Gleichzeitig wetteiferten die deutschen Machthaber in den besetzten Ländern und Regionen aber geradezu darin, «ihre» Juden möglichst schnell und in großer Zahl abzuschieben. Der deutsche Machthaber im Generalgouvernement, Hans Frank, wehrte sich jedoch mit aller Macht dagegen, weitere Deportationen ins Generalgouvernement zuzulassen. Dabei waren die «unhaltbaren Zustände» in den jüdischen Wohnbezirken der großen Städte – Überbelegung, Lebensmittelknappheit, Seuchen und Schwarzmarkt vor allem – seine besten Argumente. Denn je größer die Probleme in den Ghettos wurden, desto lauter wurde der Ruf nach einer Lösung.

3. Mit der Entscheidung Hitlers, den Krieg gegen die Sowjetunion vorzubereiten, kam erneut Bewegung in die Umsiedlungs- und Deportationspolitik. Vermutlich bereits im Dezember 1940 erhielt Heydrich von Hitler den Auftrag, eine «Gesamtlösung» der Judenfrage vorzubereiten. Mittlerweile zählten die NS-Behörden etwa 5,8 Millionen Juden im «europäischen Wirtschaftsraum». Diese sollten nun – *nach* dem Sieg über die Sowjetunion – entweder in den Pripjetsümpfen östlich vom Generalgouvernement oder in den sowjetischen Zwangslagern in der Eismeerregion angesiedelt werden. In beiden Fällen ging man bereits im Frühjahr 1941 davon aus, dass ähnlich wie in Madagaskar ein großer Teil der Juden dort innerhalb absehbarer Zeit sterben werde. Weitere Deportationen ins Generalgouvernement wurden daher gestoppt. Bereits im Mai 1941 wurde auch den deutschen Dienststellen in Westeuropa bedeutet, dass «eine weitere Auswanderung von Juden im Hinblick auf die zweifellos kommende Endlösung zu verhindern» sei.[5]

Der bald zu erwartende Sieg im Osten schien nun alle Probleme der Deportationsbehörden und Rassepolitiker zu lösen, sie mussten nur noch einige Monate abwarten. In der Zwischenzeit wurde die Lage in den polnischen Ghettos immer dramatischer, vor allem die Lebensmittelversorgung verschlechterte sich, und die Todeszahlen stiegen rapide an – in Warschau von 898 Todesfällen im Januar 1941 auf 5550 im Juli des gleichen Jahres.

4. Beim Einmarsch in die Sowjetunion im Sommer 1941 fielen den Deutschen weitere etwa 2,4 Millionen Juden in die Hände. Knapp eine Million Juden hatten es geschafft, vor dem Einmarsch der Deutschen nach Osten zu fliehen. Entsprechend Heydrichs Befehl, unmittelbar nach dem Einmarsch die Führungsschicht des Bolschewismus zu liquidieren, was sich nach nationalsozialistischen Vorstellungen in besonderer Weise auf Juden bezog, begannen die Einsatzgruppen bereits in den ersten Tagen des Krieges damit, überall, wohin sie kamen, die männliche jüdische Bevölkerung im wehrfähigen Alter zu töten.[6] Vor allem im Baltikum trafen sie dabei auf die Unterstützung einheimischer nationalistischer und radikal antisemitischer Gruppen, die grausame Rache an den Juden nahmen, die sie für die Untaten der sowjetischen Geheimpolizei verantwortlich machten und zum Teil auf offener Straße mit Knüppeln erschlugen. Nun wurde täglich von Massakern berichtet, die immer größere Ausmaße annahmen. Am 7. Juli ermordete ein deutsches Polizeibataillon aus Lübeck 3000 jüdische Männer in Białystok. An der ungarischen Grenze zur Ukraine hatten die ungarischen Behörden Anfang August damit begonnen, Juden aus ihrer Region in ukrainisches Territorium zu verschieben. Daraufhin kamen mehrere SS- und Polizei-Einheiten in die ukrainische Grenzstadt Kamenez-Podolsk und erschossen innerhalb von drei Tagen 23 000 Juden.

Zur gleichen Zeit verschlechterte sich die Lage in den Ghettos in Polen weiter. Da die Einsatzgruppen und andere Einheiten von Polizei und SS die Juden in der Sowjetunion in diesen Tagen bereits massenhaft töteten, begannen auch die deutschen Behörden in Polen nun über radikalere Vorschläge nachzudenken. Der

Posener SD-Chef Höppner schrieb am 16. Juli an Eichmann, angesichts der Verhältnisse im Ghetto Łódź, bei den Deutschen Litzmannstadt genannt, suche man im Amt des Reichsstatthalters Greiser nun nach neuen Lösungen, etwa die Einrichtung eines Lagers für 300 000 Juden: Aber selbst das sei letztlich nicht ausreichend: «Es besteht in diesem Winter die Gefahr, dass die Juden nicht mehr sämtlich ernährt werden können. Es ist ernsthaft zu erwägen, ob es nicht die humanste Lösung ist, die Juden, soweit sie nicht arbeitseinsatzfähig sind, durch irgendein schnellwirkendes Mittel zu erledigen. Auf jeden Fall wäre dies angenehmer, als sie verhungern zu lassen [...] Im übrigen wurde der Vorschlag gemacht, in diesem Lager sämtliche Jüdinnen, von denen noch Kinder zu erwarten sind, zu sterilisieren, damit mit dieser Generation tatsächlich das Judenproblem restlos gelöst wird.»[7]

Solche Aussagen verwiesen bereits auf die Perspektiven, in denen die Verantwortlichen in den Besatzungsbehörden und Umsiedlungsstäben in diesen Wochen dachten, wenngleich sie nach wie vor davon ausgingen, dass die meisten Juden demnächst in die Sowjetunion deportiert würden, um dort Zwangsarbeit zu verrichten. Frank erhielt nun von Hitler sogar die Zusage, dass das Generalgouvernement nicht als ständiger Aufenthaltsort der Juden, sondern nur als Durchgangslager fungieren würde. Grundlage dieser Überzeugung war eine überaus optimistische Beurteilung der militärischen Lage, und vermutlich fällt auch die «Bevollmächtigung» Heydrichs durch Göring vom 31. Juli 1941, «die Judenfrage in Form der Auswanderung oder Evakuierung einer den Zeitverhältnissen entsprechend möglichst günstigen Lösung zuzuführen», noch in diese Phase, als man von der Abschiebung der Juden in die Sowjetunion nach dem baldigen Sieg ausging.[8]

5. In den ersten Wochen nach dem Einmarsch in die Sowjetunion hatte sich die Vernichtungswut der Deutschen zunächst vor allem auf die wehrfähigen jüdischen Männer gerichtet. Dabei stand die angenommene Verbindung zwischen Judentum und Bolschewismus im Vordergrund. Auch in Serbien wurden

in diesen Wochen fast alle jüdischen Männer ermordet – hier aber nicht von den Einsatzgruppen der Sicherheitspolizei und des SD, sondern von Einheiten der Wehrmacht. Seit einem Besuch Himmlers an der Ostfront Ende Juli 1941 wurde das Mordprogramm in der Sowjetunion aber erweitert, und auch Frauen und Kinder wurden nun getötet. «Ausdrücklicher Befehl des RF-SS. Sämtliche Juden müssen erschossen werden. Judenweiber in die Sümpfe treiben», bestätigte eine SS-Einheit telegrafisch diese Anweisung.[9] Die vorrangige Begründung für den Mord war nun nicht mehr allein politischer Art, vielmehr wurden nun Lebensmittelknappheit und Arbeitsfähigkeit stärker betont. «Unnütze Esser» sollten nicht ernährt, Arbeitsunfähige nicht durchgeschleppt werden. Damit war jede Grenze durchbrochen. Erstmals wurde die jüdische Bevölkerung ganzer Landstriche vollständig getötet, sei es nach einem gesuchten Anlass wie in Babij Jar bei Kiew am 29. und 30. September 1941, sei es ohne einen solchen. Insgesamt ermordeten Einsatzgruppen, Waffen-SS, Polizei und Wehrmachtseinheiten zwischen Juni 1941 und März 1942 in den besetzten Gebieten der Sowjetunion mehr als 600 000 Juden.

Auch gegenüber den noch in Deutschland lebenden Juden wurden nun verschärfte Maßnahmen ergriffen. Seit dem 1. September 1941 mussten sie einen gelben Davidstern an der Kleidung befestigt tragen. Sie wurden in bestimmten Häusern konzentriert und mussten dort warten, bis bestimmt war, was mit ihnen zu geschehen habe. Mitte September 1941 entschied Hitler, dass anders als zunächst geplant auch die deutschen Juden bereits jetzt, während des Krieges, in den Osten deportiert werden sollten. Ausschlaggebend waren hier möglicherweise Interventionen der regionalen Gauleiter, so des Hamburger Gauleiters Kaufmann, der darum bat, «die Juden evakuieren zu lassen, um zu ermöglichen, dass wenigstens zu einem gewissen Teil den Bombengeschädigten wieder eine Wohnung zugewiesen werden könnte».[10]

Hier wie an vielen anderen Stellen wurde sichtbar, dass das Vorgehen gegen die Juden von den deutschen Verantwortlichen mit einer jeweils gerade vordringlichen allgemeinen Problematik verbunden wurde – zunächst mit dem Kampf gegen den jüdischen Bolschewismus, dann mit der Nahrungsmittelknappheit, dann mit dem Arbeitseinsatz, auch mit dem Kampf gegen Seuchen, gegen Schwarzhandel, gegen Partisanen oder, besonders bei den Reichsbehörden, mit der Wohnungsnot. In jedem Fall wurde daraus ein Argument, wonach das Überleben der Juden geringer zu bewerten sei als das jeweilige Ziel – also Lebensmittel zu sparen, Arbeitskraft für deutsche Zwecke zu gewinnen, Seuchen und Schwarzhandel zu bekämpfen, Wohnungen für Deutsche oder für Einheimische freizumachen.

Es wäre aber ein Trugschluss zu glauben, die Notwendigkeit, Wohnraum für Deutsche freizumachen, sei der Grund für die Deportation und schließliche Ermordung der deutschen Juden gewesen. Ebenso wenig waren Lebensmittelknappheit oder Seuchenverbreitung im Osten der Grund für den beginnenden Judenmord. Vielmehr fand der nationalsozialistische Antisemitismus seinen spezifischen Ausdruck darin, dass die Verfolgung der Juden mit politischen, militärischen, polizeilichen, bevölkerungs-, gesundheits- oder ernährungspolitischen Zielen begründet wurde, sodass «der Jude» als Spion, als Faulenzer, als Seuchenverbreiter, als Partisan oder Kommunist die Richtigkeit und Notwendigkeit der Judenverfolgung jeweils geradezu empirisch zu bekräftigen schien.

6. Seit Mitte Oktober 1941 wurde allerdings deutlich, dass mit einem deutschen Sieg über die Rote Armee im Verlaufe dieses Jahres nicht mehr zu rechnen war. Damit war aber auch die ins Auge gefasste Aussiedlung der polnischen oder gar aller europäischen Juden nach Nordrussland keine realistische Perspektive mehr. Es gibt deutliche Hinweise, dass sich in diesen Tagen und Wochen eine Umorientierung in der deutschen Führung und zumal bei Hitler vollzog. Bis dahin hatte es in Westeuropa noch die Möglichkeit der Auswanderung für Juden gegeben. Die wurde nun untersagt.

In Ostgalizien, das bis 1941 zum Territorium der Sowjetunion gehört hatte und nun dem Generalgouvernement zugeschlagen worden war, begannen im Oktober systematische Massenerschießungen von Juden – so etwa in Stanislau nahe der ungarischen Grenze. Dort sollte ein Ghetto eingerichtet werden. Da jedoch das dafür vorgesehene Stadtviertel für die im Ort lebenden Juden zu klein war, beschloss die Sicherheitspolizei-Stelle des Ortes, die Zahl der Juden durch eine Tötungsaktion zu dezimieren und ließ am 6. und 12. Oktober 1941 am Stadtrand von Stanislau etwa 11 000 bis 12 000 Juden erschießen.

Zu diesem Zeitpunkt war von den Eismeerlagern in Russland keine Rede mehr, vielmehr wurde mit den Vorbereitungen begonnen, im Generalgouvernement Plätze einzurichten, an denen in kurzer Zeit sehr viele Menschen getötet werden konnten. Der Bau der ersten solcher Menschen-Vernichtungsstationen begann Anfang November 1941 in Bełżec in der Nähe von Lublin. Dazu waren bereits seit September die Spezialisten der «Euthanasie»-Morde nach Lublin gekommen, die nach dem Abbruch des Programms der «Vernichtung lebensunwerten Lebens» nun für den «Osteinsatz» frei waren. Nachdem nach den Massenerschießungen in der Sowjetunion und in Polen immer wieder Kritik an der starken nervlichen Belastung für die Mitglieder der Tötungskommandos laut geworden war, sollte fortan in Bełżec ebenso wie in der Vernichtungsstation Chełmno/Kulmhof bei Łódź mit Gas getötet werden.

In diesen Tagen häuften sich die Äußerungen Hitlers über die kommende Abrechnung mit dem Judentum, meist mit Verweis auf seine «Prophezeiung» im Januar 1939. Am 25. Oktober etwa bemerkte er gegenüber Heydrich und Himmler: «Diese Verbrecherrasse hat die zwei Millionen Toten des Weltkriegs auf dem Gewissen, jetzt wieder Hunderttausend. Sage mir keiner: Wir können sie nicht in den Morast schicken! Wer kümmert sich denn um unsere Menschen? Es ist gut, wenn uns der Schrecken vorangeht, dass wir das Judentum ausrotten.»[11]

In diesen Wochen zwischen Juli und November 1941 erschossen die Einsatzgruppen bereits Hunderttausende von sowjetischen Juden. Infolge der Hungerpolitik starben zur gleichen Zeit Hunderttausende sowjetischer Kriegsgefangener in den Stamm- und Durchgangslagern der Wehrmacht. In Leningrad und vielen anderen Regionen im Osten wurde die Zivilbevölkerung ausgehungert, ebenfalls mit sechsstelligen Todeszahlen. In Polen und im Warthegau nahm die Zahl der Toten in den Ghettos wöchentlich zu. Insgesamt wurden in den sechs Monaten zwischen Juni und Dezember 1941 in Polen und der Sowjetunion mehr als 1,5 Millionen Menschen von deutschen Einheiten außerhalb von Kampfhandlungen umgebracht oder starben an Hunger.

Angesichts dieser Situation – und angesichts der rapide steigenden Verlustzahlen an der Ostfront, die für die deutsche Führung ganz besonderes Gewicht besaßen – war es offensichtlich kein ganz grundsätzlicher Einschnitt mehr, die Juden im deutschen Herrschaftsbereich nun nicht wie zuvor gedacht in sibirische Lager zu verschleppen, um sie dort umkommen zu lassen, sondern sie sofort auf dem Gebiet des Generalgouvernements in den seit November errichteten Vernichtungsstationen töten zu lassen.

7. Spätestens Anfang Dezember war diese Entscheidung gefallen. Am 11. Dezember erklärte Deutschland den USA den Krieg. In den Augen Hitlers wiederholte sich damit die Konstellation des Ersten Weltkriegs, wonach die USA im April 1917 auf Betreiben der Juden gegen Deutschland in den Krieg gezogen seien. Und wie schon oft reagierte Hitler darauf mit wütenden Morddrohungen gegen das internationale Judentum. In einer Ansprache vor Reichs- und Gauleitern der NSDAP am darauffolgenden 12. Dezember wurde er, wie mehrere Zuhörer bemerkten, ungewöhnlich explizit. Goebbels notierte sich: «Bezüglich der Judenfrage ist der Führer entschlossen, reinen Tisch zu machen. Er hat den Juden prophezeit, dass, wenn sie noch einmal einen Weltkrieg herbeiführen, sie dabei ihre Vernichtung erleben würden. Das ist keine Phrase gewesen. Der Weltkrieg ist da, die Vernichtung des Judentums muß die notwendige Folge sein. Diese Frage ist ohne jede Sentimentalität zu betrachten. Wir sind nicht dazu da, Mitleid mit den Juden, sondern nur Mitleid mit unserem deutschen Volk zu haben. Wenn das deutsche Volk jetzt wieder im Ostfeldzug an die 160000 Tote geopfert hat, so werden die Urheber dieses blutigen Konflikts dafür mit ihrem Leben bezahlen müssen.»[12]

Hans Frank berichtete nach seiner Rückkehr aus Berlin seinen Regierungsbeamten in Krakau in unmissverständlicher Weise über diese Ansprache Hitlers und die daraus zu ziehenden Schlussfolgerungen: «Mit den Juden – das will ich Ihnen auch ganz offen sagen – muß so oder so Schluß gemacht werden. Ich muß auch als alter Nationalsozialist sagen: wenn die Judensippschaft in Europa den Krieg überleben würde, dann würde dieser Krieg doch nur einen Teilerfolg darstellen. Ich werde daher den Juden gegenüber grundsätzlich nur von der Erwartung ausgehen, dass sie verschwinden. Sie müssen weg. Jedenfalls wird eine große jüdische Wanderung einsetzen. Aber was soll mit den Juden geschehen? Glauben Sie, man wird sie im Ostland in Siedlungsdörfern unterbringen? Man hat uns in Berlin gesagt: weshalb macht ihr uns diese Scherereien; wir können im Ostland oder im Reichskommissariat auch nichts mit ihnen anfangen, liquidiert sie selber! Die Juden sind auch für uns ungewöhnlich schädliche Fresser. Diese 3,5 Millionen Juden können wir nicht erschießen, wir können sie nicht vergiften, werden aber doch Eingriffe vornehmen können, die irgendwie zu einem Vernichtungserfolg führen, und zwar im Zusammenhang mit den vom Reich her zu besprechenden Maßnahmen.»[13]

Es ist nicht völlig sicher, ob diese Rede vom 12. Dezember, die ja nur eine aus einer ganzen Reihe solcher Ansprachen war, in denen Hitler in diesen Wochen den Juden mit Vernichtung drohte, als «politische Grundsatzentscheidung, alle Juden Europas zu ermorden» interpretiert werden kann. Er äußerte hier ja nichts Anderes als das, was er seit dem Sommer des Jahres bereits mehrfach wiederholt hatte, wenngleich der von Goebbels notierte Satz «Der Weltkrieg ist da, die Vernichtung des Judentums muß die notwendige Folge sein», noch einmal eine Verschärfung und Aktualisierung bedeutete. Aber in dem geschilderten Kontext dieser Tage wurde die Rede von den anwesenden Funktionsträgern des Regimes doch zumindest als ultimative Bekräftigung dessen verstanden, was man im RSHA, bei den Umsiedlungsexperten und den deutschen Besatzungsbehörden schon seit Längerem für unvermeidlich hielt: die Tötung zumindest aller arbeitsunfähigen Juden im deutschen Machtbereich.[14]

Die von Heydrich zunächst für den 8. Dezember einberaumte, dann auf den 20. Januar verschobene Wannseekonferenz diente daher vorrangig drei Zielen: Erstens sollten die neue Linie den beteiligten Ressorts mitgeteilt und die daraus folgenden Schritte koordiniert werden: Deportation der polnischen und der westeuropäischen Juden nicht nach dem Krieg, sondern sofort, und nicht mehr nach Nordrussland, sondern in die Vernichtungslager im Generalgouvernement. Zweitens wollte das RSHA gegenüber den anderen Reichsbehörden sicherstellen, dass es in dieser Sache die Federführung innehatte. Und drittens sollte bei dem Zusammentreffen auch die Frage der «Halbjuden» und der in Mischehe lebenden deutschen Juden geklärt werden, ein Streitpunkt schon seit längerer Zeit.

Das Deportationsprogramm bezog sich auf alle europäischen Juden, auch diejenigen in nicht von Deutschland besetzten Ländern. Wesentliches Element war die Differenzierung in Arbeitsfähige und nicht Arbeitsfähige: «Unter entsprechender Leitung sollen nun im Zuge der Endlösung die Juden in geeigneter Weise im Osten zum Arbeitseinsatz kommen. In großen Arbeitskolonnen, unter Trennung der Geschlechter, werden die arbeitsfähigen Juden straßenbauend in diese Gebiete geführt, wobei zweifellos ein Großteil durch natürliche Verminderung ausfallen wird. Der allfällig verbleibende Restbestand wird, da es sich bei diesem zweifellos um den widerstandsfähigsten Teil handelt, entsprechend behandelt werden müssen, da dieser, eine natürliche Auslese darstellend, bei Freilassung als Keimzelle eines neuen jüdischen Aufbaues anzusprechen ist.» Auch der Arbeitseinsatz wurde hier also lediglich als Umweg zum Tode festgelegt.[15]

8. Zwischen Januar und Juli 1942 begannen die deutschen Behörden nun in allen besetzten Gebieten damit, die Deportation der Juden vorzubereiten. Insbesondere wurden auf dem Gebiet des besetzten Polens weitere Vernichtungsstationen errichtet, nach Bełzec und Kulmhof folgten im Frühjahr Sobibór im Südosten, schließlich im Sommer Treblinka, nordöstlich von Warschau.

In den westeuropäischen Ländern wurden Juden jetzt vermehrt in Durchgangslager gebracht – Drancy in Frankreich, Westerbork in den Niederlanden und Mecheln in Belgien –, wo sie auf ihren Abtransport in den Osten warten sollten. Für das Reich und das Protektorat hatte Hitler bereits im Oktober 1941 erste Deportationen angeordnet. 19 000 Juden aus dem Reichsgebiet und aus Prag wurden daraufhin nach Łódź verbracht, am 8. November fuhr ein erster Transport nach Minsk. Um für die deutschen Juden Platz zu schaffen, waren dort zuvor polnische Juden umgebracht worden. Am Ende des Monats November wurden deutsche Juden sofort nach Ankunft erschossen, so am 29. November im litauischen Kaunas und einen Tag später in Riga.

In Westeuropa setzten die systematischen Deportationen im Sommer 1942 ein. Am 11. Juni 1942 hatten die Leiter der Sicherheitspolizei und des SD aus Frankreich, Belgien und den Niederlanden mit Eichmann vereinbart, nunmehr mit der Deportation der Juden aus den westeuropäischen Ländern zu beginnen: Aus den Niederlanden sollten 15 000, aus Belgien 10 000 und aus Frankreich insgesamt 100 000 Juden in den Osten deportiert werden. Vier Tage später wurde diese Zahl als unrealistisch angesehen und auf 40 000 Juden reduziert, die innerhalb von drei Monaten nach Osten gebracht werden sollten.

Daraufhin rollten nun die regelmäßigen Transportzüge. Am 22. Juni 1942 ging aus dem Lager bei Paris ein Zug mit 1000 jüdischen Männern und Frauen nach dem Osten ab; am 25. Juni 1942 ein weiterer. In den Niederlanden verließ der erste Zug mit 1135 niederländischen Juden am 15. Juli 1942 Westerbork, in Belgien fuhr der erste Transport am 4. August 1942 mit 998 Juden aus Mecheln nach Osten, genauer: nach Auschwitz.

Das Lager Auschwitz, nahe Krakau, war bereits im Frühjahr 1940 eingerichtet worden, zunächst vor allem für polnische Gefangene, die bis zum Herbst des Jahres 1941 das Hauptkontingent der Häftlingsbevölkerung bilden. Im August und September 1941 wurden in den Zellen des Stammlagers etwa 250 selektierte Kranke und 600 sowjetische Politkommissare und Offiziere mit Zyklon B vergast. Bereits seit längerer Zeit hatten die NS-Behörden nach Wegen gesucht, Massentötungen mit anderen Mitteln als durch Erschießen durchzuführen, denn die Befehlshaber der Einsatzgruppen, die in der Sowjetunion zehntausende Juden erschossen hatten, beschwerten sich darüber, dass diese Erschießungen für ihre Kommandos eine unzumutbare seelische Belastung darstellten.

Bereits im März 1941 hatte Himmler eine massive Erweiterung des Lagers mit einer Aufnahmekapazität von 100 000 Häftlingen angeordnet, vermutlich im Zuge der Vorbereitungen auf den geplanten Krieg gegen die Sowjetunion. So entstand Auschwitz-Birkenau, wo nun zunächst einzelne Bauernhäuser zu Gaskammern umgebaut wurden. Im ersten Halbjahr 1943 gingen dann vier große Krematorien in Betrieb, die im Untergeschoss zwei Gaskammern von je 210 Quadratmetern Grundfläche enthielten.

Im Frühjahr 1942 trafen die ersten Transporte mit Juden aus Ostoberschlesien, der Slowakei, Frankreich, Belgien und den Niederlanden ein. Im Sommer begannen die Transporte aus Deutschland, aus Rumänien, Norwegen und Kroatien; später aus Bulgarien, Ungarn, Griechenland und aus Südfrankreich.

Auschwitz war nun als Arbeits- und Vernichtungslager eingerichtet. Den Vereinbarungen der Wannseekonferenz entsprechend begannen jetzt die Selektionen der eintreffenden Juden nach Arbeitsfähigkeit. Bei den meisten Transporten wurden weniger als ein Drittel der Angekommenen in das Lager selbst geschickt, um als Arbeitskräfte eingesetzt zu werden. Alle anderen, alle Kinder, alle Alten und ein Großteil der Frauen, wurden sofort in die dafür errichteten Gaskammern gebracht und getötet. Zur gleichen Zeit entstanden in der Region um Auschwitz herum große Industrieanlagen, insgesamt etwa 40 an der Zahl, unter denen Monowitz, ein Betrieb der IG Farben, die größte war. In ihnen mussten die Häftlinge arbeiten, die nicht sofort getötet worden waren.

9. Im Generalgouvernement hatten die deutschen Behörden bereits Mitte März 1942 damit begonnen, die ersten Ghettos zu räumen. Dazu wurde ein Registrierungssystem der dort lebenden Juden entwickelt – mit den Einteilungen kriegswichtig, arbeitsfähig, arbeitsunfähig. Die Judenräte wurden von den deut-

schen Behörden gezwungen, die zu Deportierenden selbst auszusuchen. Diese wurden dann per Zug zur nächstgelegenen Vernichtungsstation gebracht und dort getötet. Diese Deportationswelle von Mitte März bis Mitte Juli 1942 kostete etwa 110000 Menschen das Leben, überwiegend solche, die als «nicht arbeitsfähig» eingestuft worden waren.

Mitte Juli 1942 fiel dann die Entscheidung, alle polnischen Juden, ob arbeitsfähig oder nicht, innerhalb der kommenden sechs Monate umzubringen. Himmler erteilte am 19. Juli 1942 die entsprechende Anordnung, wonach «die Umsiedlung der gesamten jüdischen Bevölkerung des Generalgouvernements bis 31. Dezember 1942 durchgeführt und beendet» sein solle.[16] Daraufhin begann die systematische Ermordung aller polnischen Juden – von der SS intern «Aktion Reinhard» genannt, zur Erinnerung an den am 4. Juni 1942 in Prag nach einem Anschlag der Widerstandsbewegung gestorbenen Reinhard Heydrich. Von Juli bis Ende November 1942 erreichten die Mordaktionen ihren Höhepunkt. Ghetto um Ghetto wurde geräumt, die Bewohner wurden zusammengetrieben und mit Zügen zu der nächsten Vernichtungsstation gebracht, nach Bełżec, Sobibór und Treblinka, wo sie am gleichen Tag in Gaskammern getötet wurden. Die Zahl derer, die von den Deportationen zurückgestellt wurden, weil sie in kriegswichtigen Betrieben beschäftigt waren, wurde immer geringer. Anfang 1943 lebten im Generalgouvernement noch etwa 300000 Juden, meist in Zwangsarbeitslagern in der Nähe von rüstungswichtigen Betrieben. Schließlich wurden auch diese Lager aufgelöst; am 3. und 4. November 1943 auch die im Distrikt Lublin. Bei Räumung der letzten Zwangsarbeitslager, intern «Aktion Erntefest» genannt, erschossen Einheiten von Polizei und SS etwa 43000 Menschen.

Die «Endlösung der Judenfrage» in Polen war damit für die deutschen Behörden abgeschlossen. Von den mehr als drei Millionen polnischen Juden überlebten weniger als 100000 das Ende des Krieges.

10. Bis Ende 1943 war es den deutschen Behörden gelungen, die Juden in nahezu allen besetzten oder verbündeten Ländern zu

erfassen, zu deportieren und zu töten. Wie hoch die Mordquote an den Juden in den einzelnen Ländern war, hing dabei von verschiedenen Faktoren ab: vor allem von der Effektivität und Stärke der deutschen Besatzungs- und Polizeibehörden, von topographischen Bedingungen, vom Ausmaß der Integration der Juden in die einzelnen Gesellschaften und nicht zuletzt von der Kollaborationsbereitschaft der einheimischen Verwaltungen. So wurden in den Niederlanden fast siebzig Prozent der dort lebenden Juden von den Deutschen umgebracht, in Frankreich zwanzig Prozent. In Rumänien waren es überwiegend einheimische Kräfte, die die Juden ermordeten, in Bulgarien schützten die Behörden einen Teil der alteingesessenen Juden vor der Verfolgung. In Dänemark gelang es dem antideutschen Widerstand, fast alle etwa fünftausend im Land lebenden Juden in einer dramatischen Rettungsaktion vor dem deutschen Zugriff zu bewahren und mit Schiffen nach Schweden zu bringen. Das aber waren Ausnahmen. Insgesamt gingen die deutschen Behörden gegenüber den Juden in ihrem Machtbereich mit äußerster Konsequenz und Brutalität vor.

Anfang 1944 war nur noch eine große jüdische Gemeinschaft weitgehend unangetastet geblieben, nämlich diejenige in Ungarn. Um zu verhindern, dass Ungarn wie zuvor Italien das Bündnis mit Deutschland verließ, marschierten am 19. März 1944 deutsche Truppen in dem Land ein, und sogleich begann Adolf Eichmann mit seinen Mitarbeitern mit der Vorbereitung der Deportation der Juden. Zwei Monate später, am 14. Mai 1944, fuhr der erste Zug nach Auschwitz ab. In den folgenden Wochen wurden täglich etwa 12 000 Juden dorthin deportiert, insgesamt bis Mitte Juli 438 000, 320 000 von ihnen wurden nach Ankunft sofort mit Gas getötet.

Die Bilanz des Judenmords ist ungeheuerlich. Die Zahl der während des Krieges gewaltsam umgekommenen Juden liegt nach neuen Berechnungen bei etwa 5,7 Millionen. Dabei ist die verbreitete Vorstellung von einem «industriellen» Massenmord nur zum Teil zutreffend. Weniger als die Hälfte der getöteten Juden starb in den Gaskammern. Die anderen wurden auf ganz traditionelle Weise umgebracht: Sie wurden erschossen und erschlagen, starben an Seuchen, an Hunger oder Entkräftung. Eine Gesamtbilanz der deutschen Vernichtungspolitik im Zweiten Weltkrieg ist nach wie vor nicht mit hinreichender Genauigkeit zu ziehen. Zu den 5,7 Millionen Juden und den mindestens 200 000 ermordeten Sinti und Roma sind etwa eine Million nichtjüdische polnische Zivilisten hinzuzurechnen, etwa 2,8 Millionen sowjetische Kriegsgefangene, etwa 3,5 Millionen sowjetische Zivilpersonen sowie etwa 400 000 nichtjüdische Zivilisten in den anderen von Deutschland besetzten Ländern sowie in Deutschland selbst. Insgesamt ist also von einer Größenordnung von 12 bis 14 Millionen außerhalb von Kampfhandlungen im deutschen Machtbereich umgekommenen Menschen auszugehen.

Was die jahrzehntelang diskutierten Fragen nach dem Holocaust als Ergebnis eines lange gehegten und vorbereiteten Plans betrifft, so sind die heutigen Ergebnisse indes weniger sensationell als deprimierend. Denn wer erwartet, dass es für den größten Massenmord der Weltgeschichte einen ebenso furchtbaren, gigantischen Plan gegeben haben müsse, sieht sich getäuscht. Wir sehen vielmehr ein System von Aushilfen und Unzulänglichkeiten, gepaart mit zunehmender Verrohung, Brutalisierung, Fanatismus und Enthemmung, getrieben von dem Wunsch, sich der Juden im deutschen Machtbereich auf irgendeine Weise zu entledigen – durch forcierte Auswanderung, durch Deportation, schließlich durch ihre physische Vernichtung.

Kehren wir am Ende noch einmal nach Glubokoje zurück. Einer der im Frühjahr 1943 noch lebenden Ghettobewohner war Salman Fleischer. Er wurde im März 1943 beschuldigt, gegen das ausgesprochene Verbot von einem Bauern ein Stück Butter gekauft zu haben. Salman Fleischer wurde gewarnt, und es gelang ihm, zu fliehen. Deswegen ließ der Chef der Gendarmerie, ein Deutscher mit Namen Kern, auf der Hauptstraße des Ghettos die erstbesten Passanten einfangen, drei Männer. Was wissen wir über diese drei Menschen? Leiwe Driswjazki war ein gebildeter Mensch, Mathematiker, Sprachwissenschaftler und

Talmud-Lehrer, in Glubokoje ein bekannter und geachteter Mann. Einige Wochen zuvor war sein ältester Sohn Owsei bei einer «Aktion» nach Borki gebracht und getötet worden. Chawna war sein jüngster Sohn, 18 Jahre alt; er ging mit ihm zusammen auf der Straße, als sie für das «Vergehen» Salman Fleischers verhaftet wurden. Lipa Landau, auch er ein Mann mit Hochschulbildung, war bereits einmal nach Borki geschickt worden; dort waren seine Frau und seine Kinder getötet worden, er selbst wurde nur verletzt und hatte sich wie durch ein Wunder retten können. Dann war er lange im Wald herumgeirrt, bis er sich schließlich nach Glubokoje durchgeschlagen hatte und mit Leiwe Driswjazki bekannt wurde, mit dem er sich rasch anfreundete. Die drei Männer wurden von der deutschen Polizei aufgegriffen, gequält, schließlich nach Borki gebracht und dort ermordet.

10. Nachklänge der «Volksgemeinschaft»

Der Begriff der «Volksgemeinschaft» war bereits seit der Jahrhundertwende über die politischen Lager hinweg eine Leitvokabel der Modernekritik gewesen. In ihr verband sich die Kritik an den die soziale Gemeinschaft zerreißenden Klassen der Industriegesellschaft und den Gegensätzen zwischen den Konfessionen mit der Ablehnung von Pluralismus, der Kultur der Moderne und der Dynamisierung der sozialen Verhältnisse. Der Begriff war aber ebenso wie der ihm verwandte Terminus der «Entfremdung» kein Privileg der Rechten, sondern nach und nach zu einer in allen politischen Lagern gebrauchten Zielvorstellung geworden.[1]

Das war kein deutsches Sonderphänomen. Überall in Europa hatten nach dem Ersten Weltkrieg die sozialen Unruhen stark zugenommen. Streiks und revolutionäre Aufstände auf der einen, Konflikte zwischen ethnischen Gruppen in den neu geschaffenen Nationalstaaten auf der anderen Seite hatten in Spanien wie in Italien, in Polen, Ungarn und Jugoslawien ebenso wie in Griechenland und Bulgarien autoritäre Regimes befördert, welche die Überwindung der inneren Zerspaltung, die Schaffung nationaler Einheit postulierten und wenn nötig mit Gewalt herzustellen versprachen. Hier wie auch in den Metropolen der westlichen Demokratien wurde die innere Zerrissenheit durch die sozialen Auseinandersetzungen zwischen den Klassen als ein unnatürlicher Zustand beklagt, und auch in den Utopien der radikalen Linken sollten ja die Klassenkämpfe durch die Revolution beendet und ein Zustand konfliktloser Gleichheit hergestellt werden. Man kann nachgerade von einer Hegemonie des nationalen Gemeinschaftsgedankens in den 1930er Jahren sprechen, einer politisch-ideologischen Gegenbewegung zum Aufstieg des Klassenkampfgedankens in den Jahren vor und nach dem Ersten Weltkrieg in fast ganz Europa.

In Deutschland allerdings waren diese Konfliktlinien besonders ausgeprägt, einerseits, weil sich hier die Durchsetzung der modernen Industriegesellschaft besonders rasch und heftig vollzogen hatte, andererseits, weil durch den verlorenen Krieg sowohl die nationalen wie die sozialen Widersprüche extrem verschärft worden waren. In der Idee der nationalen, dann der rassisch bestimmten völkischen Einheit drückte sich das Unbehagen an dem komplizierten Spiel der politischen Kräfte, dem Mit- und Gegeneinander sozialer und politischer Interessen und an der mühsamen Suche nach Kompromissen und Koalitionen auf Zeit aus, welche das Leben in einer durch Komplexität und Differenzierung gekennzeichneten Industriegesellschaft prägt. «Volksgemeinschaft» war darüber hinaus aber auch der Träger des gesunden «Volksempfindens» gegen das Fremde schlechthin, insbesondere gegen die moderne, international orientierte Massenkultur. Die Nationalsozialisten nahmen dieses Verlangen auf und radikalisierten es in extremer Weise, einerseits durch Komplexitätsreduktion, Egalitätspostulate und soziale Leistungen, andererseits durch politische und rassische Exklusion und negative Integration. Das gelang in bemerkenswertem Maße, solange es durch wirtschaftliche und militärische Erfolge beglaubigt wurde.

I.

Dabei erwies sich das Erleben der wirtschaftlichen Stabilisierung nach 25 Jahren nahezu ununterbrochener Krisen als wichtigste Erfahrung der NS-Zeit bis etwa 1940. Auch wer die Nazis politisch nicht unterstützte, konnte doch die wirtschaftliche Aufwärtsentwicklung, den raschen Abbau der Arbeitslosigkeit und das Ende der inneren Unruhen schätzen und für sich nutzen, selbst wenn er wusste, auf welche Weise diese Ruhe hergestellt worden war. Das bedeutete nicht, dass die Deutschen nun tatsächlich besser lebten – die Reallöhne erreichten das Niveau der Vorkrisenzeit erst wieder im Jahre 1938, und das Leben in Deutschland war auch im Vergleich zu dem in Frankreich, Großbritannien oder den Benelux-Staaten, zu schweigen von den USA, nach wie vor karg. Aber das nationalsozialistische Wirtschaftswunder (der Begriff ist zeitgenössisch) ermöglichte doch so etwas wie eine Hoffnung auf stabile Verhältnisse, und hieran band sich auch ein Großteil der Loyalitäten jener Mehrheit der Deutschen, die die Nationalsozialisten 1932 nicht gewählt hatte. Wer in Deutschland bei Beginn des Zweiten Weltkriegs vierzig Jahre alt war, hatte bis dahin kaum etwas Anderes erlebt als den Ersten Weltkrieg, Inflation, Revolution, Putsche, Massenarbeitslosigkeit, Straßenkämpfe, NS-Machtergreifung und Kriegsvorbereitungen. Die gegenläufigen Erfahrungen bezogen sich auf die wenigen Phasen, in denen wirtschaftliche und soziale Stabilität eine Perspektive der Sicherheit vermittelt hatten. Das betraf, nun schon als verklärte Vergangenheit, die Jahrzehnte vor dem Ersten Weltkrieg, mit Abstrichen die Jahre 1924 bis 1928 und nun vor allem die Jahre seit der NS-Machtübernahme. Durch den Krieg wurden die hier geweckten Träume vom besseren Leben – und das meinte ja: von sozialer Sicherheit und der Konsumgesellschaft – jedoch weitgehend zunichtegemacht.

Für die Regimeführung war es jedoch von erheblicher Bedeutung, die «Stimmung» der Bevölkerung möglichst hoch und die Belastungen niedrig zu halten. Diesem Ziel diente besonders die Kriegssteuerpolitik, durch welche die oberen Einkommensklassen stärker, im internationalen Vergleich aber durchaus milde belastet wurden, während etwa zwei Drittel der Bevölkerung davon gar nicht betroffen waren. Dazu gehörte eine großzügige Versorgung der Soldatenfamilien, die etwa siebzig Prozent des letzten Friedenseinkommens erreichte und damit deutlich höher lag als in Großbritannien (38 Prozent) und den USA (36 Prozent), wobei die deutschen Reallöhne allerdings erheblich niedriger waren. Der Krieg, so das Kalkül der Regimeführung im Herbst 1939, sollte für die Bevölkerung möglichst wenig spürbar sein. Tatsächlich aber konnte davon keine Rede mehr sein, als mit den ersten Niederlagen im Osten die Verlustzahlen der Wehrmacht dramatisch anstiegen und die zunächst vereinzelten, dann regelmäßigen Luftangriffe ein normales Leben jedenfalls in den Städten fast unmöglich machten.[2]

Zwar wurden solche Einbußen durch die rauschenden militärischen Siege der Wehrmacht in den ersten drei Kriegsjahren jedenfalls zum Teil kompensiert. Insbesondere der Sieg über Frankreich im Sommer 1940 führte zu einem nationalen Freudentaumel, der die Bindung zwischen Volk und Führung enorm befestigte. Der nationale Rausch verflog jedoch rasch, besonders die Lebensmittelversorgung beeinflusste die «Stimmung» der deutschen Bevölkerung. «Die Bekanntgabe der Herabsetzung der Lebensmittelzuteilungen», berichtete der SD über die Reaktionen auf die vorübergehenden Rationenkürzungen im Frühjahr 1942, habe «auf einen großen Teil der Bevölkerung geradezu ‹niederschmetternd› gewirkt, und zwar in einem Ausmaße wie kaum ein anderes Ereignis während des Krieges». Vor allem die Arbeiterschaft lasse jedoch «jegliches Verständnis für die Notwendigkeit der neuen Maßnahmen vermissen». Die Stimmung in diesen Bevölkerungskreisen sei «auf einem im Verlauf des Krieges bisher noch nicht erreichten Tiefstand angelangt».[3]

Seit Mitte 1942 schlug die Stimmung der deutschen Bevölkerung vor allem in den bombengefährdeten Großstädten allmählich um in Abstumpfung und Apathie. Die Reduktion der sozialen Wahrnehmung auf den unmittelbaren Zusammenhang der eigenen Existenz, das wachsende Desinteresse an allen gesellschaftlichen Ereignissen waren Ausdrucksformen dieser Entwicklung. Damit einher ging eine gravierende Entpolitisierung, die weit über die Kriegs- und Nachkriegsjahre hinauswirkte. «Die Einstellung eines Großteils der Bevölkerung», resümierte der SD zum dritten Jahrestag des Kriegsbeginns im Herbst 1942, sei mittlerweile «durch eine gewisse Resignation gekennzeichnet, die teilweise sogar in stärkerem Maße Anzeichen einer Kriegsmüdigkeit zeigt… Die zunehmenden Versorgungsschwierigkeiten, drei Jahre Einschränkungen auf allen Gebieten des täglichen Lebens, die an Heftigkeit und Umfang ständig zunehmenden feindlichen Luftangriffe, die Sorge um das Leben der Angehörigen an der Front» ließen «immer mehr den Wunsch nach einem baldigen Kriegsende auftreten.»[4]

So löste sich die emotionale Bindung an das Regime und auch an Hitler immer weiter auf, und in dem Maße, wie die Niederlage näher rückte, wurden die Verbrechen des Regimes, von denen man manches gewusst oder doch geahnt hatte, und damit auch die eigene Nähe zum Regime allmählich zur Last oder gar zur Bedrohung. Die Loyalität eines Großteils der deutschen Bevölkerung gegenüber dem «Dritten Reich» war an dessen Erfolg gebunden – militärisch wie wirtschaftlich. Blieb der Erfolg aus, verlor das Regime seine Legitimationsquelle.

II.

Die nationalsozialistische Propaganda hatte in immer neuen Varianten versucht, die weitgehende Einschmelzung der Klassenunterschiede durch den gemeinsamen Bezug auf die «Volksgemeinschaft» als bereits vollzogen zu proklamieren. Tatsächlich aber war die soziale Struktur der deutschen Gesellschaft in den dreißiger und vierziger Jahren weitgehend stabil geblieben: Der Anteil der Arbeiterschaft an der Gesamtgesellschaft veränderte sich kaum. Während des Krieges nahm die Zahl der Arbeiter sogar leicht zu. Arbeiterschaft und Bauern machten weiterhin etwa siebzig Prozent der Gesellschaft aus. Die real fortbestehende, zum Teil noch vertiefte soziale Ungleichheit wurde jedoch von Seiten des Regimes durch eine sich ausbreitende sozialegalitäre Propaganda kompensiert. Die Stilisierung des «ehrlichen Arbeiters» und des «deutschen Sozialismus» spielte dabei ebenso eine Rolle wie die Mobilisierung von Ressentiments gegen «Reaktion», «Bonzen» und tatsächlich oder vermeintlich Privilegierte, vor allem gegen die Juden. Aus dem Arbeitgeber wurde der «Führer des Betriebs», aus den Arbeitern und Angestellten die «Gefolgschaft». Die postulierte Gleichheit schlug sich in Bezeichnungsänderungen und geselligen Betriebsabenden nieder, die sozialen Hierarchien änderten sich nicht. Zwar war die Egalitätspropaganda nicht wirkungslos. Aber die ständigen Straßensammlungen des «Winterhilfswerks», das inszenierte Eintopfessen der politischen Führung mit Bauarbeitern oder kinderreichen Familien, die aufwändigen Spektakel am 1. Mai, nun «Tag der nationalen Arbeit», an dem Arbeiter, Angestellte und Betriebsleitung gemeinsam aufmarschierten und anschließend Bier tranken, trugen aber zu dem Eindruck bei, dass die Arbeiter unter dem neuen Regime durchaus geachtet würden und dass «Volksgemeinschaft» womöglich doch mehr sei als nur eine Nazi-Parole.[5]

Allerdings offenbart ein genauerer Blick auf die Sozialstruktur der NS-Gesellschaft, dass vor allem während des Krieges eine erhebliche Dynamik in dieses starre Modell der Klassenzugehörigkeit gekommen war. Etwa achtzehn Millionen deutsche Männer waren während des Krieges zum Militär eingezogen worden. Sie wurden durch etwa zehn Millionen ausländische Arbeiter und Kriegsgefangene im Reichsgebiet ersetzt.[6] Die Zahl der erwerbstätigen deutschen Frauen war in Deutschland bereits vor Kriegsbeginn mit etwa 14,5 Millionen im internationalen Vergleich recht hoch gewesen, bis 1943 sank sie sogar und stieg trotz aller Totalisierungsversuche bis Kriegsende nur wenig an. Zugleich nahm aber die Zahl der in die Industrie verlagerten deutschen weiblichen und männlichen Arbeitskräfte stark zu, etwa ein Drittel aller Lohnabhängigen wechselte während des Krieges in rüstungsnahe Wirtschaftsbereiche. Zudem wurde ein erheblicher Teil der Frauen und Jugendlichen über Dienste aller Art in Quasi-Arbeitsverhältnisse gebracht – beim Luftschutz, als Wehrmachtshelferinnen, beim Landjahr oder beim Arbeitsdienst. Die Zahl der so für den Krieg direkt oder indirekt Tätigen ohne förmliches Arbeitsverhältnis ist für das letzte Kriegsjahr nicht einmal genau zu beziffern; Schätzungen liegen bei etwa sechs bis sieben Millionen.[7]

Hinzu kamen die durch Bombenkrieg, Fabrikverlagerungen, Kinderlandverschickung und schließlich Flucht und Vertreibung erzwungenen tiefgreifenden sozialen und räumlichen Veränderungen, die ebenfalls viele Millionen Menschen betrafen. Solche forcierten Wandlungsprozesse lösten die Einzelnen aus den bis dahin sehr dichten Bindungen an soziale, politische, konfessionelle und zum Teil auch regionale Zugehörigkeiten, die nicht durch die vieljährige Soldatenzeit geprägt wurden. Die Erfahrungen der Einzelnen trennten sich von ihrer sozialen Prädisposition, und andere Kriterien gewannen an Bedeutung:

Ob jemand eingezogen oder uk-(«unabkömmlich») gestellt wurde, an die West- oder an die Ostfront kam, verwundet wurde oder nicht; ob der Mann und Vater im Krieg fiel oder nicht, ob man im Osten lebte und flüchten musste, ob eine Familie auf dem Land lebte oder in einer Industrieregion, am Stadtrand oder in bombengefährdeten Innenstädten, ob sie ausgebombt wurde oder nicht, ob die Kinder evakuiert wurden oder nicht – solcherart waren die Kriterien, nach denen sich das Schicksal der Einzelnen nun vorrangig formte und sich ihre Erfahrungen prägten. Die Bindung an die Klasse und das Sozialmilieu, denen sie zugehörten, verlor dabei nicht völlig, aber doch merklich an Bedeutung. Stattdessen entstanden Schicksalsgemeinschaften, deren Ergehen von geographischen, militärischen, politischen Faktoren abhängig war, und nicht zuletzt vom Zufall.

Damit verbunden waren die insbesondere während des Krieges gemachten Aufstiegserfahrungen. Sie betrafen zunächst vor allem das Militär, das vornehmlich in der zweiten Kriegshälfte schon aufgrund der hohen Opferzahlen enorme, bis dahin unbekannte Aufstiege selbst für Mannschaftssoldaten und Unteroffiziere ermöglichte, sowie den gesamten, riesigen Parteiapparat und die deutschen Behörden in den besetzten Gebieten. Sie betrafen aber auch, unspektakulärer, die Übernahme von Führungspositionen in kleinen Einheiten, etwa in den Jugendorganisationen der HJ und in den anderen Massenorganisationen des NS-Staates wie der Deutschen Arbeitsfront oder der NSV. Zugleich brachte der Krieg auch forcierte generationelle Ablösungsprozesse mit sich: Schulevakuierungen, Landjahr, Arbeitsdienst, Dienst als Flakhelfer oder Wehrmachtshelferin konfrontierten erhebliche Teile der Zehn- bis Zwanzigjährigen mit früher Verantwortung und Selbständigkeit, mit sozialen und kulturellen Fremdheitserfahrungen, wie sie nur in Ausnahmesituationen wie dem Krieg möglich sind, und lösten sie aus dem bis dahin gültigen Horizont von Elternhaus, Milieu und Schicht. Erfahrungen wie Militärdienst, Kriegsgefangenschaft, Evakuierung oder Vertreibung bezeichnen trotz ihrer Kollektivität vor allem Prozesse der Vereinzelung und der Individualisierung, und diese Erfahrungen reichten bis weit in die Nachkriegsjahre hinein. So war die gesellschaftliche Schichtung der Bundesrepublik schon bei ihrem Start porös, und die klaren Klassen- und Milieuzugehörigkeiten verloren seit den späten 1950er Jahren erst sukzessive, dann sehr rasch an Einfluss. Zwar gewannen Arbeitermilieu und katholisches Milieu für ein starkes Jahrzehnt noch einmal eine gewisse Bedeutung; aber sie entwickelten doch nicht mehr jene generationsübergreifende Präge- und Beharrungskraft wie zuvor.

Jedoch gibt es auch Hinweise auf eine Restabilisierung der Klassengrenzen nach dem Kriege: Der Aufstieg des Arbeitersohns zum Unteroffizier, der behüteten bürgerlichen Tochter zur Organisatorin eines Lazarettzuges, des Möbelpackers zum Kreisleiter oder eines westfälischen Landrats zum Chef einer Ghettoverwaltung in Polen – solche Karrieren fanden nach dem Kriege nur selten eine direkte Fortsetzung. Die Karrieren höherer Funktionäre aus der Partei oder etwa der Deutschen Arbeitsfront zeigen, dass die meisten nach der Entlassung aus der Internierung sozial schnell wieder dort landeten, wo sie vor der NS-Zeit gestartet waren. Aber die während der NS-Zeit und vor allem während des Krieges gemachte Erfahrung, dass das Überschreiten der Klassengrenzen möglich, dass sozialer Aufstieg aus der Arbeiterschaft denkbar war, und sei es für Sohn und Tochter, war für die soziale Dynamik nach dem Kriege ein wichtiger Faktor.

Nicht Homogenisierung und volksgemeinschaftliche Entdifferenzierung, sondern Individualisierung und Pluralisierung der Lebensläufe kennzeichneten das Bild am Ende des Krieges. Mit Kriegsende offenbarte sich zudem, dass die Unterschiede zwischen Arm und Reich, zwischen den Besitzeliten und der Bevölkerungsmehrheit sogar noch gewachsen waren, allen steuerpolitischen Kompensationsversuchen zum Trotz.

Die Parole der «Volksgemeinschaft» verlor ihre Prägekraft schließlich aber auch dadurch, dass den Postulaten der Einheit seit dem Regierungsantritt der Nationalsozialisten und dann stetig zunehmend eine gegenläufige Praxis entgegenstand. Denn die NS-Gesellschaft war in erheblicher Weise auf «Beziehungen», auf Korruption und Vorteilsnahme aufgebaut. In den ersten

Jahren der Diktatur wurden die Pöstchenjäger und Parteikarrieristen vielfach noch als unvermeidliche Begleiterscheinungen eines politischen Umbruchs wahrgenommen. Spätestens in der Kriegszeit aber wirkten sich die Zerschlagung politischer und parlamentarischer Kontrollen, die Aushöhlung rechtlicher Beschränkungen und das gleichzeitige Neben- und Gegeneinander konkurrierender Institutionen immer katastrophaler aus. An die Stelle institutioneller Strukturen und überprüfbarer Rechtswege trat so ein Eldorado der Informalität, das in der zweiten Kriegshälfte mit der Notwendigkeit schneller Entscheidungen legitimiert wurde, aber vor allem auf der unteren Ebene zu einem Kampf aller gegen alle führte. Seit 1942 begann der Schwarzmarkt zu dominieren: Wer Kontakte in die besetzten Gebiete hatte, wer an «Judengut» herankam, wer Fürsprecher bei Behörden und im Parteiapparat hatte, lebte besser. Wer gerissen war und skrupellos, wer «Beziehungen» hatte und sich auf Tricks verstand, gehörte zu den Gewinnern; die anderen mussten sehen, wo sie blieben. Die lautstark propagierte Parole der «Volksgemeinschaft» wurde spätestens hier zur leeren und vielfältig bespöttelten Leerformel, welche die tatsächlichen Verhältnisse auf den Kopf stellte.[8]

III.

In ihrer schroffen Ablehnung der Kultur der Moderne waren die Nationalsozialisten auch ein Produkt jenes antibürgerlichen Affekts, der seit der Jahrhundertwende im deutschen Bürgertum gepflegt worden war – in den antizivilisatorischen Phantasien der bündischen Jugendbewegung ebenso wie im militaristischen Gestus der Kriegervereine, in der Verachtung von Republik und Parlament, im intellektuellen Radikalismus der «Konservativen Revolution» oder in jener Form des Antisemitismus der besseren Kreise, der sich seit der Jahrhundertwende so markant verstärkt hatte. Zugleich aber setzte sich paradoxerweise der Trend zur forcierten Ausweitung der modernen Popularkultur nach 1933 weiter fort: Hier offenbarte sich ein kennzeichnender Widerspruch zwischen kulturkritischer Attitüde einerseits und der

Forcierung von Massengesellschaft, Massenmedien und Massenkultur andererseits, vor allem während der Kriegsjahre. Die NS-Kulturfunktionäre unternahmen daher die größten Anstrengungen, um die völkische Einheit während des Krieges auch kulturell zu kräftigen. Im Jahre 1940 gab es in Deutschland 220 staatliche und etwa 120 private Theater mit mehr als 250000 Plätzen. Die Zuschauerzahlen stiegen nach Kriegsbeginn um ein Drittel auf vierzig Millionen an, mehr als jemals zuvor. Das deutsche Volk, so Goebbels, finde im Theater «eine geistige und künstlerische Ausdrucksweise seines Seins und Volkstums» wieder: «Volk und Theater sind nun zwei Begriffe, die sich wieder ergänzen und bedingen.»[9] Deutschland unterhielt während des Krieges 181 ständig spielende Orchester mit mehr als 8900 Musikern, die beinahe täglich vor ausverkauftem Hause spielten. 1940 befahl Hitler die Weiterführung der Wagner-Festspiele in Bayreuth auch im Kriege; jedoch statt wie bisher vor bürgerlichen Zuschauern in Festgarderobe nun vor Arbeitern und Soldaten, die auf Kosten des Staates auf den Grünen Hügel gebracht wurden. Ein «großartiger Versuch, den einfachsten Volksgenossen an die größten und teilweise schwierigsten Werke deutscher Kunst heranzuführen», schrieb der SD entzückt, eine «Kulturtat ersten Ranges».[10] Hier wurde Volksgemeinschaft inszeniert, indem man Bayreuth, die Inkarnation deutsch-bürgerlicher Hochkultur, für die Massen symbolisch öffnete, um deren Sinn für das Höhere zu schärfen.

Tatsächlich aber galt die Hauptsorge der meisten Deutschen nach Kriegsbeginn nicht dem Ring der Nibelungen, sondern dem eigenen Fortkommen und dem Bestreben, das nach Jahrzehnten der Entbehrungen nun endlich erreichte «normale» Leben mit Arbeitsplatz, festem Einkommen und einer gewissen Zuversicht festzuhalten und sich nicht durch die Begleitumstände des Krieges zerstören zu lassen. Intensive Lebenslust, Vergnügungssucht und ein Hang zur flachen Unterhaltung wurden überall beobachtet, nicht zuletzt von darüber empörten Parteigenossen. Das Publikum verlangte leichte Kost, Unterhaltung und Humor – und bekam sie auch. Werke «pessimistischer oder depressiver Grundhaltung» wurden aus dem Repertoire gestrichen. Die Zahl der Kinogänger hatte sich seit 1933 verfünffacht. Die Zahl der von der deutschen UfA produzierten Filme stieg auf über sechzig pro Jahr; zum weit überwiegenden Teil leichte Unterhaltungsfilme, vor allem Komödien. Im Rundfunk entfielen von 190 Sendestunden pro Woche 126 auf Unterhaltung und Schlager. Auch Swing-Stücke, von den Nazis lange Jahre bekämpft, wurden nun im Radio gespielt und immer beliebter. Vom jugendlichen Publikum, berichtete der SD im Sommer 1942 empört, «werde eine anständige, deutschem Geschmack entsprechende Unterhaltungsmusik so eindeutig boykottiert und andererseits Jazzmusik teilweise mit so drastischen Mitteln verlangt, daß die Kapellen ‹allmählich weich› werden, diesem Drange nachgeben und umso hemmungsloseren Beifall dieser Jugendlichen ernten, je wilder, verjazzter und verhotteter die gebotene Musik wird».[11]

So etablierte sich in Deutschland bereits während der Kriegsjahre die Hegemonie der Popularkultur, zur gleichen Zeit wie in Großbritannien und Frankreich und einige Jahre später als in den USA. In ihr kündigte sich die Konsumgesellschaft bereits an, die nach den Gesetzen des Marktes funktionierte, auf Individualität abzielte und grenzüberschreitend agierte. Mit einer nationalkulturell isolierten «Volksgemeinschaft» war das kaum vereinbar, und schon während der Diktatur wurde dieser Widerspruch immer erneut thematisiert.[12]

Dieser Trend zur Durchsetzung von Popularkultur und Konsumgesellschaft setzte sich nach 1945/49 in Westdeutschland fort und wurde seit den späten fünfziger Jahren zur dominierenden sozialkulturellen Prägung der bundesrepublikanischen Gesellschaft. Wenn die nationalsozialistische Volksgemeinschaft einst als Kampfbegriff gegen die Kultur der Moderne, gegen Jazzmusik, Charlie Chaplin und die Frauenemanzipation, in Stellung gebracht worden war, so war davon am Ende des Krieges fast nichts übriggeblieben.

IV.

Das nationalsozialistische Postulat der «Volksgemeinschaft» ist, auch wenn man die zuweilen exaltierte Überbetonung dieses völkischen Integrationskonzepts nicht teilt, in seiner Bedeutung für die Festigung des inneren Zusammenhalts der Deutschen, für die Bindung größerer Teile der Gesellschaft an das Regime und auch für die Akzeptanz oder doch Hinnahme der Gewaltpolitik des Regimes gegenüber den Juden und anderen Minderheiten hoch anzusetzen. Es war insoweit gewiss mehr als nur ein propagandistisches Täuschungs- und Bestechungsmittel. Und ebenso ist auch die Festigung, ja die Konstituierung dieses Zusammenhalts durch die Exklusion der «Feinde» als NS-typisches Herrschaftsinstrument in seiner Wirksamkeit kaum zu überschätzen. Zugleich aber band das «Volksgemeinschafts»-Konzept seine Wirkmächtigkeit an nachweisbare Leistungen des Regimes und an den Erfolg, und die beredte Klage der NS-Geheimdienste über die ausgeprägte Erwartungshaltung der Bevölkerung gegenüber den Leistungen des Regimes zog sich seit Kriegsbeginn wie ein roter Faden durch alle Berichte. Zudem wurde spätestens mit der sich rapide verschlechternden Kriegslage seit etwa 1943 aus dem Vorteil der Zugehörigkeit zu jenen, die nicht verfolgt wurden, eine Belastung und Bedrohung für die Nachkriegszeit.

Angesichts der Atomisierung der deutschen Gesellschaft in der letzten Kriegsphase, des darwinistischen Kampfes aller gegen alle und der Ausweglosigkeit in der totalen Zerstörung hatten die Konzepte und Integrationsversprechen des Regimes am Ende keine Wirkung mehr. Das oft beschriebene Klagen der alliierten Militärverwaltungen, dass sie unter den Deutschen kaum noch einen Einzigen fanden, der zu den Zielen der Nazis stand, war gewiss auch auf den sich überschlagenden Opportunismus der Besiegten zurückzuführen. Dahinter wurde aber auch etwas von dem Ausmaß an Desillusionierung, Orientierungslosigkeit und Aporie erkennbar, das unter den Deutschen herrschte. So waren es nur sehr vereinzelte Elemente des in der NS-Zeit Erlebten und Erfahrenen, die sich auf längere Sicht als konservierbar erwiesen – die kurze Erfahrung wirtschaftlicher Stabilität, Aspekte des sozialen Aufstiegs und der Lösung aus tradierten Milieus und Strukturen etwa –, und in der Wahrnehmung eines erheblichen Teils der Bevölkerung gehört dazu vermutlich auch die Stillstellung der Klassenkämpfe durch die Zerschlagung der Arbeiterbewegung.

So war das Postulat der «Volksgemeinschaft» als Prinzip nationaler Solidarität und völkischer Zugehörigkeit am Ende des Krieges bereits weitgehend erodiert. Vor allem das Verlangen nach wirtschaftlichem Aufschwung und sozialer Stabilität prägte die Erwartungen der Deutschen an die Zukunft, und die Erfahrungen an die NS-Zeit wirkten hierbei höchstens so weit nach, als man sich jener kurzen Phase des wirtschaftlichen Aufschwungs in der Vorkriegsphase erinnerte, die große Hoffnungen genährt, aber dann so vehement enttäuscht hatte. Gleichwohl setzten sich in der Bundesrepublik Elemente der Tradition nationaler Gemeinschaftlichkeit als soziale Zielvorstellung zunächst in Vielem fort. Die Bemühungen, die sozialen Widersprüche auf friedliche Weise zu lösen, waren einerseits in ihrem antikommunistischen Gestus ein Produkt des Kalten Krieges, sie entsprachen aber auch der in Westdeutschland wie in den meisten europäischen Ländern zu beobachtenden Tendenz, die sozialen Gegensätze nicht durch Kampf, sondern durch institutionalisierte, korporative Strukturen auszugleichen.

Allerdings erlebte die Kategorie der nationalen Einheit in der Form der Opfergemeinschaft eine besondere Renaissance, als sich die Deutschen in der unmittelbaren Nachkriegszeit und oft noch lange danach als Opfer von Gewalt und Vertreibung, als kollektiv Beschuldigte, als moralisch vor aller Welt Diskreditierte und als Spielball der Alliierten empfanden – und darin Gemeinschaft konstituierten. Aber auch das erwies sich als nur transitorischer Effekt. In dem Maße, wie sich eine pluralistische, mehrstimmige und Widersprüche zulassende Gesellschaft herausbildete, die sich anders als erwartet als stabil und erfolgreich erwies, verloren solche Reminiszenzen mehr und mehr an Bedeutung. Denn in den Jahren der NS-Diktatur und des Krieges gemachte Erfahrungen des Lebens in einer Wolfsgesellschaft hatten das Bedürfnis nach Regelhaftigkeit, Unbestechlichkeit, nach Rechtsstaat stark ansteigen lassen, vermutlich mehr als das nach Demokratie.

Dass nach 1949 in Westdeutschland eine kapitalistische Demokratie etabliert wurde, war für die meisten Deutschen zwar eine Überraschung, denn in den 1930er Jahren hatte sich nach den Erfahrungen von Inflation und Weltwirtschaftskrise das Vertrauen in die Zukunftsfähigkeit von Marktwirtschaft und liberaler Demokratie doch sehr weitgehend vollständig aufgelöst. Aber als sich das neue System dann nach wenigen Jahren stabilisierte, nahmen die Westdeutschen auch damit vorlieb, und als der wirtschaftliche Erfolg sich als langfristig erwies und die Republik als gefestigt, begannen sie es sogar zu schätzen.

Nimmt man diese zum Teil widersprüchlichen Befunde zusammen, erweist sich die Prägekraft der nationalsozialistischen Parole von der «Volksgemeinschaft» als offenbar sehr begrenzt. Im kulturellen Bereich setzte sich die Dynamik von westlicher Popularkultur und konsumgesellschaftlicher Orientierung gegenüber allen isolierten nationalkulturellen Bestrebungen schon während des Krieges und verstärkt danach durch. Im Bereich der Sozialpolitik der Bundesrepublik sind die institutionellen und personellen Kontinuitäten zur NS-Zeit zwar unübersehbar, aber die sich rasch etablierenden Elemente des Korporatismus und der Sozialstaatlichkeit nahmen vor allem die bereits seit dem Kaiserreich und in den Jahren der Weimarer Republik gefestigten Traditionen wieder auf und nicht die Institutionen des nationalsozialistischen Fürsorgestaats. Dabei war der Ausbau der sozialpolitischen Sicherungssysteme in der Bundesrepublik unübersehbar auch mit Legitimationsbedürfnissen des neuen Staates verbunden, und die Erfahrung des mit der Reduktion der Sozialleistungen während der Weltwirtschaftskrise verbundenen rapiden Legitimationsverlusts der Republik von Weimar wirkte bei den westdeutschen Politikern lange wie ein Menetekel nach. Zugleich waren Maßnahmen wie Rentenreform, Lastenausgleich, Lohnfortzahlung, Verringerung der Wochenarbeitszeiten und Ausdehnung des Urlaubsanspruchs in den fünfziger und sechziger Jahren nicht zuletzt auch durch die die westdeutsche Politik bestimmende Systemkonkurrenz mit der DDR und dem sowjetischen Block insgesamt motiviert.

Es ist dabei unübersehbar, dass die hier beschriebenen Prozesse der Nachkriegsjahrzehnte bis auf wenige Aspekte auf viele, nahezu auf alle westeuropäischen Gesellschaften der Zeit zutrafen. Die Veränderung der Sozialstruktur, die Abflachung der Klassengrenzen und Geschlechterrollen, der Bedeutungsverlust der sozialkulturellen Milieus, die vorrangige Orientierung auf wirtschaftliche Stabilität und soziale Sicherheit, der Ausbau der sozialen Sicherungssysteme, die Ablehnung von Klassenkampf zugunsten korporativer Strukturen, die Durchsetzung der Konsumgesellschaft ebenso wie die kulturkritischen Versuche in den Nachkriegsjahren, die moderne Massenkultur einzudämmen und traditionelle Ordnungsmodelle zu etablieren – all diese Elemente finden wir in verschiedenen Nuancierungen in den Niederlanden und der Schweiz ebenso wie in Italien, in Frankreich oder in den skandinavischen Ländern sowie, wenngleich in kennzeichnender Verschiebung, in Großbritannien.

Das relativiert die Bedeutung der nationalen Entwicklungen angesichts der ausgeprägten Pfadabhängigkeit des Modernisierungsprozesses in Industriegesellschaften. Damit ist aber zugleich auch die Frage nach der gestaltenden und wirkmächtigen Funktion der Gesellschaftspolitik des NS-Regimes neu zu stellen. Die NS-Diktatur hatte durch ihren Kriegs- und Vernichtungskurs zwar die halbe Welt in Brand gesteckt, ihre Einwirkungsmöglichkeiten aber waren angesichts der kurzen Periode einer zwölfjährigen Herrschaft offenbar nicht tiefgreifend genug, um den Prozess der Entfaltung der Industriegesellschaft in Deutschland nach 1945 nachhaltig anders zu gestalten als in anderen Ländern.

11. NS-Eliten in der Bundesrepublik

Der britische Botschafter in Bonn, Sir Christopher Steel, wurde im Frühjahr 1959 von seiner Regierung um Auskunft darüber gebeten, ob es zuträfe, dass, wie in der englischen Öffentlichkeit kolportiert wurde, die alten Nazis in Westdeutschland wieder in Amt und Würden ständen und eine Wiederkehr des Nationalsozialismus nicht auszuschließen sei. In der Tat, antwortete Sir Christopher in einer ausführlichen Analyse, die traditionellen deutschen Eliten seien beinahe vollständig in ihre einstigen Positionen in Politik, Wirtschaft, Verwaltung und Wissenschaft – weniger allerdings in der Armee – zurückgekehrt. und auch die einstigen NS-Größen lebten in einigem Wohlstand und guten Positionen; vorrangig allerdings in freien Berufen und in der Industrie, nicht aber in der Politik. Dennoch könne von einer Gefährdung der westdeutschen Demokratie keine Rede sein, die sei vielmehr äußerst stabil, und eine Wiederkehr des Nationalsozialismus sei außerordentlich unwahrscheinlich.[1]

Die Antwort des Botschafters stieß in London auf ein hohes Maß an Skepsis, und nicht anders war dies in den USA. Wie sollte sich in diesem Land eine stabile Demokratie herausgebildet haben, wenn sein Führungspersonal mit demjenigen der NS-Diktatur so weitgehend identisch war und große Teile der politischen und polizeilichen Führung des Nationalsozialismus, vor der bis 1945 fast ganz Europa gezittert hatte, in diesem Lande unbehelligt herumliefen?

I.

Die Untersuchung der Fragen, welche Bedeutung den NS-Eliten in der Bundesrepublik vor allem während ihrer Aufbauphase zukam, welche reale Bedrohung von ihnen ausging, wie aber auch die einzelnen Individuen ihren Lebensweg nach dem Zusammenbruch der NS-Diktatur gestalteten, wie sie ihre Vergangenheit in die neue Gegenwart einbezogen, gehörte bereits zeitgenössisch zu den wichtigen Problemen, die insbesondere die drei Westmächte und ihre Geheimdienste sehr beschäftigten. Ganz offenkundig sind solche Fragen aber auch von aktueller politischer Brisanz und laden zu weitreichenden Vermutungen geradezu ein. Gleichwohl ist es bislang nur zu wenigen seriösen Versuchen gekommen, sie historiographisch zu beantworten.[2]

Dafür gibt es verschiedene Gründe. Zum einen war die Frage nach dem Einfluss der ehemaligen NS-Eliten jahrzehntelang Gegenstand von ungezählten Gerüchten, Kolportagen und sensationellen Pressemeldungen. Seit den späten 1940er, verstärkt dann in den 1950er Jahren geriet das Thema in den Mittelpunkt des Kalten Propagandakrieges, dann zunehmend in Vergessenheit, schließlich in die Spalten der Enthüllungsmagazine und wurde dann zum bevorzugten Gegenstand historisierender Thriller-Romane. Dass die Belastung der Bundesrepublik durch den weiterbestehenden Einfluss der alten NS-Eliten aber außerordentlich gewesen sei, war gleichwohl bei der deutschen Linken sowie insbesondere in der Öffentlichkeit der ehemals von Deutschland besetzten Länder eine verbreitete Überzeugung. Die Verbindung zu weit ausgreifenden Verschwörungstheorien war aber ebenso offenkundig.[3]

Auf der anderen Seite wurde und wird die Gefahr von konservativer Seite, etwa in den großen Gesamtdarstellungen zur Geschichte der Bundesrepublik, kaum am Rande, aber jedenfalls in dem Sinne behandelt, dass die NS-Eliten bereits bei Beginn der Bundesrepublik keine Gefahr mehr dargestellt hätten und das Thema ein zu vernachlässigendes Feld darstelle.[4] Schon die bloße Thematisierung dieser Frage stand in der Zeitgeschichtsforschung lange Zeit im Geruch des Unseriös-Journalistischen und der Nähe zu den Propaganda-Kampagnen der DDR, die in den 50er und 60er Jahren mittels der «Braunbücher» über ehemalige NS-Größen in hohen Stellungen in Westdeutschland die Bundesrepublik als nur der Form nach veränderte Neuausgabe des NS-Regimes darzustellen versuchte.[5]

So enthält auch das Folgende eher Überlegungen vor der Forschung als gesicherte Ergebnisse – Überlegungen, die in den vergangenen Jahren im Umgang vorwiegend mit Materialien der westdeutschen Justizbehörden entstanden sind, insbesondere aus den Verfahren wegen NS-Gewaltverbrechen der 60er und 70er Jahre. Hierbei fiel der Blick auf die den eigentlichen Verhören oder Zeugenbefragungen vorgeschalteten Angaben zur Person, meist recht ausführliche Aussagen zum Lebensweg der Einzelnen vor und nach 1945 – Informationen, die auf anderem Wege kaum zu erhalten sind. Auf dieser Grundlage wurden in einzel- oder kollektivbiographischem Zugriff Lebenswege einstiger führender Nationalsozialisten verfolgt, um aus dieser Sicht sowohl die Auswirkungen der verschiedenen Schübe der politischen Säuberungen in den Westzonen nach 1945 wie auch die Versuche der Betroffenen, in die deutsche Gesellschaft zurückzukehren, rekonstruieren und analysieren zu können.

Die zweite Vorbemerkung betrifft den Topos «NS-Eliten»: Wer dazu zu zählen ist und wer nicht, ist gewiss nicht ganz eindeutig und vielleicht sogar willkürlich, zumal die sich forcierende Integration der alten gesellschaftlichen Eliten und der neuen politischen Eliten geradezu als eines der Kennzeichen des NS-Regimes gelten kann. Es ist jedoch hilfreich, hier insoweit eine Differenzierung vorzunehmen, wonach im Sinne konzentrischer Kreise die Nähe zu und Verantwortung für die Terror- und Vernichtungspolitik des Regimes als Maßstab für die Beurteilung der Zugehörigkeit zu den NS-Eliten im engeren Sinne gilt, um den hier verfolgten Ansatz von der allgemeinen Kontinuitätsforschung, die sich ja vor allem auf die traditionellen Eliten in Wirtschaft, Verwaltung, Wissenschaft und Militär bezieht, abzugrenzen. Unter NS-Eliten verstehe ich also im Folgenden die Spitze des Staats- und Parteiapparates des Regimes; vor allem die Angehörigen der Führungsebenen in den Sonderbehörden, Gauleitungen und der Parteiorganisation sowie jene Männer, die in der SS, im Reichssicherheits- und im Wirtschafts- und Verwaltungshauptamt, bei Sicherheitspolizei und Einsatz- gruppen sowie bei den deutschen Besatzungsbehörden in den besetzten Ländern vor allem des Ostens führende Positionen eingenommen hatten. Diese Definition deckt sich im Wesentli- chen mit derjenigen der britischen Besatzungsadministration nach dem Kriege, als sie bestimmte, wer dem Verfahren der Spruchgerichtsbarkeit zu unterziehen sei.[6]

In der hier vorgestellten Skizze soll zunächst diese NS-Elite anhand einiger Beispiele kurz erläutert werden, um dann ihre Entwicklung in den verschiedenen Phasen bis in die frühen 50er Jahre zu verfolgen: die Auswirkungen des Entnazifizierungs- programms der Westmächte, das entnazifizierungspolitische Rollback der späten 40er und frühen 50er Jahre und schließlich die Frage, inwieweit und warum es einstigen führenden Natio- nalsozialisten gelungen ist, in die Gesellschaft der Bundesrepu- blik zurückzukehren.

Vier Skizzen typischer Lebensläufe mögen illustrieren, wo- rum und um wen es hierbei geht:

Karl Kaufmann, Jg. 1900, Gauleiter und Reichsverteidigungs- kommissar in Hamburg, war von Mai 1945 bis Oktober 1948 im Internierungslager; dort Mitglied einer losen NS-Unter- grundorganisation, deren Zusammenhalt sich jedoch bald ver- lor. 1951 gründete er in Hamburg einen «Herrenclub» ehemali- ger NS-Führer und wurde wohl im Januar 1953 im Kontext der sogenannten Naumann-Affäre von den Engländern verhaftet, aber nach einigen Wochen wieder auf freien Fuß gesetzt. Ein Strafverfahren wegen Verbrechens gegen die Menschlichkeit ge- gen ihn wurde vorbereitet, aber nicht eröffnet. Seit 1953 trat Kaufmann nicht mehr politisch in Erscheinung; er trat dann als Juniorchef in ein Hamburger Versicherungsunternehmen ein und fungierte zudem als Teilhaber einer chemischen Fabrik. Kaufmann starb Ende 1969 in großem Wohlstand.[7]

Bernhard Baatz, Jg. 1910, Jurist, Abteilungsleiter im Reichs- sicherheitshauptamt, war dort zunächst für Polen, dann für den

Zwangsarbeitereinsatz im Reich zuständig, anschließend Führer des Einsatzkommandos 1 in der UdSSR, dann Kommandeur der Sicherheitspolizei in Estland und später in Schlesien. Er lebte nach dem Krieg zunächst unter falschem Namen als Gutsverwalter und Lagerarbeiter. Im Jahre 1953 wurde er Geschäftsführer der Mannesmann-Wohnungsbaugesellschaft in Duisburg und blieb es bis 1967. Ein Strafverfahren wegen der Ermordung von ausländischen Zivilarbeitern im Rahmen des RSHA-Verfahrens wurde 1971 wegen Verjährung eingestellt. Baatz starb 1978.[8]

Heinz Jost, Jg. 1904, Jurist, seit 1934 Amtschef im SD, 1939 Chef des Amtes VI (SD Ausland) im RSHA. 1942 Kommandant der Einsatzgruppe A und Befehlshaber der Sicherheitspolizei und des SD (BdS) in Riga. Im Nürnberger Einsatzgruppen-Prozess 1948 zu einer lebenslangen Freiheitsstrafe verurteilt, 1952 entlassen. Anschließend Jurist bei einer Immobilienfirma in Düsseldorf. Ab 1961 war Jost vermutlich hauptamtlicher Mitarbeiter des Bundesnachrichtendiensts. Jost starb 1964.[9]

Dr. Georg Leibbrandt, Jg. 1899, seit 1933 Leiter der Ostabteilung im Außenpolitischen Amt der NSDAP, seit 1941 Leiter der zentralen Hauptabteilung im Ministerium für die besetzten Ostgebiete (RMO). Hier war er auch zuständig für «Judenfragen». Im Januar 1942 nahm er als Vertreter des RMO an der Wannseekonferenz teil. Nach dem Krieg fungierte Leibbrandt im Jahr 1955 als Berater Bundeskanzler Adenauers bei der Rückführung deutscher Kriegsgefangener aus der Sowjetunion. Beruflich war er Leiter des Bonner Büros der Salzgitter AG. 1966 erhielt er das Bundesverdienstkreuz. Er starb 1982 in Bonn.[10]

II.

Betrachtet man die erste Phase der hier zu untersuchenden Entwicklung – die Tage und Wochen des unmittelbaren Kriegsendes –, so bedeutete sie für die NS-Eliten im eben definierten Sinne zweifellos die einschneidendste Markierung: Nur wer diese Phase überstand, gelangte überhaupt in die 50er Jahre der Bundesrepublik. Ein offenbar nicht unerheblicher, aber nicht genau zu bemessender Teil starb kurz vor oder nach dem Einmarsch der Alliierten durch Selbstmord, darunter nicht nur die weltweit bekannten Repräsentanten der NS-Diktatur wie Hitler, Goebbels, Himmler und andere, sondern auch zahlreiche hohe und mittlere Funktionsträger des Regimes, darunter überproportional viele Gauleiter. Der Anteil der führenden Angehörigen von SS und Sicherheitspolizei unter den Selbstmördern war allerdings überraschend gering – sei es aus politischer Naivität, aus Heroismus oder aus einer Art von fatalistischem Abenteurertum, das den «Selbstmord aus Angst vor dem Tode» als gewissermaßen unsportlich empfand und ablehnte.

Eine zweite, ebenfalls nicht kleine Gruppe befand sich bei Kriegsende im Einflussbereich der Roten Armee und wurde dort abgeurteilt und inhaftiert oder hingerichtet. Wie groß deren Zahl war, ist nicht genau bekannt und aufgrund der Vermengung von Kriegsgefangenen und NS-Verbrechern in der Sowjetunion auch nicht genau zu schätzen.[11]

Eine dritte Gruppe, bei weitem nicht die größte, emigrierte. Über sie sind wir mittlerweile durch eine Reihe von zum Teil jedoch sehr journalistischen Untersuchungen relativ gut informiert.[12]

Eine vierte Gruppe tauchte unter, wobei dies offenbar vor allem jenen gelang, deren Namen und Funktionen innerhalb des NS-Regimes den Alliierten und in der deutschen Öffentlichkeit bei Kriegsende nicht recht bekannt gewesen waren.[13]

Die in unserem Zusammenhang bedeutsamste und auch größte Gruppe aber sah sich seit Beginn der Nachkriegszeit und für viele Jahre massiven und tiefgestaffelten Repressionen von Seiten der Besatzungsmächte ausgesetzt, deren Ausmaß und Intensität in der jüngeren Geschichte ohne Beispiel waren. Automatical Arrest, Internierungslager, Spruchgerichtsverfahren, zivile und militärische Strafprozesse, Entnazifizierungsverfahren sowie ein ganzer Katalog von Buß- und Strafmaßnahmen waren die wichtigsten Instrumente bei dem Versuch der Besatzungsmächte, die Kern- und Führungsgruppen des NS-Regimes, über deren Zusammensetzung, Größe und ideologische Konsistenz eher Vermutungen als exakte Kenntnisse bestanden, so vollständig wie möglich auszuschalten und politisch zu neutralisieren.

Dies gelang in doch bemerkenswertem Maße: Ein ganz erheblicher Teil, vermutlich die Mehrheit derjenigen, die im «Dritten
Reich» führende Positionen innegehabt hatten oder in einer der
im Nürnberger Hauptverfahren als «verbrecherisch» eingestuf-
ten Behörden und Organisationen tätig gewesen waren, ver-
brachte die ersten Monate oder Jahre nach Kriegsende in einem
Internierungslager der Alliierten – insgesamt etwa 250 000 Menschen, im Sommer 1946 noch etwa die Hälfte, nach zwei Jahren
noch etwa 40 000.[14]

In der englischen Zone wurden die meisten der länger Internierten, etwa 25 000, zudem vor ein Spruchgericht gestellt, das
hohe Strafen verhängen konnte (wenn auch nur selten tatsächlich verhängte).

Etwa 6000 Belastete wurden von den Westmächten an Dritt-
staaten ausgeliefert, davon etwa die Hälfte an solche des sich
herausbildenden Ostblocks, vor allem an Polen. Gegen 5200 Personen wurden Strafverfahren vor alliierten Militärtribunalen eröffnet, 4000 von ihnen wurden verurteilt, davon 668 zum Tode.
Etwa gleich viele Personen wurden von deutschen Gerichten
wegen NS-Verbrechen gegen deutsche Staatsangehörige bis 1949
verurteilt.

Berücksichtigt man nun noch, dass die aus den Internierungslagern Entlassenen anschließend ein Entnazifizierungsverfahren
durchlaufen und zum Teil massive Beeinträchtigungen im täglichen Leben, vor allem bei der Berufstätigkeit, in Kauf nehmen
mussten, so wird deutlich, dass bei allen Lücken, Fehlern und
Versäumnissen die Westmächte in ihrem Bestreben, die NS-Eliten auszuschalten und auf Jahre hinaus aus dem öffentlichen Leben in Westdeutschland herauszuhalten, ganze Arbeit geleistet
hatten.

Gleichwohl, langfristige Bedeutung gewann diese Entwicklung nicht so sehr durch die in Prozessstatistiken messbaren Ergebnisse, sondern eher durch die den NS-Eliten dabei zugemu-
teten Erfahrungen. Denn für die meisten größeren und großen
Nazis ging das Ganze vom Ende her gesehen doch eher glimpf-
lich aus. Aber um welchen Preis! In den Internierungslagern, so
berichteten die Intelligence Branches übereinstimmend, herrsch-

te geradezu ein Wettbewerb des Opportunismus, des Abstrei-
tens und Nichtwahrhabenwollens. Aus Neuengamme wurde
vor 1947 gemeldet, dass 95 Prozent der dort internierten NS-
Belasteten den praktizierten Nationalsozialismus für falsch hielten. Verbitterung, Enttäuschung und Trotz, die anfangs vorge-
herrscht hatten, wichen einem von den Verhältnissen erzwungenen und bald internalisierten Anpassungsdruck, der den einzelnen zwar das Leben und bald auch die Freiheit brachte, aber
mit dem Verlust der politischen Identität und auch der persönlichen Geschichte verbunden war.[15] «Wer als Faschist ein Rückgrat gehabt hätte», so hat Lutz Niethammer zugespitzt formuliert, «hier wäre es gebrochen worden, weil der aufrechte Gang
ins Aus geführt hatte und nur derjenige seine privilegierte Stelle
behalten oder wiedererlangen konnte, der zu Kreuze kroch.»[16]

Nun hatte es bereits seit 1946 von deutscher Seite, und hier
vor allem von Seiten der Kirchen, Ansätze gegeben, das alliierte
denazification program insgesamt und die Maßnahmen zur
Ausschaltung der NS-Eliten im Besonderen als falsch und
schädlich zu kritisieren und seine schleunigste Beendigung zu
fordern. Aber erst mit der schrittweisen Verschärfung des Kalten Krieges und der damit verbundenen Lockerung der alliierten
Säuberungsmaßnahmen verbreiterte sich diese Kritik und verstärkte sich in Westdeutschland seit 1948 zu einer regelrechten
Kampagne, die bis in die späten 80er Jahre hineinreichte und
von einem gesellschaftlichen Konsens getragen wurde.[17]

Internierungslager, Spruchkammern und Entnazifizierung, so
hieß es bereits 1948, seien nichts anderes als «grausame Verfolgung, die selbst naziähnliche Methoden anwende, indem sie
Menschen den Prozess mache und sie in ‹Konzentrationslagern›
gefangen halte».[18] Das 1948 eingeleitete überstürzte Ende des
Entnazifizierungsverfahrens in den Westzonen hatte in Bezug
auf die hier interessierenden NS-Eliten besonders groteske Auswirkungen. Der zunächst von den Besatzungsbehörden selbst
durchgeführte und dann den Deutschen übertragene Versuch,
alle NS-Belasteten zu überprüfen und notfalls zu bestrafen,
blieb schon angesichts des schieren Umfangs der Aufgabe auf
halbem Wege stecken, so dass die aus Praktikabilitätsgründen

vorgezogenen «leichten» Fälle zwar erledigt wurden, die zu-
rückgestellten Fälle der Schwer- und Schwerstbelasteten aber
entweder nicht mehr zur Verhandlung kamen oder mit lächerlich niedrigen Einstufungen versehen wurden.[19] Dem amerikanischen Intelligence Office fiel es nicht schwer, diese Entwicklung mit zahlreichen eindrucksvollen Beispielen zu illustrieren:

«*Stellvertretender Gauleiter* (britische Zone): fünf Jahre Haft,
Anrechnung der bisherigen Internierung; … *Gestapo-Beamter*,
tätig in Polen von 1939 bis 1945: 30 Monate Haft, Anrechnung
der 26 Monate Internierung; *Nazi-Ortsgruppenleiter*, als ‹fanatischer Nazi› bezeichnet: sechs Monate Haft; *Gestapo-Funktionär*,
an Misshandlungen politischer Gefangener persönlich beteiligt:
18 Monate Gefängnis.»[20] Das Verfahren hatte sich in sein Gegenteil verkehrt: Aus einer Prozedur zur Entfernung der Nationalsozialisten aus dem politischen, wirtschaftlichen und kulturellen Leben war ein Verfahren geworden, durch das die einstigen
Nazis das Stigma ihrer früheren Tätigkeiten loswurden. Nicht
anders war die Entwicklung bei den Spruchgerichten in der englischen Zone. Die Angehörigen der Führungsspitze der NSDAP,
der SS und der Sicherheitspolizei – vom stellvertretenden Gauleiter, Kriminaldirektor und Standartenführer an aufwärts –
wurden im Durchschnitt zu 4000 Mark Geldstrafe bzw. zwei
Jahren Haft verurteilt, die auf die Internierungszeit angerechnet
wurden.[21]

Die Reaktionen der Betroffenen auf diese Entwicklung scheinen auf den ersten Blick paradox zu sein. Bereits in den Internierungslagern hatte sich gezeigt, dass diese über alle Erwartung
milde Behandlung selbst von Schwerstbelasteten bei den Häftlingen nicht etwa zur Erleichterung oder gar Dankbarkeit gegenüber den so milde gesonnenen Besatzern führte, sondern im
Gegenteil: Unruhe und Empörung nahmen in dem Maße zu, wie
sogar hochrangige NS-Funktionäre mit geringfügigen Strafen
davonkamen. Denn wenn selbst diese praktisch straffrei blieben – war dies nicht ebenso wie das unrühmliche Ende des Entnazifizierungsverfahrens insgesamt ein Beweis dafür, dass ihnen
nichts Schwerwiegendes hatte nachgewiesen werden können?
Und waren damit nicht die Widersinnigkeit und Widerrecht-

lichkeit des ganzen Verfahrens geradezu bestätigt und die Parole von der «Siegerjustiz» gerechtfertigt worden?

Mit der Staatsgründung der Bundesrepublik erreichte das gesellschaftspolitische Roll Back gegen die Entnazifizierungspolitik der Westmächte und das ihr zugrunde liegende Bild von Krieg und Nationalsozialismus eine neue Stufe. Hatte sich die fortwährend verschärfte Kritik zunächst auf die Entnazifizierung beschränkt – im Bundestag wurde sie 1950 als «modernes Hexentreiben», «Missgeburt aus totalitärem Denken und klassenkämpferischer Zielsetzung» oder gar als «Verbrechen» bezeichnet –,[22] so weitete sich die Kritik nach dem 8. Mai 1949, wiederum angeführt von Kirchenführern wie Frings, Dibelius oder Wurm, auch auf die strafrechtliche Verfolgung der NS-Verbrechen durch deutsche und alliierte Gerichte aus. «Siegerjustiz» lautete hier der zentrale Begriff, und dahinter verbarg sich ein Geschichtsbild, das den Zweiten Weltkrieg (und damit auch die von den Deutschen begangenen Massenverbrechen) in den Kategorien des gewissermaßen «normalen Krieges» anzusehen versuchte. Nicht deutsche Kriegsverbrechen, sondern die militärische Niederlage der Deutschen gebe die Grundlage für die Strafverfahren ab, lautete die sich verbreitende Überzeugung.

Hatten 1946 noch über 70 Prozent der Westdeutschen die Kriegsverbrecherprozesse bejaht, so wurden sie nun, 1950, von ebenso vielen abgelehnt. Zugleich wurden in der westdeutschen Öffentlichkeit Entnazifizierung, Internierungslager, Spruchgerichte und Nürnberger Prozesse als Ausweis bereits empfangener Strafe und Sühne genommen, wobei die offenbaren Ungerechtigkeiten vor allem des Entnazifizierungsverfahrens als Beleg für die Verfehltheit des gesamten Unterfangens dienten und das dabei begangene «Unrecht» mit den Verbrechen des Nationalsozialismus gewissermaßen verrechnet werden konnte.[23]

Die politische Konsequenz aus dieser breiten und auch von den großen demokratischen Parteien zum Teil mitgetragenen Kampagne bestand in einer Reihe von zum Teil sehr weitreichenden gesetzgeberischen Maßnahmen zur Integration der ehemaligen Nationalsozialisten in den ersten Jahren der neuen

Republik. Durch die Amnestiegesetze von 1949 und 1954 wurden die große Mehrheit der von den deutschen Gerichten bestraften NS-Täter begnadigt und ihre Strafen ebenso wie die Urteile der Spruchgerichte aus dem Strafregister gestrichen.[24] Durch den Grundgesetz-Artikel 131 wurde im Jahre 1951 nahezu allen Beamten, die nach dem Krieg von den Alliierten aus politischen Gründen aus dem öffentlichen Dienst entfernt worden waren, nicht nur die Möglichkeit, sondern sogar das *Recht* verliehen, in ihre einstigen Positionen zurückzukehren – darunter übrigens, was oft übersehen wird, auch Gestapo-Beamte, soweit diese nachweisen konnten, dass sie zur Gestapo versetzt worden waren, was offenbar vielen nicht schwerfiel.[25] Damit waren in weniger als fünf Jahren der überwiegende Teil der alliierten Säuberungsmaßnahmen aus den Nachkriegsjahren rückgängig gemacht und das Gros der nationalsozialistischen Funktionsträger amnestiert und weitgehend reintegriert worden.

Es lag auf der Hand, dass mit diesen weitreichenden Amnestiebestrebungen auch die in den alliierten Kriegsgefängnissen Landsberg, Wittlich und Werl einsitzenden, von den alliierten Tribunalen verurteilten «Kriegsverbrecher» zur Rehabilitation anstanden. Massive Einwirkungsversuche vor allem auf den amerikanischen Hochkommissar McCloy von Seiten der westdeutschen Interessenverbände wie der Bundesregierung waren die Folge.[26] In dem Maße, wie die Westdeutschen im Zuge des Kalten Krieges und der Diskussion um eine deutsche Wiederbewaffnung den Eindruck gewannen, gebraucht zu werden, verstärkte sich dieser Druck, der sich in den Jahren 1951 bis 1953 zu einer massiven Kampagne für die NS-Verbrecher ausweitete, die sich insgesamt als sehr erfolgreich erwies und zeitweise unter der Parole «Erst Generalamnestie, dann Generalvertrag» stand. Nicht nur, dass in diesen Jahren die überwiegende Zahl der NS-Verbrecher aus den alliierten Gefängnissen entlassen wurde – darunter auch solche, die wenige Jahre zuvor zu lebenslänglicher Haft oder sogar zum Tode verurteilt worden waren –, es gelang für eine Weile sogar, den ohnedies problematischen Begriff des «Kriegsverbrechers» in der westdeutschen Öffentlichkeit durch die Neuschöpfung «Kriegsverurteilter» zu ersetzen und darunter sowohl Kriegsgefangene wie NS-Verbrecher zu verstehen und diese somit gleichzusetzen.[27]

In diese Atmosphäre aus Auftrumpfen, Rechtfertigung, schlechtem Gewissen und Kaltem Krieg, die politisch verbunden war mit verschiedenen Reorganisationsversuchen der nationalistischen Rechten, wurden die ehemaligen NS-Führer aus den Haftanstalten und Internierungslagern nun entlassen. Für eine erneute politische Betätigung boten sich ihnen verschiedene Wege an, die man in zwei Varianten zusammenfassen kann: Die eine waren die sich entwickelnden neonationalsozialistischen Gruppen und Parteien im Umfeld der SRP und DRP.[28] Diese stellten zwar für zahlreiche untere und mittlere NS-Chargen Auffangbecken und Betätigungsfelder dar, Personen aus den Führungsgruppen des NS-Regimes aber fanden sich dort nur selten. Dies mag verschiedene Gründe gehabt haben: Zum einen hätten solche Aktivitäten für einstige Führungskräfte des NS-Regimes einen unübersehbaren sozialen Abstieg bedeutet und sie aus den Chefetagen und dem Umgang auch mit den sozialen Eliten des Reiches in die Niederungen des kleinbürgerlichen Radau-Faschismus gestoßen. Zum anderen war mit einer ostentativen neonazistischen Aktivität die Gefahr für sie verbunden, dass bislang in den abgeschlossenen Verfahren der Alliierten unentdeckt gebliebene Verbrechensbeteiligungen doch noch bekannt wurden.

Die zweite Möglichkeit politischer Einflussnahme der ehemaligen NS-Eliten in den Jahren zwischen 1949 und 1953 boten die lockeren Verbindungen in «Kreisen», «Stammtischen» und «Clubs», ganz nach dem Vorbild der Organisationsform der rechten Intellektuellen der «Konservativen Revolution» in den 20er Jahren, der ja viele führende NS-Funktionäre gerade aus dem Bereich von Sicherheitspolizei und SS entstammten. Die bekanntesten dieser Kreise waren der Düsseldorfer «Naumann-Kreis» um Werner Naumann, den einstigen Staatssekretär unter Goebbels und dessen designierter Nachfolger, und der damit teilidentische «Gauleiter-Kreis» um Florian, Grohé und Kaufmann.[29] Hier war der Versuch, erneut Einfluss auf die Politik zu nehmen, durch die Infiltration der nordrhein-westfälischen FDP explizit und mit einigem Erfolg unternommen worden. Dass dies in enger Abstimmung mit dem außenpolitischen Sprecher der FDP, Achenbach, und dem seit 1952 in dessen Kanzlei tätigen einstigen Stellvertreter Heydrichs Dr. Werner Best geschah, verlieh diesem Geschehen zusätzliche politische Brisanz.[30] Und anders als bei anderen derartigen Kreisen ging der Impetus über die individuellen und historischen Rehabilitationsversuche der Beteiligten auch hinaus.

Auf der anderen Seite zeigte selbst dieser (durch zahlreiche Untersuchungskommissionen und Geheimdienstberichte ungewöhnlich genau analysierbare) Versuch einer politischen Reaktivierung ehemals führender Nationalsozialisten, wie sehr die Protagonisten bereits zu dieser Zeit in der Bundesrepublik Fuß gefasst hatten und wie sehr die meisten das Risiko scheuten, diese ersten Schritte ihrer sozialen Rekonsolidierung erneut aufs Spiel zu setzen. Hinzu kam, dass auch in diesen Kreisen – nicht anders als in den rechtsextremen Splitterparteien – ein positiv zu benennender politischer Nenner nicht gefunden werden konnte, zumal der Hauptansatz der Kritik, nämlich an der Westintegration der Bundesrepublik, nicht nur durch den Kalten Krieg und die antikommunistische Frontstellung des Westens paralysiert wurde, sondern auch in unübersehbarem Widerspruch zu den allgemeinen wie den höchstpersönlichen wirtschaftlichen und sozialen Interessen der Protagonisten selbst stand.

Bei dem hier beschriebenen Prozess markierte nun das Jahr 1953 einen deutlichen Einschnitt. Dies hat verschiedene Gründe: Zum einen war im Oktober 1952 die neonationalsozialistische SRP verboten und damit eine erste Grenze der Tolerierungsbereitschaft von Seiten der Republik gesetzt worden – die explizite und vor allem öffentliche Zustimmung zur Politik und Ideologie des NS-Regimes war ausgegrenzt worden.[31]

Das zweite Signal setzten die Besatzungsmächte selbst, indem sie im Januar 1953 die Angehörigen des Naumann- und des Gauleiter-Kreises schlichtweg verhafteten und auf besatzungsrechtlicher Grundlage für mehrere Monate hinter Gitter hielten. Zwar entwickelte sich daraus kein Gerichtsverfahren, und die Beteiligten kamen allesamt bald frei, aber das mit diesem Schritt verbundene Signal war unübersehbar: Die stets vorhanden gewesene, aber mittlerweile beinahe schon verblasste Interventionsdrohung der Westmächte war nachhaltig in Erinnerung gerufen, und eine weitere Grenze der Integrationsbereitschaft nach rechts war markiert worden: Die politische Betätigung ehemaliger Spitzennazis in explizit neonationalsozialistischem Sinne wurde als nicht toleranzfähig diskriminiert.[32]

Das dritte Signal wurde durch die Bundestagswahl vom Herbst 1953 gesetzt: Rechtsextreme Parteien errangen hierbei weniger als ein Prozent der Stimmen und waren damit in die politische Bedeutungslosigkeit abgedrängt worden. Konrad Adenauer sah sich in seiner Politik gegenüber den ehemaligen Nationalsozialisten dadurch bestätigt: Beinahe vollständige soziale und wirtschaftliche Reintegration unter der Voraussetzung der jedenfalls öffentlichen Bejahung der demokratischen Republik und des Verzichts auf neo-nationalsozialistische Betätigung.[33] Das Interesse der Angehörigen der ehemaligen NS-Eliten an *politischer* Aktivität in der neuen Bundesrepublik, soweit sie über die Rehabilitationsbestrebungen hinausgingen, war daher insgesamt eher gering. Umso bedeutsamer wurde dagegen die Frage, welche *sozialen* Perspektiven den einstigen NS-Eliten zu Beginn der 80er Jahre offenstanden. Für die Spitzen der Verwaltung, der Justiz und der Ministerialbürokratie war diese Frage relativ einfach zu beantworten: Unterhalb der Staatssekretärebene rückten sie beinahe vollständig wieder in die Behörden ein, was in manchen Ministerien die bemerkenswerte Folge hatte, dass im Jahre 1954 der Anteil der NS-Parteigenossen höher lag als im Jahre 1940. Insbesondere das Auswärtige Amt galt als Hochburg der «Ehemaligen».[34] So berichtete der stellvertretende französische Hochkommissar Bérard im September 1950, dass es sich bei mindestens der Hälfte der Mitarbeiter dieser Dienststelle um einstige Nationalsozialisten handele; davon allein 43 ehemalige aktive SS-Mitglieder und 17 frühere SD- und Gestapo-Mitarbeiter.[35] Damit verbunden aber war ein stets spürbarer Anpassungsdruck an demokratische Spielregeln, der allmählich umso leichter fiel, als die Bonner Republik nicht nur äußerst großzügig mit den einstigen NS-Eliten umging, sondern sich auch als ausgesprochen erfolgreiches Unternehmen erwies – warum sollte man sich da mit jenem gescheiterten Regime identifizieren, das den Einzelnen ja auch persönlich die größte Niederlage ihres Lebens beigefügt hatte?

Das galt selbst für diejenigen ehemaligen Gestapo- und SS-Leute, die mittlerweile in zum Teil hohe Ränge der bundesdeutschen Polizei eingerückt waren und Mitte der 50er Jahre offenbar nicht wenige Polizeipräsidenten in den größeren Städten Westdeutschlands stellten. Gerade an diesen sensiblen Stellen waren die Geheimdienste der Westmächte sehr aufmerksam; aber sie berichteten übereinstimmend, dass zwar viele Ex-Nazis mittlerweile in hohen Positionen stünden, sich dort aber keinesfalls im nationalsozialistischen Sinne betätigten.

Für die erste Garnitur der NS-Eliten hingegen blieben Spitzenpositionen in der westdeutschen Politik und auch der westdeutschen Verwaltung, sieht man vom Justizbereich ab, bis auf wenige Ausnahmen verschlossen. Für sie blieben die freien Berufe und die Wirtschaft, in der Regel vermittelt durch alte, nicht selten bis in die Studienzeit zurückreichende Kontakte.

Da also die politische Stabilität und die wirtschaftliche Aufwärtsentwicklung in Westdeutschland den einstigen NS-Größen auch persönlich die Möglichkeit zum sozialen Aufstieg, respektive Wiederaufstieg, zu bieten schienen, war das Interesse an erneuter politischer Betätigung, insbesondere in rechtsextremem Sinne, gering, zumal sich ihre eigenen Interessen auch insoweit durchgesetzt hatten, als die juristische Verfolgung von NS-Verbrechen seit 1953 praktisch zum Stillstand gekommen war. Je länger aber diese Entwicklung dauerte und je besser die eigene soziale Lage war, desto problematischer wurde die eigene Vergangenheit, weil daraus ein Bedrohungspotential für die neugewonnene bürgerliche Sekurität erwuchs. Die eigene Vergangenheit abzutarnen, ja möglichst ganz vergessen zu machen, um die neue Zukunft nicht zu gefährden, wurde daher zum vordringlichen Interesse. Ein möglichst unauffälliges, angepasstes, normales Leben zu führen, auch die Kontakte zu ehemaligen Mitarbeitern (und Mitwissern) möglichst zu vermeiden und sich jeder politisch verdächtigen Äußerung zu enthalten, war die Konsequenz. Dass sie noch einmal eine zweite Chance erhalten würden, hatten die meisten von ihnen bei Kriegsende oder dann im Internierungslager wohl nicht für möglich gehalten. Also taten sie alles, um die unverhoffte und unverdiente Gunst der Stunde zu nutzen. Dieser Mechanismus führte im Ergebnis zu einer moralisch gewiss zweifelhaften, aber durchaus effektiven Einpassung von offenbar großen Teilen der NS-Eliten in den neuen deutschen Staat und seine Gesellschaft.

Betrachtet man diese Entwicklung aus der Perspektive der späten 60er Jahre, so kann man etwas vergröbert festhalten, dass die ehemaligen NS-Funktionäre nach einiger Zeit in etwa die soziale Position wieder erreicht hatten, die ihren klassenspezifischen Ausgangsbedingungen vor Beginn des Dritten Reiches bzw. ihrer sozialen Herkunft und ihrer Ausbildung entsprach. Während die (sich vorwiegend aus der milieuungebundenen Arbeiterschaft und dem Kleinbürgertum rekrutierenden) mittleren und zum Teil auch hohen Ränge von Partei und SA, teilweise auch der Waffen-SS, oft noch bis weit in die 50er Jahre hinein keine stabile wirtschaftliche Grundlage für sich erreicht hatten und dann im Zuge des Wirtschaftswunders ihr Auskommen auf höchstens mittlerem Niveau fanden, gelang außer den leitenden Ministerial- und Justizbeamten vor allem den ehemaligen Spitzen von Sicherheitspolizei und SD die Rückkehr in die Bürgerlichkeit auf zum Teil sehr hohem Niveau. Die Gründe dafür sind unschwer zu erkennen. Zum einen war über die Führungsstruktur der Sicherheitspolizei und ihre Tätigkeit in den besetzten Gebieten bis in die späten 60er Jahre in Deutschland wenig oder jedenfalls wenig Richtiges bekannt, was den Einzelnen die Abtarnung ihrer Vergangenheit erleichterte. Mit dieser Entwicklung einher ging ein allgemeiner Prozess der Abstraktion und Entsinnlichung der NS-Vergangenheit, der die Geschichte gewissermaßen ihres Personals und ihrer Orte beraubte, so dass man sich in der Öffentlichkeit sogar mit einigem Pathos gegen die vergangene Gewaltherrschaft aussprechen konnte, ohne sich mit konkreten Orten und wirklichen Menschen – weder den Tätern noch den Opfern – zu befassen.[36]

Vor allem aber überwog in der Führung von Sicherheitspolizei und SD der Typus des jungen, meist juristisch ausgebildeten Akademikers aus der Mittel- und Oberschicht, so dass es ausgerechnet dieser Kerngruppe der nationalsozialistischen Terror- und Vernichtungspolitik binnen kurzem und in weitem Maße gelang, wieder Anschluss an das soziale Milieu zu finden, dem sie entstammten.[37]

Eine besondere Bedeutung kam in diesem Zusammenhang der Formel von der «Anständigkeit» zu. Dass jemand «dabei gewesen», aber «dennoch anständig» geblieben sei, wurde bald zum stereotypen Verweis, wenn die NS-Vergangenheit die berufliche oder politische Reputation eines Mannes zu beschädigen drohte. So reagierte zum Beispiel der FDP-Politiker Achenbach in den frühen 50er Jahren auf Kritik an seiner Beteiligung an der Vorbereitung der Deportationen der Juden aus Frankreich mit der Replik, dass er «anständig» geblieben sei, seine Kritiker hingegen, darunter der wegen seiner Verbindungen zum 20. Juli als kompromittiert geltende Verfassungsschutzpräsident Otto John, «unanständig» seien.

In diesem Begriff der «Anständigkeit» klang einerseits noch mit, was während der NS-Zeit zum Teil nur künstlich stilisiertes, zum Teil echtes und insgeheimes Verständigungskriterium der Eingeweihten gewesen war: Die Unterscheidung nach «Anständigkeit» gab an, ob sich jemand hatte tatsächlich verbiegen lassen oder unterhalb der unvermeidlichen Pflichterfüllung einen geraden Sinn, Hilfsbereitschaft oder Menschenfreundlichkeit hatte erhalten können. Aber weil solche Unterscheidungen in Diktaturen eben nur innerhalb von Gruppen mit klarem, wenn auch nicht unbedingt explizitem Ehrenkodex präzise funktionieren, boten sie sich nach dem Kriege als preiswerte Selbsterhöhung förmlich an. Zudem schwang in diesem Begriff auch noch etwas Anderes mit: das Motto der inneren Distanz, der emotionalen Unbeteiligtheit an dem Schrecklichen, an dem man mittat, das während des Krieges auch bei den Anführern der Mordeinheiten eine so große Rolle gespielt hatte und insinuierte, selbst der an Verbrechen Beteiligte könne, wenn er nur die bürgerlichen Sekundärtugenden bewahre, «anständig» bleiben. In diesem Sinne hatte auch Himmler 1943 das Ethos seiner Männer zusammengefasst: Ihre historische Größe bestehe darin, dass sie das Unumgängliche, den Massenmord, taten und dabei dennoch «anständig» geblieben seien.

Dieses Phänomen koinzidierte mit der sich durchsetzenden Auffassung von dem, was insbesondere im westdeutschen Bürgertum unter «NS-Verbrecher» verstanden wurde. Schon Konrad Adenauer hatte im Jahre 1952 gegenüber deutschen Journalisten und zu anderen Gelegenheiten davon gesprochen, unter den in den alliierten Gefängnissen einsitzenden und in der westdeutschen Öffentlichkeit jetzt sogenannten «Kriegsverurteilten» seien nur sehr wenige «wirkliche Verbrecher», und bei diesen handele es sich vorwiegend um «Asoziale und Vorbestrafte».[38] Nicht der Gestapo-Chef oder der Einsatzgruppen-Kommandant, sondern der SA-Schläger und KZ-Bewacher standen hier für das Bild vom NS-Verbrecher; und als konkretes Verbrechen wurden dann auch eher die antijüdischen Ausschreitungen während der «Kristallnacht» verstanden als die im herkömmlichen Vorstellungsvermögen kaum konkretisierbare Massenvernichtung der Juden vier Jahre später. Dem womöglich promovierten Juristen jedoch, dem Massenerschießungen «im Osten» vorgeworfen wurden, fehlten alle Eigenschaften, die zum hier vorherrschenden Bild eines «Verbrechers» gehörten.[39]

Nun kann man dies gewiss als eine spezifisch bürgerliche Form der Abstoßung von Verantwortung und der Einsicht in den Charakter der nationalsozialistischen Verbrechen sehen. Aber diese Konstellation wirkte darüber hinaus. Selbst für Menschen, deren Ablehnung und Verabscheuung des NS-Regimes außer Frage stand, war die Verbindung zwischen den als abnorm und jeder Erfahrung fern wahrgenommenen NS-Verbrechen und dem als einstigen Gestapo-Stellenleiter enttarnten Kollegen oder Nachbarn nicht herstellbar, weil die Ruchlosigkeit der Verbrechen und die Wohlanständigkeit des Nachbarn oder Kollegen nicht zueinander in Beziehung gebracht werden konnten.

Die Einsicht in den hier zum Ausdruck kommenden Charakter des NS-Regimes und seiner Verbrechen hätte im Grunde die Infragestellung oder die Selbstaufgabe der bürgerlichen Gesellschaft in Deutschland bedeuten müssen. Die Etablierung einer bürgerlichen Republik auf demokratischer Grundlage war in Deutschland daher zunächst vermutlich nur auf der Grundlage einer perzeptiven Verwandlung des NS-Regimes möglich, die eine Scheidung zwischen eigener Erfahrungswelt, als deren Kennzeichen Normalität und Kontinuität galten, und den NS-Massenverbrechen beinhaltete, jene Verbrechen, deren Existenz man nicht öffentlich bezweifelte, die aber doch als erfahrungsfern und als Produkt einer anderen Erinnerung apostrophiert wurden, nämlich der Erinnerung der Sieger.

Die Phase der Rückkehr in die Bürgerlichkeit dauerte allerdings bei vielen ehemaligen Angehörigen der NS-Führung nur etwa ein gutes Jahrzehnt oder weniger, bis mit dem Eichmann-Prozess in Jerusalem die internationale und auch die westdeutsche Öffentlichkeit der Rolle der «Schreibtischtäter» im RSHA gewahr wurden, bis mit dem Auschwitz-Prozess das Ausmaß und die industrielle Form der Massenvernichtungspolitik vor Augen trat und mit dem Beginn der in Ludwigsburg koordinierten NS-Verfahren die einstigen NS-Eliten jäh aus ihrer Ruhe gerissen wurden.[40] Zwar gab es daraufhin verschiedene Versuche der Koordination, der Zusammenschlüsse oder Vereinbarungen unter den Betroffenen – und das am 1. Oktober 1968 verabschiedete «Einführungsgesetz zum Ordnungswidrigkeitengesetz», mit dem der sozialdemokratische Justizminister Heinemann düpiert und auf kaltem Wege beinahe unbemerkt die Mehrheit der NS-Verfahren, darunter fast alle RSHA-Verfahren, wegen der Verjährung der «Beihilfe» zum Einsturz gebracht wurden, ist vermutlich ein Ergebnis solcher Einflussnahme und Kontakte bis hinein ins Justizministerium.[41]

Nur ein sehr kleiner Teil der von den Staatsanwaltschaften aufgespürten, vernommenen und beschuldigten NS-Täter wurde dann aber auch tatsächlich angeklagt, ein noch kleinerer auch verurteilt. Aber die zehntausende von Untersuchungen, Befragungen und Verhören führten bei den davon Betroffenen seit den frühen 60er Jahren doch zu ganz nachhaltiger Aufregung, weil das schon für sicher gehaltene Leben ohne Vergangenheit nun gefährdet war, und sie bis zu ihrem Lebensende in Furcht und Bangen vor der Entdeckung ihrer Vergangenheit, vor neuen

Verfahren und vor ihrer Enttarnung in ihrem bürgerlichen Umfeld verharrten. Fälle wie die von Hagen, Lischka, Filbinger oder auch Best sind Beispiele dafür, und dass die private Korrespondenz, etwa zur Absprache von Aussagen bei Gericht, zwischen den ehemaligen NS-Spitzenfunktionären nicht selten unter Postfach-Adressen geführt wurde, «damit die Kinder nichts davon erführen», ist ein Ausdruck dieser Entwicklung.[42]

IV.

Das Fazit des hier Skizzierten muss zwiespältig ausfallen: Dass angesichts von Millionen Opfern der nationalsozialistischen Politik die Angehörigen der NS-Eliten und insbesondere der Spitzenleute von Sicherheitspolizei und SD zu einem so großen Teil beinahe ungeschoren davonkommen und sogar für lange Jahre als angesehene Bürger in nicht selten hohen Positionen leben sollten, war ein allen Vorstellungen von politischer Moral so grundlegend widersprechender Skandal, dass dies unmöglich ohne schwerwiegende und langwirkende Folgen für diese Gesellschaft, ihre innere Struktur wie ihr außenpolitisches Ansehen, bleiben konnte. Auf der anderen Seite war es nicht zuletzt die allmähliche Aufdeckung immer neuer Personalskandale in der Bundesrepublik – von Globke bis Filbinger –, die erst zu jener heftigen und langanhaltenden politischen Auseinandersetzung der westdeutschen Gesellschaft mit ihrer NS-Vergangenheit führte, deren Bedeutung für die demokratische Identität und Stabilität der westdeutschen Demokratie doch sehr hoch zu bewerten ist.

Für die Geschichte der Bundesrepublik bedeutet die hier beschriebene Entwicklung zweierlei. Zum einen erweist sich das Ausmaß der Belastung der Bundesrepublik durch die einstigen NS-Eliten in den 1950er und 60er Jahren nun, wo dies im Einzelnen nachprüfbar ist, als erheblich größer als vermutet. Ohne die einstigen NS-Führungsgruppen insbesondere in den Verwaltungen wäre die Konstituierung des neuen Staates vermutlich nicht möglich gewesen – auf der Grundlage ebendieser Auffassung basierte auch die Personalpolitik Konrad Adenauers, der es intern an Kritik an den alten Nazis durchaus nicht fehlen ließ. Die Reduktion der Verantwortung für Massenmord und Genozid auf ein paar, in der Regel bereits gestorbene Galionsfiguren ermöglichte seit den frühen 50er Jahren die putative Pauschalentlastung nahezu aller überlebenden Ex-Nationalsozialisten selbst in führenden Stellungen.

Auf der anderen Seite: Angesichts des tatsächlichen Ausmaßes der Verbrechen und der Zahl der daran direkt oder vermittelt Beteiligten und dafür Verantwortlichen ist nicht der Grad der Belastung das Überraschende an der Entwicklung nach dem Kriege, sondern wie angesichts und trotz einer so immensen Belastung aus der Bundesrepublik im Laufe der Zeit dennoch eine sich stabilisierende Demokratie werden konnte. Vor allem den geduckten Opportunismus, der mit der allmählichen Reintegration der NS-Eliten in die Bürgerlichkeit verbunden war, können wir als Ausdruck und Voraussetzung für die politische Neutralisierung dieser Gruppe erkennen.

Nicht wenige von denen, die diese Gelegenheit wahrnahmen und ihren Opportunismus belohnt sahen, wandelten sich aber auch tatsächlich zu überzeugten Demokraten. Indem man ihren Opportunismus akzeptierte, wurde auch die Grundlage zu einem tatsächlichen Einstellungswandel gelegt, nicht bei allen, aber doch bei manchen. Insofern muss, wer die Geschichte der NS-Eliten in der Bundesrepublik erforscht, nicht allein nach Kontinuität und Subversion suchen, sondern auch und vor allem nach Opportunismus und dadurch hervorgerufenen Einstellungswandel.

Die Antwort auf die für die Erfolgsgeschichte der Bonner Republik ja nicht unbedeutende Frage nach den Gründen für die politische Stabilisierung der Bundesrepublik trotz des vergangenheitspolitischen Überhangs ist noch nicht gefunden. Aber sie zu stellen ist notwendig; denn nur auf diese Weise wird das Belastungspotential, das von den einstigen NS-Führungsgruppen ausging, für eine auf den Wiederaufstieg Westdeutschlands in wirtschaftlicher und außenpolitischer Hinsicht fixierte Geschichtsschreibung nicht länger als lästige, im Grunde nicht seriöse Nebenfrage wahrgenommen, sondern als zentrale Herausforderung, die über Erfolg oder Scheitern der Republik entschied.

Anhang

Anmerkungen

Zu diesem Buch

1 Falter, Parteigenossen, S. 478–482, Zitat S. 479; vgl. dazu auch Falter, Hitlers Wähler.

1. Wer waren die Nationalsozialisten?

1 Zu Losacker s. Sandkühler, «Endlösung»; Pohl, Judenverfolgung, S. 181 f., 212 f.; Munzinger-Archiv (3. Juni 2020).

2 Notizen von einer Reise durch das besetzte Deutschland, (Anfang April 1945), in: Borsdorf/Niethammer (Hg.) Befreiung, S. 37 f.; vgl. Söllner (Hg.), Archäologie, Bd. 2, S. 219 ff.

3 Buscher, U.S. War Crimes Trial; Smith, Road to Nuremberg; ders., American Road to Nuremberg.

4 Klaus-Dietmar Henke, Die Trennung vom Nationalsozialismus. Selbstzerstörung, politische Säuberung, «Entnazifizierung», Strafverfolgung, in: Henke/Woller (Hg.) Säuberung; ders., Einleitung, in: ders. (Hg.), Entnazifizierung, S. 7–64; Niethammer, Mitläuferfabrik; Wember, Umerziehung.

5 Dazu und zum Folgenden vgl. Herbert, Best; Frei, Vergangenheitspolitik; Brochhagen, Nürnberg.

6 Adenauer, Teegespräche 1950–1954, S. 219. Unter den Gefangenen, so Adenauer im Bundestag am 17.9.1952, sei «ein kleiner Prozentsatz von absolut asozialen Elementen», der «wirkliche Verbrechen» begangen habe, s. BT-Protokolle 1952, S. 10492 ff. Ähnlich schon auf der Londoner Außenministerkonferenz im Februar 1952, s. AAPD Bd. 2, 1952, S. 317–322.

7 Zu Ilse Koch vgl. Przyrembel, Image; Smith, Hexe.

8 Vgl. Arendt, Eichmann; Safrian, Eichmann; Lozowick, Hitlers Bürokraten; Wojak, Eichmanns Memoiren; Krause, Eichmann-Prozess.

9 Als Beispiele Kleist, Auch du; Rudel, Trotzdem; Halder, Gespräche.

10 Vgl. Merkl, Political violence; Mann (Hg.), Nationalsozialisten; Jamin, Klassen.

11 Vgl. Falter, Hitlers Wähler.

12 Dazu i. E.: Rückerl, Strafverfolgung; Weber, Vergangenheitsbewältigung; Lichtenstein, Namen.

13 Vgl. Pingel, Häftlinge; Aly, «Endlösung»; Streit, Kameraden; Zimmer-

mann, Rassenutopie; Schmuhl, Rassenhygiene; Müller, Wirtschaftsallianz; Gerlach, Morde; Orth, Konzentrationslager-SS; dies., System; Sandkühler, Endlösung; Pohl, Judenverfolgung; Bajohr, «Arisierung».

14 Wildt, Generation, S. 72–142; Herbert, Best, S. 51–69.

15 Vgl. Aly, Macht; Schulze (Hg.), Historiker; Etzemüller, Sozialgeschichte.

16 Vgl. zusammenfassend Mommsen, Freiheit; Breuer, Ordnungen; ders., Grundpositionen; ders., Anatomie.

17 Vgl. Breuer, Anatomie; Herbert, Best, S. 51–69.

18 Zit. n. Winkler, Weimar, S. 92.

19 Oncken, Gedächtnisrede, in: ders., Nation und Geschichte, S. 7f.; Krüger, Versailles, S. 73.

20 Broszat, Machtergreifung, S. 74.

21 Vgl. Sabrow, Rathenaumord.

22 Nationalversammlung, Bd. 327, 19.5.1919, S. 1111. («Seid eingedenk, ihr Feinde, aus den Gebeinen (der Gefallenen) wird ein Rächer entstehen»).

23 Vgl. Herbert, Best, S. 42–87.

24 Vgl. Herbert, Generation der Sachlichkeit.

25 Jung, Neubelebung, S. 153–162.

26 Wildt, Generation des Unbedingten, S. 72–142; vgl. Banach, Heydrichs Elite.

27 Vgl. etwa Rebentisch, Führerstaat, S. 29–117.

28 Vgl. Friedländer, Das Dritte Reich, Bd. 1, S. 291–328.

29 Ulrich Herbert: Vernichtungspolitik. Neue Antworten und Fragen zur Geschichte des «Holocaust», in: ders. (Hg.), Vernichtungspolitik, S. 9–66.

30 Vgl. Herbert, «NS-Eliten in der Bundesrepublik», in diesem Band.

2. Was haben die Nationalsozialisten aus dem Ersten Weltkrieg gelernt?

1 Mainzer Anzeiger, 28.11.1918.

2 Hitler, Mein Kampf, S. 245f.

3 Vgl. Kolb, Frieden; Heinemann, Niederlage.

4 Bernhardi, Vom Kriege; zum Folgenden v. a. Deist, Reichwehr.

5 Hesse, Feldherr, S. 206f.

6 Joachim von Stülpnagel, Gedanken über den Krieg der Zukunft, in: Hürten (Hg.), Krisenjahr 1923, Nr. 184, S. 266–272.

7 Schwarte, Krieg der Zukunft, S. 34f.

8 Hitler, Mein Kampf, S. 252.

9 Binding u. Hoche, Freigabe, S. 90ff.

10 Ludendorff, Kriegserinnerungen.

11 Vgl. Creveld, Kampfkraft.

12 Vgl. Gerlach, Morde, S. 258ff. Die deutsche Agrarverwaltung Südrussland sprach im Dezember 1942 von «einer Kahlfraßzone von 800–1000 km Tiefe», in der alles beschlagnahmt werden müsse.

13 Hitler, Mein Kampf, S. 742.

14 Hitler, Mein Kampf, S. 359; Generaloberst Werner Freiherr v. Fritsch an Baronin Schurzbar-Michling, 11.12.1938, in: Nicholas Reynolds, Der Fritsch-Brief vom 11. Dezember 1938, in: VfZ 28 (1980), S. 358–371, hier S. 362 f. bzw. S. 370.

15 Hitler vor dem Großdeutschen Reichstag, IV Wahlperiode 1. Sitzung, vom 30.1.1939, gedr. in: VEJ, Bd. 2., Nr. 248, S. 678–680.

3. Woher kam der Judenhass?

1 Twain, Chicago, in: Twain: Springfrosch, S. 119–135, hier S. 119. Zum Folgenden s. Herbert, Geschichte Deutschlands, S. 25–68.

2 Karády, Gewalterfahrung, S. 174–202; Volkov (Hg.), Deutsche Juden, S. 1–8; Lowenstein u.a, Integration, S. 193–277; Jochmann, Gesellschaftskrise, S. 30–98.

3 Ludwig Klages, Mensch und Erde [1913], in: ders., Sämtliche Werke. Philosophie III, Bd. 3, Bonn 1974, S. 614–636, zit. S. 616, S. 621, S. 623; Leo, Wille; Lieber, Kulturkritik.

4 Ludwig Klages, Heidnische Feuerzeichen. Aufruf zur Wahrung und Förderung heidnischer Lebenselemente [1900], in: ders., Rhythmen und Runen.

5 Ludwig Klages, Typische Ausdrucksstörungen und der hysterische Charakter [1904], in: ders., Sämtliche Werke, Graphologie I, Bd. 7, S. 83–118.

6 Frymann, Kaiser, S. 30 ff.; Walkenhorst, Nation, S. 81–101, hier S. 89–91.

7 Aly, Warum die Deutschen, S. 73–108; vgl. Jochmann, Gesellschaftskrise; Mosse, Völkische Revolution; Bergmann, Geschichte des Antisemitismus.

8 Rosenthal, Ehre, S. 54–78.

9 Vgl. Pulzer, Rise 1988; Helmut Berding, Der Aufstieg des Antisemitismus im Ersten Weltkrieg, in: Benz/Bergmann (Hg.), Vorurteil, S. 304–340; Wertheimer, Unwelcome Strangers.

10 Anonymes Schreiben, 12.10.1923, Wirtschaftsabtlg. d. Generalstaatskommissars, zit. n. Geyer, Verkehrte Welt, S. 245 f.

11 Mann, Tagebücher, 1918/21, S. 143.

12 Bericht der bayerischen Landeswerbezentrale des Gruppenkommandos 4 v. 5.3.1920, zit. n. Geyer, Verkehrte Welt, S. 283.

13 Josef Räuscher, Berlin: in: Hochland 281 (1930), S. 15–26, hier S. 15.

14 Bollenbeck, Tradition, S. 254.

15 Spengler, Untergang, S. 122.

16 Lohalm, Völkischer Radikalismus, S. 176–237; Werner T. Angress, Juden im politischen Leben der Revolutionszeit, in: Mosse (Hg.), Judentum, S. 137–316.

17 Herbert, Best, S. 51–69.

18 Arnold Zweig, Die antisemitische Welle, in: Die Weltbühne 15 (1919), S. 381–385, hier S. 385; vgl. Hecht, Deutsche Juden, S. 206–224; Walter, Antisemitische Kriminalität, S. 222–243; Werner Jochmann, Die Ausbreitung des Antisemitismus in Deutschland 1914–1923, in: ders., Gesellschaftskrise, S. 99–170; ders., Der Antisemitismus und seine Bedeu-

tung für den Untergang der Weimarer Republik, in: ebd., S. 171–194; Niewyk, Jews, S. 43–81.

19 Jüdische Rundschau Nr. 9, 31.1.1933, S. 1, in: VEJ, Bd. 1, Dok. 1, S. 65–67, hier S. 65; allg. s. Longerich, Politik der Vernichtung, S. 23–64; Friedländer, Reich, Bd. 1, S. 29–221.

20 Sopade-Berichte, Juli 1937, S. 931 f., hier S. 931.

21 Rosenstock, Exodus, S. 326; vgl. Strauss, Jewish Emigration.

22 Zu den Nürnberger Gesetzen s. v. a. Essner, Nürnberger Gesetze, S. 102–115; Gruchmann, Justiz, S. 864–886; Longerich, Politik der Vernichtung, S. 102–115.

23 Dazu v. a. Bajohr, «Arisierung»; Barkai, Boykott; Kuller, Bürokratie.

24 Hitlers Denkschrift zum Vierjahresplan 1936, hg. v. Wilhelm Treue, in: VfZ 3 (1955), S. 184–210; vgl. Ralf Banken: Das nationalsozialistische Devisenrecht als Steuerungs- und Diskriminierungsinstrument 1933–1945, in: Bähr/Banken (Hg.), Wirtschaftssteuerung, S. 121–236.

25 Sopade-Berichte, Januar 1936, S. 24–26.

26 Kardinal Faulhaber an Alois Wurm, 8.4.1933, in: VEJ, Bd. 1, Dok. 30, S. 135 f.

27 Barkai, Boykott, S. 130; Bericht d. SD, September 1938, zit. n. Uwe Dietrich Adam, Wie spontan war der Pogrom?, in: Pehle/ Adam (Hg.), Judenpogrom, S. 74–93, hier S. 87; Brechtken, Madagaskar, S. 217; Michael Marrus, Evian, in: Diner (Hg.), Enzyklopädie, Band 2, S. 289–295.

28 Herbert, Best, S. 208–218; Tomaszewski, Auftakt, S. 113–144.

29 Joseph Goebbels, Tagebucheintrag vom 10.11.1938, in: VEJ, Bd. 2, Dok. 124, S. 363–366.

30 Antworten auf die Rundverfügung der Stapostelle Bielefeld, 14.11.1938, in: Kulka/Jäckel (Hg.), Juden, Nr. 357–370, S. 313–324.

31 Hitler in der Nacht vom 9. auf den 10. November 1938, zit. n. Adam, Judenpolitik, S. 211.

32 Das Schwarze Korps, 4. Jg. (1938), 24.11.1938.

33 Göring am 12.11.1938, VEJ, Bd. 2, Dok. 146, S. 408–437, Zitat S. 436.

34 Hitler vor dem Großdeutschen Reichstag, IV. Wahlperiode 1. Sitzung, vom 30.1.1939, in: VEJ, Bd. 2, Dok. 248, S. 678–680, hier S. 680.

4. Das Jahrhundert der Lager

1 UNHCR, 1996 statistical overview; ders., Lage der Flüchtlinge 1994; Franzke, Migration; Nuscheler, Internationale Migration.

2 Vgl. etwa Jackson, The Prisoners; Kriegsgefangene 1914–1918; Oltmer, Bäuerliche Ökonomie; Pardon u. a., Lager, Front und Heimat; Eichelmann, Kriegsgefangenschaft; Doegen, Der Kriegsgefangenen Haltung.

3 Vgl. Herbert, Ausländerpolitik, S. 88 ff.

4 Vgl. Herbert, Ausländerpolitik; sowie Bade, Auswanderer; Page Moch, Moving Europeans.

5 Vgl. Sinnott, Chinese railroad workers; Sheehan, Chinese workers.

6 Vgl. Herbert, Zwangsarbeit als Lernprozeß.

7 Vgl. Franzke, Migration; Nuscheler, Internationale Migration, sowie Müller-Syring, Migration weltweit; Nassmann, Migration in Europa.

8 Für Deutschland einführend Herbert, Fremdarbeiter; ders., Europa und der «Reichseinsatz»; ders. u. a. (Hg.), Die nationalsozialistischen Konzentrationslager. Für die Sowjetunion Rossi, The Gulag Handbook; Koenen, Utopie; den gesamten kommunistischen Machtbereich umfassend: Courtois, Schwarzbuch.

9 Vgl. Domenach, Der Vergessene Archipel

10 Vgl. Applebaum, Gulag; Chlevnjuk, The history of the Gulag; zu China s. Domenach, Der vergessene Archipel. In der Sowjetunion lag die Gesamtzahl der in Lager eingesperrten Menschen zwischen 1930 und 1953 bei mehr als 18 Millionen, von denen während der Haft zwischen zwei und drei Millionen starben. Etwa sechs Millionen Menschen waren zudem in «Sondersiedlungszonen» untergebracht, weitere 1,7 Millionen in «Filtrierlagern», überwiegend ehemalige «Ostarbeiter» und sowjetische Kriegsgefangene, die die Haft in Deutschland überlebt hatten. Bei Stalins Tod 1953 befanden sich etwa 2,5 Millionen Menschen in den Lagern. Etwa zwei Drittel von ihnen wurden in den Jahren nach 1953 amnestiert.

11 Buber-Neumann, Als Gefangene.

12 Vgl. Schwartz, Ethnische «Säuberungen», S. 61–114: Ther, Dunkle Seite, S. 96–105; Akçam, Armenien.

13 Der Begriff stammt vermutlich von Hitler, vgl. Herbert, Best, S. 260.

14 Aly, «Endlösung».

15 Vgl. Herbert u. a., Konzentrationslager; Orth, System.

16 Vgl. Kiernan, The Pol Pot Regime; Barth, Holocaust in Kambodscha. In China richtet sich der Umerziehungswille der Regierung seit etwa 2000 vor allem gegen die muslimischen Turkvölker, in Sonderheit gegen die etwa 13 Millionen ethnischen Uiguren. Nachdem mit der Begründung des «Antiterrorkampfes» die Religionsausübung der Uiguren unterdrückt und Uigurisch als Unterrichtssprache verboten worden waren, wurden seit 2016 nach Informationen der Vereinten Nationen im Nordwesten Chinas bis zu 1,5 Millionen in sogenannten Umerziehungscamps inhaftiert.

17 Vgl. Herbert, Zwangsarbeit als Lernprozeß; zum Folgenden vgl. Sofsky, Ordnung; Zygmunt Bauman, Das Jahrhundert der Lager, in: Die Neue Gesellschaft, 41 (1994), S. 28–37.

18 Ilse Grubrich-Simitis: Extremtraumatisierung als kumulatives Trauma, in: Psyche. 33 (1979), S. 991–1023.

19 Vgl. Streit, Keine Kameraden; Otto, Wehrmacht; Osterloh, Sowjetische Kriegsgefangene.

20 Foucault, Überwachen und Strafen; Goffman, Asyle.

5. Der deutsche Professor im Dritten Reich

1 Hitler am 10.11.1938, in: Wilhelm Treue, Rede Hitlers vor der deutschen Presse (10. November 1938), in: VfZ 6 (1958), S. 175–191.

2 Aus der breiten Literatur über die Wissenschaften in der NS-Zeit folge ich hier v.a. Adam, Hochschule; Bialas (Hg.), Intellektuelle; Michael Grüttner, Wissenschaftspolitik im Nationalsozialismus, in: Kaufmann (Hg.), Kaiser-Wilhelm-Gesellschaft, Bd. 2, S. 555–585; Knigge-Tesche (Hg.), Berater; Lehmann/Oexle (Hg.), Nationalsozialismus; Langewiesche (Hg.), Universitäten.

3 Zu Ritter vgl. v.a. Cornelißen, Gerhard Ritter.

4 Vgl etwa Jansen, Professoren.

5 Vgl. Grüttner, Studenten; Herbert, «Generation der Sachlichkeit».

6 Erklärung des Verbands der deutschen Hochschulen, 22.4.1933, publ. in: Deutsche Allgemeine Zeitung, 2. Mai 1933.

7 Zit. n. Michael Grüttner: Machtergreifung als Generationskonflikt. Die Krise der Hochschulen und der Aufstieg des Nationalsozialismus, in: vom Bruch/Kaderas (Hg.), Wissenschaften, S. 339–353.

8 Die Literatur zu Schmitt ist breit, ich orientiere mich an Blasius, Carl Schmitt; Bendersky, Carl Schmitt; Gross, Carl Schmitt, Koenen, Fall; Mehring (Hg.), Carl Schmitt; Noack, Carl Schmitt; Rüthers, Carl Schmitt; Stirk, Carl Schmitt; Tielke, Bürgerkrieg.

9 Zitate allesamt in Schmitt, Positionen.

10 Carl Schmitt: Der Führer schützt das Recht, in: Deutsche Juristen-Zeitung 1934, Sp. 945–950.

11 Die nationalsozialistische Gesetzgebung und der Vorbehalt des ‹ordre public› im Internationalen Privatrecht, in: Zeitschrift der Akademie für deutsches Recht, Bd. 3, 1936, S. 204–211.

12 Ders., Die deutsche Rechtswissenschaft im Kampf gegen den jüdischen Geist. Schlußwort auf der Tagung der Reichsgruppe Hochschullehrer des NSRB vom 3. und 4. Oktober 1936, in: Deutsche Juristenzeitung, 41, 1936, S. 1193–1199;

13 Dazu Michael Grüttner, Das Scheitern der Vordenker. Deutsche Hochschullehrer und der Nationalsozialismus, in: ders. u.a. (Hg.), Geschichte, S. 458–481.

14 Vgl. «Deutsches Europa und Großgermanisches Reich», in diesem Band.

15 Dazu ausf. van Laak, Gespräche.

16 Zu Mühlmann biografisch vgl. Ute Michel, Wilhelm Emil Mühlmann – ein deutscher Professor. Zum Verhältnis von Ethnologie und Politik im Nationalsozialismus, in: Jahrbuch für Soziologiegeschichte, Opladen 1992, S. 69–117. Zur Ethnologie und Volkskunde in der NS-Zeit allgemein vgl. Jacobeit (Hg.), Wissenschaft; Gansohr-Meinel, Fragen; Schmoll, Atlas. Christoph Seidler bereitet in Freiburg eine Studie zur Geschichte der deutschen Ethnologie vor; ich bin ihm für zahlreiche Anregungen verbunden.

17 Wilhelm Emil Mühlmann, Die Hitler-Bewegung. Bemerkungen zur Krise der bürgerlichen Kultur, in: Sociologus, H. 9, 1933. S. 129ff.; ders., Lebenserinnerungen, unveröff. Manuskript (1948), BA Koblenz N 1450, NL Mühlmann.

18 Ders., Unveröff. Denkschrift (1938?), BA Koblenz N 1450, NL Mühlmann.

19 Die Hauptwerke Mühlmanns während der NS-Zeit: Rassen- und Völkerkunde (1936), Methodik der Völkerkunde (1938), Krieg und Frieden
(1940), Assimilation, Umvolkung, Volkwerdung (1944), Die Völker der
Erde (1944).

20 Vgl. Herbert, Best; Wildt, Generation.

21 Dazu ausf. Heinemann, Rasse.

22 Vgl. Heinemann/Wagner (Hg.), Wissenschaft; Wasser, Himmlers Raumplanung; Rössler (Hg.), «Generalplan Ost»; Madajczyk (Hg.), Generalplan Ost.

23 Mühlmann, Rassen; ders., Homo Creator; ders., Chiliasmus; ders.,
Mahatma Gandhi.

24 Ich folge hier weitgehend Bernd A. Rusinek, Walther Gerlach – ein
deutscher Physiker. Umrisse seiner Biografie, unveröff. Ms. Berlin 2006.
Einführend zu Gerlach s. Bachmann, Gerlach.

25 Zum Stern-Gerlach-Experiment: Heinrich/Bachmann, Gerlach. Allgemein zur Geschichte der Physik in der Weimarer und der NS-Zeit:
Metzler, Wissenschaft; Kamp, Geschichte.

26 Zur «deutschen Physik» in München s. Litten, Mechanik.

27 Zum Reichsforschungsrat s. Flachowsky, Notgemeinschaft.

28 Gerlach an Sievers im Reichsforschungsrat, 29.8.1944, BA Berlin: R 26
III 200, zit. nach Rusinek, Gerlach (Anm. 24).

29 Walker, Uranmaschine; Schaaf, Heisenberg; Karlsch, Hitlers Bombe.

30 Hoffmann (Hg.), Operation Epsilon, S. 157.

31 Text des Göttinger Manifests der Göttinger 18: uni-goettingen.de (22.5.
2020). Vgl. Radkau, Aufstieg und Krise; Kraus, Uranspaltung.

32 Walther Gerlach, Eine Bilanz der Naturwissenschaften. Aufgaben und
Gefahren, in: Richter (Hg.), Bestandsaufnahme, S. 360–372.

6. Nationalsozialistische und stalinistische Herrschaft

1 Hierzu v. a. Kershaw/Lewin (Hg.), Stalinism and Nazism; Kershaw, Totalitarianism; als Beispiel für die sehr frühen Debatten vgl. Beckerath,
Fascismus und Bolschewismus.

2 Vgl. Arendt, Elemente und Ursprünge; Franz Neumann, Notizen zur
Theorie der Diktatur, in: ders. (Hg.), Staat, S. 224–247; Friedrich/ Brze-
zinski, Totalitarian dictatorship; Bracher, Totalitäre Erfahrung. Überblick über die Debatte bei Jesse (Hg.), Totalitarismus.

3 Vgl. Bracher, Zeit der Ideologien; ders., Erfahrung; Nolte, Bürgerkrieg;
Mayer, Krieg.

4 Vgl. Haupt/Kocka (Hg.), Geschichte und Vergleich; Kaelble, Vergleich;
Nolte, Bürgerkrieg.

5 Vgl. v. a. Nipperdey, Deutsche Geschichte; Mai, Europa; Nitschke/Peu-
kert/ vom Bruch (Hg.), Jahrhundertwende.

6 Vgl. Schulz, Aufstieg; Mommsen, Freiheit; Herbert, Vernichtungspolitik.

7 Dazu ausf. Ian Kershaw/Moshe Lewin: Afterthoughts, in: dies. (Hg.),
Stalinism and Nazism, S. 343–358; Weber (Hg.), Lenin, S. 602.

8 Lohalm, Radikalismus; Stanley Payne, The Impact of World War I, in: ders., History of Fascism, S. 71–79.

9 Vgl. Markus Wehner, Stalinismus und Terror, in: Plaggenborg (Hg.), Stalinismus, S. 365–390.

10 Vgl. Mommsen, Freiheit; ders., Nationalsozialismus; Payne, History of Fascism, S. 149–176.

11 Herbert, Best; Wildt, Generation.

12 Moshe Lewin: The Social Background of Stalinism, in: ders., Making, S. 258–285.

13 Hans-Walter Schmuhl, Rassismus unter den Bedingungen charismatischer Herrschaft. Zum Übergang von der Verfolgung zur Vernichtung gesellschaftlicher Minderheiten im Dritten Reich, in: Bracher/Funke/Jacobsen (Hg.), Deutschland, S. 182–197; Zimmermann, Rassenutopie und Genozid; Ulrich Herbert, Traditionen des Rassismus, in: Niethammer, Bürgerliche Gesellschaft, S. 472–488.

14 Vgl. Fitzpatrick, Stalin's Peasants.

15 Vgl. Rittersporn, Simplifications, S. 101 ff.; Chase, Enemies.

16 S. Hans Mommsen, Ausnahmezustand als Herrschaftstechnik des NS-Regimes, in: Funke (Hg.), Hitler; Frei, Führerstaat.

17 Vgl. Viola, Sons of the Fatherland.

18 Vgl. Thamer, Verführung und Gewalt.

19 Vgl. Christoph Buchheim, The Nazi Boom, An Economic Cul-de-Sac, in: Mommsen (Hg.), Third Reich, S. 79–94; Herbert, Arbeiterschaft; Aly, Hitlers Volksstaat.

20 Vgl. Viola, Sons of the Fatherland; Ronald Grigor Suny, Stalin and his Stalinism, Power and Authority in the Soviet Union, 1930–1953, in: Hoffmann (Hg.), Stalinism, S. 13–36; abweichend: Ian Kershaw, Nationalsozialistische und stalinistische Herrschaft, in: Jesse (Hg.), Totalitarismus, S. 213–222.

21 Hans Mommsen, Hitlers Stellung im Nationalsozialistischen Herrschaftssystem, in: Hirschfeld/Kettenacker (Hg.), «Führerstaat», S. 43–70; Kershaw, Hitler.

22 Gábor Tamas Rittersporn, Society and the State Apparatus in the USSR, Contradictions and Interferences in the 1930s, in: ders., Stalinist Simplifications, S. 30–64; Moshe Lewin: Bureaucracy and the Stalinist State, in: Kershaw/Lewin (Hg.), Stalinism and Nazism, S. 53–74.

23 Ian Kershaw, Totalitarianism Revisited, Nazism and Stalinism in Comparative Perspective, in: Tel Aviver Jahrbuch für deutsche Geschichte, 23 (1994), S. 37.

24 Fraenkel, Doppelstaat; dazu Herbert, Best, S. 196 f.

25 Egbert Jahn, Zum Problem der Vergleichbarkeit von Massenverfolgung und Massenvernichtung, in: Dahlmann/ Hirschfeld (Hg.), Lager, S. 29–51, hier S. 50 f.

26 Oleg Khlevnyuk, The Objectives of the Great Terror, 1937–1938, in: Hoffmann (Hg.), Stalinism, S. 81–104.

27 Nikolaj Bugaj, Die Deportationen der Völker aus der Ukraine,

Weißrußland und Moldavien, in: Dahlmann/Hirschfeld, Lager, S. 567–581.

28 Elena A. Tjurina, Die Rolle der Zwangsarbeit in der Wirtschaft der UdSSR. Eine Quellenanalyse, in: Dahlmann/Hirschfeld, Lager, S. 267–278.

29 Ulrich Herbert, Labour and Extermination, Economic Interests and the Primacy of «Weltanschauung» in National Socialism, in: Past and Present, 138, 1993, S. 144–195.

30 Buber-Neumann, Plädoyer, S. 109–126, S. 115.

7. Deutsches Europa und Großgermanisches Reich

1 Dazu Schlemmer (Hg.), Faschismus in Europa; Reichardt, Globalgeschichte des Faschismus.

2 Carl Duisberg, Ansprache auf der Tagung des Bayerischen Industriellen-Verbandes am 24.3.1931, in: ders., Abhandlungen, S. 172.

3 Vgl. Peter Krüger, Wirtschaftliche Mitteleuropapläne in Deutschland zwischen den Weltkriegen. Anmerkungen zu ihrer Bewertung, in: Plaschka u. a. (Hg.), Mitteleuropa-Konzeptionen, S. 283–304.

4 von Srbik, Mitteleuropa.

5 Wilhelm Stapel, Volk und Volkstum, in: Moeller van den Bruck u. a. (Hg.), Die Neue Front, S. 80–89, hier S. 80 ff.

6 Hitlers Zweites Buch, S. 123.

7 Schmitt, Völkerrechtliche Großraum-Ordnung.

8 Reich, Volksordnung, Lebensraum. Zeitschrift für völkische Verfassung und Verwaltung, Darmstadt 1941–1943.

9 Hitler im Gespräch mit dem US-Korrespondenten Karl v. Wiegand, 9. Juni 1940, in: Monatshefte für Auswärtige Politik, 1940, S. 533; vgl. Gruchmann, Großraumordnung, S. 11 ff.

10 Goebbels am 26.10.1940 in Wien, zit.n. Michalka (Hg.), Deutsche Geschichte, Dok. 192, S. 230 f.

11 Zum Folgenden s. Neulen, Europa; Grunert, Europagedanke; Michael Salewski, Europa. Idee und Wirklichkeit in der nationalsozialistischen Weltanschauung und politischen Praxis, in: Franz (Hg.), Europas Mitte, S. 85–106; Salewski, Ideas of the National Socialist Government and Party, in: Documents on the History of European Integration, Bd. 1, S. 37–178.

12 Goebbels, Vortragsnotiz 16.9.1942, zit.n. Neulen, Europa, S. 104.

13 Aufz. Botschafter Ritter, 1.6.1940, ADAP, Serie D, Bd. IX.2, Dok. 367, S. 407–411.

14 Notiz v. Weizsäcker v. 2.5.1943, in: Hill (Hg.), Weizsäcker-Papiere, S. 337.

15 Grunert, Europagedanke, S. 15.

16 Hitlers Aufruf an die Soldaten der Ostfront v. 22.6.1941, zit. n. Ueberschär/Wette (Hg.), Überfall, S. 265–269.

17 Hitler am 16. Juli 1941, VEJ, Bd. 7, Dok. 28, S. 183 ff.

18 Hitler im April 1941, zit. n. Schreiber, Kriegsverbrechen, S. 26.

19 Besprechung Görings mit den Reichskommissaren und Vertretern der Militärbefehlshaber für die besetzten Gebiete am 6.8.1942, in: IMT, Bd. XXXIX, Dok. USSR-170, S. 391.

20 Notiz Pietromarchis, März 1942 26.3.1942, n. Monica Fioravanzo, Die Europakonzeptionen von Faschismus und Nationalsozialismus (1939–1943), in: VfZ 58 (2010) S. 509–541, hier S. 525/66.

21 Giovanni Selvi, April 1942, n. Fioravanzo, Europakonzeptionen, S. 530.

22 Anonym (=Werner Best), Herrenschicht oder Führungsvolk?, in: RVL, Bd. 3, 1942, S. 122–139.

23 Werner Best, Großraumordnung und Großraumverwaltung, in: Zeitschrift für Politik, 32, 1942, S. 406–412; vgl. Herbert, Best, S. 271–298; Mazower, Hitlers Imperium, S. 208–237, S. 383–474.

24 Rauter an Himmler, 16.9.1942, zit. n. Grunert, Europagedanke, S. 87.

25 Rede Himmlers vor den Gauleitern, 3. August 1944, in: VfZ1 (1953), S. 357–394.

26 Berger, Besprechung im SS-Hauptamt, 8.10.1942, zit. n. Nestler, Okkupationspolitik, S. 190

27 Vgl. Wegner, Hitlers politische Soldaten.

28 Hitler am 9.–11. September 1941, in: Henry Picker (Hg.), Hitlers Tischgespräche im Führerhauptquartier, Berlin 1993 ('1951), S. 94.

29 Aufz. Grundherr, 3.10.1942, ADAP, E IV, Nr. 5; Aufz. Kanstein: 3.12. 1947, zit. n. Herbert, Best, S. 331.

30 Nach dem 25. November 1941 traten dem Antikominternpakt bei: Rumänien, Finnland, Kroatien, die Slowakei, Bulgarien sowie das besetzte Dänemark.

31 Fioravanzo, Europakonzeptionen, S. 525/64.

32 Hitler am 30.1.1943, Zeitschrift für Politik 33, Nr. 3 (März 1943), S. 203–207.

33 Ministervorlage Taubert vom 31.1.1943, zit. n. Herbert, Fremdarbeiter, S. 279.

34 Aufz. Ribbentrop über einen Europäischen Staatenbund, in: Neulen, Europa, 21.3.1943, S. 106–110.

35 Leitsätze des Europa-Ausschusses des Auswärtigen Amtes, 9.9.1943, in: Neulen, Europa, Dok. 14, S. 125.

8. Barbarossa

1 Vgl. Das Land Ober Ost; Liulevicius, Kriegsland.

2 Hitler, Mein Kampf, S. 741–743.

3 Zum Folgenden Hillgruber, Hitlers Strategie, S. 144–397; Kershaw, Wendepunkte, S. 25–120; ders., Hitler, Bd. 2, S. 383–452; Herbst, Nationalsozialistisches Deutschland, S. 312–350; Jürgen Förster, Die Gewinnung von Verbündeten in Südosteuropa, in: DRZW, Bd. 4, S. 327–364; Hans Umbreit, Der Kampf um die Vormachtstellung in Westeuropa, in: DRZW, Bd. 2, S. 235–327; Detlef Vogel, Das Eingreifen Deutschlands

auf dem Balkan, in: DRZW, Bd. 3, S. 417–511; ders., Deutsche und alliierte Kriegführung im Westen, in: DRZW, Bd. 7, S. 419–639.

4 Joseph Goebbels, Eintrag vom 9.4.1940, in: Goebbels, Tagebücher, Teil I, Bd. 8, S. 41.

5 Bericht d. Kreisleiters von Augsburg, 9.7.1940; Reg.präs. v. Schwaben, 9.7.1940, zit. n. Kershaw, Hitler, Bd. 2, S. 407.

6 Franz Halder, Einträge vom 13.7.1940, 22.7.1940, 31.7.1940, in: ders., Kriegstagebuch, Bd. 2, S. 21; S. 30–34; S. 49.

7 Weisung Nr. 21, Fall Barbarossa, 18.12.1940, BA-MA RW 4/ v. 522.

8 Adolf Hitler am 17.10.1941, in: Hitler, Monologe im Führerhauptquartier, S. 90 f.

9 Dazu v. a. Madajczyk (Hg.), Generalplan Ost; Rössler/Schleiermacher (Hg.), «Generalplan Ost»; Heinemann, Wissenschaft und Homogenisierungsplanungen; Isabel Heinemann, Wissenschaft und Homogenisierungsplanungen für Osteuropa. Der «Generalplan Ost» und die Deutsche Forschungsgemeinschaft, in: Heinemann/Wagner (Hg.), Wissenschaft – Planung – Vertreibung, S. 45–72; Oberkrome, Ordnung und Autarkie.

10 Adolf Hitler am 30.3.1941, in: Halder, Kriegstagebuch, Bd. 2, S. 335 ff.

11 Richtlinien des OKW, 13.3.1941, BA-MA RW 4/v.522.

12 Führererlass zur militärischen Gerichtsbarkeit im Krieg gegen die Sowjetunion, 13.5.1941, BA-MA RH 22/155.

13 Erlass des OKW, 6.6.1941, betr. Behandlung politischer Kommissare, BA-MA RH 2/2082; Römer, Kommissarbefehl, S. 367.

14 Aktennotiz, 2.5.1941, IMT, Bd. XXXI, Dok. PS-2718, S. 84.

15 Wirtschaftspolitische Richtlinien für Wirtschaftsorganisation Ost, Gruppe Landwirtschaft, 23.5.1941, IMT, Bd. XXXVI, Dok. 126-EC, S. 135–157.

16 Gerlach, Kalkulierte Morde, S. 20.

17 Vgl. Gerlach, Kalkulierte Morde, S. 45–78; Rolf-Dieter Müller, Von der Wirtschaftsallianz zum kolonialen Ausbeutungskrieg, in: DRZW, Bd. 4, S. 141–245; ders., Das «Unternehmen Barbarossa» als wirtschaftlicher Raubkrieg, in: Ueberschär/Wette (Hg.), «Unternehmen Barbarossa», S. 125–157; sowie zum Folgenden Hartmann, Unternehmen Barbarossa; Hartmann, Wehrmacht; Overy, Russlands Krieg; Herbst, Nationalsozialistisches Deutschland, S. 65–73; Tooze, Ökonomie, S. 550–559.

18 Im März 1933 hatten 48 % der Wähler nicht für NSDAP und DNVP gestimmt. SPD und KPD erhielten 30 %, im November 1932 37 % der Stimmen.

19 Zitate aus Feldpostbriefen deutscher Soldaten, 3.7. bis 29.10.1941, in: Buchbender/Sterz, Anderes Gesicht, S. 73–85.

20 Soldat Karl-Heinz L., 11.12.1941, zit. n. Sven Oliver Müller: Nationalismus in der deutschen Kriegsgesellschaft 1939 bis 1945, in: DRZW, Bd. 9.2, S. 9–92, hier S. 80.

9. Der Weg zur Ermordung der europäischen Juden

1 Grossman, Schwarzbuch, S. 313–331. Original (1948): «Das Schwarzbuch über die verbrecherische Massenvernichtung der Juden durch die faschistischen deutschen Eroberer in den zeitweilig okkupierten Gebieten der Sowjetunion und in den faschistischen Vernichtungslagern Polens während des Krieges 1941–1945.» Erstveröffentlichung in russischer Sprache: Jerusalem 1980.

2 Heydrich an Ribbentrop, 24.5.1940, PAA Inl. II g 177.

3 Krausnick, Denkschrift Himmlers.

4 Aufzeichnung des Legationssekretärs Rademacher (Abt. Deutschland), Die Judenfrage im Friedensvertrage, in ADAP, Ser. D, Bd. X, Nr. 101, S. 92–94; s. Brechtken, Madagaskar.

5 Befehl d. RSHA, IV B 4 an alle Staatspolizei(leit)stellen und an den SD, 20.5.1941, in: VEJ, Bd. 3, Dok 182, S. 161 f., hier S. 162.

6 Einsatzbefehl Heydrichs v. 2.7.1941, in: VEJ, Bd. 7, Dok. 15, S. 145–148.

7 Vermerk des Leiters der Umwandererzentralstelle Posen, Höppner, für Eichmann, RSHA, 16.7.1941, in: VEJ, Bd. 4, Dok. 314, S. 680 f.

8 Göring an Heydrich, 31.7.1941, in: VEJ, Bd. 3, Dok. 196, S. 496 f.

9 Funkspruch SS-Kavallerie Regiment 2, 1.8.1941, zit. n. Hürter, Hitlers Heerführer, S. 558.

10 Schreiben Karl Kaufmann an Hermann Göring vom 4.9.1942, zit. nach Frank Bajohr, Hamburgs «Führer». Zur Person und Tätigkeit des Hamburger NSDAP-Gauleiters Karl Kaufmann (1900–1969), in: ders./Szodrzynski (Hg.), Hamburg, S. 59–91, Zitat S. 81.

11 Hitler, 25.10.1941, in: ADAP, Serie D, Bd. XIII, Anhang II, S. 835 ff.

12 Joseph Goebbels: Eintrag vom 13.12.1941, in: ders., Tagebücher, Teil II, Bd. 2, S. 498 f.

13 Rede Franks, 16.12.1941, in: Frank, Diensttagebuch, S. 457 f., Auslassungen nicht gekennzeichnet.

14 Vgl. Gerlach, Wannsee-Konferenz; Roseman, Die Wannsee-Konferenz.

15 Protokoll der Wannseekonferenz, gedr. u. a. in Roseman, Die Wannsee-Konferenz, S. 170–184.

16 Himmler am 19.7.1942, in: VEJ, Bd. 9, Dok. 19.7.1942.

10. Nachklänge der «Volksgemeinschaft»

1 Zum Folgenden s. Wildt, Volksgemeinschaft; Bajohr/ Wildt (Hg.), Volksgemeinschaft; Jörg Echternkamp, Im Kampf an der inneren und äußeren Front. Grundzüge der deutschen Gesellschaft im Zweiten Weltkrieg, in: ders. (Hg.), DRZW, Bd. 9.1, S. 1–94; Hans-Ulrich Thamer, «Es wird alles ganz verwandelt sein.» Die deutsche Gesellschaft und der Krieg. Eine Schlußbetrachtung, ebd., Bd. 9.2, S. 977–992; Aly, Hitlers Volksstaat; Norbert Frei, «Volksgemeinschaft». Erfahrungsgeschichte und Lebenswirklichkeit in der Hitler-Zeit, in: ders., 1945 und wir, S. 107–128.

2 Kundrus, Kriegerfrauen, S. 434; Aly, Volksstaat, S. 86–90.

3 Meldungen aus dem Reich, Bd. 9, 23.3.1942, S. 3505.

4 Ebd., Bd. 11, 3.9.1942, S. 4164.

5 Vgl. Recker, Sozialpolitik im Zweiten Weltkrieg; Hachtmann, Industrie-arbeit 1989; ders., Arbeitsmarkt und Arbeitszeit in der deutschen Industrie, in: AfS 27 (1987), S. 177–229; Zollitsch, Arbeiter; Frese, Betriebspolitik.

6 18 Mio. ist die kumulierte Zahl über die gesamte Kriegszeit hinweg; am Stichtag 30. November 1942 waren 6,3 Mio. Männer zur Wehrmacht eingezogen worden, vgl. Overmans, Verluste,␣S. 215. Zu den ausländischen Zwangsarbeitern s. Herbert, Fremdarbeiter.

7 Kundrus, Kriegerfrauen, S. 245–394; Winkler, Frauenarbeit, S. 102–121.

8 Bajohr, Parvenüs; Zierenberg, Stadt, S. 85–176.

9 Goebels am 26.2.1942, in: Goebbels, Tagebücher, Teil II, Bd. 3, S. 377; Birthe Kundrus, Totale Unterhaltung? Die kulturelle Kriegsführung 1939 bis 1945 in Film, Rundfunk und Theater, in: Echternkamp (Hg.), Das Deutsche Reich, Bd. 9.2, S. 93–157.

10 Meldungen aus dem Reich, Bd. 5, 26.8.1940, S. 1508.

11 Meldungen aus dem Reich, Bd. 11, 10.8.1942, S. 4054; vgl. Kundrus, Unterhaltung, S. 114; Schäfer, Berlin, S. 9–80; Steinert, Hitlers Krieg, S. 100–121, 263–324.

12 Vgl. Bollenbeck, Tradition, S. 340 ff.

11. NS-Eliten in der Bundesrepublik

1 Steel an Foreign Office, 9.3.1959, zit. n. Brochhagen, Nach Nürnberg, S. 266.

2 Dazu grundlegend Frei, Vergangenheitspolitik. Vgl. Brochhagen, Nach Nürnberg; Giordano, Zweite Schuld; ähnlich schon Hoffmann, Stunden Null? Vgl. auch die umsichtige Einordnung in dem Aufriss von Kielmannsegg, Lange Schatten. Überblick über die ältere Diskussion bei Steinbach, Gewaltverbrechen.

3 Zur Diskussion über die Auseinandersetzung mit der NS-Vergangenheit in der Bundesrepublik von Seiten der DDR siehe v. a. Olaf Groehler, Antifaschismus – vom Umgang mit einem Begriff, in: Herbert/ Groehler, Zweierlei Bewältigung, S. 29–41. Als Beispiel für die ‹linke› Perzeption in der Bundesrepublik vgl. Friedrich, Amnestie.

4 Vgl. v. a. Schwarz, Ära Adenauer, 2 Bde.

5 Braunbuch. Kriegs- und Naziverbrecher in der Bundesrepublik, Berlin (DDR) 1965.

6 Vgl. Wember, Umerziehung.

7 Zu Kaufmann vgl. Bajohr, Gauleiter in Hamburg.

8 Zu Baatz vgl. Wildt, Generation, S. 355–357, sowie Herbert, Fremdarbeiter, S. 167, 283 u. passim.

9 Zu Jost vgl. Wildt, Generation, S. 936 f.

10 Vgl. Martin Munke, Georg Leibbrandt, Reichsministerium für die be-

setzten Ostgebiete. Ein gelehrter Radikaler, in: Jasch/Kreutzmüller (Hg.), Teilnehmer, S. 213–227.

11 Vgl. Brochhagen, Nach Nürnberg, S. 240 f.

12 Vgl. etwa Bower, Pledge; Klee, Persilscheine.

13 Die Zahl der Untergetauchten scheint aber doch erheblich geringer gewesen zu sein als auch von den westdeutschen Nachkriegspolitikern angenommen, die die Rückkehr in die Legalität in die Amnestiegesetze von 1949 und 1954 einbauten; dazu im Einzelnen Frei, Vergangenheitspolitik.

14 Dies und das folgende nach Klaus-Dietmar Henke, Die Trennung vom Nationalsozialismus. Selbstzerstörung, politische Säuberung, «Entnazifizierung», Strafverfolgung, in: ders./Woller (Hg.), Säuberung, S. 21–84: vgl. Helga A. Welsh, «Antifaschistisch-demokratische Umwälzung» und politische Säuberung in der sowjetischen Besatzungszone Deutschlands, in: ebd., S. 84–106; sowie Wember, Umerziehung.

15 Wember, Umerziehung, S. 190; positiv besetzt blieb hingegen die «Idee» des Nationalsozialismus als «deutscher Sozialismus».

16 Lutz Niethammer, Zum Wandel der Kontinuitätsdiskussion, in: Herbst (Hg.), Westdeutschland, S. 65–84, hier S. 78.

17 Dazu v. a. die Arbeiten von Vollnhals, Kirche; ders., Einleitung, in: ders. (Hg.), Entnazifizierung, S. 7–64.

18 Office of Intelligence Research, Report Nr. 4626, 15.4.1948: «Der gegenwärtige Stand der Entnazifizierung in Westdeutschland und Berlin», gedr. in: Alfons (Hg.), Archäologie, Bd. 2, S. 217–249, hier S. 230.

19 Dazu außer den Arbeiten von Vollnhals vor allem Niethammer, Mitläuferfabrik, sowie Henke, Trennung. In der amerikanischen Zone wurden bis zum April 1948 von den 631 427 abgeschlossenen Fällen 2,1 Prozent als Belastete und 0,1 Prozent (907 Personen) als Hauptschuldige eingestuft, jedoch in den Berufungsverfahren zu einem überwiegenden Teil wiederum herabgestuft.

20 Office of Intelligence Research, Report Nr. 4626, 15.4.1948 (Anm. 18), S. 232.

21 Wember, Umerziehung, S. 317 ff.

22 Deutscher Bundestag, l. Wahlperiode, 23.3.1950, S. 1329 ff., zit. n. Frei, Vergangenheitspolitik, S. 85.

23 Noelle/Neumann (Hg.), Jahrbuch, S. 140; vgl. auch Merrit/ Merrit (Hg.), Public Opinion.

24 Dazu Frei, Vergangenheitspolitik, passim.

25 Wengst, Beamtentum; sowie Kirn, Verfassungsumsturz.

26 Dazu v. a. Frei, Vergangenheitspolitik; Brochhagen, Nach Nürnberg, S. 32 ff.; Schwartz, Begnadigung; Buscher, U. S. War Crimes Trial.

27 Zu der von Achenbach und Best in Essen koordinierten Kampagne für eine «Generalamnestie» zugunsten der «Kriegsverurteilten» vgl. Herbert, Best, S. 444 ff.; zum Zusammenhang zwischen Deutschland-Verträgen und Amnestiekampagnen s. Frei, Vergangenheitspolitik.

28 Vgl. Büsch/Furth, Rechtsradikalismus; Horst W. Schmollinger, Die So-

zialistische Reichspartei, in: Stöß (Hg.), Parteien-Handbuch. S. 2274–2336.

29 Nach wie vor grundlegend dazu ist die voluminöse, leider nicht ins Deutsche übersetzte Studie von Tauber, Beyond Eagle.

30 Tauber, Beyond Eagle, S. 134 u. ö.; sowie Herbert, Best, S. 461 ff.

31 Urteil des BVerfGer. v. 2.10.1952; vgl. Jenke, Verschwörung.

32 Vgl. Tauber, Beyond Eagle, S. 132 ff., 891 ff.; Jenke, Verschwörung, S. 160 ff.

33 Adenauer hatte den Rechtsradikalismus nach 1945, insbesondere unter vergleichendem Aspekt mit der Nachkriegszeit des Ersten Weltkrieges, nie für besonders gefährlich gehalten: Die einzige ernsthafte Bedrohung sah er in der möglichen Konstituierung einer neuen «großen Rechtspartei», etwa unter Einschluss der FDP und anderer nationaler Gruppierungen. Daher war ihm auch die Verhaftungsaktion der Engländer gegenüber Naumann- und Gauleiter-Kreis durchaus recht gewesen. Vgl. z. B. Adenauer vor dem CDU-Bundesvorstand, 26.1.1953, Adenauer, Protokolle 1950–1953, S. 308 f.

34 Vgl. den Bericht des Untersuchungsausschusses des Deutschen Bundestages über die Personalpolitik des Auswärtigen Amtes, gedr. bei Haas, Beitrag, S. 282 ff.; dazu jetzt Döscher, Gesellschaft.

35 Zit. b. Brochhagen, Nach Nürnberg, S. 191 ff.

36 Vgl. Ulrich Herbert, Zweierlei Bewältigung, in: ders./Groehler. Zweierlei Bewältigung, S. 7–29.

37 Die Führungsgruppe von Gestapo und SD setzte sich zu etwa zwei Dritteln aus Männern zusammen, die 1939 jünger als 40 Jahre alt waren und ein Studium, meist Jura, absolviert hatten. Vgl. dazu Wildt, Generation, S. 72–209; Herbert, Best, S. 180 ff.

38 Adenauer, Teegespräche, S. 219. Unter den Gefangenen, so Adenauer im Bundestag am 17.9.1952, sei «ein kleiner Prozentsatz von absolut asozialen Elementen», der «wirkliche Verbrechen» begangen habe, s. BT-Protokolle, 1952, S. 10 492 ff.; ähnlich schon auf der Londoner Außenministerkonferenz im Februar 1952, s. AAPD, Bd. 2, S. 317–322.

39 Als zugespitztes Beispiel vgl. den Fall Sandberger; bei Frei, Vergangenheitspolitik, S. 297 ff.

40 Vgl. Dreßen, Zentrale Stelle; Rückerl (Hg.), NS-Verbrechen. Zur weiteren allg. Entwicklung s. Kielmannsegg, Lange Schatten, sowie Herbert, Zweierlei Bewältigung.

41 Vgl. Friedrich, Amnestie, S. 408 ff.

42 Vgl. Herbert, Best, S. 472 ff.

Verzeichnis der Abkürzungen

AA	Auswärtiges Amt
AAPD	Akten zur Auswärtigen Politik der Bundesrepublik Deutschland
AdR	Akten der Reichskanzlei
AfS	Archiv für Sozialgeschichte
AHR	American Historical Review
BA	Bundesarchiv
BA-MA	Bundesarchiv-Militärarchiv
Bd. /Bde.	Band / Bände
BdS	Befehlshaber der Sicherheitspolizei und des SD
BT	Bundestag
CdS	Chef der Sicherheitspolizei
CSSD	Chef der Sicherheitspolizei und des SD
DAF	Deutsche Arbeitsfront
DDP	Deutsche Demokratische Partei
DNVP	Deutschnationale Volkspartei
DRP	Deutsche Reichspartei
DRZW	Das Deutsche Reich und der Zweite Weltkrieg
DVP	Deutsche Volkspartei
FDP	Freie Demokratische Partei
GBA	Generalbevollmächtigter für den Arbeitseinsatz
Gestapo	Geheime Staatspolizei
GG	Geschichte und Gesellschaft; Generalgouvernement; Grundgesetz
GPU	Geheimpolizei der Sowjetunion
GULag	System der Zwangsarbeitslager in der Sowjetunion (eigentl. «Hauptverwaltung der Besserungsarbeitslager»)
Hg.	Herausgeber
HJ	Hitler-Jugend
HSSPF	Höherer SS- und Polizeiführer
IfZ	Institut für Zeitgeschichte
IG Farben	Interessengemeinschaft Farbenindustrie
IMT	International Military Tribunal (Nürnberg)
Jg.	Jahrgang
Jungdo	Jungdeutscher Orden
KL	Konzentrationslager

KZ	Konzentrationslager
MBF	Militärbefehlshaber Frankreich
Nbg. Dok.	Nürnberger Dokument
NSB	Nationaal-Socialistische Beweging
NSDAP	Nationalsozialistische Deutsche Arbeiterpartei
NSDStB	Nationalsozialistischer Deutscher Studentenbund
NSV	Nationalsozialistische Volkswohlfahrt
OKW	Oberkommando der Wehrmacht
OLG	Oberlandesgericht
OSS	Office of Strategic Services
OT	Organisation Todt
PAA	Politisches Archiv des Auswärtigen Amtes
RDI	Reichsverband der Deutschen Industrie
RFSS	Reichsführer SS
RKF /RKFDV	Reichskommissar für die Festigung deutschen Volkstums
RMO	Reichsministerium für die besetzten Ostgebiete
RSHA	Reichssicherheitshauptamt
RuSHA	Rasse- und Siedlungshauptamt
RVL	Reich – Volksordnung – Lebensraum
SD	Sicherheitsdienst
Sopade	Sozialdemokratische Partei Deutschlands (im Exil)
SRP	Sozialistische Reichspartei
SS	Schutzstaffel
UNHCR	United Nations High Commissioner for Refugees
VEJ	Die Verfolgung und Ermordung der europäischen Juden durch das nationalsozialistische Deutschland, 1933–1945
VfZ	Vierteljahreshefte für Zeitgeschichte
VO	Verordnung
WVHA	Wirtschafts- und Verwaltungshauptamt der SS
ZfG	Zeitschrift für Geschichtswissenschaft

Literatur

Adam, Uwe Dietrich: Hochschule und Nationalsozialismus. Die Universität Tübingen im Dritten Reich, Tübingen 1977.

Adam, Uwe Dietrich: Judenpolitik im Dritten Reich, Düsseldorf 1972.

Adenauer: Teegespräche 1950–1954, bearb. v. Hanns Jürgen Küsters, Berlin 1984.

Adenauer: ‹Es mußte alles neu gemacht werden›. Die Protokolle des CDU-Bundesvorstandes 1950–1953, bearb. v. Günter Buchstab, Stuttgart 1986.

Akçam, Taner: Armenien und der Völkermord. Die Istanbuler Prozesse und die türkische Nationalbewegung, Hamburg 1996.

Akten zur Auswärtigen Politik der Bundesrepublik Deutschland. Adenauer und die Hohen Kommissare, Bd. 2: 1952, bearb. v. Frank-Lothar Kroll, Manfred Nebelin, München 1990.

Akten zur deutschen auswärtigen Politik (ADAP), Serie D: 1937–1941, Bd. 7, Baden-Baden 1956.

Allen, Michael Thad: The Business of Genocide. The SS, Slave Labor, and the Concentration Camps, Chapel Hill 2002.

Aly, Götz (Hg.): Volkes Stimme. Skepsis und Führervertrauen im Nationalsozialismus, Bonn 2006.

Aly, Götz: «Endlösung». Völkerverschiebung und der Mord an den europäischen Juden, Frankfurt a. M. 1995.

Aly, Götz: Hitlers Volksstaat. Raub, Rassenkrieg und nationaler Sozialismus, Frankfurt a. M. 2005.

Aly, Götz: Macht, Geist, Wahn. Kontinuitäten deutschen Denkens, Berlin 1997.

Aly, Götz: Warum die Deutschen? Warum die Juden? Gleichheit, Neid und Rassenhass 1800–1933, Frankfurt a. M. 2011.

Applebaum, Anne: Der Gulag, Berlin 2003.

Arendt, Hannah: Eichmann in Jerusalem. Ein Bericht von der Banalität des Bösen, München 1964.

Arendt, Hannah: The Origins of Totalitarianism, New York 1951.

Ayaß, Wolfgang: «Asoziale» im Nationalsozialismus, Stuttgart 1995.

Baberowski, Jörg/Anselm Doering-Manteuffel: Ordnung durch Terror. Gewaltexzesse und Vernichtung im nationalsozialistischen und stalinistischen Imperium, Bonn 2006.

Bachmann, Hans-Reinhard: Walther Gerlach (1889–1979). Eine Auswahl aus seinen Schriften und Briefen, Berlin, Heidelberg 1989.

Bacque, James: Der geplante Tod. Deutsche Kriegsgefangene in amerikanischen und französischen Lagern 1945–1946, Frankfurt a. M. 1989.

Bade, Klaus J. (Hg.): Auswanderer – Wanderarbeiter – Gastarbeiter: Bevölkerung, Arbeitsmarkt und Wanderung in Deutschland seit der Mitte des 19. Jahrhunderts, 2 Bde., Ostfildern 1984.

Bade, Klaus J. (Hg.): Deutsche im Ausland – Fremde in Deutschland. Migration in Geschichte und Gegenwart, München 1992.

Bade, Klaus J.: Vom Auswanderungsland zum Einwanderungsland? Deutschland 1880–1980, Berlin 1983.

Bähr, Johannes/Ralf Banken (Hg.): Wirtschaftssteuerung durch Recht im Nationalsozialismus. Studien zur Entwicklung des Wirtschaftsrechts im Interventionsstaat des «Dritten Reichs», Frankfurt a. M. 2006.

Bajohr, Frank: Gauleiter in Hamburg. Zur Person und Tätigkeit Karl Kaufmanns, in: VfZ 43 (1995), S. 267–295.

Bajohr, Frank/Michael Wildt (Hg.): Volksgemeinschaft. Neue Forschungen zur Gesellschaft des Nationalsozialismus, Frankfurt a. M. 2009.

Bajohr, Frank: «Arisierung» in Hamburg. Die Verdrängung der jüdischen Unternehmer 1933–1945, Hamburg 1997.

Bajohr, Frank: Parvenüs und Profiteure. Korruption in der NS-Zeit, Frankfurt a. M. 2001.

Bajohr, Frank/Joachim Szodrzynski (Hg.): Hamburg in der NS-Zeit. Ergebnisse neuerer Forschungen, Hamburg 1995.

Banach, Jens: Heydrichs Elite. Das Führerkorps der Sicherheitspolizei und des SD 1936–1945, Paderborn 1998.

Barkai, Avraham: Vom Boykott zur «Entjudung». Der wirtschaftliche Existenzkampf der Juden im Dritten Reich 1933–1943, Frankfurt a. M. 1988.

Barth, Ariane: Holocaust in Kambodscha, Reinbek bei Hamburg 1980.

Bauman, Zygmunt: Das Jahrhundert der Lager, in: Die Neue Gesellschaft, 41 (1994), S. 28–37.

Beckerath, Erwin von: Fascismus und Bolschewismus, in: Volk und Reich der Deutschen. Vorlesungen, gehalten in der Deutschen Vereinigung für Staatswissenschaftliche Fortbildung, Bd. 3, Berlin 1929, S. 134–153.

Beilharz, Peter (Hg.): The Bauman Reader, Oxford 2001.

Bendersky, Joseph W: Carl Schmitt. Theorist for the Reich, Princeton 1983.

Benz, Wolfgang (Hg.): Deutsche Kriegsgefangene im Zweiten Weltkrieg. Erinnerungen, Frankfurt a. M. 1995.

Benz, Wolfgang/Barbara Distel (Hg.): Frühe Lager: Dachau, Emslandlager, München 2005.

Benz, Wolfgang/Barbara Distel (Hg.): Herrschaft und Gewalt. Frühe Konzentrationslager 1933–1939, Berlin 2002.

Benz, Wolfgang/Barbara Distel (Hg.): Instrumentarium der Macht. Frühe Konzentrationslager 1933–1937, Berlin 2003.

Benz, Wolfgang/Barbara Distel (Hg.): Sachsenhausen, Buchenwald, München 2006.

Benz, Wolfgang/Barbara Distel (Hg.): Terror ohne System. Die ersten Konzentrationslager im Nationalsozialismus 1933–1935, Berlin 2001.

Benz, Wolfgang (Hg.): Die Juden in Deutschland 1933–1945. Leben unter nationalsozialistischer Herrschaft, München 1988.

Benz, Wolfgang: KZ-Außenlager. Geschichte und Erinnerung, Dachau 1999.

Berding, Helmut: Der Aufstieg des Antisemitismus im Ersten Weltkrieg, in: Wolfgang Benz/Werner Bergmann (Hg.): Vorurteil und Völkermord, Freiburg i. Br. u. a. 1997, S. 304–340.

Bergmann, Werner: Geschichte des Antisemitismus, München 2004.

Bernhardi, Friedrich von: Vom Kriege der Zukunft. Nach den Erfahrungen des Weltkrieges, Berlin 1920.

Berthold, Eva: Kriegsgefangene im Osten: Bilder, Briefe, Berichte, Koenigstein/Ts. 1981.

Bialas, Wolfgang (Hg.): Intellektuelle im Nationalsozialismus, Frankfurt a. M. 2000.

Binding, Karl/Alfred Hoche: Die Freigabe der Vernichtung lebensunwerten Lebens. Ihr Maß und ihre Form, Leipzig 1920.

Blasius, Dirk: Carl Schmitt. Preußischer Staatsrat in Hitlers Reich, Göttingen 2001.

Bollenbeck, Georg: Tradition, Avantgarde, Reaktion. Deutsche Kontroversen um die kulturelle Moderne, 1880–1945, Frankfurt a. M. 1999.

Bonhoeffer, Emmi: Zeugen im Auschwitz-Prozess. Begegnungen und Gedanken, Wuppertal 1965.

Boog, Horst (Hg.): Der Angriff auf die Sowjetunion. Das Deutsche Reich und der Zweite Weltkrieg, Bd. 4, hg. vom Militärgeschichtlichen Forschungsamt, Stuttgart 1983.

Borsdorf, Ulrich/Lutz Niethammer (Hg.): Zwischen Befreiung und Besatzung. Analysen des US-Geheimdienstes über Positionen und Strukturen deutscher Politik 1945, Wuppertal 1976.

Bower, Tom: The Pledge Betrayed. America and Britain and the Denazification of Postwar Germany, Garden City 1982.

Bracher, Karl Dietrich/Manfred Funke/Hans-Adolf Jacobsen (Hg.): Deutschland 1933–1945. Neue Studien zur nationalsozialistischen Herrschaft, Düsseldorf 1992.

Bracher, Karl Dietrich: Die totalitäre Erfahrung, München 1987.

Bracher, Karl Dietrich: Zeit der Ideologien. Eine Geschichte politischen Denkens im 20. Jahrhundert, München 1985.

Braunbuch. Kriegs- und Naziverbrecher in der Bundesrepublik, Berlin (DDR) 1965.

Brechtken, Magnus: «Madagaskar für die Juden». Antisemitische Idee und politische Praxis 1885–1945, München 1997.

Breuer, Stefan: Anatomie der Konservativen Revolution, Darmstadt 1995.

Breuer, Stefan: Grundpositionen der deutschen Rechten 1871–1945, Tübingen 1999.

Breuer, Stefan: Ordnungen der Ungleichheit. Die deutsche Rechte im Widerstreit ihrer Ideen 1871–1945, Darmstadt 2001.

Brochhagen, Ulrich: Nach Nürnberg. Vergangenheitsbewältigung und Westintegration in der Ära Adenauer, Hamburg 1994.

Broszat, Martin: Die Machtergreifung. Der Aufstieg der NSDAP und die Zerstörung der Weimarer Republik, München 1984.

Bruch, Rüdiger vom/Brigitte Kaderas (Hg.): Wissenschaften und Wissenschaftspolitik. Bestandsaufnahmen zu Formationen, Brüchen und Kontinuitäten im Deutschland des 20. Jahrhunderts, Stuttgart 2002.

Buber Neumann, Margarete: Als Gefangene bei Stalin und Hitler, München 1949.

Buber-Neumann, Margarete: Plädoyer für Freiheit und Menschlichkeit. Vorträge aus 35 Jahren, hg. v. Janine Platten/Judith Buber Agassi, Berlin 1999.

Buchbender, Ortwin/Reinhold Sterz (Hg.): Das andere Gesicht des Krieges. Deutsche Feldpostbriefe 1939–1945, München 1982.

Büsch, Otto/Peter Furth, Rechtsradikalismus im Nachkriegsdeutschland. Studien über die «Sozialistische Reichspartei», Berlin, Frankfurt a. M. 1957.

Buscher, Frank W.: The U.S. War Crimes Trial Program in Germany, 1946–1955, New York u.a.1989.

Carlson, Lewis: Warten auf Freiheit. Deutsche und amerikanische Kriegsgefangene des Zweiten Weltkrieges erzählen, Berlin 1996.

Chase, William J.: Enemies within the Gates? The Comintern and the Stalinist Repression, 1934–1939, New Haven/London 2001.

Chlevnjuk, Oleg V.: The history of the GULag. From collectivization to the great terror, New Haven 2004.

Cornelißen, Christoph: Gerhard Ritter. Geschichtswissenschaft und Politik im 20. Jahrhundert, Düsseldorf 2001.

Courtois, Stephane: Das Schwarzbuch des Kommunismus. Unterdrückung, Verbrechen und Terror, München/Zürich 1998.

Creveld, Martin L. van: Kampfkraft. Militärische Organisation und militärische Leistung 1939–1945, Freiburg i. Br. 1989.

Dahlmann, Dittmar/Gerhard Hirschfeld (Hg.): Lager, Zwangsarbeit, Vertreibung und Deportation: Dimensionen der Massenverbrechen in der Sowjetunion und in Deutschland 1933 bis 1945, Essen 1999.

Das Land Ober Ost. Deutsche Arbeit in den Verwaltungsgebieten Kurland, Litauen und Bialystok-Grodno, hg. im Auftrag des Oberbefehlshabers Ost, bearb. von der Presseabteilung Ober Ost, Stuttgart 1917.

Deist, Wilhelm: Die Reichswehr und der Krieg der Zukunft, MGM 45 (1989), S. 81–92.

Deutschland-Berichte der Sozialdemokratischen Partei Deutschlands (Sopade) 1934–1940, hg. von Klaus Behnken, Frankfurt a. M. 1980.

Die Verfolgung und Ermordung der europäischen Juden durch das nationalsozialistische Deutschland 1933–1945, (VEJ) 16 Bde., München 2006–2021.

Diner, Dan (Hg.): Enzyklopädie jüdischer Geschichte und Kultur, Stuttgart, Weimar 2012.

Doegen, Wilhelm (Hg.): Der Kriegsgefangenen Haltung und Schicksal in Deutschland, Berlin 1921.

Domenach, Jean-Luc: Der vergessene Archipel. Gefängnisse und Lager in der Volksrepublik China, Hamburg 1995.

Donald L. Niewyk: The Jews in Weimar Germany, Baton Rouge u. a. 1980.

Dörner, Claus: Freude, Zucht, Glaube. Handbuch für die kulturelle Arbeit im Lager, Reichsjugendführung der NSDAP, Potsdam 1941.

Döscher, Hans-Jürgen: Verschworene Gesellschaft. Das Auswärtige Amt unter Adenauer – zwischen Neubeginn und Kontinuität, Berlin 1995.

Dow, James R./Hannjost Lixfeld (Hg.): German Volkskunde. A Decade of Theoretical Confrontation, Debate, and Reorientation (1967–1977), Bloomington 1986.

Dreßen, Willi: Die Zentrale Stelle der Landesjustizverwaltungen zur Aufklärung von NS-Verbrechen in Ludwigsburg, in: Dachauer Hefte 6 (1990), S. 85–93.

Duisberg, Carl: Abhandlungen, Vorträge und Reden aus den Jahren 1922–1933, Berlin 1933.

Eades, Jeremy (Hg.): Migrants, Workers, and the Social Order, London 1987.

Echternkamp, Jörg (Hg.): Das Deutsche Reich und der Zweite Weltkrieg, Bd. 9.1, München 2004.

Eichelmann, Otto: Über die Kriegsgefangenschaft. Eine völkerrechtliche Studie, Dorpat 1878.

Essner, Cornelia: Die «Nürnberger Gesetze» oder Die Verwaltung des Rassenwahns 1933–1945, Paderborn u. a. 2002.

Etzemüller, Thomas: Sozialgeschichte als politische Geschichte. Werner Conze und die Neuorientierung der westdeutschen Geschichtswissenschaft nach 1945, München 2001.

Falter, Jürgen W.: Hitlers Parteigenossen. Die Mitglieder der NSDAP 1919–1945, Frankfurt a. M. 2020.

Falter, Jürgen W.: Hitlers Wähler, München 1991.

Fassmann, Heinz (Hg.): Migration in Europa. Historische Entwicklung, aktuelle Trends, Frankfurt a. M. 1996.

Fitzpatrick, Sheila: Stalin's Peasants: Resistance and Survival in the Russian Village after Collectivization, New York/Oxford 1994.

Flachowsky, Sören: Von der Notgemeinschaft zum Reichsforschungsrat. Wissenschaftspolitik im Kontext von Autarkie, Aufrüstung und Krieg, Stuttgart 2008.

Foucault, Michel: Überwachen und Strafen. Die Geburt des Gefängnisses, Frankfurt a. M. 1976.

Fraenkel, Ernst: Der Doppelstaat. Recht und Justiz zum «Dritten Reich», Frankfurt a. M. 1984 (1. Auflage New York 1941).

Frank, Hans: Das Diensttagebuch des deutschen Generalgouverneurs in Polen 1939–1945, hg. v. Werner Präg u. Wolfgang Jacobmeyer, Stuttgart 1975.

Franz, Otmar (Hg.): Europas Mitte, Göttingen, Zürich 1987.

Franzke, Jochen (Hg.): Migration. Flucht und Wanderungen am Ende des 20. Jahrhunderts, Berlin 1994.

Frei, Norbert: «Wir waren blind, ungläubig und langsam». Buchenwald,

Dachau und die amerikanischen Medien im Frühjahr 1945, in: VfZ 35 (1987), S. 385–401.

Frei, Norbert: 1945 und wir. Das Dritte Reich im Bewusstsein der Deutschen, München 2005.

Frei, Norbert: Der Führerstaat. Nationalsozialistische Herrschaft 1933 bis 1945, München 2001.

Frei, Norbert: Vergangenheitspolitik. Amnestie, Integration und die Abgrenzung vom Nationalsozialismus in den Anfangsjahren der Bundesrepublik, München 1996.

Frese, Matthias: Betriebspolitik im «Dritten Reich». Deutsche Arbeitsfront, Unternehmer und Staatsbürokratie in der westdeutschen Großindustrie 1933–1939, Paderborn 1991.

Freund, Florian/Bertrand Perz: Das KZ in der Serbenhalle. Zur Kriegsindustrie in Wiener Neustadt, Wien 1987.

Freund, Florian: Arbeitslager Zement. Das Konzentrationslager Ebensee und die Raketenrüstung, Wien 1989.

Friedländer, Saul: Das Dritte Reich und die Juden, 2 Bde., München 1998 ff.

Friedrich, Carl J./ Zbigniew K. Brzeziński: Totalitarian dictatorship and autocracy, Cambridge 1956.

Friedrich, Jörg: Die kalte Amnestie. NS-Täter in der Bundesrepublik, Frankfurt a. M. 1985.

Frymann [d. i. Heinrich Claß]: Wenn ich der Kaiser wär', Leipzig 1912.

Funke, Manfred (Hg.): Hitler, Deutschland und die Mächte. Materialien zur Außenpolitik des Dritten Reiches, Düsseldorf 1976.

Gansohr-Meinel, Heidi: «Fragen an das Volk». Der Atlas der deutschen Volkskunde 1928–1945. Ein Beitrag zur Geschichte einer Institution, Würzburg 1993.

Gerlach, Christian: Die Wannsee-Konferenz, das Schicksal der deutschen Juden und Hitlers politische Grundsatzentscheidung, alle Juden Europas zu ermorden, in: Werkstatt Geschichte 18 (1997), S. 7–44.

Gerlach, Christian: Kalkulierte Morde. Die deutsche Wirtschafts- und Vernichtungspolitik in Weißrussland 1941 bis 1944, Hamburg 2000.

Geyer, Martin H.: Verkehrte Welt. Revolution, Inflation und Moderne, Göttingen 1998.

Giordano, Ralph: Die zweite Schuld oder Von der Last, ein Deutscher zu sein, Hamburg, Zürich 1987.

Goebbels, Joseph: Tagebücher, bearb. v. Elke Fröhlich, Teil II, Bd. 3, München 1994.

Goffman, Erving: Asyle. Über die soziale Situation psychiatrischer Patienten und anderer Insassen, Frankfurt a. M. 1984.

Gross, Raphael: Carl Schmitt und die Juden. Eine deutsche Rechtslehre, Frankfurt a. M. 2005.

Gruchmann, Lothar: Justiz im Dritten Reich 1933–1940. Anpassung und Unterwerfung in der Ära Gürtner, München 1988.

Gruchmann, Lothar: Nationalsozialistische Großraumordnung. Die Konstruktion einer deutschen Monroe-Doktrin, Stuttgart 1962.

Grunert, Robert: Der Europagedanke westeuropäischer faschistischer Bewegungen 1940–1945, Paderborn u. a. 2012.

Grüttner, Michael u. a. (Hg.): Geschichte und Emanzipation. Fs. Reinhard Rürup, Frankfurt a. M. 1999.

Grüttner, Michael: Studenten im Dritten Reich, München u. a. 1995.

Haas, Wilhelm: Beitrag zur Geschichte der Entstehung des Auswärtigen Dienstes der Bundesrepublik Deutschland, Privatdruck, Bremen 1969.

Hachtmann, Rüdiger: Industriearbeit im «Dritten Reich». Untersuchungen zu den Lohn- und Arbeitsbedingungen in Deutschland 1933–1945, Göttingen 1989.

Hackett, David A.: Der Buchenwald-Report. Bericht über das Konzentrationslager Buchenwald bei Weimar, München 2002.

Halder, Franz: Gespräche mit Halder, Wiesbaden 1950.

Halder, Franz: Kriegstagebuch. Tägliche Aufzeichnungen des Chefs des Generalstabes des Heeres 1939–1942, 3 Bde., Stuttgart 1962 ff.

Haupt, Heinz-Gerhard/Jürgen Kocka (Hg.): Geschichte und Vergleich. Ansätze und Ergebnisse international vergleichender Geschichtsschreibung, Frankfurt a. M./New York 1996.

Hecht, Cornelia: Deutsche Juden und Antisemitismus in der Weimarer Republik, Bonn 2003.

Heinemann, Isabel/Patrick Wagner (Hg.): Wissenschaft – Planung – Vertreibung. Neuordnungskonzepte und Umsiedlungspolitik im 20. Jahrhundert, Stuttgart 2006.

Heinemann, Isabel: «Rasse, Siedlung, deutsches Blut». Das Rasse- und Siedlungshauptamt der SS und die rassenpolitische Neuordnung Europas, Göttingen 2003.

Heinemann, Ulrich: Die verdrängte Niederlage. Politische Öffentlichkeit und Kriegsschuldfrage in der Weimarer Republik, Göttingen 1983.

Heinrich, Rudolf/Hans-Reinhard Bachmann: Walther Gerlach. Physiker, Lehrer, Organisator. Dokumente aus seinem Nachlass, München 1989.

Henke, Klaus-Dietmar/Hans Woller (Hg.): Politische Säuberung in Westeuropa. Die Abrechnung mit Faschismus und Kollaboration nach dem Zweiten Weltkrieg, München 1991.

Herbert, Ulrich (Hg.): Europa und der «Reichseinsatz». Ausländische Zivilarbeiter, Kriegsgefangene und KZ-Häftlinge in Deutschland 1938–1945, Essen 1991.

Herbert, Ulrich (Hg.): Nationalsozialistische Vernichtungspolitik, 1939 bis 1945. Neue Forschungen und Kontroversen, Frankfurt a. M. 1998.

Herbert, Ulrich/Karin Orth/Christoph Dieckmann (Hg.): Die nationalsozialistischen Konzentrationslager 1933 bis 1945. Entwicklung und Struktur, 2 Bde., Göttingen 1998.

Herbert, Ulrich/Olaf Groehler: Zweierlei Bewältigung, Hamburg 1992.

Herbert, Ulrich: «Generation der Sachlichkeit». Die völkische Studentenbewegung der frühen 20er Jahre in Deutschland, in: Frank Bajohr u. a. (Hg.): Zivilisation und Barbarei. Die widersprüchlichen Potentiale der Moderne, Hamburg 1991, S. 115–144.

Herbert, Ulrich: Arbeit, Volkstum, Weltanschauung. Über Fremde und Deutsche im 20. Jahrhundert, Frankfurt a. M. 1995.

Herbert, Ulrich: Arbeiterschaft im «Dritten Reich». Zwischenbilanz und offene Fragen, in: Geschichte und Gesellschaft 15 (1989), S. 320–360.

Herbert, Ulrich: Best. Biographische Studien über Radikalismus, Weltanschauung und Vernunft, 1903–1989, 6. Aufl. München 2016.

Herbert, Ulrich: Das Dritte Reich. Geschichte einer Diktatur, München 2016.

Herbert, Ulrich: Fremdarbeiter. Politik und Praxis des «Ausländer-Einsatzes» in der Kriegswirtschaft des Dritten Reiches, Berlin, Bonn 1985.

Herbert, Ulrich: Geschichte der Ausländerpolitik in Deutschland: Saisonarbeiter, Zwangsarbeiter, Gastarbeiter, Flüchtlinge, München 2001.

Herbert, Ulrich: Geschichte Deutschlands im 20. Jahrhundert, München 2014.

Herbert, Ulrich: Zwangsarbeit als Lernprozeß. Zur Beschäftigung ausländischer Arbeiter in der westdeutschen Industrie im Ersten Weltkrieg, in: Archiv für Sozialgeschichte, 24 (1984), S. 285–304.

Herbst, Ludolf (Hg.): Westdeutschland 1945–1955, München 1986.

Herbst, Ludolf: Das nationalsozialistische Deutschland 1933–1945, Frankfurt a. M. 1996.

Hesse, Kurt: Der Feldherr Psychologos. Ein Suchen nach dem Führer der deutschen Zukunft, Berlin 1922.

Hill, Leonidas E. (Hg.): Die Weizsäcker-Papiere, 1933–1950, Berlin 1974.

Hillgruber, Andreas: Hitlers Strategie. Politik und Kriegsführung 1940–1941, Frankfurt a. M. 1965.

Hinz, Uta: Gefangen im Großen Krieg. Kriegsgefangenschaft in Deutschland 1914–1921, Essen 2006.

Hirschfeld, Gerhard/Lothar Kettenacker (Hg.): Der «Führerstaat». Mythos und Realität, Stuttgart 1981.

Hitler, Adolf: Hitlers Zweites Buch. Ein Dokument aus dem Jahr 1928, hg. v. Gerhard L. Weinberg, Stuttgart 1961.

Hitler, Adolf: Mein Kampf, Berlin 1927, [11]1943.

Hoffmann, Christa: Stunden Null? Vergangenheitsbewältigung in Deutschland 1945 und 1989, Bonn, Berlin 1992.

Hoffmann, David L. (Hg.): Stalinism. The essential Readings, Malden 2003.

Hoffmann, Dieter (Hg): Operation Epsilon. Die Farm-Hall-Protokolle oder Die Angst der Alliierten vor der deutschen Atombombe, Berlin 1993.

Hürten, Heinz (Hg.): Das Krisenjahr 1923. Militär und Innenpolitik 1922–1924, Düsseldorf 1980.

Hürter, Johannes: Hitlers Heerführer. Die deutschen Oberbefehlshaber im Krieg gegen die Sowjetunion 1941/42, München 2007.

Jackson, Robert: The Prisoners, 1914–18, London/New York 1989.

Jacobeit, Wolfgang (Hg.): Völkische Wissenschaft. Gestalten und Tendenzen der deutschen und österreichischen Volkskunde in der ersten Hälfte des 20. Jahrhunderts, Wien/Köln 1994.

Jamin, Mathilde: Zwischen den Klassen. Zur Sozialstruktur der SA-Führerschaft, Wuppertal 1984.

Jansen, Christian: Professoren und Politik. Politisches Denken und Handeln der Heidelberger Hochschullehrer 1914–1935, Göttingen 1992.

Jasch, Hans-Christian/Christoph Kreutzmüller (Hg.): Die Teilnehmer. Die Männer an der Wannsee-Konferenz, Berlin 2017.

Jenke, Manfred: Verschwörung von rechts? Ein Bericht über den Rechtsradikalismus in Deutschland nach 1945, Berlin 1961.

Jesse, Eckhard (Hg.): Totalitarismus im 20. Jahrhundert. Eine Bilanz der internationalen Forschung, Bonn 1996.

Jochmann, Werner: Gesellschaftskrise und Judenfeindschaft in Deutschland 1870–1945, Hamburg 1988.

Jung, Edgar J.: Neubelebung von Weimar, in: Deutsche Rundschau, Juni 1932.

Kaelble, Hartmut: Der historische Vergleich. Eine Einführung zum 19. und 20. Jahrhundert, Frankfurt a. M./New York 1999.

Kaienburg, Hermann: «Vernichtung durch Arbeit». Der Fall Neuengamme. Die Wirtschaftsbestrebungen der SS und ihre Auswirkungen auf die Existenzbedingungen der KZ Gefangenen, Bonn 1990.

Kamp, Michael: Die Geschichte der Physik an der Ludwig-Maximilians-Universität München, München 2002.

Karády, Viktor: Gewalterfahrung und Utopie. Juden in der europäischen Moderne, Frankfurt a. M. 1999.

Karlsch, Rainer: Hitlers Bombe, München 2005.

Kaufmann, Doris (Hg.): Geschichte der Kaiser-Wilhelm-Gesellschaft im Nationalsozialismus. Bestandsaufnahme und Perspektiven der Forschung, 2 Bde., Göttingen 2000.

Kaufmann, Günter: Das Kommende Deutschland. Die Erziehung der Jugend im Reich Adolf Hitlers, Berlin 1940.

Kershaw, Ian/Moshe Lewin (Hg.): Stalinism and Nazism. Dictatorships in Comparison, Cambridge 1997.

Kershaw, Ian: Totalitarianism revisited. Nazism and Stalinism in comparative perspective, in: Tel Aviver Jahrbuch für deutsche Geschichte, Bd. 23, Göttingen 1994, S. 23–40.

Kershaw, Ian: Wendepunkte. Schlüsselentscheidungen im Zweiten Weltkrieg 1940/41, München 2008.

Kielmannsegg, Peter Graf von: Lange Schatten. Vom Umgang der Deutschen mit der nationalsozialistischen Vergangenheit, Berlin 1989.

Kiernan, Ben: The Pol Pot regime. Race, power, and genocide in Cambodia under the Khmer Rouge, 1975–79, New Haven 1996.

Kirn, Michael: Verfassungsumsturz oder Rechtskontinuität? Die Stellung der Jurisprudenz nach 1945 zum Dritten Reich, insbesondere die Konflikte um die Kontinuität der Beamtenrechte und Art. 131 Grundgesetz, Berlin 1972.

Kittel, Manfred: Die Legende von der «Zweiten Schuld». Vergangenheitsbewältigung in der Ära Adenauer, Frankfurt a. M., Berlin 1993.

Klages, Ludwig: Heidnische Feuerzeichen. Aufruf zur Wahrung und Förderung heidnischer Lebenselemente [1900], in ders., Rhythmen und Runen, Leipzig 1944.

Klages, Ludwig: Mensch und Erde [1913], in: ders.: Sämtliche Werke. Philosophie III, Bd. 3, Bonn 1974, S. 614–636.

Klages, Ludwig: Typische Ausdrucksstörungen und der hysterische Charakter [1904], in: ders., Sämtliche Werke, Graphologie I, Bd. 7, S. 83–118.

Klee, Ernst: Persilscheine und falsche Pässe. Wie die Kirchen den Nazis halfen, Frankfurt a. M. 1991.

Kleist, Peter: Auch du warst dabei. Ein Buch des Ärgernisses und der Hoffnung, Heidelberg 1952.

Knigge-Tesche, Renate (Hg.): Berater der braunen Macht. Wissenschaft und Wissenschaftler im NS-Staat, Frankfurt a. M. 1999.

Koenen, Andreas: Der Fall Carl Schmitt. Sein Aufstieg zum «Kronjuristen des Dritten Reiches» Darmstadt 1995.

Koenen, Gerd: Utopie der Säuberung. Was war der Kommunismus? Berlin 1998.

Kolb, Eberhard: Der Frieden von Versailles, München 2005.

Kraas, Andreas: Lehrerlager 1932–1945. Politische Funktion und pädagogische Gestaltung, Bad Heilbrunn, Obb. 2004.

Kraus, Elisabeth: Von der Uranspaltung zur Göttinger Erklärung. Otto Hahn, Werner Heisenberg, Carl Friedrich von Weizsäcker und die Verantwortung des Wissenschaftlers, Würzburg 2001.

Krause, Peter: Der Eichmann-Prozess in der deutschen Presse, Frankfurt a. M. 2002.

Krausnick, Helmut: Denkschrift Himmlers über die Behandlung der Fremdvölkischen im Osten, in: VfZ 5 (1957), S. 194–198.

Kriegsgefangene 1914–1918. Aufgrund der Kriegsakten bearbeitet vom Oberkommando der Wehrmacht, Berlin 1939.

Krüger, Peter: Versailles. Deutsche Außenpolitik zwischen Revisionismus und Friedenssicherung, München 1986.

Kulka, Otto Dov/Eberhard Jäckel (Hg.): Die Juden in den geheimen NS-Stimmungsberichten 1933–1945, Düsseldorf 2004.

Kuller, Christiane: Bürokratie und Verbrechen. Antisemitische Finanzpolitik und Verwaltungspraxis im nationalsozialistischen Deutschland, München 2013.

Kundrus, Birthe: Kriegerfrauen. Familienpolitik und Geschlechterverhältnisse im Ersten und Zweiten Weltkrieg, Hamburg 1995.

Laak, Dirk van: Gespräche in der Sicherheit des Schweigens. Carl Schmitt in der politischen Geistesgeschichte der frühen Bundesrepublik, Berlin 1993.

Langbein, Hermann: Der Auschwitz-Prozess. Eine Dokumentation, 2 Bde., Frankfurt a. M. 1965.

Langewiesche, Dieter (Hg.): Universitäten im nationalsozialistisch beherrschten Europa, in: Geschichte und Gesellschaft, 23 (1997), S. 508–663.

Langewiesche, Dieter (Hg.): Die Weimarer Republik und die nationalsozialistische Diktatur (Handbuch der deutschen Bildungsgeschichte, Band 5, 1918–1945), München 1989.

Lehmann, Albrecht: Gefangenschaft und Heimkehr. Deutsche Kriegsgefangene in der Sowjetunion, München 1986.

Lehmann, Hartmut/Otto Gerhard Oexle (Hg.): Nationalsozialismus in den Kulturwissenschaften, 2 Bde., Göttingen 2004.

Leo, Per: Der Wille zum Wesen. Weltanschauungskultur, charakterologisches Denken und Judenfeindschaft in Deutschland 1890–1940, Berlin 2013.

Lewin, Moshe: The making of the Soviet system. Essays in the social history of interwar Russia, London 1985.

Lichtenstein, Heiner: Im Namen des Volkes? Eine persönliche Bilanz der NS-Prozesse, Köln 1984.

Lieber, Hans-Joachim: Kulturkritik und Lebensphilosophie. Studien zur Deutschen Philosophie der Jahrhundertwende, Darmstadt 1974.

Lipgens, Walter (Hg.): Documents on the History of European Integration, vol. 1, Continental Plans for European Union 1939–1945, Berlin, New York 1985.

Litten, Freddy: Mechanik und Antisemitismus. Wilhelm Müller (1880–1968), München 2000.

Liulevicius, Vejas Gabriel: Kriegsland im Osten. Eroberung, Kolonisierung und Militärherrschaft im Ersten Weltkrieg 1914–1918, Hamburg 2002.

Lohalm, Uwe: Völkischer Radikalismus. Die Geschichte des Deutschvölkischen Schutz- und Trutz-Bundes 1919–1923, Hamburg 1970.

Longerich, Peter: Politik der Vernichtung. Eine Gesamtdarstellung der nationalsozialistischen Judenverfolgung, München, Zürich 1998.

Lowenstein, Steven M. u. a. (Hg.): Umstrittene Integration 1871–1918, München 1997.

Lozowick, Yaacov: Hitlers Bürokraten. Eichmann, seine willigen Vollstrecker und die Banalität des Bösen, Zürich, München 2000.

Ludendorff, Erich: Meine Kriegserinnerungen 1914–1918, Berlin 1919.

Madajczyk, Czeslaw (Hg.): Vom Generalplan Ost zum Generalsiedlungsplan. Dokumente, München 1994.

Mai, Gunther: Europa 1918–1939. Mentalitäten, Lebensweisen, Politik zwischen den Weltkriegen, Stuttgart 2001.

Mann, Reinhard (Hg.): Die Nationalsozialisten. Analysen faschistischer Bewegungen, Stuttgart 1980.

Mann, Thomas: Tagebücher, 1918–1921, Frankfurt a. M. 1981.

Marcuse, Harold: Legacies of Dachau. The uses and abuses of a concentration camp, 1933–2001, Cambridge 2001.

Maschke, Erich (Hg.): Zur Geschichte der deutschen Kriegsgefangenen des Zweiten Weltkrieges, 22 Bde., Bielefeld, später München 1962–1974.

Mayer, Arno J.: Der Krieg als Kreuzzug. Das Deutsche Reich, Hitlers Wehrmacht und die «Endlösung», Reinbek 1989.

Mazower, Mark: Hitlers Imperium. Europa unter der Herrschaft des Nationalsozialismus, München 2009.

Mehring, Reinhard (Hg.): Carl Schmitt, der Begriff des Politischen. Ein kooperativer Kommentar, Berlin 2003.

Meinecke, Friedrich: Werke, hg. v. Hans Herzfeld, Stuttgart 1957–1979.

Meldungen aus dem Reich. Die geheimen Lageberichte des Sicherheitsdienstes der SS, 1938–1945, hg. v. Heinz Boberach, Herrsching 1984.

Merkl, Peter H.: Political violence under the Swastika. 581 early nazis, Princeton 1975.

Merrit, Anna J./Richard L. Merrit (Hg.): Public Opinion in Occupied Germany, The OMGUS Surveys,1945–1949, Urbana 1970.

Metzler, Gabriele: Internationale Wissenschaft und nationale Kultur. Deutsche Physiker in der internationalen Community 1900–1960, Göttingen 2000.

Michalka, Wolfgang (Hg.): Deutsche Geschichte 1933–1945. Dokumente zur Innen- und Außenpolitik, Frankfurt a. M. 1993.

Michel, Ute: Wilhelm Emil Mühlmann – ein deutscher Professor. Zum Verhältnis von Ethnologie und Politik im Nationalsozialismus, in: Jahrbuch für Soziologiegeschichte, Opladen 1992.

Moeller van den Bruck, Arthur u. a. (Hg.): Die Neue Front, Berlin 1922.

Mommsen, Hans (Hg.): The Third Reich Between Vision and Reality. New Perspectives on German History, 1918–1945, New York/Oxford 2001.

Mommsen, Hans: Auschwitz, 17. Juli 1942. Der Weg zur europäischen «Endlösung der Judenfrage», München 2002.

Mommsen, Hans: Der Nationalsozialismus und die deutsche Gesellschaft. Ausgewählte Aufsätze, hg. von Lutz Niethammer und Bernd Weisbrod, Reinbek 1991.

Mommsen, Hans: Die verspielte Freiheit. Der Weg der Republik von Weimar in den Untergang, 1918 bis 1933, Berlin 1989.

Mommsen, Hans: Zur Geschichte Deutschlands im 20. Jahrhundert. Demokratie, Diktatur, Widerstand, München 2010.

Mosse, George L.: Die völkische Revolution. Über die geistigen Wurzeln des Nationalsozialismus, Frankfurt a. M. 1991.

Mosse, Werner E. (Hg.): Deutsches Judentum in Krieg und Revolution 1916–1923, Tübingen 1971.

Mühlmann, Wilhelm E.: Assimilation, Umvolkung, Volkwerdung: ein globaler Überblick und ein Programm, Stuttgart 1944.

Mühlmann, Wilhelm E.: Chiliasmus und Nativismus. Studien zur Psychologie, Soziologie und historischen Kasuistik der Umsturzbewegungen, Berlin 1961.

Mühlmann, Wilhelm E.: Die Völker der Erde, Berlin 1944.

Mühlmann, Wilhelm E.: Homo Creator. Abhandlungen zur Soziologie, Anthropologie und Ethnologie, Wiesbaden 1962.

Mühlmann, Wilhelm E.: Krieg und Frieden. Ein Leitfaden der politischen Ethnologie mit Berücksichtigung völkerkundlichen und geschichtlichen Stoffes, Heidelberg 1940.

Mühlmann, Wilhelm E.: Mahatma Gandhi. Der Mann, sein Werk und seine

Wirkung. Eine Untersuchung zur Religionssoziologie und politischen Ethik, Tübingen 1950.

Mühlmann, Wilhelm E.: Methodik der Völkerkunde, Stuttgart 1938.

Mühlmann, Wilhelm E.: Rassen- und Völkerkunde. Lebensprobleme der Rassen, Gesellschaften und Völker, Braunschweig 1936.

Mühlmann, Wilhelm E.: Rassen, Ethnien, Kulturen. Moderne Ethnologie, Neuwied 1964.

Müller-Syring, Rolf (Hg.): Migration weltweit, Leipzig 1994.

Naasner, Walter: Neue Machtzentren in der deutschen Kriegswirtschaft 1942–1945, Boppard 1994.

Naimark, Norman M.: Flammender Haß. Ethnische Säuberung im 20. Jahrhundert, München 2004.

Nassmann, Heinz (Hg.): Migration in Europa. Historische Entwicklung, aktuelle Trends und politische Reaktionen, Frankfurt a. M., New York 1996.

Neulen, Hans Werner: Europa und das 3. Reich. Einigungsbestrebungen im deutschen Machtbereich 1939–1945, München 1987.

Nestler, Ludwig: Die Faschistische Okkupationspolitik in Belgien, Luxemburg und den Niederlanden (1940–1945), Berlin 1990.

Neumann, Franz (Hg.): Demokratischer und Autoritärer Staat. Studien zur politischen Theorie, Frankfurt a. M. 1986.

Niethammer, Lutz: Die Mitläuferfabrik. Die Entnazifizierung am Beispiel Bayerns, Bonn, Berlin 1982.

Niethammer, Lutz: Deutschland danach. Postfaschistische Gesellschaft und nationales Gedächtnis, hg. von Ulrich Herbert und Dirk van Laak, Berlin, Bonn 1999.

Nipperdey, Thomas: Deutsche Geschichte, 1866–1918, 2 Bd., München 1990/1992.

Nitschke, August/Detlef Peukert/Rüdiger vom Bruch (Hg.): Jahrhundertwende. der Aufbruch in die Moderne, 1880–1930, 2 Bde., Reinbek 1990.

Noack, Paul: Carl Schmitt. Eine Biographie, Frankfurt a. M. 1996.

Noelle, Elisabeth/Erich Peter Neumann (Hg.): Jahrbuch der öffentlichen Meinung 1947–1955, Allensbach 1956.

Nolte, Ernst: Das Vergehen der Vergangenheit. Antwort an meine Kritiker im sogenannten Historikerstreit, Berlin, Frankfurt a. M. 1988.

Nolte, Ernst: Der europäische Bürgerkrieg 1917–1945. Nationalsozialismus und Bolschewismus, Frankfurt a. M. 1987.

Nuscheler, Franz: Internationale Migration – Flucht und Asyl, Opladen 1995.

Oberkrome, Willi: Ordnung und Autarkie. Die Geschichte der deutschen Landbauforschung, Agrarökonomie und ländlichen Sozialwissenschaft im Spiegel von Forschungsdienst und DFG (1920–1970), Stuttgart 2009.

Oltmer, Jochen (Hg.): Kriegsgefangene im Europa des Ersten Weltkriegs, Paderborn 2006.

Oltmer, Jochen: Bäuerliche Ökonomie und Arbeitskräftepolitik im Ersten Weltkrieg. Beschäftigungsstruktur, Arbeitsverhältnisse und Rekrutierung von Ersatzarbeitskräften in der Landwirtschaft des Emslandes 1914–1918, Sögel 1995.

Oncken, Hermann: Nation und Geschichte. Reden und Aufsätze 1919 bis 1935, Berlin 1935.

Orth, Karin: Das System der nationalsozialistischen Konzentrationslager. Eine politische Organisationsgeschichte, Hamburg 1999.

Orth, Karin: Die Konzentrationslager-SS. Sozialstrukturelle Analysen und biographische Studien, Göttingen 2000.

Osterloh, Jörg: Sowjetische Kriegsgefangene 1941–1945 im Spiegel nationaler und internationaler Untersuchungen. Forschungsüberblick und Bibliographie, Dresden 1995.

Otto, Reinhard: Wehrmacht, Gestapo und sowjetische Kriegsgefangene im deutschen Reichsgebiet 1941/42, München 1998.

Page Moch, Lesley: Moving Europeans. Migration in Western Europe since 1650, Bloomington 1992.

Pardon, Inge/Waleri W. Shurawljow u. a. (Hg.): Lager, Front und Heimat. Deutsche Kriegsgefangene in Sowjetrußland 1917 bis 1920, 2 Bde., München / New Providence / London / Paris 1994.

Patel, Kiran Klaus: «Soldaten der Arbeit». Arbeitsdienste in Deutschland und den USA 1933–1945, Göttingen 2003.

Payne, Stanley: A History of Facism, 1914–1945, Madison 1995.

Pehle, Walter H./Uwe Dietrich Adam, (Hg.): Der Judenpogrom 1938. Von der «Reichskristallnacht» zum Völkermord, Frankfurt a. M. 1988.

Picker, Henry (Hg.): Hitlers Tischgespräche im Führerhauptquartier, Berlin 1993 (1. Aufl. 1951).

Pingel, Falk: Häftlinge unter SS-Herrschaft. Widerstand, Selbstbehauptung und Vernichtung im Konzentrationslager, Hamburg 1978.

Plaggenborg, Stefan (Hg.): Stalinismus. Neue Forschungen und Konzepte, Berlin 1998.

Plaschka, Richard G. u. a. (Hg.): Mitteleuropa-Konzeptionen in der ersten Hälfte des 20. Jahrhunderts, Wien 1995.

Pohl, Dieter: Nationalsozialistische Judenverfolgung in Ostgalizien, 1941–1944, München 1996.

Przyrembel, Alexandra: Transfixed by an Image. Ilse Koch, the ‹Kommandeuse of Buchenwald›, in: German History 19 (2001), S. 369–399.

Pulzer, Peter G. J.: The Rise of Political Anti-Semitism in Germany and Austria, London 1988.

Radkau, Joachim: Aufstieg und Krise der deutschen Atomwirtschaft 1945–1975, Reinbek bei Hamburg 1983.

Rebentisch, Dieter: Führerstaat und Verwaltung im Zweiten Weltkrieg. Verfassungsentwicklung und Verwaltungspolitik 1939–1945, Stuttgart 1989.

Recker, Marie-Luise: Nationalsozialistische Sozialpolitik im Zweiten Weltkrieg, München 1985.

Reich, Volksordnung, Lebensraum. Zeitschrift für völkische Verfassung und Verwaltung, Darmstadt 1941–1943.

Reichardt, Sven: Globalgeschichte des Faschismus. Neue Forschungen und

Perspektiven, in: Aus Politik und Zeitgeschichte 67, Nr. 42/43, 2017, S. 10–16.

Reif-Spirek, Peter/Bodo Ritscher (Hg.): Speziallager in der SBZ. Gedenkstätten mit «doppelter Vergangenheit», Berlin 1999.

Reynolds, Nicholas: Der Fritsch-Brief vom 11. Dezember 1938, in: VfZ 28 (1980), S. 358–371.

Richter, Hans Werner (Hg.): Bestandsaufnahme. Eine deutsche Bilanz 1962. Sechsunddreißig Beiträge deutscher Wissenschaftler, Schriftsteller und Publizisten, München 1962.

Rittersporn, Gábor Tamas: Stalinist Simplifications and Soviet Complications. Social Tensions and Political Conflicts in the USSR, 1933–1953, Chur 1991.

Römer, Felix: Der Kommissarbefehl. Wehrmacht und NS-Verbrechen an der Ostfront 1941/42, Paderborn u. a. 2008.

Roseman, Mark: Die Wannsee-Konferenz. Wie die NS-Bürokratie den Holocaust organisierte, Berlin, München 2002.

Rosenthal, Jacob: «Die Ehre des jüdischen Soldaten». Die Judenzählung im Ersten Weltkrieg und ihre Folgen, Frankfurt a. M., New York 2007.

Rossi, Jacques: The Gulag handbook. An encyclopedia dictionary of Soviet penitentiary institutions and terms related to the forced labor camps, New York 1989.

Rössler, Mechtild/Sabine Schleiermacher (Hg.): Der «Generalplan Ost». Hauptlinien der nationalsozialistischen Planungs- und Vernichtungspolitik, Berlin 1993.

Rückerl, Adalbert (Hg.): NS-Verbrechen vor Gericht. Versuch einer Vergangenheitsbewältigung, Heidelberg, 2. Auflage 1984.

Rückerl, Adalbert (Hg.): Die Strafverfolgung von NS-Verbrechen 1945–1978. Eine Dokumentation, Heidelberg 1979.

Rudel, Hans-Ulrich: Trotzdem, Göttingen 1950.

Rusinek, Bernd A.: Walther Gerlach – ein deutscher Physiker. Umrisse seiner Biografie, unveröff. Ms. Berlin 2006.

Rüthers, Bernd: Carl Schmitt im Dritten Reich. Wissenschaft als Zeitgeist-Verstärkung? München 1990.

Sabrow, Martin (Hg.): Zeiträume. Potsdamer Almanach für Zeithistorische Forschung 2005, Potsdam 2005.

Sabrow, Martin: Der Rathenaumord. Rekonstruktion einer Verschwörung gegen die Republik von Weimar, München 1994.

Safrian, Hans: Eichmann und seine Gehilfen, Frankfurt a. M. 1995.

Sandkühler, Thomas: «Endlösung» in Galizien. Der Judenmord in Ostpolen und die Rettungsinitiativen von Berthold Beitz, 1941–1944, Bonn 1996.

Schaaf, Michael: Heisenberg, Hitler und die Bombe. Gespräche mit Zeitzeugen, Diepholz/Berlin 2001.

Schäfer, Hans-Dieter: Berlin im Zweiten Weltkrieg. Der Untergang der Reichshauptstadt in Augenzeugenberichten, München 1991.

Schlemmer, Thomas (Hg.): Der Faschismus in Europa. Wege der Forschung, München 2014.

Schmitt, Carl: Der Führer schützt das Recht; in: Deutsche Juristen-Zeitung 1934, Sp. 945 ff.

Schmitt, Carl: Die deutsche Rechtswissenschaft im Kampf gegen den jüdischen Geist. Schlußwort auf der Tagung der Reichsgruppe Hochschullehrer des NSRB vom 3. und 4. Oktober 1936, in: Deutsche Juristenzeitung, 41, 1936, S. 1193–1199.

Schmitt, Carl: Großraum gegen Universalismus. Der völkerrechtliche Kampf um die Monroe-Doktrin, in: Zeitschrift der Akademie für Deutsches Recht, 9, 1939, S. 333–337.

Schmitt, Carl: Inter pacem et bellum nihil medium, in: Zeitschrift der Akademie für Deutsches Recht, 6, 1939, S. 594.

Schmitt, Carl: Positionen und Begriffe im Kampf mit Weimar – Genf – Versailles, 1923–1939, Hamburg 1940 (Ndr. Berlin 1988).

Schmitt, Carl: Reich und Raum. Elemente eines neuen Völkerrechts, in: Zeitschrift der Akademie für Deutsches Recht, 7, 1940, S. 201–203.

Schmitt, Carl: Völkerrechtliche Großraum-Ordnung mit Interventionsverbot für raumfremde Mächte, Berlin, Wien 1939.

Schmitt, Carl: Völkerrechtliche Neutralität und völkische Totalität, in: Monatshefte für auswärtige Politik, 5, 1938, S. 613 ff.

Schmoll, Friedemann: Der Atlas der deutschen Volkskunde und die DFG, 1920–1980, Stuttgart 2009.

Schmuhl, Hans-Walter: Rassenhygiene, Nationalsozialismus, Euthanasie. Von der Verhütung zur Vernichtung «lebensunwerten Lebens», 1890–1945, Göttingen 1987.

Schreiber, Gerhard: Deutsche Kriegsverbrechen in Italien. Täter – Opfer – Strafverfolgung, München 1996.

Schulte, Jan Erik: Zwangsarbeit und Vernichtung: Das Wirtschaftsimperium der SS, Paderborn 2001.

Schulz, Gerhard: Der Aufstieg des Nationalsozialismus. Krise und Revolution in Deutschland, Frankfurt a. M., Berlin, Wien 1975.

Schulze, Winfried (Hg.): Deutsche Historiker im Nationalsozialismus, Frankfurt a. M. 1999.

Schwarte, Max: Der Krieg der Zukunft, Leipzig 1931.

Schwartz, Michael: Ethnische «Säuberungen» in der Moderne, München 2013.

Schwartz, Thomas Alan: Die Begnadigung deutscher Kriegsverbrecher. John McCloy und die Häftlinge von Landsberg, in: VfZ 38 (1990), S. 375–414.

Schwarz, Hans-Peter: Adenauer. Der Staatsmann: 1952–1967, Stuttgart 1991.

Schwarz, Hans-Peter: Die Ära Adenauer. Gründerjahre der Republik, 1947–1957, Stuttgart, Wiesbaden 1981.

Schwarz, Hans-Peter: Die Ära Adenauer. Epochenwechsel 1957–1963, Stuttgart, Wiesbaden 1983.

Sheehan, Jackie: Chinese workers. A new history, London, New York 1998.

Sinnott, Susan: Chinese railroad workers, New York 1994.

Smith, Arthur L.: Die «Hexe von Buchenwald». Der Fall Ilse Koch, Köln 1983.

Smith, Bradley F.: The American Road to Nuremberg. The documentary record 1944–1945, Stanford, Cal. 1982.

Smith, Bradley F.: The Road to Nuremberg, New York 1981.

Soellner, Alfons (Hg.): Zur Archäologie der Demokratie in Deutschland, 2 Bde., Frankfurt a. M., 1982.

Sofsky, Wolfgang: Die Ordnung des Terrors. Das Konzentrationslager, Frankfurt a. M. 1993.

Spengler, Oswald: Der Untergang des Abendlandes. Umrisse einer Morphologie der Weltgeschichte, Düsseldorf 2007.

Spoerer, Mark: Zwangsarbeit unter dem Hakenkreuz. Ausländische Zivilarbeiter, Kriegsgefangene und Häftlinge im Deutschen Reich und im besetzten Europa 1939–1945, Stuttgart, München 2001.

Srbik, Heinrich von: Mitteleuropa. Das Problem und Versuche seiner Lösung in der deutschen Geschichte, Weimar 1937.

Steinbach, Peter: Nationalsozialistische Gewaltverbrechen. Die Diskussion in der deutschen Öffentlichkeit nach 1945, Berlin 1981.

Steinert, Marlis G.: Hitlers Krieg und die Deutschen. Stimmung und Haltung der deutschen Bevölkerung im Zweiten Weltkrieg, Düsseldorf 1970.

Stirk, Peter M. R.: Carl Schmitt, crown jurist of the Third Reich. On preemptive war, military occupation, and world empire, Lewiston 2005.

Stöß, Richard (Hg.): Parteien-Handbuch. Die Parteien der Bundesrepublik Deutschland 1949–1980, Opladen 1983.

Streit, Christian: Keine Kameraden. Die Wehrmacht und die sowjetischen Kriegsgefangenen 1941–1945, Stuttgart 1978.

Tauber, Kurt P.: Beyond Eagle and Swastika. German Nationalism since 1945, 2 Bde., Middleton 1967.

Thamer, Hans-Ulrich: Verführung und Gewalt: Deutschland 1933–1945, Berlin 1986.

Ther, Philipp: Die dunkle Seite der Nation. «Ethnische Säuberungen» im modernen Europa, Göttingen 2011.

Tielke, Martin: Der stille Bürgerkrieg: Ernst Jünger und Carl Schmitt im Dritten Reich, Berlin 2007.

Tomaszewski, Jerzy: Auftakt zur Vernichtung. Die Vertreibung polnischer Juden aus Deutschland im Jahre 1938, Osnabrück 2002.

Tooze, Adam: Ökonomie der Zerstörung. Die Geschichte der Wirtschaft im Nationalsozialismus, München 2007.

Tuchel, Johannes (Hg.): Die Inspektion der Konzentrationslager 1938–1945. Das System des Terrors. Eine Dokumentation, Berlin 1994.

Tuchel, Johannes: Konzentrationslager. Organisationsgeschichte und Funktion der «Inspektion der Konzentrationslager» 1934–1938, Boppard 1991.

Twain, Mark: Der berühmte Springfrosch der Provinz Calaveras und andere Erzählungen, Frankfurt a. M. 1985.

Ueberschär, Gerd R./Wolfram Wette (Hg.): «Unternehmen Barbarossa». Der deutsche Überfall auf die Sowjetunion 1941, Paderborn 1984.

Ueberschär, Gerd R./Wolfram Wette (Hg.): Der deutsche Überfall auf die Sowjetunion 1941. «Unternehmen Barbarossa», Frankfurt a. M. 2011.

UNHCR: Refugees and others of concern to UNHCR. 1996 statistical overview, Geneva 1996.

UNHCR: Zur Lage der Flüchtlinge in der Welt. UNHCR-Report, Bonn 1994.

Viola, Lynne: The Best Sons of the Fatherland. Workers in the Vanguard of Soviet Collectivization, New York/Oxford 1987.

Völkerrecht im Weltkrieg. Das Werk des Untersuchungsausschusses der Verfassungsgebenden Deutschen Nationalversammlung und des Reichstages 1918–1928. Verhandlungen, Gutachten, Urkunden. Dritte Reihe, Bde. III.1 u. 2, Berlin 1927.

Volkov, Shulamit (Hg.): Deutsche Juden und die Moderne, München 1994.

Vollnhals, Clemens/Thomas Schlemmer (Hg.): Entnazifizierung. Politische Säuberung und Rehabilitierung in den vier Besatzungszonen 1945–1949, München 1991.

Vollnhals, Clemens: Evangelische Kirche und Entnazifizierung. Die Last der nationalsozialistischen Vergangenheit, München 1989.

Wachsmann, Nikolaus: Gefangen unter Hitler. Justizterror und Strafvollzug im NS-Staat, München 2006.

Wachsmann, Nikolaus: Looking into the Abyss: Historians and the Nazi Concentration Camps, in: European History Quarterly, 36 (2006), S. 247–278.

Wagner, Jens Christian: Produktion des Todes. Das KZ Mittelbau Dora, Göttingen 2001.

Walkenhorst, Peter: Nation, Volk, Rasse. Radikaler Nationalismus im Deutschen Kaiserreich 1890–1914, Göttingen 2007.

Walker, Mark: Die Uranmaschine. Mythos und Wirklichkeit der deutschen Atombombe, Berlin 1992.

Walter, Dirk: Antisemitische Kriminalität und Gewalt. Judenfeindschaft in der Weimarer Republik, Bonn 1999.

Wasser, Bruno: Himmlers Raumplanung im Osten. Der Generalplan Ost in Polen 1940–1944, Basel 1993.

Weber, Hermann (Hg.): Lenin. Ausgewählte Schriften, München 1963.

Weber, Jürgen: Vergangenheitsbewältigung durch Strafverfahren? NS-Prozesse in der Bundesrepublik Deutschland, München 1984.

Wegner, Bernd: Hitlers politische Soldaten. Die Waffen-SS 1933–1945, Paderborn 1997.

Wember, Heiner: Umerziehung im Lager. Internierung und Bestrafung von Nationalsozialisten in der britischen Besatzungszone Deutschlands, Essen 1992.

Wengst, Udo: Beamtentum zwischen Reform und Tradition. Beamtengesetzgebung in der Gründungsphase der Bundesrepublik Deutschland 1948–1953, Düsseldorf 1988.

Wertheimer, Jack: Unwelcome Strangers. East European Jews in Imperial Germany, New York, Oxford 1987.

Wildt, Michael: Generation des Unbedingten. Das Führungskorps des Reichssicherheitshauptamtes, Hamburg 2002.

Wildt, Michael: Volksgemeinschaft als Selbstermächtigung. Gewalt gegen Juden in der deutschen Provinz 1919 bis 1939, Hamburg 2007.

Winkler, Doerte: Frauenarbeit im «Dritten Reich», Hamburg 1977.

Winkler, Heinrich August: Weimar. 1918–1933. Die Geschichte der ersten deutschen Demokratie, 3. Aufl. München 2019.

Wojak, Irmtrud: Eichmanns Memoiren. Ein kritischer Essay, Frankfurt a. M. 2001.

Wolffsohn, Michael: Ewige Schuld? 40 Jahre deutsch-jüdisch-israelische Beziehungen, München, Zürich 1988.

Zeidler, Manfred: Stalinjustiz contra NS-Verbrechen. Die Kriegsverbrecherprozesse gegen deutsche Kriegsgefangene in der UdSSR in den Jahren 1943–1952. Kenntnisstand und Forschungsprobleme, Dresden 1996.

Zierenberg, Malte: Stadt der Schieber. Der Berliner Schwarzmarkt 1939–1950, Göttingen 2008.

Zimmermann, Michael: Rassenutopie und Genozid. Die nationalsozialistische «Lösung der Zigeunerfrage», Hamburg 1996.

Zollitsch, Wolfgang: Arbeiter zwischen Weltwirtschaftskrise und Nationalsozialismus, Göttingen 1990.

Zweig, Arnold: Die antisemitische Welle, in: Die Weltbühne 15 (1919), S. 381–385.

Publikationsorte

Wer waren die Nationalsozialisten? Typologien des politischen Verhaltens im NS-Staat, in: Gerhard Hirschfeld (Hg.): Karrieren im Nationalsozialismus. Funktionseliten zwischen Mitwirkung und Distanz, Frankfurt a. M. 2004, S. 17–44.

Was haben die Nationalsozialisten aus dem Ersten Weltkrieg gelernt?, in: Gerd Krumeich (Hg.): Nationalsozialismus und Erster Weltkrieg, Essen 2010, S. 21–35.

Woher kam der Judenhass? Antisemitismus in Deutschland, 1900 bis 1938, in: Freiburger Universitätsblätter 209, Freiburg i. Br. 2015, S. 113–130.

Das «Jahrhundert der Lager»: Ursachen, Erscheinungsformen, Auswirkungen, in: Peter Reif-Sperek/Bodo Ritscher (Hg.): Speziallager in der SBZ. Gedenkstätten mit «doppelter Vergangenheit», Berlin 1999, S. 11–20.

Der deutsche Professor im Dritten Reich. Vier biografische Skizzen, in: Karin Orth/Willi Oberkrome (Hg.): Die Deutsche Forschungsgemeinschaft 1920–1970. Forschungsförderung im Spannungsfeld von Wissenschaft und Politik, Stuttgart 2010, S. 483–503.

Nationalsozialistische und stalinistische Herrschaft: dt. Übersetzung von «National Socialist and Stalinist Rule: The Possibilities and Limits of Comparison», in: Manfred Hildermeier (Hg.): Historical Concepts between Eastern and Western Europe (New German Historical Perspectives 1), New York/Oxford 2007, S. 5–22.

Deutsches Europa und Großgermanisches Reich. Supranationale Perspektiven der Nationalsozialisten: unveröff. Vortrag, Universität Konstanz, 11.5.2017.

Barbarossa. Strategische Planungen und politische Vorentscheidungen, in: Peter Jahn, Florian Wieler, Daniel Ziemer (Hg.): Der deutsche Krieg um «Lebensraum im Osten» 1939–1945. Ereignisse und Erinnerung, Berlin 2017, S. 21–46.

Der Weg zur Ermordung der europäischen Juden, dt. Übersetzung von «Final solution. New answers to old questions», unveröff. Vortrag, Universität Glasgow, 22. Januar 2020.

Nachklänge der Volksgemeinschaft: dt. Übersetzung von Echoes of the Volksgemeinschaft, in: Martina Steber, Bernhard Gotto (Hg.): Visions of Community in Nazi Germany. Social Engeneering and Private Lives, Oxford 2014, S. 60–72.

Rückkehr in die Bürgerlichkeit? NS-Eliten in der Bundesrepublik, in: Bernd Weisbrod (Hg.): Rechtsradikalismus in Niedersachsen nach 1945, Hildesheim 1995, S. 1–17.

Register